prometeo
l i b r o s

PROPIEDAD DE SÍ, LIBERTAD E IGUALDAD

G. A. Cohen

PROPIEDAD DE SÍ, LIBERTAD E IGUALDAD

prometeo
libros

Cohen, Gerald Allan
   Propiedad de sí, libertad e igualdad / Gerald Allan Cohen. - 1a ed. - Ciudad Autónoma de Buenos Aires : Prometeo Libros, 2017.
   324 p. ; 23 x 16 cm.

   Traducción de: Mónica Rozanski.

   1. Filosofía Política. I. Rozanski, Mónica, trad. II. Título.
   CDD 320.01

Armado: Ian W. Howlin
Corrección de galeras: Liliana Stengele
Diseño de tapa: Erica Anabela Medina

Para Arnold Zuboff:
crítico brillante, amigo devoto

ÍNDICE

Prólogo

Siete capítulos de este libro fueron anteriormente publicados como artículos. Reaparecen aquí, transformados, algunos de ellos profundamente. Cuatro capítulos y la Introducción son nuevos. Pero el libro en su totalidad representa una construcción intelectual solitaria. Despliega el desarrollo de mi respuesta al desafío que la filosofía política libertaria obró sobre lo que una vez fueron mis convicciones socialistas dogmáticas.

Mi respuesta a dicho desafío y el incentivo para escribir este libro se lo debo fundamentalmente a Arnold Zuboff, quien me convenció de abandonar muchas ideas mal concebidas y me ayudó a modelar aquellas que sobrevivieron a su crítica. También estoy agradecido a los miembros (Pranab Bardhan, Sam Bowles, Bob Brenner, John Roemer, Hillel Steiner, Robert van der Veen, Philipe van Parijs, and Erik Wright) del September o (algunas veces llamado) Non-Bullshit Marxism Group, quienes hicieron una primera lectura de las versiones originales de la mayoría de los capítulos. Daniel Attas, Ronnie Dworkin, Susan Hurley, David Miller, Derek Parfit, Alan Patten, Joseph Raz, Amartya Sen, Andrew Williams, y Bernard Williams realizaron excelentes críticas en las reuniones en Oxford. Mis ex alumnos Chris Beltram y Jo Wolff leyeron el penúltimo borrador y aportaron observaciones muy acertadas y sugerencias liberadoras. Docenas de amigos y colegas fuera de Oxford comentaron tanto en forma oral como escrita a lo largo de las diferentes etapas del desarrollo de gran parte del material, y reconozco ser culpable por no haber conservado rigurosamente sus contribuciones. Ya que sería injusto mencionar solamente aquellas intervenciones que he logrado conservar, espero que me perdonen por no nombrarlos individualmente.

Mis hijos y Maggie me fortalecieron con su solidaridad y su maravillosa generosidad.

Y sin Michele yo sería un barco al garete en un océano tormentoso, sin puerto a la vista.

AGRADECIMIENTOS

Agradezco a los editores destacados por haberme permitido utilizar material de los siguientes artículos en los correspondientes capítulos:

1: 'Robert Nozick y Wilt Chamberlain: Cómo los Modelos Preservan la Libertad', in *Erkenntnis*, 11, 1977. Derechos de Autor 1977 por *Erkenntnis*.

3: 'Propiedad de sí, Propiedad Mundial e Igualdad', en Frank Lucash (editor), *Justice and Equality Here and Now*, 1986. Derechos de Autor 1986 por Cornell University Press.

4: ¿Son compatibles la libertad y la igualdad? Parte II en *Social Philosophy and Policy*, 3, Número 2 (primavera del 1986). Derechos de Autor 1986 por *Social Philosophy and Policy*.

5: 'Propiedad de sí, Comunismo e Igualdad: Contra la postura tecnológica Marxista', en Proceedings of the *Aristotelian Society*, suplemento, vol. 64, 1990. Derechos de Autor 1990 por the Aristotelian Society.

6: 'Marxismo y Filosofía Política Contemporánea, o por qué Nozick se remite más a algunos marxistas de lo que lo hace con algunos liberales igualitarios', en *Canadian Journal of Philosophy*, suplemento, vol. 16, 1990. Derechos de Autor 1990 por *Canadian Journal of Philosophy*.

7: 'Marx y Locke en relación a la Tierra y el Trabajo', en Proceedings of the British Academy, 71, 1985 Lectures and Memoirs. Derechos de Autor, 1986 por The British Academy.

11: 'El Porvenir de una Desilusión', en Jim Hopkins y Anthony Savile (ed.), *Psychoanalysis, Mind and Art: Perspectives on Richard Wollheim*, Basil Blackwell, Oxford, 1992. Derechos de Autor 1992 por Basil Blackwell Ltd.

Introducción: historia, ética y marxismo

1. Cuando era un joven profesor en la University College, de Londres, enseñaba materias que no estaban íntimamente relacionadas con mis intereses de investigación. Fui contratado, en 1963, para enseñar filosofía moral y política, pero yo me dedicaba a la teoría de la historia de Karl Marx, porque creía fervientemente en su veracidad, y deseaba defenderla de la crítica ampliamente aceptada pero que yo consideraba (y considero) injusta. Obviamente también tenía mis puntos de vista acerca de ciertas cuestiones en filosofía moral y política, pero esos puntos de vista no me estimulaban a escribir. En particular, tenía fuertes convicciones acerca de la justicia y acerca de la injusticia de la desigualdad y de la explotación capitalista, pero no creía tener, o llegar a tener algo suficientemente nuevo y valioso para decir acerca de la justicia o acerca de la injusticia capitalista que valiera la pena ser publicado.

Mi concepción de la filosofía moral y política era y es una concepción académica estándar: estas son disciplinas atemporales que usan la reflexión filosófica abstracta para estudiar la naturaleza y la veracidad de los juicios normativos. El materialismo histórico (nombre dado a la teoría de la historia de Karl Marx) es, por el contrario, una teoría empírica (comparable en categoría), por ejemplo, a la geología histórica del siglo XIX) acerca de la estructura de la sociedad y la dinámica de la historia. Esto no está exento de implicaciones para la filosofía normativa, pero está sustancialmente libre de valor: uno podría creer en el materialismo histórico pero lamentar que el curso de la humanidad, es, tal cual el materialismo lo describe, y más específicamente, tal cual lo predice o pronostica, que la sociedad de clases será superada por una sociedad sin ellas.

Desde el momento en que el materialismo histórico fue, en la época en cuestión, la única parte del marxismo en la que yo creía[1] –dejé de creer en el materialismo dialéctico, que consiste en una filosofía comprehensiva de la realidad como tal– a menudo decía, con la complaciente soberbia de la juventud, que en tanto yo era marxista no era filósofo, y en tanto filósofo no era marxista. En una posterior descripción de la separación entre mis compromisos filosóficos y marxistas, me siento obligado a explicar antes que nada, por qué mi marxismo no controló ni afectó mi filosofía moral y política de la manera en que muchos marxistas y anti marxistas esperaban que sucediese, y entonces por qué no le devolví al marxismo ni al socialismo la incumbencia en la filosofía política que yo estaba desarrollando a través de la enseñanza.

Las personas familiarizadas tanto con el marxismo como con la filosofía normativa anglófona predominante, podrían tener la expectativa de que el primero desafiase a la segunda, desde el momento que, para la filosofía las afirmaciones normativas son atemporalmente verdaderas (o falsas), mientras que, según el marxismo, o así se supone, o no existe tal situación como una verdad normativa o es una verdad que se modifica históricamente de acuerdo a las circunstancias y requerimientos económicos. Entonces, adherí –aún adhiero– al punto de vista establecido como un aspecto severamente a histórico de la filosofía normativa pero por dos razones, pude reconciliarlo con mi marxismo. Debido a que, como ya he dicho, antes que nada, en el momento en que entré a la universidad, mi creencia en una filosofía general marxista (materialismo dialéctico) había perdido protagonismo, lo que comúnmente se entiende como escepticismo, o por lo menos relativismo acerca del valor. Y, segundo, porque no creía que el materialismo histórico en su mejor interpretación redujese todos los valores y principios a racionalizaciones de interés de clase, sino que, por el contrario, creía que se dirigiese hacia el final de la dominación de clase como el nacimiento de una sociedad gobernada por 'una moral verdaderamente humana que está por encima de los antagonismos de clase',[2] una moral que ha siempre tenido algún tipo de manifestación histórica dentro de los confines de la pertenencia de clase. En concordancia, mis particulares convicciones marxistas no afectaban mi postura acerca de que la última verdad normativa es históricamente invariable, y que, mientras que las circunstancias históricas afectan indudablemente lo que la justicia (por ejemplo) demanda, estas así lo ejercen simplemente porque los principios de justicia atemporalmente válidos tienen diferentes implicancias en diferentes momentos.

---

[1] Una vez creí en la totalidad de la teoría marxista, como resultado de haberme formado dentro del movimiento comunista canadiense: ver sección 1 del capítulo 11.
[2] Frederick Engels, *Anti-Dühring*, p. 133.

Si bien pensaba que el marxismo tenía poco que decir, en términos filosóficos, acerca de la justicia, no creía que la justicia les fuese indiferente a los marxistas. Por el contrario, estaba seguro de que todo marxista comprometido estaba familiarizado con la injusticia de la explotación capitalista, y aquellos marxistas que en vez eran indiferentes al concepto de justicia, desde Karl Marx en más, en realidad se mentían a sí mismos. Nunca creí, como muchos marxistas decían hacerlo, que los principios normativos fuesen irrelevantes para el movimiento socialista que, desde el momento en que el movimiento estaba formado por individuos oprimidos que peleaban por su liberación, no había ni espacio ni necesidad para una inspiración estrictamente moral. En parte, yo no estaba de acuerdo, por la sencilla razón de que durante mi infancia había conocido a comunistas activos de gran altruismo, y en parte por una razón más compleja que el propio interés de todo trabajador oprimido lo conduciría a quedarse en casa antes de arriesgar su pellejo en una revolución cuyo éxito o fracaso no se vería influenciada por su participación en ella. Los trabajadores revolucionarios y *a fortiori*, los *bourgeois fellow travellers* (n.d.t. "compañeros de viaje", simpatizantes, no afiliados al partido), sin un interés material particular en el socialismo, deben estar forzosamente inspirados moralmente. Pero yo pensaba que mientras el materialismo histórico echaba luz sobre las diferentes formas históricas de injusticia (tales como esclavitud, servidumbre y la condición de ser un proletario) y de cómo eliminarla, el materialismo no tenía nada que decir acerca de lo que implica la justicia (atemporal). Por lo tanto tampoco tenía ascendencia sobre mi concepción de la filosofía política.

Tampoco enfrenté a mi marxismo con mi filosofía política, al poner a disposición la filosofía política a la praxis socialista según mis concepciones. Ya que, si bien, tomé por sentado que el socialismo iba a ser preferido al capitalismo por razones de principios normativos, y no, como algunos bizarramente sugerían, debido a que el materialismo histórico mostró que su advenimiento era inevitable, yo también pensaba que el socialismo era tan evidentemente superior al capitalismo desde *cualquier* punto de vista moralmente honesto, con respecto a *cualquier* principio atractivo (de utilidad, o igualdad, o justicia, o libertad, o democracia, o auto realización) que no había necesidad de identificar el o los puntos de vista correctos desde el cual adjudicarlo, ni tampoco era necesario especificar cual o cuales eran los principios que guiarían la lucha por el socialismo, y por lo tanto no convocar a construir una filosofía normativa para la causa del socialismo. No creía que le incumbiese a un filósofo socialista en su condición de tal, entrometerse en la filosofía política, ya que el caso del socialismo parecía tan seductor que sólo por motivos de escaso razonamiento, que reflejan prejuicios de clase u otros, podría persuadir a alguien contra el socialismo. Se necesitaban principios

estimulantes para el movimiento socialista, los cuales estaban suficientemente presentes en él. Pero la filosofía política, la búsqueda sistemática de
principios correctos, y para las estructuras (descriptas en su generalidad) que
podrían llevarlas a cabo, no era un requerimiento de los aliados, y era poco
probable que el enemigo se sintiese atraído por el socialismo, dado que su resistencia al socialismo no era una cuestión de principios. Por lo tanto, no me
involucré con la filosofía política y moral, en un sentido creativo. La enseñé,
pero ese no era el sitio adecuado para mi trabajo de investigación, el cual fue
orientado hacia el esclarecimiento y la defensa del materialismo histórico.

2. Nunca había oído argumentos en contra del socialismo para el que
no hubiera ya tenido una respuesta bajo la manga. Entonces, en 1972, en
mi habitación en la University College, Jerry Dworkin hizo tambalear mis
convicciones. Él comenzó un proceso que en su momento me sacó de lo que
por mucho tiempo fue mi refugio socialista dogmático. Lo logró haciéndome
dudar desde su discurso anti socialista basado en Wilt Chamberlain, como
más tarde aparecería en la publicación venidera *Anarchy, State, and Utopia*[3] de
Robert Nozick. Mi reacción a dicho argumento fue una mezcla de irritación
y ansiedad. Estaba convencido de que mi reacción dependía de una cuestión
mágica, pero al mismo tiempo me invadía el temor latente pero inminente de
que en cambio se tratase de algo real.

El argumento de Nozick apareció con toda su fuerza, primero en *Philosophy and Public Affairs* en el otoño de 1973 y finalmente en 1974 en la
publicación *Anarchy*, y en consecuencia me vi profundamente involucrado
con dicha argumentación. A tal punto que desde febrero a mayo de 1975
permanecí en Princeton en la vecindad de dos filósofos excepcionalmente
eruditos, Tom Nagel y Tim Scanlon. Ellos se posicionaban ideológicamente a
la izquierda de Nozick pero yo estaba a la vez, fascinado y al mismo tiempo
confundido al ver que los filósofos no estaban impresionados por los argumentos de Nozick. Tal vez, esto dependía del hecho de que ambos estaban
familiarizados desde hacía muchos años, a diferencia mía, con el autor y su
libro en preparación, y por lo tanto, tenían ya las respuestas antes de que el
libro apareciese; pero yo estoy seguro de que fue por lo menos en parte por
razones mucho más profundas que serán exploradas en el capítulo VI más
adelante donde, como su subtítulo lo indica, intento explicar por qué los
marxistas como yo éramos vulnerables al libertarianismo de Nozick, de una
forma que los liberales como Nagel y Scanlon no lo eran. Muchos amigos y

---

[3] El núcleo del argumento de Wilt Chamberlain se reproduce en el largo extracto de *Anarchy*
el cual aparece en el Capítulo 1, más abajo. Los lectores que no están familiarizados con el
argumento pueden leerlo antes de continuar con la lectura de esta introducción.

colegas estaban sorprendidos por la seriedad con la que yo y otros marxistas abordamos el libertarianismo. Ellos pensaban que desde el momento que los liberales de izquierda como Scanlon y Nagel podían desacreditar tranquilamente la visión de Nozick, entonces, *a fortiori*, esto no debería, obstaculizar a personas como yo.

Las conjeturas que de acuerdo a mi concepción, esclarecen el inesperado contraste, se despliegan en el capítulo VI *a posteriori*.

Si la gente tenía razón o no de sorprenderse porque yo demostraba un gran respeto ante el desafío de Nozick, sí, es verdad, yo lo respetaba, y por lo tanto resolví, en 1975 que una vez completado el libro que estaba escribiendo acerca del materialismo histórico, me dedicaría de lleno a la filosofía política, y el presente libro es justamente la demostración del viraje de mi compromiso.

En Princeton di clases sobre la teoría de Nozick y por lo tanto desarrollé los conceptos que aparecen en el siguiente capítulo 1. Revisaré ese capítulo y los demás de este libro. Pero antes que nada deseo explicar mi viraje de lo que de algún modo sería la cuestión relacionada al abandono de mi temprana posición quijotesca en relación a la justificación del socialismo, hacia un mayor descuido de las cuestiones de la justificación normativa en la tradición marxista. Entre otras cosas, explicaré por qué los pretextos que justificaban en el pasado tal abandono, hoy ya no tienen cabida.

3. El marxismo clásico se diferenciaba de aquel concebido socialismo utópico a través de la declaración de un compromiso con el empecinado análisis histórico y económico: se vanagloriaba de lo que consideraba ser el firme carácter fáctico de sus conceptos centrales. El título del libro de Engels, *The Development of Socialism from Utopia to Science*[4], articula esta parte de la auto interpretación marxista. El socialismo, que entonces se distinguía por sus altos ideales, luego permanecería basado firmemente en lo fáctico.

La auto descripción heroica –y posiblemente incoherente[5]– del marxismo, estaba parcialmente justificada. Ya que sus fundadores y simpatizantes se diferenciaban de los antecesores socialistas como Charles Fourier y Robert Owen por abandonar la detallada descripción de las sociedades imaginarias perfectas, y ellos dieron un gran paso adelante en la comprensión real de cómo funciona el orden social. Pero la clásica auto descripción marxista

---

[4] El libro es usualmente llamado *Socialismo: utópico y científico*, en castellano. La versión del título mencionado más arriba traduce el título alemán más evocativo: *Die Entwicklung des Sozialismus von der Utopie zur Wissenschaft*.

[5] Si bien en realidad era incoherente depende del sentido exacto en el que el socialismo se supone iba a ser una ciencia, y que en ella permanecería. Esa cuestión interpretativa es demasiado compleja para ser analizada aquí.

autocomplaciente, incoherente o no, en parte fue seguramente un acto de soberbia. Porque los valores de igualdad, comunidad, y auto realización del ser humano, eran indudablemente inherentes a la base ideológica del marxismo. Todos los marxistas clásicos creían en algún tipo de igualdad, si bien muchos de ellos negaban admitir que creían en tal concepto, y ninguno de ellos tal vez, habría afirmado con precisión en qué principio de igualdad realmente creía.

Sin embargo los marxistas no estaban preocupados, y por lo tanto nunca revisaron los principios de igualdad, y, ni siquiera, ningún otro valor o principio.

Por el contrario pusieron su capacidad intelectual en la construcción de un sólido caparazón fáctico alrededor de sus propios valores, reforzando con tesis aclaratorias heroicas acerca de la historia en general y del capitalismo en particular, las tesis que le dieron al marxismo su poder en el campo de la doctrina socialista y aun ciertamente su autoridad moral, porque su fuerte labor intelectual en materia de historia y teoría económica, demostró la profundidad de su compromiso político.

Y ahora el marxismo ha perdido mucho o casi todo de su caparazón, y de su sólido escudo de supuesto realismo. Ya casi nadie lo defiende académicamente y ya no existen más "agentes del aparato" que creen poder aplicarlo aun en las oficinas del Partido. En las áreas en que el marxismo está aún vivo, por ejemplo, se podría decir que de algún modo éste aparece en el trabajo de académicos como John Roemer y Philippe van Parijs, presentándose como un conjunto de valores y modelos para llevar a cabo dichos valores. Por lo tanto, ahora, está lejos de ser distinto al modo en que alguna vez hacía propaganda de sí mismo, en relación al socialismo utópico, con el cual el marxismo tan orgullosamente decía diferenciarse. Su caparazón está quebrado y ajado, y sus débiles entrañas, expuestas.

Permítanme ilustrar lo que fue la pérdida del caparazón fáctico del marxismo en relación al valor de la igualdad, fuente de inspiración de este libro.

Los marxistas clásicos creían que la igualdad económica era a la vez, históricamente inevitable y moralmente correcta. Creían en lo primero a plena conciencia, y en lo segundo con menos énfasis, y evadían dar respuestas cuando se les preguntaba si creían en lo segundo. En parte se debía al hecho de que creían que la igualdad económica era históricamente inevitable y los marxistas clásicos no perdían tiempo pensando en *por qué* la igualdad era moralmente correcta, y el por qué la misma se vinculaba inevitablemente a la moral. La igualdad económica estaba llegando, era bienvenida y sería una pérdida de tiempo teorizar acerca de por qué era bienvenida, más que preocuparse por cómo lograr instaurarla lo más rápido y lo menos dolorosamente posible, ya que en el momento en el que la igualdad económica fuera lograda, y los costos para alcanzarla, no fueran, a diferencia de la igualdad económica en sí misma, inevitables. Dos corrientes históricas supuestamente incontenibles, trabajando en conjunto, garantizarían finalmente la igualdad económica. Una era el nacimiento de una clase obrera organizada, cuya inserción social, en los extremos de la desigualdad, dirigiría dicha clase hacia el final a favor de la igualdad. El movimiento obrero crecería en número y fuerza, hasta tener el poder de abolir la sociedad desigual que habia alimentado su crecimiento. Y la otra corriente que contribuiría a asegurar una eventual igualdad, era el desarrollo de las fuerzas de producción, el incremento continuo del poder humano para transformar la naturaleza a favor del hombre.

Tal crecimiento produciría una abundancia material de tal magnitud que todo lo que garantizara una vida plenamente rica y satisfactoria para el hombre, podría ser tomada sin costo alguno del fondo común.

La futura abundancia garantizada serviría como fuente de refutación a la suposición de que la desigualdad podría volver a emerger, de una nueva manera, *después* de la revolución, en forma pacífica o sangrienta, legal o ilegal, rápida o lenta, que el proletariado podría y llevaría a cabo. Habría un periodo de transición de limitada desigualdad, a lo largo del transcurso de la fase inferior del comunismo tal cual Marx lo describió en su crítica al *Programa Gotha*, pero, cuando 'todos los beneficiados de la riqueza social (llegasen) a emerger con más libertad', hasta la desigualdad limitada, desaparecería,[6] porque todos tendrían todo lo que deseaban poseer.

La historia ha destruido las predicciones relatadas en el párrafo anterior. El proletariado por un tiempo creció en número y en fuerza, pero no se convirtió jamás en la 'inmensa mayoría'[7] de la cual se esperaba que continuase expandiendo su tamaño y aumentando su poder, debido a que al final fue reducido y dividido a través de la sofisticación tecnológica en aumento del proceso de producción capitalista. Y ahora, el desarrollo de las fuerzas productivas se acumula en contra de una barrera de recursos. El conocimiento técnico no se ha detenido, y no detendrá su crecimiento, pero el poder productivo, que es la capacidad (tomando en consideración todo) para transformar la naturaleza en valor de uso, no puede expandirse *paripassu* al crecimiento del conocimiento técnico, porque el planeta Tierra se rebela: sus recursos resultan no ser suficientemente abundantes como para que se mantenga el crecimiento continuo del conocimiento técnico capaz de generar una expansión incesante de valor de uso.

No fue sólo mi encuentro con Nozick, sino también mi pérdida de confianza en los dos grandes enunciados marxistas fácticos acerca de las perspectivas

---

[6] Ver Capítulo 5, sección 3 más abajo.
[7] El *Manifiesto Comunista.*

21

en relación a la igualdad, los que alteraron el rumbo de mi investigación profesional. Habiendo ocupado la tercera parte de mi carrera académica (y espero no tener que ocuparme más) dedicándome a explorar los fundamentos y las características de las dos predicciones descriptas más arriba[8], me encuentro, al final del segundo tercio (putativo) de mi carrera, ocupado en cuestiones filosóficas acerca de la igualdad de las cuales precedentemente creía no necesitaban ser investigadas, desde un punto de vista socialista.

En el pasado, parecía no existir la necesidad de discutir acerca de los atractivos de una sociedad socialista igualitaria. Hoy, pienso un poco diferente.

4. Analicemos con más profundidad los dos "inevitabilitarian" conceptos marxistas conductores mencionados más arriba.

El primer concepto es falso porque el proletariado está en vías de desintegración, materia de la que me ocupo con más precisión en la sección 5 del capítulo 6 de este libro.

La lucha por la igualdad consecuentemente ya no es un movimiento reflejo formado por un agente ubicado estratégicamente dentro del proceso capitalista en sí mismo: los valores socialistas han perdido sus bases en la estructura social capitalista. Porque aunque elijamos aplicar la tan discutida categoría "clase trabajadora", hoy ya no existe ningún grupo en la sociedad industrial avanzada que reúna las cuatro características tales como: (1) ser los productores de los que la sociedad depende, (2) ser explotados, (3) ser (con sus familias) la mayoría de la sociedad, y (4) vivir con necesidades extremas. Obviamente aún existen productores clave, personas explotadas, y gente necesitada, pero hoy ya no son, como lo eran en el pasado, categorías designadas extremas y lejos de ser categorías designadas alternativas de la inmensa mayoría de la población. Y como resultado, no hay ningún grupo que posea ambas características, tales como, un interés apremiante por un lado (a causa de la explotación y las carencias extremas) y por otro lado una real capacidad para lograr la transformación socialista (a causa de su productividad y su dimensión). Con la íntima ilusión de que el proletariado se convirtiese en tal categoría, el marxismo clásico fracasó en anticipar lo que nosotros ahora conocemos como el curso natural de la evolución social capitalista.

En parte se debe a que ahora no existe ningún grupo que reúna claramente las cuatro características mencionadas, y por lo tanto, el deseo de, y la capacidad para llevar a cabo la revolución, obliga a los marxistas o lo que eran los marxistas, a adherir a una filosofía política normativa. La desintegración de

---

[8] Me ocupé más del desarrollo de las fuerzas productivas que del carácter y destino de la clase trabajadora, pero había iniciado un proyecto sobre clase y conflicto de clase, que dejé de lado cuando algunas cuestiones normativas se convirtieron en una cuestión prioritaria.

tales características produce la necesidad intelectual de filosofar, y la misma está relacionada con la necesidad política de esclarecer ahora más que nunca los valores y principios por el bien de la causa socialista. No hay que justificar una transformación socialista como una cuestión de principios por aquellos que están impulsados a hacerlo por sus propias urgencias y en condiciones favorables para lograrlo. No debemos decidir cuál de estos principios justificaría una sociedad socialista, para convencer a las personas de bien, cuando creemos que tantos de estos principios justifican el socialismo ya que todas se inclinarían por al menos uno de estos. Para cuando el grupo, que reúne las cuatro características ya mencionadas, apremiado por sus necesidades más extremas, reconoce en el socialismo su fuente de alivio, el socialismo entonces será una demanda de la democracia, de la justicia, de las necesidades elementales del hombre, y hasta de bienestar general.[9]

Pero el proletariado no logró, ni logrará, la unidad y el poder anticipados por el ideal marxista. El capitalismo no cava su propia tumba haciendo surgir una agencia de transformación socialista[10]. Por lo tanto los socialistas deben acostumbrarse a un escenario menos dramático, comprometiéndose a una militancia más moral de lo que solía ser la habitual. Y ahora quiero discutir dentro del marco de estos hallazgos, un aspecto de esta noción que nos pone sobre el tapete las bases de demanda por la igualdad que es nueva, en relación al marxismo tradicional, y también a la expectativa liberal fundamental. Como veremos, esta nueva base está relacionada con el falso concepto de predicción de abundancia del marxismo, que en el pasado constituyó la base no para demandar igualdad, pero sí por creer que dicha demanda fuese inevitable.

La nueva base de la demanda de igualdad está relacionada con la crisis ecológica, la cual implica una crisis para toda la humanidad. El nivel de amenaza es una cuestión de controversia entre los expertos, y tal es la forma de la solución requerida, si, en realidad, no es ya demasiado tarde para hablar de soluciones. Pero hay dos proposiciones que me parecen verdaderas: que nuestro ambiente está ya gravemente dañado, y que, si existiese una salida para la crisis, esta debería incluir la disminución del consumo con muchos menos materiales agregados de los que hoy existen, y como resultado, esto

---

[9] A veces, cuando expreso mi pensamiento antes expuesto acerca de la desintegración de la clase trabajadora, se me dice que, si amplío mi modo de ver, vería que las cuatro características de mi lista aún pueden venir juntas, pero, ahora, a escala global. Se me acusa de pasar por alto el hecho de que está emergiendo un proletariado *internacional* formado clásicamente. Pero esto, así lo creo, es instructivamente falso: véase 'Igualdad como Hecho y como Norma', en la sección 3.

[10] Ver el *Manifiesto Comunista*.

implicaría cambios indeseables en el estilo de vida, para cientos de millones de personas.

Permítanme distinguir entre lo que es una certeza y lo que es una conjetura en esa aseveración tan desagradable. Está fuera de discusión que el consumo de occidente, *medido en términos de uso de la energía combustible fósil y los recursos naturales,* debe disminuir drásticamente, y el consumo no occidental, considerado en su totalidad, nunca llegará a los mismos niveles de consumo al que occidente está habituado, *según los cálculos.*

Pero la clasificación que aportan las frases en letra cursiva, es importante. Seguramente no lograremos tener los mismos bienes del nivelde vida occidental ni los mismos servicios para todos, ni tampoco lograremos sostenerlos para la minoría que extensamente ha disfrutado de los mismos, usando los combustibles y materiales que hasta ahora hemos utilizado para abastecerlos. Es menos probable que podamos garantizar los bienes y los servicios a través de los habituales medios para obtenerlos, con nuevos medios, en la escala deseada. Pero yo creo que la segunda afirmación, acerca de los bienes y de los servicios como tales, también es verdadera[11], y las siguientes observaciones continúan bajo tal afirmación. Cuando la riqueza agregada aumenta, la condición de los que están en la base de la sociedad, y en el mundo, puede mejorar aun cuando la brecha entre ellos y los ricos no disminuya. Cuando tal mejora sucede (y ha sucedido, en una escala substancial para muchos grupos en desventaja), la justicia igualitaria no cesa de demandar igualdad, pero la demanda puede parecer estridente e incluso peligrosa, si los más carenciados mejoran sostenidamente su condición, e incluso así, no logran alcanzar el nivel de los sectores más acomodados. Cuando, sin embargo, el progreso debe dar lugar al retroceso, cuando el estándar de vida material promedio debe caer, entonces los pobres y los países pobres, se quedan sin la esperanza de poder arrimarse a los niveles de bienestar disfrutado por los sectores acomodados del mundo. La caída abrupta del estándar promedio, significa que la consolidación de una mejoría ilimitada, en cambio de la igualdad, cesa de ser una opción, e inmensas disparidades en riqueza, se vuelven cada vez más insoportables, desde un punto de vista moral. Cabe remarcar, el fuerte contraste entre el caso precedentemente descripto basado en la cuestión ecológica acerca de la baja tolerancia ante la desigualdad y la creencia mar-

---

[11] Esto significa que, entre otras cosas, si llegase la bomba atómica, relativo a cuán alarmante es ya nuestra situación, la misma no está llegando lo suficientemente rápido como para viciar las observaciones que siguen. (No podemos excluir que la predicción de Marx acerca de la abundancia será reivindicada en un futuro lejano. Las presentes observaciones reflejan forzosamente mi afirmación de probables restricciones para un futuro lo suficientemente extenso como para justificar extrema preocupación, ya sea que la predicción clásica algún día se satisfaga o no.)

24

xista tradicional. El lograr la igualdad marxista ('Para cada uno de acuerdo a su capacidad y para cada cual de acuerdo a su necesidad') está basada en la convicción de que el progreso industrial lleva a la sociedad a un nivel de abundancia tan fluida que es posible proveer lo que cada uno necesita para llevar una vida satisfactoriamente rica. Por lo tanto no hay lugar para competir por la primacía, tanto entre los individuos como entre los grupos. Un (supuesto) futuro inevitable y pleno fue la razón para *predecir* la igualdad. La pobreza persistente es hoy motivo para insistir con la *demanda*.

No podemos seguir sosteniendo el optimismo, extravagante, materialista, y pre-ecologista de Marx. Por lo menos para el futuro cercano, tenemos que abandonar la idea de abundancia. Pero, si no me equivoco, acerca de las escasas alternativas que desencadenó la crisis ecológica, también debemos abandonar, con el dolor del tener que dejar de lado las políticas socialistas, un severo pesimismo acerca de la posibilidad *social* que acompaño el optimismo de Marx, en relación a la posibilidad *material*. Marx creía que la abundancia material no era solamente una condición suficiente sino también necesaria para la igualdad. Él pensaba que cualquier situación en la cual desapareciese ese grado de abundancia completa, la única condición para eliminar los mayores conflictos de interés, garantizaría el conflicto social permanente, una 'lucha por las necesidades... y todo el viejo y sucio negocio'.[12] Esto *sucedió porque él sentía un gran escepticismo en relación a las consecuencias sociales de toda circunstancia excepto la abundancia ilimitada que Marx necesitaba para recuperar el optimismo, en relación a la posibilidad de dicha abundancia[13]*.

Por lo tanto, lo anterior enriquece la explicación delporqué del fracaso del marxismo tradicional para poner en primer plano las cuestiones relacionadas con la justicia distributiva. Bajo condiciones de pobreza, según sostiene el marxismo tradicional, la sociedad de clases es inevitable, sus estructuras de propiedad establecen cuestiones de distribución, y la discusión acerca de la justicia es por lo tanto una cuestión banal, ya que un movimiento político cuya tarea debe ser subvertir la sociedad de clases, en vez de decidir cuál de los muchos criterios a través de los cuales dicho movimiento se torna injusto, es el criterio correcto para condenarlo. Tampoco es necesario indagar en lo que, precisamente, la justicia demandará en la futura condición de abundancia. Para el comunismo, en el cual todos tienen lo que desean, la justicia sobrevendrá sin esfuerzo y se logrará, en cualquiera de sus acepciones, sean

---

[12] *The German Ideology,* p. 49.

[13] De esto no se deduce que su optimismo en relación a tal objetivo fuese totalmente irracional, en realidad, nace de su profunda aversión a la desigualdad. Si Marx tenía también buenas razones para creer en la futura abundancia, no puede ser juzgado sin un estudio más profundo que el que yo he llevado adelante acerca de la crítica a los pésimos pronósticos de la economía política clásica.

estas utilitarias, igualitarias o libertarias. Pensar en esta cuestión: '¿Cuál es la forma correcta de distribución?' es banal en relación al presente e innecesaria en relación al futuro.[14]

No podemos seguir creyendo en las premisas fácticas de esas conclusiones acerca de la relevancia práctica (o no) del estudio de las normas. No podemos compartir el optimismo de Marx acerca de la posibilidad material, pero tampoco podemos compartir su pesimismo acerca de la posibilidad social, si queremos sostener un compromiso socialista. No podemos confiar en la tecnología para que la mismanos resuelva los conflictos: si estos tienen solución, entonces la misma depende de nosotros, a través del intenso trabajo político y teórico. El marxismo pensaba que la igualdad nos sería entregada, a través de la abundancia, pero nosotros tenemos que encontrar la igualdad para un contexto de pobreza y consecuentemente, tenemos que prestar mucha más atención que antes, acerca de lo que estamos buscando, qué es lo que justifica nuestra búsqueda y cómo gestionarla institucionalmente. Ese reconocimiento debe guiar los futuros esfuerzos de los economistas y filósofos socialistas.

5. Ahora quisiera describir los capítulos que se encuentran más adelante, y que muestran el desarrollo de mi respuesta al desafío libertario.

El principio libertario de la propiedad de sí dice que cada persona disfruta, de sí misma y de su propio poder, de los derechos plenos y exclusivos de control y de uso, y por lo tanto no está   obligado a ponerse al servicio de nadie, así como tampoco le debe ningún producto a nadie, salvo que lo haya contratado para tal propósito.

Me llevó muchos años llegar a comprender, lo que hoy considero elemental, que el principio afirmado es el núcleo del libertarianismo, y muchosmás años comprender que éste es el motivo por el cual el libertarianismo les molesta a algunos marxistas, desde que, como explicaré en el capítulo 6, el apelar al concepto de propiedad de sí está latente en la condena marxista

---

[14] Lo que Marx llamó 'la fase inferior del comunismo' (que, siguiendo el último discurso marxista, llamaré 'socialismo') aporta una objeción a dicha afirmación, si bien no se trata de una objeción devastadora. La objeción es que el socialismo refuerza una regla de la distribución (a cada uno, según su aporte) que se puede representar como una respuesta que los marxistas dan a la pregunta acerca de cuál es la forma correcta de distribuir. Pero esta objeción a la afirmación en el texto no es devastadora, por dos motivos. Primero, el socialismo es visto como una forma meramente transicional y la regla que lo gobierna se justifica como adecuada a la tarea del socialismo en relación a la preparación del camino hacia el comunismo pleno, en vez de lo que requiere la justicia abstracta. Segundo, el marxismo considera que la regla socialista es medianamente inevitable, en la actual etapa histórica: no considera dicha regla una elección que requiera justificación normativa del elenco sustancial de opciones políticas. (Para más profundización acerca de las dos etapas del comunismo, ver la sección 3 del Capítulo 5, más adelante).

estándar de la explotación, y por lo tanto es difícil para los marxistas rechazar el libertarianismo sin poner un signo de interrogación en las propias posiciones claves.

Antes de lograr el primer objetivo, en torno a 1980, y por lo tanto habiendo llegado a focalizar al enemigo –aunque todavía no a nuestros propiosenemigos del lado marxista– elaboré una respuesta al libertarianismo en la cual la idea de propiedad de sí, no se menciona. El capítulo 1 repite con algunos pequeños cambios, que la respuesta inicial, que es una extensa crítica de Robert Nozick al argumento de Wilt Chamberlain: demuestro que dicho argumento fracasa en su propósito, el cual consiste en establecer que los principios socialistas y liberales promueven la injusticia y la falta de libertad.

El artículo que se convirtió en el capítulo 1 fue mi primer ejercicio en filosofía política normativa. Las omisiones, a veces hechas adrede, a un número de preguntas acerca de las relaciones entre la libertad, la justicia y la coerción cuyas respuestas aun no me eran claras, y que más tarde pude confrontar en un trabajo posterior. El capítulo 2 trata dos de las cuestiones desarrolladas en el capítulo 1 que necesitan ser profundizadas.

Le presté especial atención a la fórmula nozickiana que dice que "todo lo que emerge de una situación justa, a través de acciones justas, es en sí misma justa", y entonces demuestro que su aparente auto evidencia de la cual Nozick se ocupa, es ilusoria. Por lo tanto me ocupo de la asimilación libertaria de la propiedad privada y de la libertad, y expongo la falsedad conceptual de la cual depende.

Cuando comprendí que el núcleo organizativo del libertarianismo es el principio de propiedad de sí, el hallazgo puso en marcha un programa de investigación cuyos resultados se detallan en los capítulos 3 a 10 *a posteriori*. (Los capítulos 3 al 7 repiten artículos ya publicados, con algunas correcciones y en forma más amplia; los capítulos 8, 9 y 10, son nuevos).

El capítulo 3, registra las primeras etapas de mi controversia con la tesis de la propiedad de sí. Se centra en un argumento común en el cual la tesis se presenta como una premisa. El argumento es que la igualdad puede lograrse sólo al precio de la injusticia, desde que el asegurar y mantener la igualdad requiere de la violación de los derechos de la propiedad de sí.

Ahora, para invalidar la justificación de la desigualdad, es necesario, o bien refutar la premisa de la propiedad de sí, o demostrar que la conclusión que aquí se deduce de la misma, que la desigualdad es inevitable, cuando se respeta la justicia, de hecho, no es una consecuencia de la misma. Decidí observar con atención el tema de la inferencia, en parte porque no encontraba el camino para hacer trastabillar la premisa de la propiedad de sí, en sí misma. Esto no quiere decir que yo haya aceptado tal premisa, sino que no podía encontrar el punto neutral desde donde desafiarla. Quizás, más aun, yo estaba a medias consciente de que había una unión suficiente entre la doctrina marxista acerca de la explotación (a la cual yo le debía cierta lealtad) y el principio de propiedad de sí como para animarme a un ataque frontal peligroso para este último. De cualquier manera la inferencia desde la propiedad de sí hasta lo inevitable de la desigualdad, era mi objetivo.

En el curso de mi reflexión acerca de dicha inferencia, lo que me conmocionó fue que mientras el principio de propiedad de sí, enuncia que cada individuo es enteramente soberano sobre sí mismo, no dice, abiertamente, nada acerca de los derechos que cada uno tiene en relación a los recursos, distintos a los humanos, y en particular, tampoco dice nada de los recursos y capacidades de la naturaleza sin la cual las cosas que los individuos desean no podrían producirse. ¿Por qué la desigualdad en la distribución de los objetos deseados sería una consecuencia necesaria de la implementación de un principio que habla solamente de la propiedad de las personas y que ubica a cada individuo a la par con el resto, en relación a su propiedad? La respuesta parecía ser en el caso de Nozick, que se enunciaba que el principio de propiedad de sí, estuviese pensado para implementar un principio que prontamente permitiese la formación de la propiedad privada desigual en partes de la naturaleza externa: instituir tal principio aseguraría la gran desigualdad de la distribución, de cualquier forma en la que se instaurase la última. Por lo tanto creí necesario y me pareció posible, discutir las reglas de Nozick en relación a la apropiación inicial del mundo externo, que dice que, está disponible (sujeto a clausulas muy débiles). Demostré que esas reglas no eran, en verdad, derivadas de la propiedad de sí, e independientemente de la cuestión de su origen, que ellas también eran bizarramente laxas: resultaban aceptables solamente para alguien que no hubiera dedicado tiempo a pensar acerca de la cuestión de la apropiación inicial. Por lo tanto yo podía llegar a la conclusión de que no se podía mostrar que el principio de propiedad de sí necesitase de la desigualdad en la forma particular que Nozick sostiene que en vez era posible. Hasta podría ser verdad que se necesitase de la desigualdad por alguna otra razón, pero yo creía que valía la pena establecer que Nozick no había demostrado que la desigualdad era una consecuencia necesaria de la propiedad de sí.

La próxima tarea, de alguna manera más ambiciosa, abordada en el capítulo 4, consistió en demostrar que tanto la propiedad de sí como la igualdad de condiciones, eran de hecho compatibles. Con ese objetivo en vista, me di cuenta que la idea de un fondo común de nivelación de los recursos externos, carecía del aspecto siniestro que muchos disciernen en la idea de un fondo común de nivelación del poder popular sobre sí mismos. De ahí emerge la especulación de que se podría asegurar, o acercarse, a la idea de que la igualdad de la condición extrema insistiendo en la igualdad de los recursos externos solamente, sin tocar, es decir, los derechos de las personas por encima de sus propios poderes. Si esto pudiera lograrse, sería posible una reconciliación entre la igualdad y la propiedad de sí.

En consecuencia, intenté construir una idea alternativa a la hipótesis "disponible" acerca del mundo externo de Nozick, para testimoniar que ésta pertenece conjuntamente a todos, teniendo cada uno un veto sobre su prospectivo uso. Y demostré que la igualdad de condición final, se reasegura cuando la hipótesis del igualitarismo acerca de la propiedad de los recursos externos se une a la tesis de la propiedad de sí. Estaba contento con el resultado, hasta que me di cuenta de que mis conclusiones estaban expuestas a una seria objeción. Ciertamente la igualdad derivaba sin brecha de las reglas de la propiedad de sí, pero la propiedad conjunta del mundo externo, convirtió en meramente formal la propiedad de sí de sus habitantes. Ellos no podrían usufructuar de sus derechos sobre la propiedad de sí para conseguir controlar substancialmente sus propias vidas, desde el momento en que todo lo que ellos quisiesen realizar u obtener estaría expuesto al veto de los demás.

En posteriores reflexiones, sin embargo, la victoria emergió de lo que en principio parecían ser las garras del fracaso. En tanto, me di cuenta de que mis antagonistas libertarios no podían objetar mi teoría, expuesta en el párrafo anterior. Ellos no podían argumentar que la propiedad conjunta del mundo externo degrada la propiedad de sí, mientras que la mera propiedad de sí adoptada por algunos en un mundo de propiedad conjunta es por lo menos tan consistente como lo es la no propiedad de sí de los proletarios, los cuales al contrario de un mundo de propiedad conjunta, no tienen ningún derecho sobre los recursos externos, y al mismo tiempo, por lo tanto, carecen de control real sobre sus propias vidas. A pesar de esto, los libertarios defienden como una forma de realización de la propiedad de sí, el mundo capitalista donde los proletarios proliferan.

Concluí que los libertarios estaban atrapados en un dilema: *simultáneamente* ellos no podían rechazar un mundo de propiedad conjunta (y totalmente igualitario) basándose en que éste emana propiedad de sí de su sustancia *y a la vez* defender una economía capitalista no modificada, en la cual la propiedad de sí de muchos individuos no es menos insustancial. Y ese dilema, dentro de la polémica particular que había elaborado, reflejaba una polémica aún más profunda. En tanto que los libertarios tenían ahora que elegir *si* la propiedad de sí como tal, o sea, la condición jurídica pura que no contempla la cuestión de si las reglas acerca de los recursos, y las circunstancias materiales, significan que la propiedad de sí otorga la libertad y la autonomía que promete, *o* la libertad y la autonomía que la propiedad de sí, así emerge, no garantiza. En la primera alternativa, su enfoque filosófico pierde encanto. En la segunda, su posición política necesita una revisión drástica.

Pero si el razonamiento explicado en el capítulo 4 lograba cuestionar la posición libertaria, también se convertía en un problema para los marxistas, hecho que ahora paso a explicar.

Cualquiera sea el valor polémico o de debate que la idea de la propiedad conjunta pueda tener, no es una regla que pueda ser favorecida por los igualitarios que se ocupan de la libertad real y de la autonomía. Y cualquier nuevo intento alternativo para asegurar la libertad real junto a la igualdad, combinando la propiedad de sí con una división inicial equitativa de los recursos externos, también fracasa. La implementación de tal fórmula, en un mundo con diferentes afinidades y talentos, genera desigualdad de los bienes y, si las diferencias entre las personas son lo suficientemente amplias, genera división de clases. Y este punto implica: ninguna regla igualitaria en relación a los recursos externos por sí misma podrá, junto a la propiedad de sí, otorgar igualdad de egresos, excepto, como en el caso de la propiedad conjunta, al precio del inaceptable sacrificio de la autonomía. Hay una tendencia en la propiedad de sí a producir desigualdad, y la única forma de eliminar dicha tendencia (sin achicar formalmente la propiedad de sí) es a través de un régimen sobre los recursos externos, tan rígido que termina excluyendo el ejercicio de los derechos individuales de cada individuo sobre sí mismo.

De esto se deduce que, según creo que ellos son, los marxistas (y sus descendientes en línea directa) están comprometidos tanto con la igualdad como con la autonomía, por lo tanto se ven obligados a rechazar la propiedad de sí, de alguna u otra forma e intensidad. Ellos tienen que distinguirse, en particular, más claramente de lo que ha sido su práctica, de los "libertarios de izquierda", quienes adhieren a una total propiedad de sí pero dividen los recursos mundiales de una manera inicialmente equitativa.[15]

Y esta admonición es el tema central del Capítulo 5. Este capítulo identifica dos áreas en las cuales los marxistas no logran tomar distancia de los libertarios de izquierda, ya que ellos deben ser fieles a sus convicciones básicas. La primera área es la crítica marxista (ni de esta ni de aquella parte de la historia capitalista, sino) de la injusticia del sistema capitalista como tal. En tal crítica, la explotación de los trabajadores por parte de los capitalistas deriva totalmente del hecho de que los trabajadores han sido privados del acceso a los recursos físicos de producción y por lo tanto deben vender su fuerza de trabajo a los capitalistas, quienes sacan ventaja de un monopolio de clase en relación a tales recursos. Por lo tanto para los marxistas, la injusticia del capitalismo es detectable a partir de la desigualdad inicial en

---

[15] El *Ensayo sobre los Derechos* de Hillel Steiner, es la afirmación del libertarianismo de izquierda más reciente, y probablemente el más sofisticada que jamás se haya escrito. Algunos de sus precursores se enumeran en el capítulo 5 más adelante.

relación a la distribución de las cosas externas y por lo tanto la abolición de la explotación, debería implicar el no rechazo de la tesis de propiedad de sí: debería bastar una rectificación de la desigualdad inicial de los recursos. Si el diagnóstico marxista de la fuente de injusticia capitalista fuese correcto, entonces el marxismo podría prescribir como antídoto contra ella, lo que los libertarios de izquierda prescriben como una cuestión de principios. Pero en realidad ningún marxista toleraría un mundo en el que la diferencia de talento permita a los individuos dueños de sí mismos, dividirse en clases de compradores y vendedores de la fuerza de trabajo aun cuando dicha posición se alcanza partiendo de una condición de igualdad inicial de los recursos externos. La crítica marxista estándar acerca de la explotación capitalista solo trabaja contra los capitalismos con historias oscuras. En tanto que los marxistas rechazan el capitalismo como tal, para ellos es necesario negar el principio de propiedad de sí.

La segunda área de la cual los marxistas deben tomar distancia del libertarianismo de izquierda es con respecto a la configuración de la sociedad ideal. En la sociedad ideal de Marx los recursos productivos no son propiedad privada (o para tal efecto propiedad conjunta),[16] sino que el individuo permanece efectivamente soberano de sí mismo. Él se dirige a sí mismo "según su libre albedrío",[17] desarrollándose libremente no solamente sin obstaculizar el libre desarrollo de los demás, sino que también como una "condición"[18] del libre desarrollo de los demás. La abundancia hace que sea innecesario *poner* el talento de los que naturalmente están mejor dotados al servicio de los menos dotados con la intención de establecer una igualdad de condiciones, y es por lo tanto innecesario oponerse o modificar la propiedad de sí con el objetivo de lograr la igualdad. Pero, como he ya insistido en la sección 4, si tal abundancia está ahora fuera de todo cuestionamiento, por lo tanto la misma es también una sociedad igualitaria en la cual nadie está obligado a hacer lo que no quiere, obligado por los demás.

Los marxistas deben legislar en contra de la propiedad de sí, en vez de evitar la cuestión celebrando la libertad absolutamente ilimitada debido a todo lo que la abundancia sería capaz de proveer.

Mientras que el capítulo 5 sostiene que los marxistas no logran eliminar la propiedad de sí, el capítulo 6 sostiene la demanda más fuerte de que en las presentaciones estándar de la doctrina de la explotación, ellos afirman

---

[16] Uno podría decir que se poseen en forma compartida, en el sentido lockeano que dice que todos tienen la libertad de acceso a los recursos productivos, o incluso que los mismos no se poseen en absoluto, desde que la abundancia implica que no se requieren reglas que gobiernen su uso.

[17] La *Ideología Alemana*.

[18] *El Manifiesto Comunista*.

aproximadamente, como una implicación del cargo, que los capitalistas explotadores roban tiempo de trabajo a los trabajadores, ya que los últimos son representados como si su propia fuerza de trabajo les perteneciese. Yo creo que es por este motivo que algunos denosotros que tenemos una formación marxista estamos más molestos por los argumentos libertarios que los liberales al estilo de Rawls: nosotros heredamos una crítica al capitalismo que se sostiene, no conscientemente, en una premisa libertaria. Consecuentemente, nos descubrimos a la vez más vulnerables en relación al libertarianismo y al mismo tiempo mejor posicionados que los liberales para evaluar, y por lo tanto para derrotar, el desafío libertario.

El capítulo 7 interrumpe el desarrollo de lo enunciado desde el capítulo 3 hasta el capítulo 6, ya que se involucra más que los otros con la historia del pensamiento político, y con los temas textuales y conceptuales en Marx, y particularmente en Locke. En relación a Marx, digo que hay una tensión severa entre la extrema importancia otorgada a la distribución de los recursos mundiales en su diagnóstico en el que se le atribuye ser la causa de la explotación capitalista (ver el resumen del siguiente capítulo 5), y la falta de importancia de los recursos mundiales según su postura acerca de la fuente de valor que la ubica solamente en la mano de obra. Entonces, señalo que la idea cuestionable (ciertamente confusa) de que el trabajo es la única fuente de valor plausible al servicio de los fines de la desigualdad, y que tales son los objetivos que algo *como* una teoría del valor-trabajo sirve en ciertos parágrafos del capítulo 5 de *Second Treatise of Government* de Locke. Someto la teoría del trabajo de Locke a un escrutinio destructivo, y, para concluir contrasto mi interpretación acerca de Locke, con la de Jame Tully, que cree que hay poca defensa de la propiedad privada y de la desigualdad en el *Second Treatise*.

El capítulo 8 enuncia una aparente inconsistencia en la caracterización del marxismo en los primeros capítulos, entre la sugerencia (fundamentalmente en el capítulo 5) de que la distribución inicial desigual de los medios de producción, es, para el marxismo, la injusticia fundamental en la explotación capitalista y la idea aparentemente contraria (especialmente en el capítulo 6) de que el marxismo considera que la injusticia fundamental del capitalismo es la extracción de la plusvalía, que se hace posible gracias a la injusta distribución de los recursos productivos. La reconciliación de ambos reclamos se logra haciendo una distinción entre las injusticias causalmente fundamentales y las injusticias normativamente fundamentales, con una distribución desigual de los recursos siendo, aquí, la primera, y la segunda la extracción de la plusvalía. Los resultados emergentes son usados para vencer el escepticismo acerca del significado normativo de la explotación el cual ha sido transmitido por John Roemer.

El capítulo 9 intenta describir razonablemente el contenido del concepto de propiedad de sí, frente a los reclamos (por ejemplo, por Immanuel Kant) que dice que eso es incoherente y (por ejemplo, por Richard Arneson y Ronald Dworkin) que dicen que es poco claro para ser un tema de interés en filosofía política. Yo también disiento, con David Gauthier, que dice que el principio de propiedad de sí, exime del acto tributario a los talentos productivos, y, también discrepo con John Rawls, que dice que los libertarios tienen razón cuando insisten con que tal tributo fiscal obliga a los sujetos productivos a *ayudar* a los sujetos improductivos.

El capítulo 10 concluye con la discusión sistemática de la propiedad de sí. Intento impedir que la tesis sea apelada, argumentando que compresivamente su propuesta no representa ni el costo de rechazarla ni los beneficios de aceptarla. Demuestro, más precisamente que la negación franca de la propiedad de sí, no significa adherir a la esclavitud, eliminar la autonomía humana, y tratar al ser humano como medio en vez de como un fin, y que afirmar la propiedad de sí amenaza la autonomía y no da ninguna garantía en absoluto contra el uso utilitario de los seres humanos. La tesis de la propiedad de sí no es por lo tanto (estrictamente) rechazada, pero es difícil ver por qué alguien tendría que sentirse atraído por ella, después de haber comprendido sus verdaderas características.

El capítulo final comienza con reflexiones personales acerca del impacto en los socialistas debido al fracaso desastroso del experimento soviético. A continuación hay comentarios acerca de las posiciones y las perspectivas de los ideales socialistas en la década final del siglo veinte.

1.Robert Nozick y Wilt Chamberlain: cómo los modelos preservan la libertad

> Supongamos que he vendido el producto de mi trabajo por dinero, y que he usado el dinero para contratar a un trabajador, o sea, he comprado la fuerza de trabajo de otro individuo. Al sacar provecho de la fuerza de trabajo de otro, me convierto en el propietario del valor que es considerablemente más alto que el valor que yo gasté para su compra. Esto, *desde un cierto punto de vista*, es muy justo, porque se ha ya reconocido, que después de todo, yo puedo utilizar lo que me he asegurado a través del intercambio como lo mejor y más ventajoso para mí mismo...
>
> George Plekhanov, *The Development of the Monist View of History*

1. Robert Nozick se ocupa del punto de vista que Plekhanov describe, y su *Anarchy, State, and Utopia* es en buena medida una elaboración ingeniosa del argumento para el capitalismo que Plekhanov esboza. El capitalismo que Nozick propone es más puro que el que nosotros tenemos actualmente. El mismono destina la recolección fiscal para el bienestar social, y por lo tanto produce grados de pobreza y desigualdad mucho más grandes que lo que la mayoría de los apologistas de la sociedad burguesa contemporánea consentirían actualmente.

Este capítulo es solo indirectamente una crítica a la defensa de Nozick del capitalismo. Su objetivo inmediato es refutar el argumento principal de Nozick contra un rival del capitalismo, el socialismo. Esta refutación reivindica elsocialismo contra aquel argumento, pero ningún opositor al socialismo en otros aspectos debería esperar convertirse en virtud de lo que aquí se dice.

El caso de Nozick contra el socialismo puede ser abordado de dos modos. Él propone una definición de justicia en términos de libertad y sobre esa base argumenta que lo que los socialistas[1] consideran justo, en realidad no lo es. Pero aun si su definición de justicia fuese errónea, por lo que la base de su crítica, abordada desde ese primer concepto, estuviese equivocada, aun así, él coaccionaría pronunciándose contra el socialismo, y si bien justo o no, sería incompatible con la *libertad*. Si bien Nozick está equivocado acerca de lo que es la justicia, de cualquier forma, él podría tener razón al decir que el costo de la pérdida de libertad impuesto por lo que los socialistas en cambio consideran como algo justo, es intolerablemente alto. (De lo anterior deriva el título de la sección del libro sobre el cual nos focalizaremos: "Cómo la Libertad Incomoda a los Modelos" –modelos que son distribuciones que responden a, por ejemplo, un principio socialista de justicia–). Por lo tanto no es suficiente para defender el socialismo en contra de Nozick, probar que él no ha demostrado que el socialismo es injusto. También hay que probar que él no ha demostrado que el socialismo frustra la libertad.

2. Para nuestro objetivo no es necesaria una definición exhaustiva del socialismo. Todo lo que necesitamos suponer es que la sociedad socialista enarbola algún principio de igualdad en la distribución de los beneficios disfrutados y las cargas sostenidas por sus miembros. No hace falta especificar más profundamente el principio, desde el momento en que la teoría de Nozick es contraria a la institución de *cualquier* principio como tal.

Imaginemos ahora que se instituye un tal principio igualitario, y que el mismo conduce a la distribución tanto de lo bueno como de lo malo, lo cual siguiendo a Nozick, denominaremos D1. Luego Nozick argumenta poniendo un ejemplo, que D1 puede ser sólo sostenido al costo de la tiranía y de la injusticia. El ejemplo se refiere al mejor jugador de básquet en la sociedad imaginada.

> [...] supongamos que Wilt Chamberlain está muy requerido por equipos de básquet, siendo él un gran jugador y atractivo para la gente, en el papel de poste/defensa[...]. Él firma el siguiente tipo de contrato con un equipo: en cada partido local, 25 centavos de dólar por cada entrada al estadio son para él [...] la temporada comienza, y la gente concurre con entusiasmo a los partidos de su equipo; compran sus entradas, dejando cada vez por separado 25 centavos del precio de admisión en una caja especial que lleva el nombre de Chamberlain. Los concurrentes están ansiosos por verlo jugar, el precio de la entrada vale la pena para ellos. Supongamos que durante un campeonato concurren un millón de personas a los partidos locales, y Wilt Chamberlain gana por lo tanto us$250.000, una suma mucho mayor que el ingreso promedio... ¿Tiene

---

[1] Y otros, por ejemplo los liberales norteamericanos, pero mi preocupación es con la aplicación del argumento al socialismo.

él derecho a este ingreso? ¿Es esta nueva distribución D2 injusta? Si así fuera ¿Por qué? No cabe duda acerca de que cada una de las personas tuvo derecho a controlar los recursos que gastaron en D1; en virtud de que esa fue la distribución…y eso (en función de los objetivos del tema) asumimos que fue algo aceptable. Cada una de las personas *eligió* dar veinticinco centavos de su dinero a Chamberlain. Ellos hubieran podido gastarlo yendo al cine, o comprando golosinas, o ejemplares de la revista *Dissent*, o del *Monthly Review.* En cambio todos ellos, al menos un millón de ellos, estuvieron de acuerdo en dárselo a Wilt Chamberlain como prenda de intercambio por verlo jugar al básquet. Si D1 fue una distribución justa y voluntariamente la gente aceptó cambiar de D1 a D2, transfiriendo parte de los haberes recibidos en D1 (¿para qué servirían si no?) ¿No es también justa D2? ¿Si la gente tenía derecho a disponer de los recursos que poseían (bajo D1), no tenían también derecho a cederlos o intercambiarlos con Wilt Chamberlain? ¿Puede alguien quejarse usando los argumentos de la justicia? Los demás ya tienen sus legítimos haberes, bajo D1. Bajo D1, no hay nada que uno posea que otro pueda reclamar a través de la justicia.

Después de que alguien transfiere algo a Wilt Chamberlain, los demás jugadores que no hicieron lo mismo *aún* poseen sus haberes legítimos. *Sus* haberes no fueron modificados. ¿A través de qué proceso una transferencia entre dos personas podría generar que un tercero demandase legítima justicia distributiva sobre un porcentaje del haber que fue transferido siendo que este tercero no tiene derecho a demandar ninguna parte de lo que ya le pertenecía al otro desde *antes* de la transferencia?[2]

Según Nozick:

(1) 'Todo lo que emerge de una situación justa a través de actos justos, es en sí mismo justo.'[3]

Nozick sostiene que los *actos* son justos si están exentos de injusticia, y que los mismos están exentos de injusticia si son ejercitados en forma totalmente voluntaria por parte de todos los individuos que lo llevan a cabo. Entonces desglosemos (1) de la siguiente manera:

(2) Todo lo que emerge de una situación justa como resultado de transacciones plenamente voluntarias por parte de todos los individuos que ejercen tal transacción, es en sí mismo justo.

---

[2] *Anarquía, Estado, y Utopía.*
[3] *Anarchy.*

Nozick está profundamente convencido de que (2) es tan correcto que él cree que este punto debe ser aceptado por los que adhieren a la doctrina de la justicia aunque la misma en otros aspectos difiera de su propia doctrina. Es por este motivo que él está convencido deque el ejemplo en (2) está supeditado a la parábola de Chamberlain, a pesar de haber asegurado, a favor del argumento, la justicia de una situación inicial modelada por un principio igualitario.

Aun si (2) es verdadero, no se deduce que el modelo D1 sólo pueda ser mantenido al precio de la injusticia, en tanto que la gente podría simplemente *fracasar* al usar su libertad con métodos que subvierten el modelo. Pero ésta no es una posibilidad interesante. Una más interesante es que ellos deliberadamente *se nieguen* a usar su libertad subversivamente. Las razones para negarse se explicarán brevemente. ¿Pero (2) es verdad? ¿La libertad, preserva siempre la justicia?

Una forma estándar para poner a prueba tal afirmación sería buscar ejemplos que demuestren ser injustos debido al método (2) al que adhieren. Tal vez el contraejemplo más claro de lo anterior sería la esclavitud. Por lo que podríamos decir: que la auto esclavización voluntaria es posible. Pero la esclavitud es injusta. Por lo que (2) es falso. De todas maneras cualesquiera fuesen los méritos de tal argumento, nosotros sabemos que Nozick no se moviliza por estos. Ya que él piensa que no hay injusticia en la esclavitud que emerge de un proceso consensuado.[4]

Si bien Nozick acepta la esclavitud que emerge del consenso, existe una restricción, derivada de (2) en sí misma, acerca del tipo de esclavitud que él acepta: (2) no permite que la condición de esclavitud sea heredada por la descendencia de los auto esclavizados, porque en ese caso, tal condición sería decidida por otro más allá del propio deseo. 'Algunas cosas pueden ser elegidas por uno mismo, pero nadie puede elegir por mí.[5]' Recordemos esto cuando revisemos la transacción de la parábola de Chamberlain, ya que este tipo de contrato llevado a cabo en la parábola podría provocar efectos aún más graves en la situación de los miembros de las futuras generaciones, si el mismo se expandiese.

¿Tendríamos que afirmar que según la concepción de justicia de Nozick una sociedad esclava no necesariamente es más injusta que una en donde la

---

[4] Un ejemplo putativo de la esclavitud justamente generada: A y B son idénticos en capacidad e intereses. Cada uno de ellos está tan interesado en poseer un esclavo que están dispuestos a correr el riesgo de convertirse en uno con tal de tener la posibilidad de poseer un esclavo a cambio. Por lo tanto, ellos tiran la moneda, B pierde y A lo encadena. (Para la discusión de este caso, ver sub sección 1d del capítulo 2 más abajo. Para profundizar sobre la tolerancia a la esclavitud de Nozick, ver *La Teoría Política de los Derechos*, de Attracta Ingram. Para responder a Ingram, ver Hillel Steiner, *Un Ensayo sobre los Derechos*).

[5] *Anarchy.*

gente es libre? Esta sería una formulación tendenciosa. Desde el momento que Nozick puede argumentar que las personas racionales en una situación inicial justa no son proclives a aceptar vínculos de esclavitud, excepto, de hecho, cuando las circunstancias son tan especiales que sería erróneo prohibirles llevarlos a cabo. Esto disminuye el peligro de que (2) pueda ser usado para que se naturalicen ciertos acuerdos sociales moralmente repudiables.

Le atribuyo un tipo de respuesta a Nozick, basándome, *inter alia*, en el siguiente párrafo:

> Seguramente, si los motivos de las personas para transferir algunos de sus haberes a otros, fuesen siempre irracionales o arbitrarios nos *molestaría* particularmente [...].
>
> Nosotros adherimos más a la idea de sostener la justicia de un sistema de derecho si la mayoría de las transferencias hechas bajo dicho sistema, tienen una justificación. Esto no significa necesariamente que todos merezcan los haberes que reciben. Tan solo significa que existe un objetivo o un punto para que alguien transfiera un haber a una persona en vez de a otra, que generalmente vemos que el que transfiere cree estar ganando, a qué causa él *piensa* que está sirviendo, cuales son los objetivos que él *piensa* está contribuyendo para que se logren, etc. Desde el momento en que en una sociedad capitalista la gente a menudo transfiere sus haberes a otros, de acuerdo a lo que *perciben* esos otros beneficiándolos a ellos, la fábrica constituida por las transferencias y transacciones individuales es ampliamente razonable e inteligible.[6]

Por lo tanto, Nozick enfatiza los motivos que la gente tiene para pagar cuando van a ver los partidos en los que juega Wilt Chamberlain, en cambio de estipular que los mismos lo hacen tan libremente, dejándonos a nosotros averiguando los motivos. Es importante para darse cuenta de la fascinación persuasiva que produce el ejemplo, por lo tanto deberíamos considerar que lo que los fanáticos están haciendo no solo voluntariamente sino sensiblemente: las transacciones son perturbadoras (¿aun cuando son totalmente justas?)[7] cuando no podemos saber lo que las partes contractuales (o alguna de ellas) *creen* que están ganando a través de dichas transacciones.

Sin embargo, seguramente, también nos sentiríamos molestos si realmente viésemos lo que el agente *cree* que está ganando a través de la transacción, no obstante, nosotros sabemos que lo que él *ganará* no será tal, sino algo que él cree menos valioso; o que el resultado no es solo la ganancia esperada por él, sino también las consecuencias imprevistas que hacen que el valor neto

---

[6] *Anarchy*, mi énfasis.

[7] Nozick no dice si el hecho de que hallemos o no que la transacción es perturbadora, debería afectar nuestro juicio sobre su justicia.

sea negativo, de acuerdo a sus preferencias y estándar de vida. No deberíamos sentirnos satisfechos si lo que él piensa que está ganando es algo bueno, sino que lo que realmente está ganando es algo malo, según él. Asumiré que Nozick aceptaría esta extensión plausible de su concesión. Es difícil pensar cómo podría resistirse a la misma.

Por lo tanto, si de este modo podemos demostrar que los seguidores de Chamberlain obtienen no solo el placer de verlo jugar por veinticinco centavos extra, sino también las consecuencias negativas de significante importancia, entonces, aunque para Nozick el resultado sea justo, en realidad hasta para el mismo Nozick dicho resultado debería resultarle inquietante. Deberíamos preguntarnos si los seguidores de Chamberlain no son lo suficientemente reflexivos, cuando nosotros lo somos pensando en las consecuencias *plenas* de lo que están haciendo, mientras ellos no lo hacen.

Pero ahora podemos continuar. Debido a que a la luz de las consideraciones recientemente evaluadas, (2) es con alta probabilidad, falso. Según Nozick, una transacción está libre de injusticia si cada uno de los agentes de la transacción está de acuerdo con la misma. Tal vez, esto sea así. Pero se supone que la justicia transaccional, así caracterizada –si parte de una situación justa– obtendrá resultados justos. (Esta es la razón por la que (2) es supuestamente efecto de (1).) Y esto es cuestionable. De cada persona que concuerda con una transacción, podríamos preguntarnos: *¿Habría consentido a la transacción si hubiese estado al tanto de las consecuencias de la misma?*

Desde el momento en que la respuesta podría ser negativa, está lejos de ser evidente que la justicia transaccional, tal cual la hemos descripto, convierta en justos los resultados. Quizás la transmisión deseada suceda cuando la respuesta a la pregunta en letras cursivas del párrafo anterior sea positiva. Tal vez, en otras palabras, podríamos aceptar (3), el cual aumenta los requisitos graduados que hacen posible la preservación de la justicia:

> (1)Todo lo que emerge de una situación justa como resultado de transacciones totalmente voluntarias en la que todos los agentes transaccionales hubieran estado de acuerdo aun sabiendo cuales serían las consecuencias de dicha transacción, ergo, la acción es en sí misma justa.

> (3)Parece plausible, no obstante, su poder para avalar estados de negocios generados por el mercado, que si bien no es nulo, como mínimo es muy débil.

Los principios más fuertes[8] también podrían ser plausibles[9], pero (2), el principio de Nozick, es seguramente demasiado fuerte como para ser aceptado sin mucha más defensa que la que él provee.

3. Apliquemos entonces la crítica a los principios de Nozick a la parábola que supuestamente asegura (o revela) nuestra lealtad a dichos principios.

Antes de describir la transacción de Chamberlain, Nozick enuncia: 'No está claro cómo aquellas concepciones alternativas de la justicia distributiva en relación a los holdings puedan rechazar la concepción de derecho de la justicia en los holdings.'[10] De lo anterior se deduce que el ejemplo de Chamberlain, en el cual asumimos que D1 es justo, y por lo tanto, supuestamente, estamos obligados a admitir que D2, en el cual D1 se convierte, debe ser también justo; una admisión, que de acuerdo a Nozick, es equivalente a aceptar la concepción de derecho. ¿Pero cuánto de todo esto debe ser aceptado si consideramos a D2 como tal? A lo sumo que hay *un* rol para el principio de derecho adquirido. En tanto que lo que la transacción subvierte es el modelo original, no el principio que lo rige, *tomado comoun principio compatible con otros para formar una teoría total de holding justos o legítimos*. El ejemplo, hasta cuando resulta exitoso, no invalida la aseveración inicial de que D1 es justo. Más bien, saca ventajas de tal aseveración para argumentar que D2, aunque invalida el modelo de D1, también debe ser justa. El relato de Chamberlain, aunque lo tomemos en su valor nominal, no impugna la distribución original, sino la exclusiva exactitud, del principio que lo autoriza.

Por lo tanto, Nozick tiene razón hasta este punto, aunque no aceptemos todo lo que dice acerca del relato de Chamberlain: debe haber un rol para la atribución del derecho adquirido al determinar holdings aceptables.[11]

Salvo que una sociedad justa prohíba las dádivas, esta debe permitir transferencias que no responden a un principio modelador. Esto es compatible

---

[8] En el sentido que ellos ratifican un conjunto mayor de estados de negocios generados por el mercado. Notar que cuanto más débil son las condiciones de la justicia en sus estadios en un principio de las formas (2) y (3), más fuerte es dicho principio, en sentido específico.

[9] Alguien podría decir que este es uno de ellos, pero yo no estoy de acuerdo.

(4) Todo lo que emerge de una situación justa como resultado de transacciones totalmente voluntarias, donde los agentes de la transacción saben por adelantado las probabilidades de todos los posibles resultados significativamente diferentes, es en sí mismo justo.

Yo despliego mis dudas acerca de (4) en la sub sección 1e del Capítulo 2 más adelante.

[10] *Anarchy.*

[11] Para investigar el concepto de derecho adquirido que es más profundo y más general que el concepto de Nozick, ver Robert J. van der Veen y Philippe van Parijs, 'Entitlement Theories of Justice', las páginas 70 a 74 de dicho artículo son particularmente instructivas en la presente vinculación: los autores muestran a la vez que todas las teorías de la justicia tienen un componente del derecho adquirido y que ninguna teoría de la justicia es una teoría pura del derecho.

con el dar ciertos límites al objetivo de la dádiva, y veremos brevemente por qué una sociedad igualitaria estaría justificada para comportarse de ese modo. Pero, la cuestión actual es que la asignación de cierto rol a las transacciones no reguladas en la determinación de los holdings, es compatible con el uso de un principio igualitario para decidir la mayor distribución de bienes y para limitar, por ejemplo a través de la aplicación de impuestos, cuánto más o menos de lo que él obtendría bajo dicho principio que solo una persona puede llegar a obtener en virtud o gracias a las transacciones que escapan a su mandato. Creo que los socialistas hacen bien al conceder que un principio igualitario no debería ser la única guía de la justicia de los holdings, o que, de ser así, por lo tanto, la justicia no debería ser la única guía de las políticas en relación a estos.[12]

Entre las razones para limitar cuántos haberes un individuo puede poseer, sin tomar en cuenta cómo llegó a poseerlos, es impedirle que adquiera, a través de sus holdings, una cantidad inaceptable de poder sobre los demás: la transacción de Chamberlain se devela menos inofensiva si nos focalizamos en esa consideración.[13] Los seguidores de Chamberlain 'se entusiasman con la idea de verlo jugar, para ellos vale la pena el precio total de la entrada'. La idea es que ellos lo verán jugar solo y en el caso que paguen por eso, y verlo jugar es más valioso para ellos que cualquier otra cosa que se pueda obtener por 25 centavos. Esto es posible, pero no logra abarcar todo lo que es relevante en cuanto a las consecuencias. Ya que una vez que Chamberlain recibió su dinero, se encuentra en una posición de poder demasiado privilegiada dentro de lo que previamente era una sociedad igualitaria.

La oportunidad de los hinchas de Chamberlain de acceder a los recursos se vería perjudicada a través de los beneficios desproporcionados que la riqueza de Chamberlain le otorga, y por consecuencia el poder que esta riqueza desigual le posibilita. *En relación a todo lo que Nozick enuncia*, un socialista puede afirmar que no es un buen negocio que en una sociedad igualitaria la gente informada acerca de las consecuencias de su elección, esté en condiciones de: abstenerse de efectuar contratos como los arriba mencionados, al punto tal de subvertir la igualdad que ellos alaban, y ellos sentirán particular aversión ya que las consecuencias de tales contratos afectarían gravemente a

---

[12] Prefiero la segunda formulación ya que estoy persuadido de que la justicia distributiva, hablando *grosso modo*, es la igualdad. (Ver a Christopher Ake, 'Justice as Equality'.) Para ver más acerca del *trade-off* entre la igualdad (sea esta la justicia o no) y otra desiderata, ver la sección 2 de mi artículo 'On the Currency of Egalitarian Justice'.

[13] El énfasis casi exclusivo que pongo en las consecuencias no implica que crea que no existan otras consecuencias importantes, incluyendo la absoluta injusticia de las diferencias substanciales en el poder adquisitivo de las personas. Pero el poder adquisitivo sobre abundante, como tal, que no es exactamente lo mismo que el poder *sobre* otros, es menos probable que lo segundo preocupe a aquellos que no se basan en principios igualitarios.

sus hijos. (Esto podría parecerse a una proyección histérica del efecto de la transacción de Chamberlain, pero yo creo que debemos considerarlo como el resultado del comportamiento de las transacciones de ese tipo, y en ese caso la proyección es enteramente realista.)

Es fácil pensar de manera superficial en el ejemplo. Lo que sentimos en relación a las personas que como Chamberlain ganan mucho dinero *como de hecho sucede en la parábola,* es un termómetro pobre acerca de cómo la gente se sentiría en una situación similar. Entre nosotros la categoría de ricos y de poderosos existe, y puede ser muy placentero, cuando alguien como Chamberlain se une a ellos. ¿Quién mejor y más inocentemente que él merece ser parte de ellos? Pero este caso que se nos presenta es una sociedad equitativa en peligro de perder su carácter esencial. La gente reflexiva debería considerar no solo la felicidad de ver a Chamberlain y su ganancia monetaria inmediata sino también el hecho, que los socialistas dicen deplorarían, que su sociedad estaría encaminándose hacia la división de clases. Al presentar el relato de Chamberlain, Nozick ignora el compromiso necesario para que la gente pueda vivir en una sociedad de características particulares, y el poder retórico de la ilustración depende de esa omisión. En una etapa posterior, Nozick retoma este punto, pero, así lo demuestro en la sección 4 más adelante, él no dice nada interesante al respecto.

Tácitamente Nozick supone que una persona que está dispuesta a pagar 25 centavos para ver jugar a Wilt, es *ipso facto* una persona que está deseando pagar 25 centavos a *Wilt* para verlo jugar. Es indudable que a la gente de nuestra sociedad raramente le importa adónde va el dinero que gastan para la adquisiciónde bienes. Pero la suposición tácita es falsa, y la falta de compromiso común es irracional. Nozick se aprovecha de nuestra familiaridad con esta falta de compromiso. Aun así una persona podría aceptar con beneplácito un mundo en el cual tanto él como otro millón de personas, ven jugar a Wilt al costo de 25 centavos cada uno, y rechazar rotundamente un mundo en el cual, además, Wilt junta con la pala un maravilloso cuarto de millón de dólares.

Según lo dicho, si un ciudadano de la sociedad D1 se junta con otros para pagar 25 centavos a Wilt para ver jugar a Wilt sin pensar en las consecuencias del poder de Wilt, entonces el resultado puede ser considerado 'perturbador' según la página 159 de *Anarchy* (ver más arriba). Naturalmente el desembolso de esos 25 centavos por parte de una sola persona no hace ninguna diferencia apreciable si el resto de cualquier forma va a desembolsarlo. Pero una convención podría decidir no realizar dichos pagos, o más sencillamente, podría existir un sistema impositivo democráticamente autorizado que preservara las diferencias de patrimonio dentro de límites aceptables. Si bajo estas circunstancias Wilt todavía continuase jugando es una pregunta posterior sobre la cual no voy a emitir mi opinión, excepto para aseverar que todo aquel que considere obvio que él no se avendría a jugar más, tiene una visión errónea de la naturaleza humana, o del básquetbol, o de ambos.

4. Defendiendo el carácter justo de la transacción de Chamberlain, Nozick revisa la posición de las personas que no participan directamente: 'después de que alguien le transfiere algo a Wilt Chamberlain, las terceras partes *todavía* tienen sus haberes legítimos, *sus* haberes no han cambiado'.[14] Esta aseveración es falsa, sin ningún apelativo. Ya que los haberes efectivos de una persona dependen no solamente de cuánto tiene sino también de lo que los demás tienen y de cómo lo de los demás está distribuido. Si está distribuido en forma equitativa entre ellos, él se hallará en una posición más favorable que cuando otros poseen proporciones mucho más grandes. Las terceras partes, incluidos los que no han nacido, pueden en consecuencia oponerse al contrato. Es prácticamente el mismo interés que los mismos podrían tener en no hacerlo. (Pero, a diferencia de las terceras partes, un hincha obtiene la compensación al ver jugar a Wilt, la cual —aún no la hedescifrado— podría equivaler por lejos a una desigualdad relevante, en lo que a un único hincha en particular se refiere.)

Nozick menciona esta cuestión en la siguiente nota de pie de página:

> ¿Podría una transferencia no tener efectos instrumentales en una tercera parte, cambiando sus opciones factibles?, (¿pero qué habría sucedido si las dos partes de una transferencia hubiesen usado por separado sus holdings en este modo?)[15]

Él promete un enfoque más profundo del problema, más adelante, y, a pesar de que no dice en qué sección aparecerá, presumiblemente tiene en mente hacerlo en su sección 'Intercambio Voluntario', que yo mencionaré en la sección 7 más adelante. Ahí yo respondo a la cuestión retórica que está entre paréntesis, de Nozick. Primero, hay algunos resultados de las transferencias de los holdings, algunos efectos sobre las opciones de las otras partes, que no ocurrirán como efectos del uso no consensuado de los holdings disipados por los individuos, porque esos individuos no pudieron usarlos, o no podrían hacerlo, de esa forma. Los hinchas de Chamberlain, actuando independientemente, tienen menos posibilidad que Chamberlain para comprar una cantidad de casas y dejarlas desocupadas, con intención especulativa. Algunas veces, sin embargo, un grupo de hinchas actuando independientemente

---

[14] *Anarchy.*
[15] *Anarchy.*

44

podrían ciertamente provocar efectos hostiles a los intereses de los demás, los mismos efectos que se teme que Chamberlain podría causar. No obstante, el que se preocupe acerca de los actos de Chamberlain, probablemente también se preocupará de las consecuencias resultantes de los actos independientes realizados por muchos. La segunda cuestión retórica en el párrafo de Nozick no debería silenciar a aquellos que preguntan por la primera.[16]

Como argumento acerca de la *justicia*[17] el relato de Chamberlain es poco convincente o llena de interrogantes. Nozick pregunta: ¿Si la gente tenía derecho a disponer de los recursos que les pertenecían (bajo D1), no incluía esto su derecho a darlo, o intercambiarlo con Wilt Chamberlain?[18]

Si este interrogante se propone como una forma clara de hacer valer el indicativo correspondiente, entonces Nozick nos está diciendo que los derechos sobre las acciones poseídas por la gente en forma inalienable, son violados a menos que se les permita contratar de la forma ya descripta. Si es así, él pone la siguiente cuestión. Debido a que será obvio que sus derechos son violados solamente si este derecho recibido pertenecía exclusivamente a la clase nozickiana, y esto no puede ser asumido. Cualesquiera sean los principios subyacentes en D1 estos generarán restricciones en el uso de lo que es distribuido de acuerdo con ellos.[19]

Otra forma para abordar la cuestión no es a través de una aseveración sino a través de una apelación. Por lo tanto Nozick nos pregunta si nosotros no estamos de acuerdo con el hecho de que cualquier restricción que prohíba la transacción de Chamberlain debe ser injustificada. Visto de este modo el argumento no es un punto de interrogación *petitio principii*, pero es inconcluso. Debido a que no están sondeadas las consideraciones que podrían justificar las restricciones sobre las transacciones. Es fácil creer que lo que sucede después es que Chamberlain come mucho chocolate, ve muchas

---

[16] EL objetivo de la segunda pregunta, así lo abordo, es sugerir el siguiente argumento:
1. Los seguidores podrían haber gastado sus cuartos de dólar con el mismo efecto en otras cosas, que cuando uno se hace la pregunta, teme por el uso que Wilt podría haberle dado a su cuarto de millón de dólares.
 2. Nadie tiene derecho a objetar a los seguidores en qué usan sus cuartos de dólar.
 3. Nadie puede objetar a Wilt por lo que hace con su cuarto de millón. Si las premisas afirmadas implican o no esa conclusión del argumento, el presente punto es que el que rechaza sus conclusiones atentamente también rechazará la segunda premisa.
Si las premisas afirmadas implican o no esa conclusión del argumento, el presente punto es que el que rechaza sus conclusiones atentamente también rechazará la segunda premisa.

[17] Recordemos la forma en que hemos abordado a Nozick en las dos primeras páginas del Capítulo 1.

[18] *Anarchy.*

[19] Thomas Nagel interpreta a Nozick de la misma manera que lo hago yo más arriba, y mi respuesta a Nozick de tal manera interpretada coincide con Nagel. Ver su 'Libertarianism Without Foundatios', pp. 201-2.

películas y se abona a muchas publicaciones socialistas caras. Pero, como ya he dicho, debemos recordar el poder considerable que él ahora puede ejercer sobre otros.[20] En general los holdings no son solo fuente de placer, pero, en ciertas distribuciones, fuentes de poder. Las transferencias que *prima facie* lucen intachables, en realidad muestran el lado oscuro negado en la apologética 'libertaria'.

5. Pasemos ahora del tema de la justicia al de la libertad: ¿es cierto que una 'sociedad socialista debería prohibir los actos capitalistas entre adultos que consienten'?[21] El socialismo perecería si existiesen demasiados actos de ese estilo, pero esto no implica necesariamente que el socialismo deba prohibirlos. En la doctrina socialista tradicional, los actos capitalistas disminuyen, no debido a que sean ilegales, sino porque el impulso que está detrás se atrofia, o menos utópicamente, porque otros impulsos se fortalecen, o porque la gente cree que el intercambio capitalista es injusto. *Tal expectativa se sostiene en una concepción de la naturaleza humana, y de la misma manera lo hace su negación.* Nozick tiene una concepción diferente, en tanto que no discute argumentos con los cuales acuerdan muchos norteamericanos del siglo xx, lo que no es necesariamente una razón para concluir que esto sea universalmente cierto. Los individuos en su estado primitivo de acuerdo a Nozick son inteligibles solamente como productos adaptados a una sociedad de mercado. Por el contrario en la concepción socialista, los seres humanos tienen y pueden desarrollar un deseo más profundo (y no instrumental) por lo comunitario, el placer de cooperar entre ellos, y una aversión a jugar cualquiera de los papeles de una relación patrón/sirviente. Nadie debería asumir sin argumento, o tomar como cierto, de la tradición socialista que esta concepción sea consistente. Pero si fuese consistente, no haría falta vigilar permanentemente 'los actos capitalistas', y Nozick no *dice* que sea inconsistente.

Por lo tanto, no ha demostrado que el socialismo esté en conflicto con la libertad, incluso cuando su premisa no argumentada de que sus ciudadanos querrán llevar a cabo actos capitalistas, atrae la adhesión de la mayoría de sus lectores.

Cuánta igualdad entraría en conflicto con la libertad bajo ciertas circunstancias, depende de cuánta gente valoraría la igualdad en esas circunstancias. Si la vida en una mancomunidad cooperativa recurre a sus integrantes, ellos no tienen que sacrificar la libertad para ser parte de la misma.

---

[20] Una vez más –ver más arriba– esta afirmación parecerá alocada, solamente si no logramos considerar la transacción de Chamberlain como si tuviéramos que enfrentar un serio desafío, a saber, como ejemplo de algo que sucede habitualmente o algo que sucederá habitualmente en el futuro.

[21] *Anarchy,* pág. 161.

Este aspecto banal se refiere a la primera hipótesis de lo que Nozick dice que son las tres hipótesis irreales de la posibilidad moral y práctica del socialismo:

(5) Que todos elegirán mantener el modelo (socialista).

(6) Que cada uno puede reunir suficiente información acerca de sus propios actos y de los actos que cumplen los demás como para poder evaluar cuál de estos actos alterarían el modelo.

(7) Que personas diversas y lejanas entre sí pueden coordinar sus actos de manera tal que encajen en el modelo.[22]

Algo similar a la primera hipótesis es llevada a cabo por los socialistas a la luz de la idea de la naturaleza humana que informa acerca de la tradición socialista. Esto, naturalmente, es controvertido, pero rechazarlo por 'irreal', no contribuye en absoluto a la controversia.

Los socialistas solo presuponen algo *parecido a* (5), porque no tienen que pensar que todos tendrán ideales socialistas, sino solo una mayoría preponderante, especialmente en los albores del socialismo. Si (5) es irreal, se despliegan tres posibilidades: solo una minoría no adherirá al socialismo, muchos en vez sí; y una franja intermedia también adherirá. Lo que quiero decir con estos datos emerge a continuación. En la primera posibilidad quedan unos pocos con una mentalidad capitalista, lo que implica que esos'pocos' no van a deterior la estructura socialista básica con sus actos capitalistas. Ningún socialista puro debe comprometerse con la supresión de la actividad capitalista en la escala indicada. (Hasta podría ser deseable adjudicarle a los capitalistófilos un territorio en el cual ellos puedan negociar y contratarse entre ellos).

Supongamos, entonces, que la disposición para realizar actividades capitalistas es fuerte y extendida, de modo que el socialismo[23] solo es posible con tiranía. ¿Qué socialista apoyaría el socialismo bajo esas circunstancias? ¿Qué socialista negaría tales circunstancias? Marx ya decía que sería una locura intentar instaurar el socialismo excepto bajo las condiciones

---

[22] *Anarchy*, pág. 163.

[23] O 'el socialismo': para los que piensan que el socialismo por definición es incompatible con la tiranía, deberían poner el termino socialismo, entre comillas; pero, contrariamente a lo que algunos socialistas piensan, tal definición aun siendo correcta, no aporta ningún argumento en contra de aquellos que dicen que la forma de economía (extensivamente no de mercado) que muchos socialistas apoyan, necesita de la tiranía.

propicias que él estaba seguro que el capitalismo crearía.[24] Un socialista cree que las condiciones propicias son accesibles. Él no necesita proclamar la superioridad del socialismo más allá de las circunstancias.

¿Podría una sociedad socialista ser proclive al capitalismo en tal medida que a menos que este fuese coercitivamente controlado, el socialismo se subvertiría, pero lo suficientemente pequeño para que, a juicio socialista, el socialismo, con la coerción requerida, aun valdría la pena? Los socialistas marxistas así lo creen y esto los lleva a prohibir actividades capitalistas entre adultos que consienten en ciertas circunstancias, notablemente aquellos que siguen una revolución exitosa. ¿Pero por qué ellos deberían sobresaltarse ante tal prohibición? Ellos pueden defenderla haciendo referencia al bien social y a la libertad ampliada que la prohibición promueve. Nozick objetaría que la prohibición viola la moralidad de las 'restricciones indirectas': ciertas libertades, por ejemplo contractuales, nunca deberían ser infringidas, cualesquiera fueran las consecuencias de permitir su ejercicio. Revisaremos las restricciones indirectas en la próxima sección.

Pero antes debemos tratar las hipótesis (6) y (7) (ver página anterior). Al contrario de (5), estas son maniobras de distracción. A lo sumo, estas son precondiciones para que la justicia socialista se cumpla *perfectamente*.[25]

Pero la justicia no es la única virtud del orden social (y ni siquiera es la primera 'virtud' del socialismo, según la mayoría de los socialistas). Aun cuando identificamos la justicia con la igualdad, como lo hacen los socialistas, en términos generales, nosotros debemos tolerar las desviaciones de la igualdad como consecuencia de las perturbaciones causadas por las dádivas, por las transacciones de mercado a baja escala, etc. Las consideraciones acerca de la privacidad, de las expectativas adquiridas, el costo moral y económico de la vigilancia, etc. atentan contra el cumplimiento de la justicia en su máxima expresión si (6) y (7) fuesen logrados. Nosotros permitimos que la justicia se mantenga estricta en deferencia a otros valores.

---

[24] Según Marx, la revolución socialista no triunfará a menos que y hasta que 'la producción capitalista haya desarrollado las fuerzas productivas del trabajo hasta llegar a un nivel lo suficientemente alto' (*Theories of Surplus Value,*vol. II, pág.580), fracasando en evitar que 'todos los viejos y espurios negocios, se reinstalen' (*The German Ideology* pág. 49) como secuelas de la revolución. Ver las secciones (6) y (7) del Capítulo VII de mi *Karl Marx'sTheory of History*. Ver también Capítulo 5, sección 6, más abajo.

[25] Yo digo 'a lo sumo' porque aun eso sea probablemente falso. Dando por sentado que (5) sea verdad, se debería formar una Asociación de Mantenimiento del Modelo y convocar a expertos para que supervisen y corrijan el modelo. Con la voluntad popular para hacer lo que los expertos indiquen, y contando con tecnología adecuadamente sofisticada que sirva para detectar desviaciones (6) y (7) no serían necesarios para encauzar el mantenimiento sin coerción (a menos que haciendo lo que los expertos indican se logre la coordinación de las acciones, en cuyo caso (7) es necesario en la fantasía descripta anteriormente).

En consecuencia, el socialismo tolera la dádiva y 'la compasión', no está 'prohibida'[26]. La dádiva es posible bajo un sistema que limita lo que cada uno puede poseer y lo que puede hacer con lo que posee. Las personas que tienen un relativo buen pasar no siempre son receptivas a las dádivas, pero nosotros partimos de la base de que la tendencia natural de una psicología socialista es la de no darles a ellos ese haber. Y la noción de que las instituciones que estamos contemplando coartan la expresión de amor es demasiado bizarra como para ser comentada.

6.Todos y sobre todo, el socialista más utópico, debe estar dispuesto bajo ciertas condiciones a restringir la libertad de unos pocos por el bien de la libertad de muchos.[27] Pero, según Nozick, un socialista con estas características violaría de esta forma 'las restricciones indirectas morales' que se aplican a toda acción humana. Porque Nozick piensa que no deberíamos jamás restringir la libertad de una persona para mejorar el bienestar o la libertad de muchos otros, o la de todos, incluyendo también a esa única persona (cuando sabemos que la restricción redundará en su beneficio).

Si hay desnutrición infantil en nuestras sociedades, nosotros no tenemos el derecho de tasar a los ricos para financiar un subsidio sobre el precio de la leche para las familias pobres, porque estaríamos violando los derechos, y la 'dignidad' de los ricos.[28] No podemos decir que la libertad efectiva de los niños (y de los adultos en los que se convertirán) sería mucho mayor y que tendría un costo muy bajo para la libertad de los ricos, ya que Nozick veda cualquier acción que restringa la libertad: él no apela a su maximización. (Esto significa que si fuese cierto que ciertos ejercicios de libertad llevarían al totalitarismo, aun así Nozick los protegería. La libertad de mercado en sí

---

[26] *Anarchy,* pág. 167.

[27] Ver capítulo 2, sub sección 2c, acerca de cómo la restricción del socialismo sobre los derechos de la propiedad privada da lugar a la libertad general.

[28] *Anarchy,* pág. 334, "'¿Pero la justicia, no debe ser aliviada con compasión?" No a través de las armas del estado. Cuando las personas en privado deciden transferir recursos para ayudar a otros, esto encaja dentro de la concepción del derecho adquirido de la justicia' (*ibid* pág. 348). 'Encaja dentro' es un término evasivo. La elección 'encaja' porque es una elección, y no en virtud de su contenido. Según Nozick no hay más justicia en un millonario que le da un billete de cinco dólares a un niño hambriento que usar ese billete para encender su habano mientras el niño se muere delante de él.
Para comentarios sutiles en relación a la diferenciación falsamente exclusiva y exhaustiva de Nozick entre la donación compulsiva y la donación voluntaria, ver a Nagel, 'Libertarianism without Foundations', pp. 199-200.

misma sería sacrificada según Nozick si el único modo para preservarlo fuese limitándolo).[29]

Si Nozick discute esta posición, lo hace en la sección llamada '¿Por qué las restricciones indirectas?', que comienza del siguiente modo:

> ¿No es *irracional* aceptar una restricción indirecta C, en cambio de otro punto de vista que minimiza la violación de C? [...] si la no violación de C es tan importante, ¿no debería ese ser el objetivo? ¿Cómo la preocupación por no violar a C puede conducir al rechazo de violar a C, aun cuando esto impediría ulteriores violaciones más extensivas de C?
>
> ¿Cuál es la razón fundamental para ubicar la no violación de los derechos como una restricción indirecta sobre el acto en cambio de incluirla exclusivamente como objetivo de los actos de cada individuo?
>
> Las restricciones indirectas sobre el acto reflejan el principio kantiano subyacente que enuncia que los individuos son fines y no meramente medios; ellos no pueden ser sacrificados o usados para obtener otros fines sin su consentimiento. Los individuos son inviolables.[30]

El segundo párrafo es inconsistente como respuesta a las preguntas del primero, ya que estos obviamente se reafirman: si tal sacrificio y violación son tan horrendos, ¿Por qué no deberíamos preocuparnos en minimizar los motivos para que estas circunstancias no sucedan?[31]. Hay más argumentación[32] en el párrafo final de la sección:

> Las restricciones indirectas manifiestan la inviolabilidad de otras personas. ¿Pero por qué un individuo no debe violar a los otros en beneficio del bien social? Individualmente, cada uno de nosotros, a veces, elegimos someternos a cierto sufrimiento o sacrificio en pos de un mayor beneficio o para evitar un daño mayor [...] ¿Por qué no sostener, *igualmente*, que algunas personas tienen

---

[29] De hecho, esta es una conjetura razonable de que la libertad del mercado es menor a la que fue, en parte porque, si el estado burgués no hubiese impuesto restricciones sobre esto, su supervivencia hubiera sido puesta en peligro.

[30] *Anarchy*, pp. 30-1.

[31] Desde 1977 (cuando fue publicado por primera vez lo que es substancialmente el texto de este capítulo), muchos filósofos dieron respuestas que desafiaban esta cuestión, especialmente en respuesta a Samuel Scheffler que presionó en forma implacable sobre el tema, en su *Rejection of Consequentialism*. No abordaré estas respuestas aquí. (Intento demostrar en la sección 4 del Capítulo 10 más abajo, que la invocación de Nozick acerca de Kant no tiene justificación).

[32] Nótese, entonces, que lo que Nozick inicialmente sostiene *está violando los derechos con el propósito de reducir la violación de los derechos,* mientras que sus consecuencias implican la *violación de derechos con el propósito de expandir el bienestar agregado.* Él no es convincente en ambos casos, pero aquellos que estén de acuerdo con él acerca del 'bien social general' pueden ver el primer parágrafo del texto en la nota a pie de página 30.

que pagar algún costo en mayor beneficio de otros, en nombre del bien social común? Pero no hay *entidad* social con bienes que se sacrifique en pos de su propio bien. Hay sólo individuos, diversos unos delos otros, con sus propias vidas individuales. Usar a uno de estos individuos en pos del beneficio de otros, implica usarlo y beneficiar a los otros. Y nada más. Lo que sucede es que se hace algo con él en función de los otros. Hablar de un bien social común, lo justifica[...].[33]

La interpretación de este párrafo es compleja. Por un lado, lo que dice es correcto pero inefectivo, por otro lado lo que dice es pertinente, pero erróneo, y el que haya quedado impactado probablemente no ha logrado detectar la ambigüedad.

Ya que no está claro si Nozick sólo está argumentando *en contra* del que pone la redistribución a la par con la moral de una persona que sacrifica algo por su propiobeneficio mayor , o argumentaa favor de la no permisibilidad moral de la redistribución. En otras palabras, ¿Nozick está simplemente rechazando el argumento *A* o (también) está proponiendo el argumento *B*?

> *A*, desde el momento en que las personas forman una entidad social relevantemente afín a la entidad que es una persona (*p*), la redistribución a través de las personas es moralmente permisible (*q*).
>
> *B*, desde que esa *p es falsa,* es falsa esa *q*.

Si Nozick está simplemente rechazando el argumento *A*, entonces concuerdo con él, pero las restricciones indirectas permanecen injustificadas. Excepto que consideremos que Nozick está proponiendo el argumento *B*, entonces, no vale la pena responder. Y por lo tanto la respuesta es que la veracidad de *p* no es una condición necesaria de la veracidad de *q*. Un redistribuidor no está obligado a creer en una entidad social.[34]

De acuerdo a Nozick, la conducta redistributiva ignora la separación de las personas. ¿Pero qué quiere decir en tono de voz normativo (porque este es incontrovertido, descriptivamente hablando) que las personas están separadas? Significa ya sea que él recibe lo que es moralmente relevante, o significa que está moralmente prohibido redistribuir entre personas. Si la primera (relevancia moral) es lo que quiere decir, entonces todos los principios modelados (como opuestos a, por ejemplo, el principio no modelado del

---

[33] *Anarchy*, pp. 32-3.

[34] Para la elaboración de este punto, ver a Nagel (Libertarianism Without Foundations', pp. 197-8), que se basa en Nozick para apoyar B.

final del estado del utilitarianismo)[35] encarna el requerimiento, e incluso un igualitarismo no modelado presupone manifiestamente la separación moral de las personas. Si la segunda (prohibición sobre redistribución) es lo que quiere decir, entonces la separación de las personas, no es un *argumento* contra la redistribución.

Las restricciones indirectas permanecen injustificadas y los socialistas no necesitan disculparse por desear restringir la libertad para que ésta se expanda.

7.Ahora examino la sección de Nozick acerca del 'Intercambio Voluntario', que yo presuponía (ver más arriba) era su tratado más extenso sobre el problema de los efectos de las transacciones del mercado sobre las personas que no forman parte de él, incluidos los que aún no han nacido. Nozick permite que los acuerdos consensuados entre *A* y *B* puedan reducir las *opciones* de *C*, pero con esto él implica que *A* y *B* no reducen a través de esto la *libertad* de *C*. Explícitamente él dice que ellos no transforman en involuntario nada de lo que *C* haga. Y desde el momento en que lo que *C* está forzado a hacer lo hace involuntariamente, la consecuencia es, para Nozick, que las actos de *A* y *B*, aunque reduzcan las opciones de *C*, no pueden obtener el resultado de que *C* esté *forzado* a hacer algo que de otra manera no habría hecho.

La última demanda implica una negación de una tesis central de la crítica socialista al capitalismo, que puede ser expresada en forma provechosa en los términos de la doctrina de Nozick sobre los derechos naturales, sin comprometerse con la veracidad de esta última.

Para Nozick, cada persona tiene el derecho a no trabajar para ningún otro hombre. Si uno es esclavo, entonces, a menos que sea libremente contratado para ser esclavo (ver más arriba), los derechos del individuo han sido violados, tal es el caso de los estados esclavistas, los cuales no conceden a nadie, como una cuestión de derecho civil, los derechos de los cuales disfrutaría naturalmente un hombre libre. Y los derechos naturales seguirán siendo violados si la ley permitiese a los esclavos elegir el patrón para el cual deberían trabajar, en tanto que les prohíbe sus servicios a otros patrones.

Una diferencia entre un estado capitalista moderno y un estado esclavista, es que el derecho natural a no someterse a la esclavitud, es un derecho civil en el capitalismo moderno. La ley excluye la formación de grupos de personas que legalmente estén obligadas a trabajar para otras personas. Ante la prohibición de dicha condición, cada individuo tiene el derecho de no trabajar

---

[35] Para ver las diferencias entre los principios de no derechos adquiridos entre los que están y los que no están modelados, ir a pág. 153 y ss de *Anarchy*. (Nozick no es preciso en la aplicación de esta diferenciación).

para ningún otro hombre. Pero el poder que coincide con este derecho es gozado de otro modo.[36] Algunos *pueden* vivir sin tener que subordinarse a nadie, pero la mayoría no puede. Estos últimos se enfrentan a una estructura generada por una historia de transacción de mercado en la cual, es pertinente decir, que ellos están *forzados* a trabajar para otras personas o grupos. Sus derechos naturales no coinciden con los poderes efectivos correspondientes.

Esta división entre los que detentan el poder y los que no lo detentan en relación a la alienación de la fuerza del trabajo es el corazón de la objeción socialista a las demandas a favor de la justicia y de la libertad en los acuerdos capitalistas. Los derechos que Nozick dice que tenemos por naturaleza, también los tenemos civilmente en el capitalismo, pero los poderes que coinciden con dichos derechos están absolutamente faltantes. Esa falta está suavizada en los países capitalistas ricos contemporáneos, gracias a la institucionalización de medidas de protección ganadas a través de la intensa lucha de la clase trabajadora. En el capitalismo de Nozick dicha institucionalización debería estar prohibida visto que se trataría de medidas coercitivas, y por lo tanto la ausencia de tales medidas, sería mejor.

En el capitalismo de Nozick dicha institucionalización debería estar prohibida visto que se trataría de medidas coercitivas, y por lo tanto la ausencia de tales medidas, sería mejor.

Pero Nozick, en el curso de su réplica absoluta al problema de las 'terceras partes' niega el hecho que hasta el proletario más abyecto esté *forzado* a trabajar para algúncapitalista u otro. Refiriéndose a 'los intercambios de mercado entre los trabajadores y los dueños del capital', él nos invita a reflexionar acerca de la situación de un cierto Z (así llamado porque él trabajador es el último 'orejón del tarro'[...] en una economía de veintiséis personas) que se enfrenta al dilema de trabajar [para un capitalista] o morirse de hambre:

> Las elecciones y acciones de todos los demás no suman en proveerle a Z alguna otra opción. (Él tendría varias opciones acerca del trabajo que podría elegir) ¿Elige Z trabajar voluntariamente[...] Z efectivamente lo elige voluntariamente si los otros individuos desde A hasta Y, actuaron voluntariamente y dentro de sus derechos[...] la elección de una persona entre diferentes niveles de alternativas desagradables no se convierte en una elección no voluntaria por el hecho de que otros hombres elijan y actúen voluntariamente en el marco de sus derechos de manera tal que no le están otorgando a Z una alternativa agradable[...]. [Si las acciones relacionadas a las opciones de cierre de otras

---

[36] El concepto de un *poder que concuerda con un derecho* está explicado en la sección (2) del capítulo 8 de mi trabajo *Karl Marx's Theory of History*. La idea básica: poder p concuerda con derecho $r$si y solo si lo que X es *de jure* capaz de hacer cuando X tiene r es lo que X es *de facto* capaz de hacer cuando X tiene p.

personas) torna no-voluntaria la acción resultante de un sujeto depende de si estos otros sujetos tenían el derecho de actuar como lo hicieron.[37]

Podríamos pensar que las personas necesitadas carecen del derecho de actuar de manera tal que alguna de estas personas termine en la posición de Z, un punto de vista que explicaré más tarde. Pero aquí nosotros suponemos, con Nozick, que todos los A hasta los Y actuaron de forma honesta e impecable y por lo tanto no se equivocaron en nada. Si es así, dice Nozick, Z no está forzado a trabajar para un capitalista. Si él elige hacerlo, la elección es voluntaria.

Notar que Nozick no está diciendo que Z, aunque esté forzado a trabajar o morirse de hambre, no esté forzado a *trabajar,* desde el momento en el que puede elegir morirse de hambre. Más bien, él negaría que Z está forzado a trabajar-o-morirse de hambre, aun cuando Z no tiene otra alternativa, y aceptaría que Z está de hecho forzado a trabajar, si, contrario a lo que Nozick sostiene, él está forzado a trabajar o morirse de hambre. Visto que Nozick cree que:

(8) si Z está forzado a hacer A o B, y A es la única cosa razonable que él puede hacer, y Z hace A por esta razón, entonces Z está forzado a hacer A.[38]

Nozick sostiene que:

(9) Z está forzado a elegir entre trabajar y morirse de hambre solamente si los actos humanos han causado que sus alternativas sean restringidas de esa manera, y (10) Z está forzado a elegir solamente si los actos que ocasionan la restricción de sus alternativas fueran ilegítimos.

Ambas afirmaciones son falsas, pero no necesitamos discutirlo (9) aquí[39]. Ya que estamos ocupados en la restricción de elección que Nozick atribuye a los actos de las personas, *viz*, a algunas o todas desde la A hasta la Y. por lo tanto, necesitamos solo rechazar la afirmación de Nozick que dice que si alguien está forzado a hacer algo, entonces alguien actuó *ilegítimamente*: necesitamos solo rechazar (10).

Permítanme volver nuevamente al texto en el que (10) está basado:

Los actos de otras personas pueden limitar las oportunidades disponibles

---

[37] *Anarchy*, pp. 262, 263/4.

[38] Ver Nozick, 'Coerción', pág. 446. Yo deduzco (8) del principio (7) del ensayo 'Coerción' sobre la base del compromiso de Nozick con: Z esta forzado a hacer A si y solo si existe una persona P que fuerza a Z a hacer A. Ver (9), más adelante.

[39] Para un análisis de (9), ver Frankfurt, 'Coercion and Moral Responsability', pp. 83-4.

para un sujeto. Si esto produce que el acto resultante de un sujeto sea un acto involuntario depende de si estos otros tenían el derecho de actuar como lo hicieron.[40]

Pero no existe tal dependencia, tal como lo demuestran los siguientes ejemplos. Supongamos que el granjero Fred es dueño de una parcela de tierra en la cual el pueblerino Víctor tiene servidumbre de paso. Entonces si Fred alza un cerco insuperable alrededor de la parcela, Víctor estaría forzado a usar otra ruta, como Nozick acordaría, desde el momento que Fred al construir el cerco, actuó ilegalmente. Ahora tomemos en consideración al granjero Giles, cuya parcela de tierra similar es regularmente atravesada por el pueblerino William, no por derecho sino porque Giles es un alma caritativa. Pero entonces Giles levanta un cerco insuperable alrededor de su parcela por razones que lo justifican a hacerlo. De acuerdo a Nozick, William no puede entonces decir que, como Víctor, él ahora está forzado a usar otra ruta. Pero los ejemplos, aunque diferentes, no contrastan al punto tal de convertir en falsa tal afirmación. William no está menos forzado que Víctor a cambiar su ruta. (10) es falso aun cuando –lo que yo también niego– (9) sea verdad, y se sostiene la tesis de que Z esté forzado a ofrecer su fuerza de trabajo a disposición de uno u otro miembro de la clase capitalista.

8. La afirmación de Nozick acerca de Z es tan inaceptable que puede aparecer confusa, proviniendo como lo hace de un pensador extremadamente agudo. ¿Puede ser que lo que lo lleva a esta afirmación sea que ésta ocupa un lugar estratégico en su defensa del capitalismo libertario? ¿Cómo puede el capitalismo libertario ser *libertario* si coarta la libertad de una gran cantidad de personas?

De todas maneras, podemos pensar a Nozick afirmando que Z está forzado a trabajar para un capitalista, e intentando recuperar su posición al afirmar que: Zestá realmente forzado a hacerlo, pero desde el momento que lo que provoca que él esté forzado es una serie de transacciones legítimas, no hay ninguna cuestión moral contra este forzamiento, ergo ninguna injusticia. (Cf. (1) y (2), más arriba)

Eso sería menos impactante que la afirmación original. Nozick está en una posición más fuerte cuando sostiene que el capitalismo no priva a los trabajadores de la libertad, que cuando asegura que el trabajador está forzado a someterse, y así todo, insiste, la situación del trabajador, habiendo sido generada justamente, es de todas formas lamentable, sin excepción desde el punto de vista de la justicia –habrá que ver si a pesar de su fuerte posición,

---

[40] *Anarchy,* pág. 262.

Nozick está en condiciones de defenderla. En cuando a la demanda original, si verdadera, le da derecho a Nozick a decir que, en virtud de sus otras tesis, el capitalismo no es solamente una sociedad justa sino también libre; mientras que la afirmación revisada lo lleva a enunciar que el capitalismo es justo, pero no completamente libre. Cuando describimos exhaustivamente a Z, el capitalismo es menos atractivo, digamos lo que digamos acerca del capitalismo, desde el punto de vista de la justicia.

Volviendo a esa perspectiva y manteniendo en mente a Z, ¿qué decir acerca de la importante tesis de Nozick (1)? Sería razonable agregar a las restricciones sobre las adquisiciones justas una cláusula que enuncie que nadie debería adquirir bienes provocando en otros el sufrimiento por la severa perdida de libertad. Podríamos, entonces, *aceptar* la tesis (1) pero el agregado de cláusulas condicionantes, deben llevar a algo justo y por lo tanto, rechazar al capitalismo.[41]

De otra forma, podríamos asegurar, en un gesto altruista, que no hay injusticia transaccional (no hay pasos injustos) en la generación de la posición de Z, pero *rechazar* (1), y litigar para que el proceso generativo sea regulado, inclusive, tal vez, al costo de cierta injusticia, para prevenir que sus resultados devengan en forma muy injusta. Nozick contraargumentaría aludiendo a las restricciones indirectas, pero estas carecen de autoridad (ver sección 6 arriba).

Cualquiera sea la opción que tomemos –y hay otras– ahora deberíamos tener en claro que el capitalismo libertario sacrifica la libertad en pos del capitalismo, una verdad que sus sostenedores son capaces de negar solo porque ellos están preparados para abusar del lenguaje de la libertad.[42]

---

[41] Es etéreo si esto produce lo que Nozick denominaría un 'gimmicky' (ver *Anarchy*, pág.157) lectura de (1).

[42] Para una defensa ampliada acerca del cargo de abuso, ver secciones 2 y 3 del Capítulo 2 más adelante.

2. Justicia, libertad y transacciones de mercado

En este capítulo, me refiero con más precisión a los dos tópicos que fueron
introducidos en el Capítulo 1: la relación entre la justicia en las transacciones
y la justicia y sus resultados, que está tratada de nuevo en la sección 1, y a
la acusación de que el estilo libertario de Nozick juega con el lenguaje de la
libertad, que está elaborado en las secciones 2 y 3. Por último, en la sección
4, destaco un principio, el de la propiedad de sí, el cual, si se me permite la
contradicción, sobresale latentemente en el caso Chamberlain. El principio
acerca de la propiedad de sí es el tema central en los próximos ocho capítulos
de este libro.

He remarcado en el Capítulo 1 que Nozick está tan convencido de la veracidad de la fórmula exhibida al principio de esta página, que él cree que
hace falta sólo aplicarla, sin cuestionarla, para revertir los estados finales y las
teorías modeladas de la justicia. En el Capítulo 1, yo estaba menos interesado
en las credenciales de la fórmula en sí misma que en la supuesta amenaza que
ésta representa para las concepciones igualitarias de la justicia, y por lo tanto,
no las examiné detalladamente. En esta sección 1, le presto un poco más de

atención a la fórmula de Nozick. Primero digo que su aparente evidencia es sólo superficial, y luego presento un caso en contra de la misma, el cual no se apoya en las teorías vertidas anteriormente acerca de las teorías de la justicia que Nozick rechaza.

El fervor político a través de la sección 1 es comparativamente bajo, y los lectores que están impacientes por leer detalles minuciosos pueden pasar directamente a la sección 2, donde se resume la confrontación ideológica entre el libertarianismo y el igualitarianismo.

1.ª Volvamos a la fórmula de Nozick:

(1)Todo lo que emerge de una situación justa a través de pasos justos es en sí mismo justo.

Una situación justa, aquí, es una en la que todos tienen todo y sólo aquellos haberes que ellos deberían tener, y 'los pasos justos', para Nozick, son actos humanos que están exentos de injusticia, en el sentido que, nadie se comporta por la fuerza o fraudulentamente en el curso de los mismos. A través de esta sección, abordaré aquellas caracterizaciones (no inverosímiles) acerca de 'la situación justa' y 'los pasos justos', pero aquí debo mencionar dos dificultades prestando atención a la frase que enuncia la ausencia de fuerza y de fraude en la explicación de 'los pasos justos'.

La primera dificultad concierne a la adecuada interpretación de la expresión 'fuerza'. Una interpretación de 'fuerza' será inservible, en el presente contexto, si la misma está estipulada por normas de la justicia. Porque si la ausencia de fuerza, como lo es para Nozick, es central para la definición de justicia, y la injusticia, como una vez más notablemente suficiente, esta es para Nozick, central para la definición de fuerza,[1] se produce una circularidad que amenaza nuestro abordaje de los conceptos de justicia y fuerza por igual. Este problema es abordado en la sección 2 (ver, especialmente, la subsección 2j), pero será dejado de lado en la presente sección.

La segunda dificultad concierne al 'fraude'. Consideremos una instancia particularmente sobresaliente del mismo: *grosso modo*, la información falsa publicada por un comerciante acerca del carácter y/o valor económico de lo que oferta. Semejante falsedad es crucialmente diferente de la fuerza en el sentido que parece no involucrar ninguna intrusión dentro de 'la esfera protegida' de nadie, ergo, es discutible que no haya ninguna violación de las restricciones indirectas sobre los actos planteadas por los libertarios como Nozick, y por lo tanto, podría decirse que es aún más discutible que no haya

---

[1] Ver capítulo 1, sección 7 más arriba y sub sección 2g más abajo.

ninguna injusticia, desde el punto de vista libertario. Este problema[2] no será abordado para nada. Por lo tanto, les doy la posibilidad a los libertarios para que consideren que 'el fraude' contamina la justicia de un 'paso'.

El resto de esta sección se desarrolla de la siguiente manera. En 1b describo (las malas) razones para comprobar la veracidad de la fórmula (1). Las razones que aquí analizo, podrían yacer en el inconsciente de cada uno de los individuos de una sociedad, motivando sus pensamientos, pero, una vez que dichos pensamientos emergen a la conciencia, se verifica que son malas razones y por lo tanto insostenibles (1).

Habiendo resuelto el prejuicio precedente a favor de (1), procedo en la subsección 1c a cuestionar (1), primero basándome en contraejemplos que creo poco serios, y luego basándome en algunos contraejemplos con más sustancia, por lo que comienzo con los primeros. Estos contraejemplos son poco serios en tanto y en cuanto la modificación relativamente mínima de (1) los elude, pero al mismo tiempo estos abren las puertas a la revisión de ejemplos más sustanciales que nos muestran claramente que, al contrario de lo que parecería superficial, (1) no es incontrovertible, y esto aumenta la credibilidad de los quecomo nosotros, discrepamos sustancialmente con los enunciados del tipo (1).

La focalización en 1c es acerca de los 'pasos justos'. En 1d trato el concepto de 'situación justa', y destaco la ambigüedad del mismo, hecho que despierta aún más dudas de las ya existentes en relación a la fórmula (1).

A continuación, en la subsección 1e, que ya de por sí es parcialmente disruptiva, mi argumento sostiene que se puede tener en cuenta el riesgo inevitable de las transacciones de mercado 'justas' ya que estas desmerecen los resultados de la justicia, aun si se piensa que los resultados de las loterías (literal) siempre están libres de injusticia.

(1) Después de haberlas desacreditado, así lo espero, pongo de manifiesto la cuestión en 1f acerca de cuáles rasgos distintivos deberían tener los pasos en *adición* a la justicia (en el sentido acordado: ver el primer párrafo de esta subsección) ya que los pasos a seguir (no meramente justos pero, no obstante) *preservadores de la justicia*. Mi argumento se basa en que los requisitos verosímiles para la preservación de la justicia, implican que las transacciones de mercado no son (por lo general) confiables para la preservación de la justicia.

Las afirmaciones principales de esta sección son que, (a) los pasos justos no son preservadores de la justicia (o sea, (1) es falso) y que (b), las 'inocentes' y simples transacciones de mercado, no preservan la justicia. Si estas afirmaciones son correctas, entonces, (1) no solamente es falsa, sino que,

---

[2] Lo que esta discutido en James Child, 'Can Libertarianism Sustain a Fraud Standard?'

por añadidura, su propósito, que consiste en justificar los resultados de las transacciones comunes de mercado, no puede ser logrado: ni el propio (1) ni ningún substituto de (1) logrará lo que se supone que (1) debería lograr. (Vale la pena destacar que (1) podría ser creíble, no obstante, las transacciones de mercado no siempre preservan la justicia porque no son siempre justas, y se podría dar crédito a la afirmación que enuncia que, aunque (1) es falso, las transacciones de mercado realmente preservan la justicia, ya que estas presentan rasgos adicionales a la justicia en sí misma, y estos rasgos adicionales a los de la justicia, aseguran que la justicia inicial sea transmitida a los resultados del mercado, o inclusive, porque justos o no, tanto en casos particulares o generales, las transacciones de mercado de todas formas tienen características que aseguran la transmisión de justicia. La segunda de estas creencias, al contrario de la primera, es altamente inverosímil, y la tercera creencia es realmente muy desatinada, sin embargo, la probabilidad meramente lógicade lasdos creencias insólitas ayuda a demostrar que (a) y (b) son diferentes denegaciones).

Por lo tanto, defiendo (a) y (b) sin apelar a criterios de distribución sólidamente diagramados o de estados finales. La sola invocación de dichos criterios confirmaría la veracidad de las afirmaciones de mi autoría, no obstante, al hacer esto, paralelamente también saldría a la luz la cuestión crucial en relación al derecho de división de bienes y otras teorías de la justicia. En vez de referirme a los mencionados criterios, me concentro en los procesos que se hallan exentos de conductas injustas, pero que, no obstante, se podría pensar razonablemente que dichos procesos subvierten la justicia de aquellas situaciones que constituyen su origen. 'Se podría pensar razonablemente' que: mi máxima ambición en esta sección es la de otorgar el beneficio de la duda a las dos tesis en las cuales (a) y (b) se contradicen, en vez de rechazarlas *a priori*: los libertarios de línea dura probablemente permanezcan firmes en su posición frente a mis argumentos, no obstante, estoy convencido de que los mismos servirán para debilitar la inclinación hacia (1) de los 'electores indecisos'.

Vale la pena recordar que no adhiero *ciento por ciento* a la teoría de la justicia de los estados finales. Es evidente que las distribuciones idénticas de los holdings pueden diferir con respecto a la justicia porque las mismas difieren con respecto a sus historias.[3] No obstante, lo anterior no quiere decir que los criterios de los estados finales sean irrelevantes para la justicia, y tampoco implica que Nozick provea un argumento adecuado con respecto a lo que constituye una historia capaz de preservar la justicia.

---

[3] Ver capítulo 1 sección 3 más arriba.

1b. Antes de interpelar a (1), en la subsección c más adelante, quiero explicar cómo se podría llegar a pensar, de la misma manera que Nozick y otros libertarios lo hacen abiertamente, que (1) es axiomático, o dicho de otra manera, inexpugnable.

(1) Puede parecer inexpugnable debido a una serie de razones que se manifiestan a grosso modo de la siguiente manera: si partimos de la justicia, y a la misma no le agregamos nada excepto más justicia, y en particulara esta no le agregamos injusticia, entonces, ¿cómo podríamos obtener injusticia como resultado?

Entonces, este modo de razonar podría basarse en uno u otro de los dos pensamientos más generales, cabe aclarar que el primero es más primitivo que el segundo. El primer pensamiento, el ultra primitivo, consiste en que el resultado de la suma de dos cosas de una misma característica no podría ser una cosa de característica contraria. No obstante, esta supuesta imposibilidad ocurre todo el tiempo: cuando, por ejemplo, la suma de dos números impares da como resultado un número par, o cuando dos sustancias combustibles se combinan formando una sustancia incombustible.

El primer pensamiento, sin duda, es demasiado primitivo como para atribuírselo a los libertarios académicos. Pero quizás, en el caso de algunos de ellos, un pensamiento de alguna manera menos primitivo, pero de cualquier forma inaceptablemente poco elaborado, se aloja latente bajo la convicción de que sumar justicia más justicia no podría resultar en injusticia. Todos los que profundamente poseen este pensamiento menos primitivo están al tanto (al contrario de los que adhieren al pensamiento ultra primitivo) de que, a veces, dos errores pueden resultar en un acierto. De todas maneras, ellos justificarían lo anterior, diciendo que eso sucede porque los errores y los defectos, a pesar de que ambos son aspectos negativos, pueden neutralizarse entre ellos. ¿Cómo es posible, entonces, según objetarían los pensadores no tan primitivos, que la suma de dos cosas acertadas devenga como resultado en *algo erróneo*? El pensamiento primitivo relevante (que no es precisamente el ultra primitivo), dice que la injusticia es un defecto que proviene de alguna falla: si una nueva situación emerge de (nada más que) una situación previa de pasos justos, ¿cómo es posible que haya una falla en dicha situación? La respuesta es que la combinación de cosas perfectas puede de hecho generar imperfecciones, cuando, por ejemplo, se bebe un buen vino pero inadecuado para acompañar una comida que no combina con dicho vino, o cuando se toca una música insuperablemente cautivante, pero, no obstante, inadecuada para una reunión formal. Por lo tanto, podemos desestimar esta razón en relación a la creencia (1).

La creencia en (1) podría también haberse generado por un proceso de pensamiento que no está basado en una premisa primitiva, pero que de cualquier forma, es erróneo, siendo el error el primo hermano de la equivocación, tal cual paso a explicar a continuación:

¿Qué significa que los pasos sean justos?, que están libres de injusticia. ¿Pero qué quiere decir que los pasos estén libres de injusticia?

O bien, como sugerimos en el primer párrafo de esta sección, que (a) no hay injusticia dentro de dichos pasos; o que (b) por añadidura, que los mismos aseguran que no se produce ninguna injusticia. Si tomamos la interpretación (a), entonces, no podemos deducir inmediatamente, de la definición de 'pasos justos', que (1) sea verdadero: aún queda por demostrar que los pasos justos siempre preservan el lugar en la justicia. Si tomamos la interpretación (b), entonces (1) es verdadero, pero trivial. Si pasamos por alto las diferencias entre las dos interpretaciones, si nos equivocamos a través de ellas, ergo, podemos pensar erróneamente que (1) es a la vez, no trivial (debido a la interpretación (a)) y verdadera al mismo tiempo (debido a la interpretación (b)).

No puedo asegurar en qué medida el pensamiento primitivo recientemente descripto y la equivocación recientemente expuesta puedan contribuir a la credibilidad libertaria en (1). Pero, estoy seguro que una tercera patología del pensamiento, está escondida en dicha credibilidad.

Permítanme explicar. Una situación es justa si un conjunto de holdings es sostenido justamente, si y solo si, nadie posee lo que por una cuestión de justicia, no debería poseer, y todos poseen lo que por una cuestión de justicia deberían poseer:[4] por principio lo aquí dicho es lo que tomamos como verdadero por definición (ver más arriba). Si ahora, damos por sentado como verdadero que tal situación se logra, si no hay pasos injustos en la producción de la misma, si, o sea, que una situación se considera justa si el proceso que lo genera es justo, entonces (1) resultará claramente verdadero, pero solo trivializando la definición de 'situación justa'.[5] Para que (1) sea interesante, no puede ser inmediatamente verdadero por definición de esa forma, no hay que excluir, hasta qué punto dictaminar que una situación que abarca (holding(s) mal avenidos) debería emerger de un proceso que no contiene ninguna injusticia. Yo creo que existe entre los libertarios una tendencia a consideran a (1) como verdadero por definición en la forma trivial ya mencionada, pero *también* a considerar a (1) como una verdad conceptual interesante, del tipo que podría y debe ser testeado a través de la revisión de contraejemplos putativos acerca de tal verdad.

---

[4] Es necesario agregar la segunda cláusula para cubrir, por ejemplo, el caso en el que alguien intencionalmente destruye un objeto que pertenece a otra persona en manera justa.

[5] Esto es lo opuesto a la jugada banal del fabulador, ya que él define 'pasos justos' en los términos de la justicia de la situación que ellos producen, y entonces, una 'situación justa' se considera como tal en virtud de la justicia de los pasos que los llevaron a la misma.

Para que (1) sea una verdad conceptual interesante, los contraejemplos referidos deben ser (por lo menos) hipotéticamente posibles; debería ser posible investigar, a través del método *Gedankenexperiment*[6] si se puede o no abrir una brecha entre un proceso justo y un resultado justo. Un intento para abrir tal brecha comienza en la próxima subsección.

1c. Podríamos empezar a dudar de la formula (1) desde el momento que notamos la importante diferencia de categoría entre las dos clases de ítems a los cuales el concepto de 'justo' es aplicado en (1): por un lado en lo que respecta a las situaciones, y en particular, aquí, a las distribuciones ($\neq$distribuyendos [7]) de los holdings, que son situaciones que se obtienen en un determinado momento; y por el otro lado, a los pasos, o las transacciones, tipos, o sea, no de situaciones, sino de eventos o procesos, que llevan tiempo para ocurrir. Ya que, correspondiendo a esa diferencia radical de categoría, existe, esta es la manera en la que defenderé mi postura, una diferencia en los criterios que los ítems, dentro de las dos categorías, deben satisfacer para ser calificados como justos. Es decir, según esta afirmación, es absolutamente posible que las reacciones químicas ocurran cuando la justicia de un tipo se suma a la justicia de otro tipo.

Consideremos un caso parcialmente paralelo. Supongamos que nosotros (no irracionalmente) definimos a una persona sana como alguien capaz de desarrollarse en la mayoría de los ambientes, y un ambiente sano, es aquel en el que la mayoría de la gente puede desarrollarse. Sin embargo, podría también ser verdad que insertar a una persona sana en un ambiente sano sea dañino para su salud y, por lo tanto, el sumar lo sano a lo sano, podría resultar en enfermedad. Y no tenemos que pensar, según lo precedente, que las cosas resulten diferentes en relación a la justicia, una vez que nos hayamos liberado de los conceptos primitivos y de las maniobras tendientes a la banalización revisadas en la subsección 1b anteriormente.

Una *situación* es justa si y solo si, nadie posee lo que, según la justicia, no debería poseer, y cuando todos poseen lo que según la justicia deberían poseer. De esto se deduce, según mi criterio, que la injusticia dentro de una situación (al contrario de la injusticia en un paso, como ya hemos consensuado anteriormente: ver más arriba) no presupone necesariamente *un acto erróneo* si ese acto es el resultante de una situación fortuita. Para dar un ejemplo de lo que estoy exponiendo, supongamos que uno de mis palos de amasar justamente adquirido, rueda cuesta abajo y desde la puerta de mi casa, termina en tu puerta abierta, sin que tú te des cuenta. Inocentemente tú

---

[6] N.d.t.*Gedankenexperiment*: experimento mental, recurso de la imaginación empleado para investigar la naturaleza de las cosas. En su sentido más amplio es el empleo de un escenario hipotético que nos ayude a comprender cierto razonamiento o algún aspecto de la realidad.

[7] N.d.t: distribuyendos: neologismo del autor, en inglés: *distributings*.

lo confundes con un palo de amasar tuyo que no encontrabas y por lo tanto, lo guardas y lo usas. Según este ejemplo, así lo considero, podemos decir que no todo lo que se posee esposeído justamente, aunque nadie se haya comportado o se esté comportando injustamente. No obstante, para dar otro ejemplo instructivo, si te guardas el palo de amasar, a sabiendas de la proveniencia, entonces te estás comportando en forma injusta, porque lo que estás haciendo ahora es injusto, ya que estás manteniendo una situación que se revela injusta debido a *otras* causas:

En primer lugar, no es injusto el hecho de que te hayas guardado el palo de amasar.

En el ejemplo del palo de amasar una situación justa se transforma en una situación injusta, sin que ningún paso injusto haya ocurrido. Esta aseveración no es en sí misma un rechazo de (1) desde el momento que (1) enuncia que si los pasos son justos, estos son suficientes para preservar la justicia, no enuncia que los pasos injustos son necesarios para subvertirla. (Una razón que explica por qué las dos fórmulas presentadas en la frase anterior, no son equivalentes, es que, como lo ilustra el caso del palo de amasar, los pasos, (tomados por los seres humanos) no son las únicas cosas que pueden transformar una distribución en otra). Pero si los pasos injustos son de hecho innecesarios para subvertir la justicia, ¿por qué *deberían* los pasos justos bastar para preservarla? Supongamos que los pasos ocurren sin que nadie se comporte forzosa o fraudulentamente: ¿Por qué, aun así, no podrían entonces esos pasos fortuitos generar una situación que resulte injusta? El accidente en el caso del palo de amasar hubiera podido ocurrir *también* si se dieron los pasos justos: tal vez intercambiamos libremente un cuchillo por un tenedor mientras que el palo de amasar errante se estaba dirigiendo hacia tu puerta.

Pero, en contra de esta reflexión, un defensor de (1) podría alegar que un caso fortuito, para ser aquí relevante, no debe meramente acompañar los pasos justos, como un meteorito que perturba una transacción, o como el ejemplo acerca del modelo de mi palo de amasar: ya que, en esos casos, la situación nueva no es una que emerge expresamente 'a *través de* (nada más que) pasos justos', y, por lo tanto, no emerge ningún contraejemplo claro de (1). Llegados a este punto, el alegato continúa de esta manera: lo fortuito debe derivar de aspectos de los pasos justos en sí mismos, esos que no detractan de su justicia, como pasos, pero que sin embargo, provocan que un resultado sea injusto.

Podría dar dos respuestas a dicho alegato. Primero, que hacer hincapié en la frase 'a través de pasos justos' produce en el mejor de los casos una victoria pírrica para el defensor de (1). Ya que, visto que los pasos transaccionales no suceden aislados de las contingencias ambientales, la protección del estatuto de la verdad de (1) a través de presionar sobre el concepto de '*a través de pasos justos*' amenaza con reducir su poder para reivindicar los resultados de las transacciones de mercado: y esta es la función política de (1).

Además, podríamos cuestionar a (1) aun insistiendo con el concepto de que la situación original justa no se transforma a través de la nada sino a través de pasos justos. Esto recuerda el concepto, sostenido por Nozick, de que los pasos se califican como justos siempre y cuando nadie se comporte forzosa o fraudulentamente en el curso de los mismos. Tomando este principio, podemos prever que lo fortuito subvirtiendo a la justicia de la clase requerida depasos justos inherentes: ocurre cuando los agentes se comportan sin estar al tanto de lo que sucede, con extrema ignorancia. Yo te vendo un diamante por una cifra irrisoria (o te lo regalo por puro antojo), un diamante que ambos creemos que se trate de un pedazo de vidrio.[8] *A través de* ese paso justo (*ex* hipótesis de Nozick), emerge una situación en la cual tú posees un diamante. Pero unos pocos pensarían que la justicia ha cumplido su propósito totalmente si al haberse develado su naturaleza ahora tú te aferras al mismo, aunque en realidad nadie en esta transacción generadora se haya comportado de manera injusta.

Tu acto de aferrarte al diamante no sería parte de la transacción que genera lo que yo denomino una situación injusta, sino una posible secuela de la misma. Si el acto de aferrarte al diamante fuera injusto, sería seguramente porque es injusto el hecho de que tú lo conserves, a pesar de su origen justo (Nozick).

Habría que destacar que el uso de los incidentes del palo de amasar y del diamante como contraejemplos de (1) es conforme a la norma, ya detallada más arriba, que enuncia que los criterios de justicia modelados y de estado final no deberían ser usados para impugnar (1). Ninguno de estos criterios ha sido usado aquí, desde que no se ha dicho nada, acerca de la totalidad de los conjuntos de holdings de las partes relevantes, previamente o posteriormente al cambio de situación. Esta es la causa por la que los contraejemplos del palo de amasar y del diamante en relación a (1) son especialmente difíciles de refutar aún para Nozick. De cualquier forma, debemos admitir que aunque Nozick admita una cierta falla en (1), esto no cambia su postura drásticamente. Él lo justifica diciendo que los pasos justos preservan la justicia en tanto no suceda ningún accidente (*grosso*) o error (*grosso*). El propósito de estos ejemplos intrascendentes, sirve para abrir el camino a contraejemplos putativos sustanciales que no pueden ser tenidos en cuenta si (1) es considerado

---

[8] Para evitar objeciones inútiles, supongamos que yo conseguí comprar el diamante como resultado de una ardua labor renunciando a (otros) entretenimientos, etc. Más tarde, me olvidé que se trataba de un diamante.

invulnerable. Una vez que queda claro que (1) es discutible, y que puede ser (con mediano éxito) refutado con los contraejemplos (el palo de amasar y el diamante), entonces, aunque (1) no sea substancial y definitivamente refutado, ya que sus puntos débiles podrían ser parcialmente fortalecidos, (1) ya no debería intimidar a los no libertarios cuya intuición acerca de la injusticia entra substancialmente en conflicto con (1). Los contraejemplos que Nozick debe de hecho rechazar aparecen menos cuestionables de lo que de otra manera, aparecerían ante la necesidad de rechazar a (1) frente a los contraejemplos intrascendentes.

Volviendo entonces a los contraejemplos, algunos más sustanciales, parece evidente que la ignorancia debería probablemente ser pensada como algo en grado de subvertir la justicia incluso cuando esta no es, como en el ejemplo del diamante, de resultado inmediato como lo es un intercambio potencial. Si ampliamos nuestro enfoque trasladándonos desde pares discretos de agentes de transacción hacia un sin fin de transacciones no coordinadas que tiene lugar en una economía de mercado, entonces se incrementa el objetivo para la subversión de la justicia a través de cuestiones fortuitas debida a que la ignorancia va *in crescendo*. Por lo tanto, un contraejemplo putativo sustancial para (1) sería un accidente que no se debe a la injusticia, pero que no es (como en el ejemplo del palo de amasar) debida a la física: una compañía de seguros (inocentemente se declara en quiebra) y en consecuencia (en ausencia de asistencia estatal) arruina la vida de las personas que podrían no haber estado al tanto de que su posición quedaría en riesgo, personas que ahora deben vender sus bienes voluntariamente (en el sentido libertario del término) por un valor muy inferior al real, a compradores no fraudulentos que están a la búsqueda de oportunidades. Y también es dable pensar que una situación justa podría transformarse en injusta a causa de la forma en que este gran número de transacciones no coordinadas combinan *previsiblemente o de otra forma*.[9] Los contraejemplos presentados en el párrafo anterior no serían aceptados por Nozick, como tales: él los negaría abiertamente y continuaría afirmando (1) de un modo levemente modificado (para sostener parcialmente a los contraejemplos intrascendentes). Sin embargo, el propio Nozick aporta un contraejemplo sustancial en relación a (1) si bien no lo representa como tal, porque (1) no viene tratado en su libro[10] como tal. Recuerdo su caso en el que una persona inadvertidamente se convierte en el propietario de un monopolio de agua envasada. Tal situación no es *el*

---

[9] Para tal sucesión ver la sección 4 de John Rawls, 'The Basic Structure as Subject'. Su planteo es similar al mío aunque no idéntico, ya que él cree en los criterios de justicia del estado final, los cuales, he expuesto anteriormente. (Si Rawls plantea tal cuestión empleando tales criterios en el contexto de su discusión, resulta interesante que no detallaré aquí.)

[10] Ver *Anarchy*, pág. 180.

resultado de ninguna injusticia, no obstante Nozick cree que esa situación exige una cierta rectificación. Por lo tanto, o bien él rechaza a (1) por una causa sustancial[11], o, si protege a (1) insistiendo enfáticamente sobre el concepto '*a través* de pasos justos' –ver más arriba– entonces (1) pierde poder en forma polémica (ver, nuevamente más arriba). De todas maneras, (1) pierde credibilidad como herramienta en contra de los seguidores de las teorías de la justicia del estado final.

Permítanme concluir esta subsección con algunas formulaciones pretenciosas: en esta área es fácil perder el rumbo si no se es suficientemente pretencioso. Supongamos que partimos de una situación justa, y por lo tanto tenemos como resultado una transacción justa. Si hay (lo que Nozick cree que no podría haber consecuentemente) alguna injusticia en el resultado, entonces, *ex hypothesi*, esa injusticia no podría ser debida a injusticia alguna en la transacción en sí misma. Por lo que de esto no se deduce que no podría haber injusticia alguna en elresultado, y en caso de accidentes, la falta de previsión relevante, y los procesos combinatorios previstos pueden ser considerados razonablemente como generadores de injusticia situacional.

1d. En esta subsección, expondré una ambigüedad inesperada en relación a (1) que sirve ulteriormente para restarle aún más credibilidad al caso. La ambigüedad se refiere a una complejidad en el concepto de una 'situación justa' como la que fue ya tratada anteriormente: existen, evidentemente, dimensiones de la justicia en situación (así comprendida) significativamente diferentes. Para desarrollar este punto, vuelvo al ejemplo de la esclavitud justamente generada, que fue introducida en la nota al pie de página 4 del Capítulo 1. Recordemos que el ejemplo se desarrolla de la siguiente forma: A y B son idénticos en aptitudes e inclinaciones. A cada uno de ellos le gustaría tanto poseer un esclavo, a tal punto que hasta arriesgarían el convertirse ellos mismos en esclavos a cambio de tener la oportunidad de obtener uno. Entonces, A y B apuestan jugando a cara y seca con una moneda, B pierde, y A lo convierte en su esclavo encadenándolo.

Este ejemplo pone de manifiesto una dificultad para Nozick. En tanto que él aplica el concepto 'justo' a un conjunto de holdings, la justicia implica que una autoridad que hace cumplir la justicia, lo haga eficientemente.

Pero el caso de la esclavitud muestra que tal capacidad de cumplimiento es una cuestión donde se intersectan y unen tantos factores a tener en cuenta seriamente. Porque a causa de la *génesis* puramente justa de la relación

---

[11] Y, de hecho, alguien que refleja, controversialmente, el principio de la justicia del estado final.

entre A y B,[12] se podría pensar que B no puede demandar a su amo: una autoridad que hace cumplir la justicia, podría con derecho, dudar acerca de si tal demanda es viable y si así lo fuere, cuándo otorgarla ante el reclamo de B por su libertad.

No obstante, aun permitiéndolo, uno podría de todas maneras rechazar la idea de que A pueda legítimamente esperar que el control sobre B se haga cumplir. Por lo tanto, supongamos que B rompe sus cadenas y escapa, y A recurre a la mismísima autoridad precedente para recapturarlo. ¿Por qué entonces la autoridad no podría decir, junto a su negativa a ayudar a B a liberarse: 'es la esclavitud una práctica tan denigrante que la justicia no puede pedirnos que ayudemos a A a recuperar a B?

En el ejemplo de la esclavitud alguien pierde desmedidamente por una apuesta supuestamente alocada. Debido a que ese alguien se enfrenta a un número opuesto completamente simétrico (nozickiano) este obtiene indudablemente justicia transaccional. Pero el resultado aún podría ser considerado injusto, aun cuando, según la frase de John Mackie, 'no sería… justo (que el perdedor) se quejara de la injusticia'.[13]

En el curso de una discusión profunda, acerca de las condiciones bajo las cuales los contratos le otorgan justicia a sus resultados, Aistair MacLeod enumera una serie de condiciones en las cuales los acuerdos en sí mismos pueden resultar injustos porque las partes no son 'igualmente competentes para hacer uso de la información que está a su disposición' y él agrega que:

> [...] si bien es fundamentalmente estupidez inocente, que es lo que prevalece en tales contextos, y no la estupidez asociada al uso descuidado o inconsistente de la información, es probable[...] que la transparencia en un acuerdo se vicie hasta por la estupidez culpable.[14]

Cuando la estupidez es culpable, la distinción de Mackie es válida: a causa de la estupidez, el resultado es injusto, a causa de la culpabilidad, el agente está mal ubicado como para poder quejarse de la injusticia.

Las distinciones expuestas, otorgan más razones para abordar a (1) con cautela.

---

[12] Se me ha sugerido que su génesis podría ser considerada injusta basándose en que las partes se comportan injustamente entre ellas, pero de cualquier forma, para Nozick un paso es injusto solamente si durante su transcurrir alguien comete una injusticia contra otro, y tal cargo parece imposible de sostenerse: no hay ninguna evidencia de fuerza ni fraude en la génesis de esta instancia particular de esclavitud.

[13] Mackie, *Ethics,* pág. 95. En una encuesta más amplia que la que yo conduzco aquí, la diferencia entre injusticia y no equidad requeriría ser investigada.

[14] 'Distributive Justice, Contract, and Equality', pág.711.

Desde el momento en que la justicia en situación, concebida en términos nozickianos de legítima capacidad de ejecución, resulta tener aspectos diferenciables, que requieren sentencias separadas por parte de la justicia, pensamientos primitivos superficialmente llamativos que pueden ayudar a justificar que el poder atractivo de (1) parezca aún más primitivo. (Ver subsección 1b arriba)

1e. Hacen falta críticas acerca de la justicia de mercado para dilucidar la incertidumbre de los resultados de mercado como una razón para negar a (1), y, en forma más general, para negar que los resultados de mercado sean justos, más allá de que (1) sea verdadero o no. Si los agentes de mercado estuviesen al tanto de los resultados que producen sus negociaciones, el mercado podría ser justo: pero de lo único que están al tanto es de los diversos resultados probables de la negociación que les atañe solo a ellos.

Algunos defensores del mercado lo soportan estoicamente. Por supuesto, ellos saben que el mercado se parece a una lotería, si bien, en los casos favorecidos donde se conocen realmente los resultados probables, los jugadores de lotería no padecen ninguna injusticia, ni siquiera cuando son perdedores a gran escala. Entonces ¿por qué los perdedores del mercado informados tendrían que lamentarse si lo comparamos con lo anterior?

El principio que trata acerca de la defensa del mercado fue introducido en la nota a pie de página 9 del Capítulo 1:

> (1) Todo lo que emerge de una situación justa como resultado de transacciones totalmente voluntarias donde los agentes de la transacción están al tanto de las probabilidades de todos los resultados posibles significativamente diferentes, es en sí mismo justo.

En el Capítulo 1 he dicho que tenía mis dudas acerca de (4) y las expondré a continuación.

Las condiciones especificadas en (4) se ilustran en el ejemplo del juego de la esclavitud en la subsección 1d. Sin embargo, como ya hemos visto, la situación resultante no es claramente justa. Esta es una razón inicial, relativamente menor, para dudar de (4).

Pero, supongamos ahora que el juego de la esclavitud que aparece en la subsección 1d, les fue impuesto a los jugadores, en vez de haber sido elegido por ellos. Entonces no podríamos decir que el resultado es justo de ninguna manera, aun cuando ninguno de los jugadores esté involucrado en pasos injustos. Esta reflexión es la clave para comprender por qué el conocimiento anticipado acerca de las probabilidades de los resultados en las transacciones de mercado, no puede justificar los mismos basándose en el modelo de la lotería. El juego de la esclavitud impuesta no implica un desafío a (4) en sí mismo, a causa del requerimiento completamente voluntario de (4), pero apunta a la inutilidad de (4) como defensa de la justicia de los mercados reales. Ya que siempre existe algún grado de restricción tras el ingreso a la 'lotería' de mercado.

Supongamos que partimos de una distribución justa y se organiza una lotería por dinero (literal) en la cual se propone que las personas sean libres, tanto para entrar como para evitar hacerlo. Entonces, cualquier cosa que se diga acerca de las terceras partes[15], es obvio que ningún perdedor en la lotería tendría derecho a quejarse. Pero dicho comentario no se aplica a los perdedores en la lotería de mercado.

Una persona podría decidir ganarse la vida abriendo un pequeño negocio. Él no está interesado en obtener grandes ganancias: se conformaría con obtener una ganancia anual fija aunque modesta (si bien ninguna póliza de seguro acorde a su presupuesto le aseguraría poder lograrla). Pero, en una sociedad de mercado él no puede abrir un negocio sin quedar a merced de la contingencia del mercado: él podría obtener más ganancias de las que aspira obtener, pero también podría perder todo. Este hombre tendría el derecho a decir: quisiera que la posibilidad de abrir o no mi negocio fuese sujeta a otras condiciones. El participante en una lotería literal, no puede decir nada por el estilo. No hay nada *en* tal lotería que no sea apostar en forma totalmente voluntaria. Entrar a una lotería real no es una forma de hacer *algo diferente* (que podrías querer hacer de otro modo) pero entrar en la lotería de mercado es siempre un modo (tal vez no elegible) de hacer las cosas de otra manera.

Una disimilitud pertinente más profunda entre las loterías reales y los mercados. En la lotería real el riesgo es evitable: bastaría con no apostar y quedarte con tu dinero. En los mercados, en vez, no existe una opción igualmente segura. El dueño del posible negocio del ejemplo mencionado más arriba, de hecho podría evitar poner en riesgo su capital (que posiblemente sea fruto de un préstamo) pero, de ese modo, no obtendrá una vida segura y libre de riesgos. Porque tendría que trabajar para otros y depender de ellos, y esto no está libre de riesgos.

No queda claro si estas consideraciones desafían a (4) desde el momento en que no queda claro si la restricción cotidiana que le cabe a ellas son suficientes para remover la voluntariedad que (4) requiere para obtener resultados justos. Pero esto no es importante, polémicamente. Si la restricción ordinaria es suficiente para remover la voluntad, entonces (4) falla como justificación del mercado, ya que el mercado no satisface sus condiciones. Y si

---

[15] Y de hecho, se puede decir mucho en concordancia con lo que fue enunciado en la sección 4 del Capítulo 1 en referencia a las terceras partes en la transacción de Chamberlain.

tal restricción es considerada consistente con la voluntariedad, por lo tanto (4) es un principio dudoso.

Entonces, la naturaleza problemática del mercado exhibida no implica que el mercado deba ser eliminado, o que la contingencia del mercado deba ser reducida lo más posible. Nosotros no sabríamos cómo proceder eficientemente sin los mercados, y podríamos comprometer la autonomía al reducir la contingencia: La gente valora el poder tener la posibilidad de elegir en sus vidas, y (algunas veces) el sometimiento a la contingencia es inseparable de aquello. Por lo que la conclusión correcta no es que el mercado deba ser eliminado, sino que las consideraciones que lo reivindican (hasta donde se pueda reivindicar) no aparecen como consideraciones de la justicia en (4), aun cuando todas las probabilidades se conozcan anticipadamente.

1f. Habiendo cuestionado la tesis (1), que dice que los pasos justos preservan la justicia en situación, vuelvo a la cuestión acerca de qué pasos deberían ser agregados a la justicia (situacional) para que los mismos la preserven. El interés de la cuestión es grande en relación a la cuestión de si los pasos estándar del mercado preservan o no la justicia, lo que es diferente a la cuestión de la verdad de (1) (ver más arriba).

Podríamos pensar que los pasos justos no preservan la justicia debido a dos razones generales. La primera fue ilustrada en la subsección 1e: la estructura dentro de la cual los agentes se comportan sin forzar situaciones ni cometer actos fraudulentos, excluye siempre algunas opciones y promueve otras, con efectos relevantemente diferentes en las perspectivas de las personas. Como hemos visto, podríamos considerar que los pasos que las personas siguen (aun cuando justos) no son totalmente voluntarios, y por lo tanto, no son preservadores de la justicia. De otro modo, podríamos también considerar que los pasos en vez son voluntarios utilizando criterios de voluntariedad menos rigurosos, pero la estructura no elegida dentro de la cual esto ocurre, sigue siendo aún un potencial enemigo de la justicia en cuanto a sus resultados. De aquí en más, dejaré de lado el problema planteado por las estructuras no elegidas para la preservación de la justicia de los pasos justos.

La otra razón principal, en términos generales, del por qué uno podría dudar acerca de que los pasos justos preservan la justicia, es que la justicia en pasos es consistente con cualquier grado y tipo de ignorancia por parte de los agentes transaccionales. Sin embargo, existe una forma de eliminar el poder que tiene la ignorancia para derrotar a la justicia, que ya fue visto en un principio introducido en el Capítulo 1 más arriba:

(3) Todo lo que emerge de una situación justa, como resultado de transacciones totalmente voluntarias en las que todos los agentes transaccionales

seguirían estando de acuerdo si hubieran estado al tanto de los resultados emergentes de dicha transacción, es en sí mismo justo.

La ignorancia no tiene injerencia cuando el conocimiento hubiera inducido los mismos pasos, pero como ya he dicho en el Capítulo 1, las condiciones impuestas sobre la preservación de la justicia en (3) son tan fuertes que estas fallan profundamente en detrimento de este modo de reivindicar la justicia de mercado.

Los contraejemplos en relación a (1) como el caso del diamante no tocan a (3) y los principios con condiciones menos demandantes, como este, son también inmunes a dichos contraejemplos:

> (1) Todo lo que emerge de una situación justa, como resultado de transacciones totalmente voluntarias, cuyos agentes están al tanto de cuál será el resultado inmediato de dicha transacción, es en sí mismo justo.

El caso del diamante no es una objeción a (5), ya que un aspecto de su resultado inmediato, que dice que el comprador termina siendo dueño de un diamante, no es sabido de antemano.

Un mercado podría trabajar bajo el proviso de (5) que es esencialmente un rechazo *caveat emptor* (no calificado) (n.d.t. el comprador asume el riesgo de lo que compra). Pero la falta de información acerca de lo que ocurrirá a largo plazo arroja una sombra sobre la preservación de la justicia de las transacciones que satisfacen la condición epistémica no demandante expuesta en (5). Si la falta de información radical acerca de su resultado absoluto (en términos de valor económico) anula la justicia en la transacción del diamante, ¿Por qué una falta de información similar acerca del valor económico a largo plazo, no debería tener efecto sobre el poder de la transacción afectada por dicha falta de información en función de preservar la justicia?

Podríamos recurrir al principio (4) (ver subsección 1e arriba), que requiere solamente el conocimiento de las probabilidades de (todos los futuros) resultados, antes de que una transacción sea considerada preservadora de la justicia. Pero (aparte de la restricción estructural detallada en la subsección 1e, que es consistente con el conocimiento de las probabilidades y que yo ya he dejado de lado) si una contingencia futura altamente improbable se materializa, el mero hecho de su probabilidad (digamos, de 0,00001) haya sido conocida de antemano, será poco útil para reducir la intuición, porque para los que la tienen, la injusticia ha ya sucedido. Podríamos a la vez, haber sabido que había una probabilidad de 1 en 10.000 de que el ómnibus número 2 hubiese hecho una maniobra brusca y que en el movimiento todo el contenido de mi caja de sándwiches haya ido a parar de tu lado, y por lo tanto, no es evidente que el incidente resultante de la perdida de mi caja con sándwiches, tenga que generar en mí un estado de malestar, por haber padecido un resultado injusto.

Y, sumado al hecho de que el conocimiento de las probabilidades no es claramente suficiente para garantizar la preservabilidadde la justicia, tal información, generalmente no estará disponible. Esto sucede porque los resultados a los cuales contribuyen las transacciones de mercado en vigencia son tal complejos y ramificados que es casi imposible llegar a conocer las probabilidades de los diferentes resultados *inmediatos:* ¿Cómo podrían saber todos los sujetos transaccionales oal menos uno, por ejemplo, *cuál* es la tendencia de comportamiento (más) *probable* de (todos) los futuros precios del mercado de valores?

El problema general, ya expuesto en el Capítulo 1 (ver más arriba), es que los pasos que satisfacen las condiciones en forma exhaustiva, como para que los mismos aseguren la preservación de la justicia no son característicos del mercado. No obstante, dejando de lado el proyecto de reivindicar los mercados actuales, podríamos intentar definir un mercado ideal (desde el punto de vista de la justicia), del cual los procedimientos actuales de mercado difieren en diversos grados. Es interesante, de todos modos, como explicaré a continuación, que cuanto más se acerca un 'mercado' a la concepción ideal a definir, el mismo se parece cada vez menos a un verdadero mercado.

Lo ideal es definido a través de la propuesta que dice que las transacciones de mercado transforman una situación justa en una nueva forma de situación justa donde cada agente tiene la información *precisa* acerca de cuál será el efecto de su transacción, incluyendo, por lo tanto, su efecto de cómo podrá, y querrá, realizar transacciones en el futuro. En un mercado ideal, se da por sentado, que las transacciones tienen esa absoluta transparencia epistémica.

Pero la propuesta enunciada, es ilegítima. Ya que la noción de una sociedad de mercado (activa) está conceptualmente ligada a la idea de desconocimiento acerca del futuro[16]. Si todos pudieran prever las futuras transacciones no

---

[16] La cuestión se sostiene aun para un mercado (si fuese posible) sin emprendedores. Por lo tanto no es el enunciado de Israel Kirzner que dice que 'el proceso del mercado depende, de hecho, de la utilidad de las transacciones empresariales con participantes del mercado que en alguna medida hayan errado, sino que esto se parece al enunciado más general de Kirzner, que de algún modo está basado en premisas diferentes a las mías, que dicen que un proceso de mercado sin transacciones "erróneas" es impensable'. (*Entreprenership, Entitlement, and Economic Justice*, pág. 386,388). (Kirzner sostiene la explotación deliberada de los errores ajenos basándose en el relato bizarro de la relación entre saber y la creación, de acuerdo a la cual, *inter alia*, 'hasta que un recurso no sea descubierto, *no ha existido en absoluto*, en el sentido relevante de los derechos de acceso y uso común' (*ibid*, pág. 395: Ver, además el cap. 7, nota al pie de página 37 más adelante.)

habría necesidad de efectuar ninguna transacción en el futuro: en vez de un proceso de mercado, habría un contrato multilateral no caducable, una vez y para siempre, que regiría todas las transacciones futuras.

A considerar. Si yo supiera *a priori* el efecto absoluto de una transacción futura previamente acordada, entonces lo que debo saber es cómo los demás y yo pactaremos las transacciones en el futuro, ya que esto ayudará a determinar el resultado de la transacción a futuro. Pero entonces no tiene sentido esperar a que llegue el futuro para realizar la transacción acordada *a priori*: ¿Por qué me negaría el martes a comprometerme acerca de lo que haré el jueves, si ambos sabemos con absoluta certeza que lo haré el miércoles? Si estuviéramos absolutamente informados acerca del devenir de las transacciones, lo que es sinónimo de información ideal, todos firmaríamos (de hecho o en efecto) contratos de por vida entre las partes y no se llevarían a cabo más transacciones. La información ideal es incompatible con una economía en la cual el comercio ocurre en etapas contiguas y no continuas en forma diacrónica.

En concordancia, uno no podría decir que: las transacciones del mercado preservan la justicia salvo cuando estas ocurren en un marco de desconocimiento. No podemos decir esto, simplemente porque el mercado está siempre sujeto a la falta de información (salvo en el caso, por supuesto, del 'mercado' directo con información completa, loque es absolutamente imposible). Pero no por esto es necesario concluir que el mercado deba ser eliminado. Mi conclusión es que, una vez más (ver el final de la subsección 1e arriba), si el mercado debe ser avalado, entonces, no será debido a que el mismo es perfecto desde un punto de vista de la justicia.

2a. En la sección 8 del Capítulo 1 he tratado en forma concisa y clara el concepto de la relación entre libertad y justicia de Nozick. He dicho que él no podía afirmar que una sociedad en la cual algunos están obligados a vender su fuerza de trabajo so pena de morir de hambre sostenga los valores de la libertad, pero sin embargo, podría admitirle a Nozick que afirme que una sociedad tal sea consistente con el principio de justicia. Hubo una cierta falta de matices en esa sumatoria de la posición. Ya que, en la concepción de Nozick, libertad y justicia son cuestiones profundamente relacionadas. Por lo tanto, resultaba un tanto abrupto permitir que Nozick basase su caso en la justicia

---

El ensayo de Kirzner intenta responder a aquellos que sostienen que 'ese error (que invariablemente caracteriza a las transacciones de mercado) introduce una piedra inextirpable de falta de voluntad al interno de estas transacciones' (*ibid.*, pág. 391). Pero la forma de manifestar el desafío presentado por la ignorancia y el error no es adecuada. No es la voluntad (o incluso, comúnmente, la justicia) de una transacción la que se perjudica por error, sino que es la justicia de su resultado.

a pesar de su insostenibilidad en base a la libertad. En esta sección investigaremos más profundamente la relación entre los dos conceptos.

2b. Un defensor de D1 podría responder al argumento acerca de Chamberlain, proponiendo un impuesto sobre sus ganancias. La tasa del impuesto, y el destino de sus ganancias, sería decidido por los principios subyacentes a D1. Entonces, la tributación por el bien de la igualdad (o lo que D1 implique) a menudo amortiguarán la productividad en una economía capitalista. Pero supongamos, como podría resultar cierto en el caso de Chamberlain (ver Capitulo 1), que dicho impuesto no actuase como un desincentivo, por lo que podemos centrarnos en esta cuestión distintiva: ¿Sería inaceptable la mencionada política fiscal porque la misma restringe la libertad injustificablemente?

2c. Bien, dicha política elimina indudablemente *ciertas* libertades. Con la política fiscal, Chamberlain pierde la libertad de hacer un contrato en virtud del cual él juega al básquet y gana un buen cuarto de millón, y los seguidores pierden la libertad de hacer un contrato en virtud del cual cada uno de ellos pagará veinticinco centavos y él ganaría la cifra arriba mencionada. Pero la eliminación de *ciertas* libertades podría ser por el interés de la libertad en sí misma, y antes de llegar a la conclusión de que una política fiscal aplicada a gente como Chamberlain restringe la libertad *tout court*, o que la restringe injustificadamente, deberíamos evaluar si la eliminación de *ciertas* libertades podría desincentivar otras que también son importantes.

El grado de libertad que poseo depende del número y de la naturaleza de mis opciones. Y que a su vez la misma depende *tanto de* las reglas del juego *como* de los activos de los jugadores: esta es una verdad muy importante y ampliamente descuidada que la misma no depende solamente de las reglas del juego.

Supongamos que yo soy el rey de una isla a la cual, una vez cada tanto, llegan algunos marineros náufragos. En este momento, hay solo un marinero náufrago que está residiendo en mi isla, que llamaremos marinero Uno. Él se construyó un refugio, y según las reglas, que yo, el rey, he impuesto, él es el propietario de ese refugio: él no está obligado a compartirlo con nadie, o a permitir que alguien lo use. Los demás podrían tener derecho a usarlo sólo si Uno lo consiente, tal vez sólo por consideración. Una tormenta dejó varado a otro marinero, que llamaremos el marinero Dos, quien destruido por la tormenta, moriría si Uno no le permitiese refugiarse, temporáneamente, en su cabaña. Bajo las reglas vigentes, el marinero Uno podría legítimamente exigir al marinero Dos que sea su esclavo de por vida, a cambio de asilo. Las reglas vigentes permiten cualquier tipo de contrato, incluyendo el más extremo como el antes citado, y según las condiciones y motivaciones de los marineros, podrían asegurar que éste sea el contrato que sería acordado. Pero, como yo soy un rey amante de la libertad, decido cambiar las reglas y prohibir

75

contratos de esclavitud. En consecuencia, podemos suponer, que el marinero Dos, obtendrá beneficios, debido a que ahora podrá disfrutar de más libertad. Precisamente como resultado de la prohibición que yo he reglamentado, Dos tiene ahora una opción superior a la esclavitud la cual no estaba disponible cuando las reglas contractuales eran más permisivas.[17]

Las reglas más permisivas parecen ser, sin ambigüedades, promotoras de la libertad solo cuando lo único que observamos son las reglas e ignoramos, injustificadamente, la distribución de activos en la cual estas operan. Cuando 'una sociedad socialista prohíbe actos capitalistas mutuamente consensuados entre personas adultas',[18] algunos de ellos serán más libres de lo que hubieran sido de otra manera, solo debido a esa restricción vigente sobre la libertad de todos, y, por lo tanto, sobre su propia libertad.[19]

2d. Permítanme ahora relacionar las reflexiones previas acerca del caso menos drástico de Chamberlain y sus seguidores. Gravar sus ganancias en forma bastante inequívoca, reduce la libertad de Chamberlain: para abordarlo de otro modo, deberíamos creer en una historia inverosímil acerca de los efectos en cadena, o fantasear con el relato de los marxistas acerca de cuán profundamente libres somos cuando todos somos iguales simultáneamente. Pero no es para nada obvio que prevenir a los seguidores de aceptar un contrato cuyas ganancias serán libres de impuesto reduzca *su* libertad. Porque la prohibición crea una opción que de otra manera no está disponible para ellos, es decir, la opción de pagar veinticinco centavos para ver a Wilt jugar *sin* dotar a un miembro de su sociedad con una enorme riqueza, y al mismo tiempo recuperar parte de lo que pagan en beneficios financiados a través de la creación de una política fiscal adecuada.

Eso arroja dudas acerca de si una política fiscal, la cual elimina ciertas libertades, debe ser, por todas esas razones, desestimada en nombre de la libertad. Pero debemos analizar otro punto, en parte distinto, y es que si bien las normas fiscales en D1 restringen la libertad, estas lo hacen porque todas las normas lo hacen, y entonces, por lo tanto, lo hacen en particular las normas que prevalecerían en la propiedad privada de una economía de mercado

---

[17] Para estar seguro, el marinero Uno pierde la opción que contribuía a su libertad, y, *ceteris paribus*, no obtiene libertad alguna como forma de compensación. Supongamos, entonces, según mi sentido común que me dice que como soberano amante de la libertad, deseo que la persona que es menos libre sea lo más libre posible.

[18] Ver capítulo 117. Para un buen desarrollo de este punto, ver Thomas Pogge, *Realizing Rawls*, pp. 48/50. La destacada distinción de Pogge entre situaciones *establecidas* y *engendradas* está estrechamente relacionada con la distinción hecha entre lo que sucede a causa de las normas y lo que sucede a causa de las normas y la distribución de bienes.

[19] Thomas Nagel interpreta a Nozick de la misma manera que lo hago yo más arriba, y mi respuesta a Nozick de tal manera interpretada coincide con Nagel. Ver su 'Libertarianism Without Foundatios', pp. 201-2.

libre alentada por los libertarios. De esto resulta que nadie puede afirmar que las normas de D1 reduzcan la libertad, *en contraste* con las normas que alientan los libertarios.

Nozick se presenta a sí mismo como un defensor de la propiedad privada sin reservas y como un inquebrantable opositor de todas las restricciones a la libertad individual. Yo digo que no puede ser a la vez coherente en ambas posturas, porque nadie excepto un anarquista puede ser lo segundo, y ahora quiero traer esta cuestión sobre el tapete. Con la intención de lograrlo, comenzaré utilizando una verdad banal, tan banal, de hecho, que, como veremos, provocó la protesta por escrito (del todo desubicada) de John Gray: él no podía creer que algo tan banal pudiese despertar consecuencias tan polémicas. Habiendo establecido el caso[20] acerca del cual Gray objeta, contestaré a sus críticas.

La banalidad de esta verdad es que, si el estado me prohíbe hacer algo que yo tengo ganas de hacer, éste está restringiendo mi libertad. Supongamos, entonces, que yo quiero hacer algo que implica el uso legalmente prohibido de tu propiedad. Yo quiero, digamos, poner una gran carpa en tu jardín, tal vez con la intención de molestarte, o por causas más importantes como el hecho de que no tengo donde vivir y no poseo tampoco un terreno, y lo único que tengo, legítima o ilegítimamente, es una carpa. Si ahora intento hacer lo que quiero, la consecuencia podría ser que el estado intervenga a tu favor. Si lo hace, obtendré una restricción a mi libertad. Lo mismo sucede, por supuesto, en todos los casos donde no está permitido el uso de una parte de una propiedad privada por parte de aquellos que no poseen una, y siempre hay alguien en estas condiciones, desde que 'la propiedad privada de una persona presupone que nadie más es propietario de la misma'.[21] Pero la economía de libre empresa se basa en la propiedad privada: en esa economía, tú vendes y compras lo que respectivamente posees y llegas a poseer. De esto resulta que los libertarios no pueden quejarse acerca de que una dispensa socialista restringe la libertad, a diferencia de la dispensa que los mismos libertarios apoyan.

2e. antes de avanzar con la presente crítica a los libertarios hago una pausa para señalar que la verdad banal presentada aquí contra ellos, también constituye una objeción a la forma en que los liberales anti libertarios del tipo americano a menudo describen el capitalismo modificado que ellos apoyan.

---

[20] Al presentar el caso adjunté material contenido en 'Capitalism, Freedom and the Proletariat', pp. 167-72 y, en formas menos desarrollada, en *History, Labour, and Freedom*, pp. 293/6.
[21] Karl Marx, *Capital*, Vol. III, pág. 812.

De acuerdo a Thomas Nagel, que es un liberal anti libertario, particularmente perspicaz, 'El gravamen progresivo' genera 'interferencia' en la libertad individual.[22]

Él considera la ausencia de tal interferencia como un valor, pero que tiene que haber un compromiso en aras de una mayor igualdad económica y social, como lo que él llama 'el inmenso desafío para el liberalismo… como sostiene la izquierda'.[23] Y sin embargo, no queda claro que el control democrático social sobre el dominio de la propiedad privada, a través de recursos como los impuestos progresivos y el bienestar mínimo, representen *algún* tipo de mejora de la interferencia gubernamental en relación a la libertad. El gobierno ciertamente interfiere en la libertad del propietario de la tierra si establece derechos públicos de pasaje y otorga derechos para que cualquiera pueda instalar una carpa en el terreno de dicho propietario. Pero al mismo tiempo, interfiere con la libertad de los posibles pasantes o acampantes si les prohíbe a los mismos actuar según *sus* 'inclinaciones individuales'.[24] El punto es que las incursiones contra la propiedad privada que *reducen* la libertad del propietario transfiriendo derechos sobre los recursos a los no propietarios *aumenta* la libertad de los últimos. Resumiendo, el efecto neto sobre la libertad de la transferencia de recursos, es indeterminada.

Los libertarios están en contra de lo que ellos describen como una política 'intervencionista' en la cual el estado se involucra en la 'interferencia'. Nagel no concuerda, pero sí está de acuerdo con que dicha política 'interviene' e 'interfiere'. Según mi punto de vista, el uso de palabras como 'intervencionismo'; que designan una política estatal, es una distorsión ideológica en detrimento del pensamiento claro y acorde con el punto de vista libertario. Es, sin embargo, acorde para con ese punto de vista consistente en rechazarlo, Nagel de hecho lo rechaza vigorosamente. Pero, al consentir el uso libertario de la 'intervención', él arroja el libertarianismo hacia una luz mejor de lo que en realidad merece. El uso estándar de 'intervención' estima al componente de la propiedad privada en el significado liberal o social democrático de un modo demasiado encumbrado, mediante la asociación de ese componente como un valor demasiado cercano a la libertad.

---

[22] Nagel cree que los libertarios van demasiado lejos apuntando a la libertad como fin mientras que la izquierda va demasiado lejos apuntando a la igualdad como fin: 'El libertarianismo [...] adhiere a uno de los elementos (o sea, libertad e igualdad – GAC) del ideal liberal y cuestiona sobre el por qué su realización debería inhibirse a causa de las demandas del otro. En vez de abrazar el ideal de igualdad y de bienestar general, el libertarianismo abrazo el ideal de libertad individual y cuestiona el por qué el poder del estado debería intervenir sobre el gravamen progresivo, el sistema de salud público y un mínimo garantizado de estándar de vida' ('Libertarianism Without Foundations' pág. 192).

[23] *Ibid.*, pág. 191.

[24] *Ibid.*

2f. Mi resquemor en nombre de la ceguera anti ideológica acerca de la 'intervención' y la 'interferencia' me lleva a comentar acerca de la secuencia bien conocida del debate político que se explaya como sigue: la Derecha elogia la libertad disfrutada por todos en una sociedad capitalista liberal. La Izquierda sostiene que la libertad en cuestión es magra para los pobres. La Derecha argumenta que la Izquierda confunde la libertad con los recursos. 'Tú eres libre de hacer lo que quieras y nadie interferirá con tu hacer', dice la Derecha. 'Si tú no puedes permitirte realizarlo, no significa que alguien interferirá en tu hacer, sino que simplemente te faltan los medios o las habilidades para hacerlo. Lo que les falta a los pobres es habilidad, no libertad'. La Izquierda entonces podría decir que la habilidad debería contar tanto como la libertad. La Derecha respondería para tal efecto político significante: *tú* puedes pensar así, pero nuestra prioridad es la libertad.

Según mi visión, la postura de la derecha representada depende de su visión material del dinero. El dinero es, a diferencia de la inteligencia o la fuerza física, una cualidad pobre que, de hecho, no perjudica la libertad, ahí donde la libertad es entendida como la ausencia de interferencia. La diferencia entre el dinero y esas dotaciones implica, diría, que la falta de dinero *es* (una forma de) falta de libertad, en el sentido favorecido de libertad, donde ésta se toma como ausencia de interferencia.[25]

Para comprender esto, comencemos por imaginar una sociedad sin dinero, en la que los cursos de acción a disposición de las personas, son cursos libres de seguir sin interferencia, establecidos por la ley. La ley dice lo que cada tipo de persona, o incluso cada persona en particular, puede y no puede hacer sin interferencia, y a cada persona se le emite un juego de talonarios que detallan lo que a ésta le está permitido hacer. Por ejemplo, yo podría tener un talón que dice que puedo explotar esta parcela de tierra, otro que dice que puedo ir a ver esa ópera, o que tengo derecho de paso por un determinado terreno, mientras que tú tienes una serie de talones con diferentes libertades inscriptas en los mismos.

Imaginemos ahora que la estructura de las opciones escritas en los tickets sea más compleja. Cada talón plantea una disyuntiva de combinaciones de los cursos de acción que yo puedo realizar. Yo podría hacer A y B y C y D. O B y C y D y E. O E y F y G y A, y así sucesivamente. Si yo intento hacer algo

---

[25] En consecuencia, la pobreza no debería ser vinculada a la falta de atención sanitaria, a la carencia de educación, y por lo tanto abordada en la forma en que lo hace la Comisión de Justicia Social, restringiendo 'lo que las (personas) pueden hacer con su libertad' (*The Justice Gap*, p. 8). La pobreza limita la libertad por sí misma, y los social demócratas innecesariamente acceden a una mala representación del Derecho de la relación entre la pobreza y la libertad cuando hacen afirmaciones como las enunciadas recientemente.

distinto a lo que figura en mis talonarios o en mi talón, las fuerzas del orden intervienen.

Por esta hipótesis, estos talones dicen cuáles son mis libertades (y en consecuencia, mis no libertades). Pero una suma de dinero no es más que una forma muy generalizada de ese tipo de talones. Una suma de dinero es una licencia para realizar una disyuntiva de combinaciones de acciones –acciones, como, por ejemplo, ir a visitar a una hermana que está en Bristol, o llevarme y vestir un pullover de Selfridge's.

Supongamos que alguien es demasiado pobre como para ir a visitar a su hermana a Bristol. Ella no puede ahorrar, semana a semana, el dinero suficiente para pagar su viaje. Entonces, en cuanto a lo que concierne su libertad, es un equivalente a 'viajar a Bristol' sin que esté escrito en el ticket de alguien en esta imaginaria economía no monetaria. La mujer que he descripto tiene la capacidad para ir a Bristol. Ella es capaz de viajar en subterráneo y llegar a la barrera que debe atravesar para tomar el tren. Pero a ella, le será físicamente prohibido hacerlo, será echada del tren, o, con el otro ejemplo, ella será detenida a la salida de Selfridge's y se le quitará el pullover. El único modo para que ella pueda quedarse con el pullover y usarlo es ofreciendo dinero por el mismo.

Tener dinero es tener libertad, y la asimilación de dinero a los recursos mentales y corporales es una especie de fetichismo impensado en el viejo buen sentido marxista que tergiversa las *relaciones sociales de restricción*, como *cosas* faltantes a las personas. En una palabra, el dinero no es un objeto.

2g. Aquí hay una objeción al argumento banal presentado previamente en 2d. En el curso de dicho argumento, supuse que para prohibirle a alguien hacer algo que desea hacer, es hacer de él al respecto de tal deseo, una persona no libre: yo soy *pro tanto* no libre *cada vez* que alguien interfiere en mis acciones, *sea que tenga o no el derecho a realizarlas, y sea que mi obstructor tenga o no el derecho a interferir paraconmigo.*Pero hay una definición de libertad que refieren varios libertarios en sus escritos, que dice que la interferencia no es una condición suficiente para la no libertad. Según esa definición, que podríamos llamar *definición de los derechos a la libertad,* uno no es libre cuando alguien me prohíbe hacer algo que yo tengo derecho a hacer, por lo que ese alguien, consecuentemente, no tiene derecho a impedirme hacer algo que yo tengo derecho a hacer. Nozick estaba utilizando esta definición de los derechos a la libertad cuando escribió el párrafo acerca del cual escribí en el Capítulo 1 más arriba:

Las acciones de los demás ponen límites a las propias oportunidades disponibles. Esto hace que la propia acción resultante involuntariamente dependa de que los demás hayan tenido derecho a actuar como lo hicieron.[26]

Ahora, si combinamos esta definición de libertad con la aprobación moral de la propiedad privada, y con la afirmación de que en los casos estándar, la gente tiene un derecho moral sobre la propiedad que posee legalmente, entonces llegamos a la conclusión de que tal protección de la propiedad privada (legítima) no puede restringir la libertad de nadie. Esto provendría de la aprobación moral de la propiedad privada, que conlleva a que tú y la policía están justificados a prohibir que yo instale mi carpa en tu terreno, y que debido a esa definición de libertad, tal prohibición no implica que en consecuencia mi libertad sea restringida. Por lo tanto, según la definición de derechos a la libertad, que es, en resumen, la que usa Nozick, la propiedad privada no necesita, como en cambio yo sostengo que sí lo hace, restringir la libertad. La misma no restringe la libertad siempre y cuando la formación y protección de la propiedad privada proceda congruentemente con los derechos legítimos de las personas.

2h. Tengo dos respuestas para esta maniobra en contra de mi argumento banal. La primera respuesta es que la caracterización de libertad manifestada en la objeción es inaceptable. Es falso que, con el fin de determinar si las acciones 'ponen límites a las propias oportunidades'[27], hace que uno (*pro tanto*) no sea libre, es necesario investigar si los limites resultantes de las oportunidades están erróneamenteproducidos. A un asesino convenientemente encarcelado se lo convierte en no libre cuando se lo ha encarcelado justamente.

Esa primera respuesta a la objeción en 2g invoca el uso ordinario de los términos tales como 'libre' y 'libertad'. Mi segunda respuesta a la objeción no se basa en el uso que corrientemente se hace del lenguaje.

Supongamos que anulamos el lenguaje ordinario y decimos, junto a Nozick, que la interferencia *legítima* en los actos de una persona no restringe su libertad. No podríamos entonces argumentar, sin mayor alharaca, que la interferencia en la propiedad privada está equivocada *porque* la misma restringe la libertad. Debido a que no se puede dar por sentado, es hasta evidente que el concepto de libertad en el lenguaje más llano y corriente dice que la interferencia en la propiedad privada reduce *de hecho* la libertad. Teniendo en cuenta lo que es la libertad uno debe abstenerse de aquella aseveración hasta haber demostrado que las personas tienen derechos morales sobre su propiedad privada. Sin embargo, los libertarianos tienden *tanto* a

---

[26] *Anarchy*, p. 262.
[27] Ver la cita de Nozick en la página anterior.

utilizar la definición de derecho a la libertad *como* a dar por sentado que la interferencia en la propiedad privada disminuye la libertad del propietario. Pero ellos pueden sólo dar por sentado lo último en la enumeración imparcial de los derechos a la libertad, donde, sin embargo, es igualmente obvio que la protección de la propiedad privada disminuye la libertad de los *no-propietarios*. Para evitar las consecuencias, ellos adoptan una definición de derechos del concepto. Los libertarios quieren decir que las interferencias para el uso de su propiedad privada por parte de las personas son inaceptables porque estas son, obviamente, reductoras de la libertad, *y* que la razón por la que la protección de la propiedad privada no reduce del mismo modo la libertad de los no-propietarios es que los propietarios tienen el derecho de excluir a los demás de su propiedad y los no-propietarios consecuentemente no tienen derecho a hacer uso de la misma. Pero ellos pueden decir ambas cosas solo si definen la libertad de dos maneras incompatibles.

2i. El repliegue hacia la definición de derechos acorrala a Nozick. Según la definición de libertad que hace el derecho, una persona es totalmente libre cuando no se le prohíbe realizar acción alguna que tenga el derecho de realizar: según la definición del derecho, interferir en una persona interfiere en su libertad sólo si el que interfiere carecedel derecho a cometer dicha interferencia. Por consiguiente, para saber si una persona es libre, en la acepción plena deltérmino según el derecho, tenemos que saber cuáles son sus derechos (y los de los demás). ¿Pero, qué caracterización nos trae Nozick de los derechos de las personas? Ninguna en absoluto, o una caracterización en términos de la libertad, algo así como: las personas tienen esos derechos cuya posesión de los mismos les asegura su libertad.

Por lo tanto, Nozick se encierra solo. Para Nozick, hay justicia, lo que significa que no hay violación de los derechos de nadie, cuando hay falta de coerción, o sea, que hay justicia cuando no hay restricción de libertad. Pero la libertad está entonces definida en términos de la no violación de derechos, y el resultado es un circulo de definición estrecho y sin asidero, sea tanto en el concepto de libertad como en el de justicia.

2j. Permítaseme demostrar cómo la circularidad en la concepción de Nozick de libertad y justicia afecta al principio (1):

(1)Todo lo que emerge de una situación justa a través de pasos justos es en sí mismo justo.

Para aplicar (1), tenemos que saber qué es lo que hace que los pasos sean justos. La respuesta de Nozick es que estos son justos cuando estos son dados voluntariamente, o libres de coerción. Pero, cuando ahora nos preguntamos qué significa dar pasos voluntariamente, nos dicen que la acción de una persona es voluntaria, independientemente de cuán limitadas hayan sido sus oportunidades. Si y sólo si, no hubo injusticia en la producción de la limitación de sus oportunidades. Y esto, crea un círculo: la justicia en cuestión es definida en términos de voluntariedad y lavoluntariedad está definida en términos de justicia. Yo creo que la primera definición es errónea y que la segunda es una desviación ridícula del lenguaje corriente, pero el punto en cuestión diferente, es que bajo este tipo de formas de utilizar las palabras, no podemos usar tanto la libertad como la justicia como un criterio de evaluación.

En la sección 4 describo una salida posible del círculo, el principio de propiedad de sí, el cual no es ni libertad ni justicia y que es la base real en la que Nozick se asienta.

2k. Regresemos por un instante a insistir con que la definición de derechos a la libertad violenta el lenguaje corriente. No es asimismo claro que la definición de libertad según el derecho se comporte del mismo modo. Algunos podrían decir que, si bien las sanciones legales contra la violación restringe la *freedom* de los violadores, no obstante no restringe su *liberty,* [N. del T: los términos *Liberty* y *Freedom*, que en español se traducirían como 'libertad' tienen dos acepciones distintas en inglés: *Freedom*, habla de la capacidad de poder tomar decisiones sin intervenciones externas, mientras que *Liberty*, es la libertad otorgada a las personas a través de un control externo] ya que no existe tal cosa como una libertad de violación. Si el contraste sugerido entre *freedom* y *liberty* resulta, Nozick podría decir, en tono no concesivo, que su defensa no es por la *freedom* (capacidad de tomar decisiones sin control externo) sino que es por la *liberty* (La libertad garantizada a las personas a través de un control externo).

Bien, esto podría proteger a Nozick contra la objeción del lenguaje corriente, pero no eliminaría la circularidad de su construcción. Por eso nosotros ahora requeriríamos una caracterización de liberty, y no podríamos tomar por cierto como Nozick hace inconsistentemente, que las restricciones a la freedom por contrato restringen la liberty. Liberty, cuando no es idéntica a freedom, es libertad condimentada con justicia. Por lo tanto, no sabemos lo que es liberty hasta no tener una caracterización independiente de lo que es Freedom por parte de la justicia, y esto es algo que aún no nos han otorgado.

3a. Ahora quisiera responder a un exabrupto escrito por John Gray en contra de (una forma previa de) la crítica de Nozick discutida en la sección 2 más arriba. La discusión aquí será minuciosamente polémica, y muchos de los lectores querrán proseguir inmediatamente a la sección 4 más abajo.

Gray escribe:

En la concepción de Nozick, la libertad 'freedom' es una noción moral cuyo objetivo está dado por una teoría de la justicia. Esta es la concepción que Cohen llama la visión moralizada de la libertad[28] y la cual (por razones para mí poco claras) él piensa que sea 'falsa'. La falsedad del punto de vista de Nozick parecería revelarse a Cohen por el hecho de que las interferencias *justificadas* siguen siendo interferencias con libertad 'freedom'. En la teoría de Nozick, sin embargo, en la cual el dominio de la libertad individual está especificada por los principios de la justicia, la violación justificada de las libertades exigidas por la justicia sigue siendo una violación a la libertad: si violamos las restricciones indirectas para prevenir una catástrofe moral, limitamos la libertad y justificamos la limitación haciendo referencia a la moralidad en general dentro de la cual las consideraciones de la justicia son usualmente primordiales. Lo que la visión de Nozick excluye como posibilidad no son, por lo tanto, las restricciones justificadas a la libertad, sino las restricciones *justiciables* a la libertad —es decir, restricciones justificables en los términos de la justicia—.

La justicia no puede competir con la libertad, pero la moralidad *in extremis* puede autorizar la violación de la libertad exigida por la justicia. La concepción de Nozick no tiene la característica que Cohen cree que demuestra su falsedad, y la única razón que yo veo que podría en cambio dar ese resultado es la desviación del planteo de Nozick de las consagradas intuiciones en nuestras deliberaciones sobre el lenguaje ordinario. Pero el lenguaje ordinario no tiene ninguna autoridad especial aquí, si la concepción de Nozick es convincente por otras razones. Si, por ejempló, la misma sugiere que el probable violador no pierde la libertad bajo las leyes que prohíben el abuso sexual, porque él no tiene derecho a someter a otro a relaciones sexuales forzadas, por lo tanto, yo creo que cuadra más con nuestras intuiciones morales, que lo que lo hace la visión liberal.[29] Ya que la visión de Nozick descalifica lo que necesita la visión liberal, poniendo en la balanza la libertad del violador frente a la de su víctima. Lo que se necesita para evaluar la concepción de Nozick sobre la libertad como una noción moral no es servilismo a las supuestas liberaciones del lenguaje ordinario, sino, más bien, algo parecido al equilibrio reflexivo Rawlsiano, en el cual los reclamos de una teoría mayor de la justicia compiten con la totalidad de nuestras intuiciones. La concepción de Nozick podría fracasar al final, pero no por ninguna de las razones que Cohen ha expuesto.[30]

---

[28] Prefiero llamarla la *definición de los derechos de la libertad*. Algunos se desorientaron debido a la denominación precedente, a causa de una tendencia generalizada a identificar la moral con el uso más amplio del concepto de valor en general.

[29] Por la cual Gray (de modo poco convencional) dice que, la visión sostenida, por ejemplo, por mí, toda interferencia en la acción reduce la libertad.

[30] 'Marxian Freedom' pp. 169-70, y ver el siguiente artículo, 'Against Cohen on Proletarian Unfreedom', p. 96. En ambos artículos, Gray también critica algunos aspectos que he escrito acerca de la libertad *colectiva* y la falta de libertad. No voy a abordar dichas críticas en este momento, ya que el aspecto colectivo del tema, no figura en la discusión precedente.

3b. Gray podría tener razón en atribuir a Nozick (aclara) la idea de que es justificable limitar la libertad en función de prevenir la catástrofe moral, y que tal prevención es una injusticia justificada. Pero Gray presenta esta atribución solo en base a una frase solitaria al final de una nota a pie de página[31], una frase que Nozick, y yo siguiéndolo a él, ignora en la principal *démarche*. O sea, además, bajo las circunstancias previstas en la frase en cuestión, uno podría tener *derecho* a participar en una injerencia justificada con *libertad*. Si él no quiere decir esto, entonces hay una contradicción en *Anarchy*, ya que, en el párrafo citado en la sección 7 del Capítulo 1 más arriba, la libertad del agente no está limitada cuando los demás actúan dentro de sus derechos. No hay duda, porque la frase a pie de página parece contradecir absolutamente lo que Nozick dice en otros lados y que él ignora en lo central de su libro.

3c Yo no necesito oponerme a la (cacofónica) distinción de Gray entre lo justificable y lo justiciable. La afirmación del lenguaje ordinario acerca de la libertad recorre tal distinción, desde que el idioma inglés (con el término 'justicizable' –justiciable– agregado por Gray) requiere que digamos que tú no eres libre de hacer A, no sólo si eres justificable sino también si te está prohibido justiciablemente que hagas A. Y la afirmación que enuncia que para evitar la liberación del lenguaje corriente, los libertarios se encierran a sí mismos dentro de un círculo conceptual, no está tampoco afectado por la distinción de Gray.

3d. Gray dice que 'el lenguaje ordinario no tienen ninguna autoridad aquí, si la concepción de Nozick es convincente por otras razones'. Bien, uno podría estar de acuerdo con esto, si la concepción fuese verdaderamente *convincente*, entonces nada tendría autoridad contra ésta. Yo noto, sin embargo, que, dentro de esta retórica, hay un elemento de reconocimiento de que hace falta que haya una *razón* para desviarse de ese modo del lenguaje ordinario porque lo que dice no tiene sentido en términos ordinarios.

Gray da una motivación, pero no es satisfactoria. La motivación que da está plasmada en lo que dijo acerca de los violadores, que 'nuestras intuiciones morales' 'cuadran más' con el modo revisionista del decir que 'con el modo en que lo hace la visión liberal'[32] 'en el que el violador pierde [una]

---

[31] Una frase, además, cuyo mensaje Gray critica para lograr su atribución. 'La cuestión acerca de si las limitaciones colaterales (por ej. Los derechos-GAC) son absolutas, o si estas pueden ser violadas, con el propósito de evitar un horror moral catastrófico… es algo que espero fundamentalmente poder evitar'. (*Anarchy*, pag.30). Digo que Gray critica porque él procede como si Nozick hubiera dado una respuesta a la cuestión que de hecho deja flotando en el aire.

[32] Recordar –ver la nota a pie de página 27– que en forma poco convencional Gray asocia lo que son los conceptos lingüísticos ordinarios de libertad y las restricciones a la misma con el liberalismo.

libertad sujeta a leyes que prohíben el abuso sexual'. Lo que Gray dice confunde las cuestiones morales y conceptuales.

Yo podría hacer una petición de principio (como lo haré) ya que, según el punto de vista preferido por Gray, no se puede decir razonablemente que las leyes que prohíben las violaciones están justificadas porque en su ausencia los violadores son libres de violar, y, que, bajo esas leyes, los mismos pierden directamente, de hecho justamente, esa libertad. Pero sea o no, ésta es la observación sobre una cuestión de principio (porque francamente supone abiertamente que los violadores sin restricciones son libres de violar, y con esto presupone un punto de vista 'liberal', u ordinario) y hete aquí una respuesta a lo que dice Gray acerca de la violación.

La respuesta es que la visión 'liberal', es decir, la visión que Gray piensa que el lenguaje ordinario representa, no necesita, al contrario de lo que él supone, que la libertad del violador sea 'pesada en la balanza' en contra de la libertad de su víctima. Acerca de lo que Gray llama la visión liberal, sea que el violador pierda su libertad o no, esto no requiere un juicio sobre los derechos morales ni tampoco ningún otro juicio de valor o lo que sea, y en particular, seguramente no, el juicio que Gray impone aquí infundadamente, acerca de que hay algún valor en la libertad del violador de violar.

3e. En el curso de mi desacuerdo con Nozick, yo remarco un punto (según mi punto de vista, importante) acerca del lenguaje ordinario, pero Gray se equivoca con su repetida crítica a lo que *digo* acerca del lenguaje ordinario. Ya que dejo de lado completamente el lenguaje ordinario cuando confronto la definición de libertad según el derecho, y demuestro cuán inadecuada es para la definición no ordinaria, debido a la circularidad a la que ésta induce.

Ahora, Gray ignora completamente la objeción acerca de la circularidad.[33] Esto es interesante, dado cuán poco considerable él piensa que sea la objeción al lenguaje ordinario, y a la luz de su sentencia es que nos ocupamos de todas las teorías.[34] La objeción acerca de la circularidad es un resultado de esto. Las variaciones del significado ordinario deberían ser señaladas como tales. Las de Nozick no están claramente señaladas, tal vez porque, como he explicado en la subsección 2g, él sostiene una relación ambivalente con el leguaje ordinario de la libertad. Él quiere que nosotros tomemos como cierto que la interferencia con los derechos de la propiedad privada limita la libertad de los propietarios. Pero eso es solo una serie de juicios en términos ordinarios, cuyas implicaciones de hecho dependen de significantes ordinarios, y estas

---

[33] No solo en el artículo del cual he extraído algunas citas sino que también en el artículo siguiente mencionado en la nota del pie de página 28, que está enteramente dedicado a hacer una crítica acerca de mi visión sobre la libertad.

[34] Ver 'Against Cohen' sección V.

implicaciones no son consistentes con las implicaciones de la definición del derecho a la libertad.

En consecuencia, Gray está absolutamente equivocado acerca de la situación dialéctica. Yo apelo a verdades acerca del lenguaje ordinario en contra de lo que Nozick intenta al inferir desde una verdad limitada acerca del lenguaje ordinario. De ninguna manera hago lo que Gray me acusa de hacer: la construcción de una filosofía política basada en la conformidad con el lenguaje ordinario. Jamás propuse tal 'teoría de la libertad'.[35]

3f. La propensión de Gray a confundir cuestiones morales y conceptuales (ver 3d más arriba) aparece en su invocación al equilibrio reflexivo rawlsiano. El equilibrio reflexivo se logra cuando una teoría de la justicia está en armonía con (posiblemente revisada o regimentada) las intuiciones acerca de la justicia. En el ejercicio del equilibrio reflexivo, no emerge la cuestión de lo que ordinariamente significan las *palabras*. Por lo tanto, sea que Gray esté acertado o no acerca de que la búsqueda del equilibrio reflexivo sea el camino correcto hacia la verdad en la filosofía política, dicha cuestión metodológica no tiene cabida en nuestro desacuerdo acerca del lenguaje ordinario.

4. He argumentado en la subsección 2d que Nozick no pudo objetar que el acto de tasar a los poseedores de altos ingresos como Chamberlain limite sus libertades, desde que las instituciones que él mismo propone (como todas las instituciones) limitan la libertad. Y también he dicho que tampoco ha podido, a esta altura, responder este *tu quoque* definiendo la libertad en términos de justicia o derechos. Por supuesto, esto es poco prometedor por un sinfín de razones (ver 2g-2i), una es que Nozick quiere también caracterizar la justicia en términos de libertad, por lo que, por consiguiente, se encierra a sí mismo en un círculo. He concluido prometiendo encontrar un camino posible para salir de ese círculo (ver más arriba).

El camino posible es el principio de la propiedad de sí, que dice que cada persona es dueña con derecho de su propia persona y de sus potenciales, y por lo tanto, de lo que puede obtener de los demás poniendo a sí mismo a su servicio. Esto es porque los libertarios creen que Chamberlain posee sus potenciales y piensan que lo que él gana a través del ejercicio de los mismos, no puede ser tasado.[36] El principio de la propiedad de sí necesita argumentos, y el ejemplo de Chamberlain no aporta nada de eso. Es más, el ejemplo es el más persuasivo precisamente porque generó, como me ha sucedido a mí mismo durante su lectura, la versión original del artículo en el Capítulo

---

[35] *Ibid.*, pág.84.

[36] Según David Gauthier (*Morals by Agreement*, sección 3.1-3.2), la propiedad de sí es consistente con el impuesto a las ganancias. Para la crítica de Gauthier acerca de la temática, ver sección 4 del Capítulo 9, y para una demostración más generalizada acerca de la inconsistencia entre la propiedad de sí y el impuesto a las ganancias, ver el Capítulo 9.

1, cuando no nos damos cuenta que el mismo nos lleva consigo debido a un prejuicio precedente a favor del principio de la propiedad de sí.

(Muy a menudo, cuando una premisa sustancial en un argumento no está expuesta, el argumento convence mucho más que si esa premisa estuviera expuesta para ser analizada.) Ahora, me parece sorprendente que la idea de la propiedad de sí no haya sido citada en mi artículo de 1977 (que se convirtió en el Capítulo 1 más arriba), o en otros escritos anteriores de crítica a *Anarchy, State, and Utopia*. Y esta es la idea a la que ahora regresamos.

3. Propiedad de sí, propiedad mundial e igualdad

...la 'apropiación' original de las oportunidades por parte de los propietarios privados implica inversiones en exploración, en investigación minuciosa y valoración por prueba y error de los resultados, en varios tipos de trabajo de desarrollo necesarios para garantizar y comercializar un producto –además del capital necesario que sirve para sobornar, asesinar o eliminar a los que reivindican derechos previos.
Frank H. Knight, 'Some Fallacies in the Interpretation of Social Cost'

1. *Anarchy, State, and Utopia* es normalmente caracterizado como *libertario*, un epíteto que sugiere que la libertad (liberty) ocupa un lugar privilegiado en la filosofía política de Nozick. Pero esa sugerencia es de lo más engañosa. Porque el compromiso principal de su filosofía no es con la libertad sino con la tesis de la propiedad de sí, que dice que cada individuo es el legítimo propietario de sí mismo y de sus potencialidades, y, *consecuentemente*, que cada uno es libre (moralmente hablando) de usar esas potencialidades como mejor le parezca, siempre y cuando no las utilice en perjuicio de otro. 'El libertarismo' no convalida ninguna libertad como la descripta, sino una libertad de un cierto tipo, cuya forma está delineada por la tesis de propiedad de sí.[1]

Al designar lo que es central y lo que es derivativo en Nozick, yo estoy negando que él piense que la libertad viene antes que nada y que las personas son calificadas como propietarios de sí porque la ausencia de propiedad de sí significa ausencia de libertad. Nozick no nos da ninguna garantía independiente para adquirir la libertad que nos permita obtener la propiedad

---

[1] Para adherir a la propiedad de sí y rechazar la condición de que una persona pueda apropiarse de otra, ver *Anarchy*, pp. 172, 281-3, 286, 290. Ver el Capítulo 2, sección 2; este capítulo, sección 3 y 6, Capítulo 4, sección 6; y Capítulo 10, sección 3 para fundamentar por qué los 'libertarios' no merecen ser llamados de este modo.

de sí a partir de la misma. Aunque él es promiscuo en el uso de la retórica de la libertad, el verdadero punto de vista de Nozick es que el objetivo y la naturaleza de la libertad de la que deberíamos gozar es una función de nuestra propiedad de sí: propiedad de sí, no libertad, es el punto de partida para generar los derechos sobre nuestros cuerpos y nuestras potencialidades sobre los que él insiste.

Esto es debido a que la propiedad de sí es básica para Nozick, y la libertad (concebida independientemente), que no tiene en cuenta la no libertad aparente de los proletarios no propietarios[2], no es, como contraejemplo de su visión, que dice que la libertad prevalece en la sociedad capitalista. Ya que el proletario obligado diariamente a vender su fuerza de trabajo es de cualquier modo propietario de sí mismo, rigurosamente debe ser una persona capaz de vender dicha fuerza, y por lo tanto, es una persona sin embargo libre, en un sentido relevante.

Según la tesis de la propiedad de sí, cada persona posee sobre sí misma, como una cuestión de derecho moral, todos esos derechos que un esclavista tiene sobre su esclavo objeto como una cuestión de derecho legal, y él mismo está autorizado, moralmente hablando, a disponer de sí mismo de la misma forma que el mencionado esclavista está autorizado, legalmente hablando, a disponer de su esclavo. Un esclavista no puede ordenar que su esclavo dañe a otra persona (que no sea esclavo), pero él no está en absoluto legalmente obligado a ofrecer a su esclavo: él no le debe a nadie los servicios de su esclavo. De esta manera, análogamente, si yo soy el propietario moral de mí mismo, y por lo tanto de mi brazo derecho, en consecuencia, mientras los demás están autorizados, debido a su propiedad de sí,a impedir que mi brazo los golpee nadie está autorizado sin mi consentimiento a someterlo a su propio servicio ni al de nadie más, aun cuando mi falencia para prestar servicios voluntariamente a otros fuera moralmente equivocada.

Nozick, podría admitir que mi negación a ayudar a alguien, fuese moralmente equivocada, pero denegaría que alguien, sea un ciudadano o el estado, estarían de este modo justificados, a *obligarme* a ayudarlo. Entonces, es de notar que Nozick no alienta a las personas a no ayudarse los unos a los otros. Tampoco necesita pensar que ellos estén exentos de culpa si nunca lo hacen. Lo que él prohíbe es la ayuda por *obligación*, tal cual sucede –o así lo piensa Nozick– en el gravamen redistributivo.[3] Él insiste con que nadie puede usufructuar una demanda no contractual ejecutable sobre la prestación de servicios de ningún otro, o que, igualmente, cualquier demanda ejecutable sobre la prestación de servicios de otro deriva de un acuerdo para unirse a la

---

[2] Ver Capítulo 4 sección 6.
[3] *Anarchy*, pág. 169.

provisión de ese servicio. Pero él no prohíbe, ni tampoco desalienta, al estilo de Ayn Rand, la ayuda mutua. El principio de la propiedad de sí enuncia que las personas deberían ser libres de hacer consigo mismas aquello que les place, y no que lo que ellos desean hacer consigo mismos esté más allá de la crítica.

Nótese que lo que se posee, de acuerdo a la tesis de la propiedad de sí, no es un sí mismo, donde este 'sí mismo' es usado para remarcar alguna característica íntima o esencial de la persona. La propiedad del esclavista, no está restringida al sí mismo, sinoreinterpretada y en el esclavo, y es en forma análoga, el propietario moral del sí, poseedor de sí mismo por entero, y no solo de su sí mismo. El término 'sí mismo' en nombre de la tesis de la propiedad de sí tiene un significado puramente reflexivo. Significa que lo que posee y es poseído es, a saber, una y la misma persona en su totalidad. Por lo tanto, no debo declamar que mi brazo o mi habilidad para jugar bien al básquet es una parte apropiada de mí mismo, como para reclamar soberanía sobre esto de acuerdo a la tesis de la propiedad de sí.[4]

Nozick está convencido de que las personas no solo son dueñas de sí mismas, sino que también ellas pueden convertirse, con igual derecho moral inalienable, en propietarios absolutos de una cantidad indefinidamente desigual de tantos recursos externos como sean capaces de acumular como resultado de acciones apropiadas realizadas a través del uso de sus propias potencialidades de la propiedad de sí y/o la de los demás. Cuando, además, la propiedad privada en los recursos externos es genuinamente generada, su origen moralmente privilegiado la preserva contra la expropiación o la limitación.

Ahora bien, la conjunción de la propiedad de sí y la distribución no equitativa de los recursos externos conduce acto seguido a una desigualdad permanente y significativa de la propiedad privada de todo tipo de bienes materiales, y, por lo tanto, ala desigualdad de condiciones, cualquiera sea la perspectiva desde la cual se aborde la igualdad de condiciones, sea igualdad de ingresos, o de utilidades, o de bienestar (si eso tiene alguna diferencia con respecto a las utilidades), o de satisfacción de las necesidades (si esto tiene alguna diferencia con cada una de ellas), o con respecto a cualquier otra cosa, sucesivamente. Seguidamente de esto se deduce que la desigualdad de condiciones, cuando fue generada genuinamente, está moralmente protegida, y que el intento de reducir la desigualdad de condiciones a expensas de la

---

[4] Resulta (como mínimo) una doble confusión suponer que la propiedad de sí sea posible, 'los sí mismos' deben ser lo suficientemente 'separables de sus capacidades como para poder estar en una relación de propiedad' (James Tully, *Review of Grünebaum*, pág, 853). Ya que la existencia de 'los sí mismos' no es requerida por la tesis de propiedad de sí, y si la propiedad requiere separabilidad entre el que posee y el que es poseído, entonces la propiedad de sí es imposible.

propiedad privada, es una violación inaceptable de los derechos de las personas. Quitarle a alguien la propiedad privada legítimamente adquirida podría no ser tan escandaloso como quitarle un brazo, pero de cualquier forma es un escándalo en el mismo sentido: en ambos casos se está violando un derecho fundamental.

Una respuesta habitual a Nozick desde la izquierda es la de apartarse de la desigualdad que su punto de vista permite, para afirmar un cierto tipo de igualdad de condiciones como un valor fundamental, y la de rechazar la propiedad de sí (al menos no calificada) debido a la desigualdad de condiciones que esta demuestra generar. La conclusión de la izquierda es que la gente carece del derecho exclusivo a sus propias potencialidades que acompaña a la propiedad de sí, y que esa fuerza puede ser aplicada contra las personas naturalmente capacitadas, no solo para impedirles que dañen a otros sino también para asegurar que ellos los ayuden, de modo que la igualdad de condiciones (o no demasiada desigualdad de condiciones) sea garantizada.

Pero este tipo de respuesta a Nozick, en la cual algún tipo de igualdad de condiciones es un mandato que produce como efecto la negación de la propiedad de sí, tiene dos desventajas relacionadas. En primer lugar, la desventaja polémica que es la impotencia para enfrentarse a los que sostienen la posición de Nozick, ya que ellos no han dejado de notar que su punto de vista contradice el igualitarismo fundamentalista aquí establecido en su contra. Y la otra desventaja de la estrategia establecida, es que la tesis de propiedad de sí, al fin y al cabo, tiene un gran atractivo, más allá de todo lo que Nozick inste a su favor. Su apelación precedente (es decir, pre-filosófica) compite con todo aquel principio de igualdad al cual se cree contradecir, aun para muchos fieles defensores de dichos principios: ésta es la razón por la cual *Anarchy, State, and Utopia* desarma a tantos de sus lectores liberales y socialistas.[5]

Según mi experiencia, los izquierdistas que menosprecian la no esencialmente argumentada afirmación de Nozick acerca de que los derechos de cada individuo sobre sí mismo pierde credibilidad ante la negación no calificada de la tesis de la propiedad de sí, cuando se les pide que evalúen quién tiene el derecho a decidir acerca de qué sucedería, por ejemplo con sus propios ojos. Ellos no acuerdan inmediatamente, porque si el trasplante de ojos fuese fácil de realizar, entonces sería aceptable para el estado enrolar a los potenciales donantes de ojos en una suerte de lotería cuyos perdedores deben entregar un ojo a los beneficiarios que de otra manera no serían tuertos sino ciegos.

El hecho de que ellos no merezcan tener ojos sanos, que ellos no necesiten dos ojos sanos, más de lo que los ciegos necesitan al menos un ojo, y así sucesivamente –el hecho, en pocas palabras, de que ellos sean meramente felices

---

[5] Y, en particular, los socialistas marxistas: ver Capítulo 6, sección 4 más abajo.

por tener ojos sanos– no los convence al punto tal de estar dispuestos a que se les demande la donación de sus propios ojos, porque tal demanda, para ellos no es más importante que la de algunos desafortunados ciegos.[6] Pero si las objeciones de los izquierdistas estándar en relación a la desigualdad de recursos, la propiedad privada, y a las condiciones extremas, son abordadas literalmente, entonces, el hecho de que sea una pura casualidad que estos ojos sanos (relativamente) sean míos, debería privarme del privilegio especial sobre los mismos.

Bien, uno podría deducir, no que las objeciones habituales a la considerable desigualdad de la propiedad privada en cuestiones externas no tienen fuerza, sino que, su fuerza es debida a la debilidad precedente comparativa del caso en relación a los derechos exclusivos a los objetos externos. Es una presunción inteligible que yo por mi cuenta tenga el derecho a decidir con respecto al uso de mi brazo, y a obtener provecho de su uso, simplemente porque se trata de mí brazo. (Que no se piense que estoy aquí para confundir[7] la verdad fáctica del hecho de que éste sea mi brazo, con el reclamo normativo que dice que yo debería tener una disposición exclusiva sobre el mismo. Mi argumento es que la verdad fáctica establecida es *prima facie* una base posible para el reclamo normativo establecido, en vez de una imposición lógica). Pero no existe un presunto lazo normativo comparable entre una persona y alguna parte o porción del mundo externo. Por lo tanto, sería plausible afirmar al respecto de las cosas externas, o, en todo su espectro de los objetos externos en su estado inicial, de la tierra virgen y de los recursos naturales (fuera de los cuales, están todos los objetos externos no vírgenes, en otras palabras, los construidos por la mano del hombre), que ninguna persona posee, al menos en sus orígenes, un mayor derecho sobre ellos que el que puede poseer cualquier otra persona; en tanto que el mismo pensamiento es menos apremiante cuando es aplicado a partes y potencialidades humanas.

Jean-Jacques Rousseau describió la formación original de la propiedad privada como una usurpación de lo que debería ser libremente accesible a

---

[6] Aquí estoy tratando de motivar la tesis de la propiedad de sí, no para dar un argumento demoledor del mismo. Hay maneras de resistir al trasplante de ojos obligatorio sin afirmar (en su totalidad) la propiedad de sí, porque los derechos distintos a los de (la totalidad) la propiedad de sí podrían explicar tal resistencia. Un derecho de ese tipo sería el derecho a la integridad física: uno podría sostener que los deberes no-contractuales para con los demás comienzan sólo una vez que tal derecho está asegurado, y por lo tanto rechaza el trasplante de ambos ojos y la propiedad de sí. Pero los izquierdistas raramente se reflejan en ejemplos como el del trasplante de ojos, y por lo tanto quedan atrapados, y desconcertados acerca de cómo resistir a la tesis de la propiedad de sí, cuando se les presentan ejemplos de este tipo. (Ver más sobre propiedad de mis ojos, en el capítulo 10, sección 5).

[7] Como, tal vez, hizo Richard Overton: ver el comienzo del Capítulo 9.

todos,[8] y muchos han encontrado que su tesis es persuasiva, y unos pocos podrían discernir una injusticia comparable en la insistencia de una persona para con la soberanía sobre sus propias extremidades.

Estas reflexiones sugieren que los que están a la izquierda de Nozick podrían considerar una reacción diferente a la suya a partir de la que yo describí anteriormente. Ellos podrían dejar de tratar a la igualdad de condiciones como una premisa y rechazar el concepto de propiedad de sí sobre esa base. A su vez, ellos podrían abandonar su oposición a la idea de propiedad de sí, pero resistirse a su uso como el fundamento de un argumento que procede, a través de una legitimación de la desigualdad en la propiedad privada de los recursos externos, para defender la desigualdad de condiciones a la que ellos se oponen. Podrían asimismo esforzarse, en primer lugar deshaciendo el argumento que deviene de una afirmación de la propiedad de sí apuntando hacia una justificación de la desigualdad de los recursos básicos mundiales. Si logran hacerlo, podrían entonces intentar, como segundo movimiento de argumentación, defender la igualdad de condiciones que ellos aprecian mediante la combinación de un modo de abordaje igualitario para con los recursos mundiales, afirmando, o en última instancia, estableciendo una no-negación, al menos, de la tesis de propiedad de sí.

La primera de estas tareas ha sido desarrollada en el presente capítulo. En el próximo capítulo retomo la segunda tarea, y busco una argumentación económica que (1) sostenga el principio de propiedad de sí, pero (2) que haga cumplir la igualdad de los recursos primarios mundiales y, a través de la misma, (3) preserve la igualdad en las condiciones finales. De cualquier forma, mi conclusión es que no hay a disposición un tal diseño argumental, y que por lo tanto la segunda etapa como respuesta convincente a Nozick, proyectada en el párrafo anterior no puede ser completada. De aquí se deduce que la propiedad de sí y la igualdad socialista son incompatibles. Nadie que sostenga la igualdad de condiciones puede apoyar (completamente) el concepto de propiedad de sí, ni siquiera en un mundo donde los derechos sobre los recursos externos hayan sido igualados. Y esta conclusión genera una crítica al marxismo, abordada en los Capítulos 5-7, debido a su fracaso al oponerse al principio de la propiedad de sí. (Detallo cómo derrotar ese principio en el Capítulo 10).

Bastante ya a modo de introducción. La tarea de este capítulo es la de probar que todo lo que se diga sobre el principio de propiedad de sí a su favor, y sea que el mismo pueda o no ser combinado con la igualdad de los recursos mundiales para dar paso a la igualdad de condiciones, la afirmación de la propiedad de sí no garantiza por sí misma la fuerte distribución desigualitaria de

---

[8] Ver el epígrafe al comienzo del capítulo 4.

los recursos mundiales a la cual Nozick la asocia. Esto es lo que demuestro a través de una crítica a Nozick y su teoría de legitimación de la apropiación original de los recursos mundiales.

2. Los libertarios, o para definirlos con más precisión, los teóricos de la justicia distributiva sostienen que el mercado legitima la distribución de los bienes que genera. Pero cada distribución generada por el mercado es solamente una redistribución de los títulos de propiedad que la compra y venta son incapaces de crear, y por lo tanto el resultado de la actividad de mercado no es más legitima que la de los títulos con los cuales el mercado opera.[9] Entonces, ¿cómo hacen los títulos que necesariamente preceden a la actividad de mercado para adquirir legitimidad en primer lugar?

En cada caracterización de la propiedad privada, la cuestión de qué es lo que constituye la adquisición original correcta de dicha propiedad, goza de una cierta prioridad sobre la cuestión de qué es lo que constituye una transferencia subsecuente correcta de la misma, desde el momento que a menos que una propiedad privada tenga toda la documentación en orden, no puede, *a fortiori*, ser transferida. Pero, en virtud del modo en que los teóricos de la justicia distributiva caracterizan la propiedad privada, la cuestión de cómo apropiarse, es, para la propiedad privada, según ellos la entienden, aún más evidente. En tanto que la propiedad privada, según el discurso de la justicia distributiva es propiedad en lo que a veces se conoce como 'el sentido liberal pleno'. Esto está adornado con todos los derechos que podrían concernir a la propiedad privada, y una vez realizada la adquisición de dicha propiedad en forma total, entonces, no se puede tener ninguna duda acerca de su transferencia, desde el momento en que el complemento total de los derechos de la propiedad privada incluye derechos sin límites de transferencia y legado. De acuerdo a esto, el tópico de la apropiación original es el punto más crucial para la defensa de la propiedad en la teoría de Nozick, y por lo tanto es alarmante que él comience su breve argumentación remarcando que consecuentemente 'agregará una pequeña complejidad adicional a la

---

[9] Como Marx y Spencer destacaron: 'El título en sí mismo es simplemente transferido, y no originado en la venta. El título debe existir antes de poder ser vendido y una serie de ventas no puede crear este título a través de la continuada repetición de ventas, más que lo que puede originarlo una venta única.' (Karl Marx, *Capital*, Vol. III, p. 911). '¿La venta o legado generan un derecho que no existía previamente?... Ciertamente no. ¿Y si uno de estos actos de transferencia no otorga ningún título, pueden hacerlo muchos actos? No: aunque *nada* se multiplica eternamente, el mismo no producirá ni siquiera *uno*' (Herbert Spencer, *Social Statics*, pág. 115).

estructura de la teoría de la justicia distributiva'.[10] Esa 'pequeña complejidad adicional' es discutiblemente la parte más importante de la teoría propuesta.

Es de notar que por ahora no todo lo que nos rodea es poseído privadamente, y la mayoría de la gente estaría de acuerdo con que lo que aún permanece como acerbo no privado, como el aire que respiramos y el suelo que pisamos no debería estar disponible para ser privatizado. No obstante, lo más importante de lo que nosotros necesitamos para vivir es, por ahora, la propiedad privada. ¿Por qué la privatización original no fue un latrocinio de lo que debería ser (o debería continuar siendo) mantenido como un bien común?

La cuestión no surgiría si ciertos aspectos falsos de lo que Nozick sostiene fuesen verdaderos, a saber, que 'las cosas llegan al mundo ya relacionadas con las personas que tienen derecho sobre las mismas'[11]. Esto es relevantemente falso, desde el momento que las personas no crean nada *ex nihilo*, y toda la propiedad privada externa, está hecha de algo que alguna vez no fue propiedad privada de nadie, ya sea de hecho o moralmente (o está hecho de algo que era hecho de algo que una vez no fue propiedad privada, o está hecho de algo que fue hecho de algo que fue hecho de algo que una vez no fue propiedad privada, y así sucesivamente).[12]

En la historia de todo lo que hoy es propiedad privada existió al menos un momento en el cual algo no poseído privadamente fue tomado como propiedad privada. Entonces, si alguien reclama el derecho a la manera de Nozick sobre algo que a él le pertenece legalmente, podríamos preguntarnos, además de cómo ese alguien llegó a poseerlo, y con qué derecho tal bien se convirtió en la propiedad privada de *alguien* en particular.

Entonces sería sensato cuestionar el hecho de que mucha de la propiedad privada actualmente existente se haya formado a través de lo que los teóricos de la justicia distributiva afirman como un procedimiento que la legitima. Pero dejemos de lado las cuestiones acerca de la historia actual. Preguntémonos en cambio, cómo, y si realmente, la propiedad privada completamente liberal, pudo tener un origen legítimo.

---

[10] *Anarchy*, pág. 174.

[11] *Ibid*, pág. 160.

[12] Hillel Steiner enuncia el punto central de la siguiente manera: 'Es una verdad necesaria que ningún objeto puede construirse de la nada, y por lo tanto el hecho de que todos los títulos correspondientes a objetos manufacturados o libremente transferidos deban ser derivados de títulos correspondientes a objetos primarios y sin propietario previo' (Justice and Entitlement, pág. 381; cf. Steiner, 'The Natural Right to the Means of Production', pág. 44). El propio Nozick reconoce la verdad relevante en otro apartado: 'Lo que hasta ahora sabemos, todo proviene de alguna otra cosa, encontrar un origen significa encontrar un comienzo relativo, el comienzo de una entidad como una cierta clase *K*' (Philosofical *Explanation*, pág. 660 n.11).

La respuesta de Nozick a dicha pregunta es parte de su teoría completa acerca de la justicia en los holdings. De acuerdo a dicha teoría, la distribución de la propiedad debe ser defendida o criticada no a la luz de consideraciones en cuanto a la utilidad o a la prosperidad humana, o a la necesidad o a la recompensa por el esfuerzo, o situaciones similares, sino remitiéndose a la información acerca de la historia pasada completa de los objetos en la distribución.[13] En relación a un determinado caso de propiedad privada, obtenemos la información debida, cuando sabemos si el propietario adquirió el bien en forma justa o no, ya sea de la naturaleza (adquisición llamada *apropiación*) o a través de alguien que la poseía justamente, porque éste en su momento lo había adquirido en forma justa, a través de la naturaleza o de otro que lo poseía anteriormente en forma justa, porque éste último en su momento... (Y así sucesivamente, como en el ejemplo anterior). Las participaciones justas dependen de una apropiación originalmente justa, y de una transferencia subsecuentemente justa, excepto cuando la participación es el resultado de una redistribución justificada por la injusticia de acciones de apropiación y/o transferencias sucedidas en el pasado. Nozick dedica nueve páginas densamente escritas acerca del tema de la apropiación justa. Considerando lo importante que es el tema de la apropiación para su teoría, y teniendo en cuenta la capacidad de Nozick para exponer y promocionar su teoría, paradójicamente, estas páginas son notablemente insatisfactorias. Con esto no estoy diciendo solamente que Nozick deba ser criticado, sino que además, lo dicho anteriormente es verdad. Lo que quiero decir es que sus páginas están a la espera de dos aspectos más esclarecedores. En primer lugar, Nozick distingue de una manera confusa entre varias condiciones para la adquisición sin notar otras condiciones remarcables que pertenecen a la misma área conceptual, y, como resultado, no estarían produciendo distinciones exhaustivas y exclusivas en concordancia.[14] Y el segundo aspecto es que no queda para nada claro si él está ocupado en exponer la teoría de John Locke o si en vez se ocupa de desarrollar su propia posición. Su pensamiento no es para nada claro en relación a cuan satisfactorias resultan las diversas condiciones para la adquisición. En consecuencia es difícil saber cuánto él

---

[13] La información acerca de los tipos requeridos es, por supuesto, en gran medida inaccesible, y esto dificulta obtener las implicaciones políticas de la teoría de Nozick, pero no obstante no resulta evidente que esto debilite la teoría en sí misma, desde que la misma podría pertenecer a la naturaleza de la justicia por lo que generalmente es muy difícil decir si una distribución existente de la propiedad es justa o no. (Comparemos el argumento algunas veces equivocadocon el ser decisivo contra el utilitarianismo, ya que es imposible determinar en la práctica cuales son las consecuencias ya sea antes –o después– de pensar cursos de acción en pos de la felicidad de la humanidad).

[14] Una exposición laboriosa de la debilidad de Nozick al transmitir su pensamiento, aparece como adenda al final de este capítulo.

cree lograr a lo largo de estas páginas de crítica importancia. No obstante, lo que más importa desde ya, es cuánto en realidad ha logrado, más allá de lo que él cree haber logrado.

Nozick interpreta a Locke convencionalmente, sosteniendo que un agente puede apropiarse de un recurso al que le ha entremezclado su trabajo, siempre y cuando dicho agente, deje lo suficiente y de igual valor para los demás y no desperdicie lo que él toma. Él comenta con escepticismo el concepto del entremezclar el trabajo, expresa perplejidad ante la insistencia de Locke en cuanto que los apropiadores deben evitar el desperdicio, y ocupa la mayor parte de su tiempo discutiendo y refinando el requisito que dice que los apropiadores deben dejar lo suficiente y de igual valor para los demás.

Pienso que Nozick tiene razón al concentrar su atención en el requisito que enuncia 'lo suficiente y de igual valor' en tanto que la resistencia a la apropiación es más probable que opere su impacto sobre los demás que sobre los medios de los que se ha valido para dicha apropiación. En particular, si el impacto sobre los demás es (en el peor de los casos) inofensivo como la satisfacción del requisito de Locke parecería asegurar, entonces, será difícil criticarlo, independientemente del cómo fue llevado a cabo, e incluso, y por lo tanto, si no hubo trabajo en el curso de la apropiación. Además, vale la pena remarcar que no se puede decir razonablemente que algunos de los ejemplos más plausibles de Locke sobre la legítima apropiación sean producto del trabajo, a menos que todas las acciones en el mundo sean tomadas como trabajo.[15] Debido a que, hasta desde un punto de vista ampliamente razonable acerca de lo que es el trabajo, recoger algunas bellotas caídas, meter la cabeza en un arroyo y tragar algo de agua, no son buenos ejemplos de trabajo.[16] Si estos en cambio son considerados verdaderamente trabajo, entonces no son el tipo de trabajo plausible de citar en defensa de las apropiaciones relevantes. Si a usted le preguntaran qué es lo que justificó que se apropiase del arroyo en donde metió la cabeza, no podría responder con credibilidad: 'Bien, para comenzar, el trabajo de sumergir mi cabeza y abrir mi boca'. Su poderosa respuesta implica que nadie tiene ninguna razón para quejarse de su apropiación del agua, desde el momento que nadie ha sido dañado a través de esta acción. Entonces, concuerdo con Nozick en que el 'punto crucial' es si la apropiación de un objeto sin propietario empeora la situación de los demás o no.[17]

---

[15] El parágrafo 44 del *Second Treatise* sugiere que Locke de hecho considera toda acción como trabajo. Como argumento que demuestra que Locke no debería haber considerado el trabajo como una condición necesaria de la adquisición, ver Richard Arneson, 'Lockean Self-Ownership', pág. 43.

[16] Ver parágrafos 28, 29 y 33 de *Second Treatise of Government*. (El 33, está explicado más abajo).

[17] *Anarchy*, pág. 175.

Al respecto sobrevendrá un desacuerdo en torno a la cuestión de qué es lo que se podría considerar como empeoramiento de la situación de los demás.

Nozick perfecciona la condición crucial de la siguiente forma: 'Un proceso que normalmente da origen a un derecho a la propiedad permanente heredable sobre algo que previamente no tenía dueño no se concretará si, la situación de los demás que ya no poseen la libertad para usar ese algo, empeorase'.[18]

Él no hace ningún intento de especificar la naturaleza del proceso de adquisición 'normal', pero, como acabo de decir, eso no es muy importante, desde el momento que, cualquiera sea el proceso requerido, es probable que se abra una controversia en torno a la salvedad apenas citada. En consecuencia, aunque no está muy presentada la afirmación citada,[19] junto a la elaboración de Nozick al respecto, *es* la doctrina de Nozick de la apropiación; o, siendo más cautelosos, si Nozick presenta alguna doctrina de la apropiación, entonces la afirmación citada es el elemento controvertido en su doctrina, y por lo tanto el elemento que requiere un profundo escrutinio.

La discusión más detallada de Nozick, justifica los siguientes comentarios acerca de sus requisitos. Éste necesita apropiarse de un objeto O, que no tenía dueño y estaba disponible para todos, al ser retirado del uso comunitario, no empeora las perspectivas de nadie, más de lo que las hubieran empeorado si *O hubiese permanecido en el uso comunitario*. Si no empeora la posición de nadie, más de lo que hubiese empeorado si O hubiese permanecido sin dueño, entonces, por supuesto, el requisito se satisface. Pero asimismo éste también se satisface cuando la posición de alguien empeora de manera relevante, así como también si su posición mejorase suficientemente en otros aspectos como para contrarrestar el empeoramiento precedente. Entonces yo me apropio legítimamente sí y solo sí nadie tiene un motivo para que dicho objeto permanezca a disposición del uso general, o eventualmente alguien que tenga algún motivo para creer que podría obtener algo en la nueva situación que él no poseía previamente y que lo obtenido es por lo menos tan valioso para él como la pérdida que yo le he causado. Paso a dar un ejemplo: levanto un cerco perimetral en una playa, que previamente había sido espacio

---

[18] *Ibid*, pág. 178.

[19] O tal vez, la misma está enunciada de este modo. Debido a que las páginas de Nozick acerca de la apropiación comienzan, tal cual lo cite anteriormente, con el anuncio de que se introducirá 'una pequeña complejidad adicional dentro de la estructura de la teoría del derecho' y terminan concluyendo con el anuncio de que 'esto completa nuestra indicación acerca de la complicación en la teoría del derecho introducida por la condición lockeana' (*ibid.*, pp. 174,182). Si la 'complejidad' de la pág. 174 (a saber, la doctrina de la apropiación inicial como tal) es la 'complicación' de la pag.182 (o sea, la condición sobre la apropiación), entonces la condición sobre la apropiación establecida en la página 178, es la teoría de Nozick de la apropiación, siempre y cuando él tenga una.

público, la declaro propiedad mía, y estipulo un precio de un dólar por día por persona para poder usarla, (o, si pensamos que no es posible la existencia de dólares en lo que parece ser un estado de naturaleza,entonces imaginemos que mi precio es una cierta cantidad de masajes en mi espalda dolorida). A continuación yo mejoro el valor de recreación de la playa (por ejemplo tiñendo la arena con diferentes colores atractivos, o simplemente recolectando la basura todas las noches) que los potenciales usuarios de ella consideran que un dólar (o un masaje) por día de uso es un dólar bien gastado: ellos prefieren un día en la playa en las condiciones actuales por el precio de un dólar antes que un día gratis en la playa como se encontraba previamente y como hubiera permanecido si alguien no se hubiese apropiado de ella. En consecuencia el acto de apropiarme de la playa satisface los requisitos de Nozick.

Por lo tanto, parecería inconcebible que las apropiaciones que satisfacen la condición de Nozick pudiesen generar algún tipo de aflicción. No obstante lo dicho es una ilusión. Esto se debe a que los requisitos de Nozick para la adquisición no son tan demandantes como los de Locke. Para verificar cómo Locke proyectó sus requisitos, y cuán solícitos resultan estos en relación a los no-apropiadores, consideremos el párrafo 33 del *Segundo Tratado*:

> La apropiación de una parcela de tierra como efecto de las mejoras llevadas a cabo no perjudica a ninguna otra persona, desde el momento que todavía ha quedado lo suficiente y de igual valor; y aún más de lo que podían usufructuar los que no eran poseedores. A pesar del cercado de la playa, hubo resto para los otros. En tanto que aquel que deja tanto como lo que el otro puede utilizar, hace tanto bien como si no tomara nada en absoluto. Nadie podría sentirse injuriado porque otro bebiera, aunque él tomase un buen trago, teniendo todo el arroyo con la misma agua a disposición para saciar su sed, y en el caso de la tierra y el agua, donde hay suficiente de ambas, es exactamente igual.[20]

---

[20] El mencionado pasaje prueba que la condición de Locke no significa lo que Hiller Steiner dice que significa cuando escribe que 'la misma impone una estructura igualitaria para los individuos' en relación a los derechos de apropiación, prescribiendo a cada uno una cantidad de objetos de origen natural cualitativamente similares' *The Natural Rights*, pág. 45). Ya que el párrafo simplemente implica que cada uno debe dejarle a los demás lo suficiente y de igual valor para y/o apropiarse *como lo habían hecho antes de que alguien se apropiara*, no (meramente) lo suficiente y de igual valor como para apropiarse, *per cápita, como uno se apropia de sí mismo*. La satisfacción de la condición de Locke le otorga satisfacción a la condición que Steiner no le atribuye a él, sino que el derecho opuesto fracasa, y la condición de Locke es por lo tanto más rigurosa que la que Steiner sostiene. (Garantizo que los escritos de Locke, en el párrafo 34 que legitiman a los apropiadores satisfacen lo que Steiner cree que es la condición de Locke, desde el momento que Locke dice que en el origen de una apropiación legítima, a los no apropiadores se les ha dejado 'lo de valor suficiente para (su) progreso como lo que ya ha sido apropiado'. De esto no se deduce que este derecho de lo que yo digo es que la condición de Locke es su condición, y creo que es textualmente demostrable, que no lo es).

Nótese que es absolutamente imposible que alguien pudiese vivir bien o inclusive mejorar si el hombre no hubiera bebido el agua: en cuanto concierne a los otros, su acto de beberla deja las cosas exactamente en el mismo estado en que se hallaban previamente. Ellos no habrían vivido mejor aunque él les hubiera cedido el agua que se tomó, desde el momento que el arroyo, es de imaginarnos, fluía con tanta abundancia que, por más que ellos quisieran mucha agua, no necesitaban la de él.[21]

Pero visto que la gente no puede vivir peor de lo que les hubiera sucedido cuando acontece el tipo de apropiación que satisface a los requisitos de Locke, esto mismo no es verdad para los requisitos de Nozick. La gente puede sufrir un serio deterioro de su calidad de vida en comparación a cómo podrían haber estado, aun habiendo cumplido con los requisitos de Nozick.

Si un apropiador debe cederle a los demás recursos de igual valor como los que tenían disponibles para sí mismos anteriormente, entonces ¿Cuál es la razón para incluir una estipulación aparentemente ulterior que les deje lo *suficiente*? Presumiblemente 'suficiente' significa 'suficiente para sobrevivir a través de la utilización de', no obstante si los recursos de suficiente valor como disponibles anteriormente son cedidos, entonces la estipulación referente a lo 'suficiente' no se satisface solamente si los demás ya se encontraban en un estado de indigencia. En consecuencia es difícil ver lo que significa la fuerza de la estipulación lo 'suficiente'. (Notar que este rompecabezas también se origina en la interpretación diferente de Steiner acerca de la condición de Locke.)

John Simmons (*The Lockean Theory of Rights*, pág. 292) rechaza mi lectura de 'la condición de lo suficiente y de igual valor', y sugiere que 'suficiente' significa 'suficiente para uso similar' (al uso realizado por el apropiador). Dos consideraciones me impiden concordar con su contra propuesta. Primero, la misma no es superior a la mía, ya que separa los términos, visto que 'suficiente para uso similar' debe *significar* 'de igual valor', en este contexto. Y en segundo lugar, la interpretación de Simmons fracasa en dar cuenta del uso de Locke del ejemplo del agua como un modelo para la legítima apropiación de la tierra. El ejemplo falsifica la afirmación de Simmons que enuncia que '*cualquier* apropiación deteriora de alguna manera la calidad de vida de los demás, solamente y solo sí se pierde la oportunidad de apropiarse de esa cosa en particular (*Ibid.*), desde el momento en que perder la oportunidad de apropiarse de esa cantidad específica de agua no significa deteriorar la calidad de vida de ninguna manera.

[21] El bebedor de agua de Locke satisface una condición aún más sólida que la de Locke y una que el investigador médico de Nozick (*Anarchy*, pág. 181), que satisface la condición de Locke, no satisface la de Nozick. Dicho investigador crea una droga muy requerida que nadie más sabe cómo fabricarla, fuera de existencia en el stock habitual, y por lo tanto no deteriora la calidad de vida de nadie, más de lo que estaba antes de que esto sucediera. No obstante, al contrario del bebedor de agua de Locke, el investigador tenía la posibilidad de beneficiar a los demás, a saber, a aquellos que necesitan la droga, ofreciéndoselas o vendiéndoselas a un precio accesible. La condición de Locke permite que se tome, se transforme y se guarde lo que los demás no necesitan en su estado no transformado, inclusive si ellos lo necesitan cuando ya ha sido transformado. Una condición más sólida que se satisface a través del bebedor de agua pero no a través del investigador permitiría tomar, transformar y guardar exclusivamente lo que nadie tenía ningún motivo para anhelar aun después de que lo anhelado hubiera sido transformado. (El investigador de Nozick, al satisfacer la condición de Locke, satisface en consecuencia una condición mucho más sólida que la del propio Nozick. Es importante destacar que, contrariamente la condición de Nozick podría parecer más inocente que lo que es).

Esta es la razón por la cual yo destaqué con letras cursivas la siguiente frase: "si *O hubiese permanecido para el uso general*".Tiene como resultante que, tal cual lo propone Nozick en sus requisitos, *la única situación contrafáctica relevante para evaluar la justicia de una apropiación es aquella en la cual O hubiese permanecido accesible a todos.*[22]

Yo voy a argumentar que existen otros hechos contra fácticos intuitivamente relevantes, y que ellos demuestran que los requisitos de Nozick son muy laxos, lo que sucede cuando una apropiación que él ha reducido arbitrariamente la clase de alternativas con las cuales debemos comparar lo que sucede cuando una apropiación se realiza con el objetivo de determinar si alguien sufre algún daño a causa de ella. Se podría estar de acuerdo con Nozick en la manera de determinar la legitimidad de una apropiación es observando lo que podría o hubiera de otra manera sucedido a la gente involucrada, pero no se da por sentado que la cosa apropiada hubiera permanecido para el uso común: es injustificable ignorar todas las otras cosas que le podrían haber ocurrido.

A continuación se expondrán algunas de las posibilidades que Nozick subestima. El análisis constituirá un caso decisivo en contra de su teoría acerca de la formación de la propiedad privada, y un caso, quiero destacar, que no implica ningún desafío a la tesis de la propiedad de sí.

3. Para revisar cómo opera la condición de Nozick, y para evaluarla, imaginemos un mundo donde habitan dos personas que son dueñas de sí mismas[23] y en el cual todo lo no humano es propiedad común lockeana, un régimen en el cual nadie es dueño de ningún bien y cada uno puede usar cualquier cosa

---

En la página 40 de su destacado artículo acerca de 'Lockean Self-Ownership', Richard Arneson cuestiona mi atribución de una condición tan estricta sobre la adquisición de Locke basado en el párrafo 33. No obstante las verdaderas palabras que Locke usa (suficiente y de igual valor) cuando introduce su condición para la adquisición en el párrafo 27 (lo que generalmente se conoce como tal) reaparece en el párrafo 33 y esto es seguramente suficiente para establecer que el ejemplo del bebedor de agua intenta ilustrar dicha condición. Arneson está en lo correcto cuando dice que 'en este párrafo Locke no se compromete con la cuestión más difícil acerca de cómo demarcar el límite entre las apropiaciones permisibles y no permisibles bajo condiciones de escases', no obstante no digo que él se compromete y esto implica agregar que Locke no se compromete en ningún otro lugar en dicha cuestión. Cualquiera puedan ser las *circunstancias* (trátese de escases, abundancia o ambas) a raíz de las cuales Locke establece la condición 'suficiente y de igual valor' si, como Nozick supone, es una condición acerca de la adquisición, entonces yo sostengo que dicha condición es mucho más sólida que la de Nozick.

[22] En la página 181 de *Anarchy* efectivamente Nozick reconoce que considerar solamente esa situación contra fáctica determina el punto de partida en el cual las personas deben estar para que se justifique que la propiedad privada mantenga un valor muy bajo.

[23] A veces resulta precipitado sacar conclusiones generales de mundos en donde sólo habitan dos personas, no obstante todo lo que diré acerca de este pequeño mundo podría aplicarse a un mundo más habitado.

en tanto el otro no la esté usando en ese momento. Cada una de estas personas dueñas de sí, que son A y B, dirige la producción de la tierra sin obstruir la actividad productiva del otro. A es capaz de obtener m de la tierra, B es capaz de obtener n, en tanto que m y n son, digamos, números de toneladas de trigo (o se podrían pensar como una producción individual de trigo difícil de manejar en tierra común, pensemos a m y n como si fueran galones de leche de vaca, o, mejor aun,[24] leche de alce extraída de un alce que no es propiedad ni de A ni de B). Se podría entonces decir que m y n representan lo que A y B podrían obtener si compartiesen la propiedad del mundo externo a través del ejercicio de las potencialidades personales que cada uno posee separadamente. Notemos que las medidas de m y n, que reflejan las potencialidades productivas relativas de A y B, no están especificadas aquí desde el momento que las mismas no juegan ningún papel en el razonamiento que sigue.

Supongamos ahora que A se apropia de toda la tierra, o –siendo este el monto crucial para los propósitos del siguiente argumento– un monto que deja a B con menos de lo suficiente para poder sustentarse. Entonces, A le ofrece a B un salario de $n + p$ $(p{\geq}0)$ de toneladas para trabajar la tierra, que B se ve obligado a aceptar. A por su parte obtiene $m+q$ bajo este nuevo acuerdo, y q es mayor que p, de modo que A gana más toneladas extra con el cambio que lo que gana B. en otras palabras B no pierde nada de trigo y probablemente gane algo del mismo, pero de todas maneras A gana más que lo que gana B. El aumento del rendimiento output de $n+m$ a $n+m+p+q$, es debido a la productividad de una división del trabajo designado por A, que es un buen organizador. Llamemos a la situación posterior a la apropiación de A, la *situación actual*. Es la situación con la cual compararemos varias situaciones contra fácticas. (Los aspectos relevantes de las situaciones a discutir están detalladas en la tabla 1).

Bien, ¿la apropiación de A, satisface los requisitos de Nozick? Para saber si es así, debemos comparar la condición de B después de la apropiación de A con cómo se habría comportado B si la propiedad en conjunto se hubiese mantenido de esa forma, y, para decirlo con palabras sencillas, supongamos que B se hubiese comportado de la misma manera que lo venía haciendo: o sea, él hubiera seguido disponiendo de la misma cantidad de toneladas n de trigo. Entonces la apropiación de A, claramente satisface la condición de Nozick, *si*, la forma de calcular los cambios en las perspectivas de B es comparando la cantidad de toneladas de trigo. Si, de cualquier forma, el estar sujeto a las directivas de otra persona da como resultado un efecto relevante sobre B después de la apropiación de A, entonces no podríamos decir si esto

---

[24] A raíz de que, al contrario de las vacas, los alces no necesitan la atención humana permanente lo cual podría ser pensado como un requerimiento de posesión permanente de la tierra.

último viola o no los requisitos de Nozick, desde el momento en que no le hemos designado un valor a las desventajas que sufre B bajo el comando de A. Al calcular las ganancias y las pérdidas que la gente tiene *a posteriori* de las transformaciones tales como las que estamos examinando, los teóricos de la justicia distributiva frecuentemente subestiman el valor que las personas le otorgan al tipo de relaciones de poder en las cuales ellos están ubicados en relación a los demas,[25] una subestimación que es evidente en los supuestos libertarios profesamente comprometidos con la autonomía humana y la importancia arrolladora de que cada uno deba hacerse cargo de su propia vida. Sin embargo, no volveré a este punto en mi demostración acerca de la inadecuada posición de Nozick en relación a la formación de la propiedad privada.[26] Por lo tanto, me ocuparé de calcular las ventajas y desventajas utilizando solo números para las cantidades de toneladas de trigo.

Para verificar que la condición de Nozick en relación a la apropiación es demasiado débil, consideremos que, si A no se hubiera apropiado, entonces la situación contrafáctica hubiera podido ser diferente: no aquella en la que se mantenía el uso compartido, sino aquella en la que B, tal vez por miedo a que A se apropiase, se hubiera apropiado de lo que A se apropia en la situación actual. Supongamos que B es también un buen organizador, y que si hubiera sido él el que se apropiaba, hubiera podido obtener un q adicional y pagarle a A solo un adicional p (ver II (a) en Tabla 1). Entonces aunque la apropiación de A en la situación actual satisface los requisitos de Nozick,[27] no parece que A tenga, lo que tiene según la visión de Nozick, el derecho a forzar a B a aceptarlo. ¿En virtud de qué debería B ser obligado a aceptar lo que eleva a la doctrina de "el primero que llega se sirve"? Quizás B se abstuvo de apropiarse en consideración a A. ¿Debería A aprovecharse simplemente porque él es más despiadado que B? Ahora debería quedar claro que los requisitos de Nozick son demasiado débiles.

---

[25] Cf. Capítulo 1, sección 3 y 7. En esta cuestión, Nozick asiente en pasar a una serie de puntos, pero no le presta la atención que merecerían antes de que sus conclusiones confiables acerca de que el capitalismo satisface su condición acerca de que la adquisición podría justificarse. Si consideramos la libertad muy seriamente el estado de base de la naturaleza puede no ser muy bajo (ver nota de pie de página 22).

[26] El punto es central en relación a la crítica ulterior de Nozick desarrollada en la sección 6 del capítulo 4 más abajo.

[27] Es decir, si se ignora la pérdida de libertad de B: ver el parágrafo previo en el texto.

Tabla 1. *Situaciones contra factuales*

		II. Apropiación de B		
Situación actual (apropiación de *A*)	I.Persistencia de la propiedad compartida	(*a*) talento de *B* = talento de *A*	(*b*) talento de *B* > talento de *A*	(*c*) talento de *B* < talento de *A*
A obtiene *m* + *q* *B* obtiene *n* + *p* (*q*>*p*≥*0*)	*m* *n*	*m* + *p* *n* + *q*	*m* + *q* + *r* *n* + *p* + *s* (*r*>*0*; *s*>*0*)	*m* *n*

Otras posibilidades[28] aclaran esto aún más. Tomando una de ellas, supongamos que *B* es un organizador mucho mejor que *A* de manera tal que, si hubiese sido *B* el que se apropiaba, cada uno de ellos hubiera obtenido más trigo del que obtiene cada uno en la situación actual (ver II (b) en Tabla 1). No obstante, los requisitos de Nozick se satisfacen, desde el momento que independientemente de que se satisfagan o no, no sean afectados por nada que podría haber sucedido si *B* se hubiese apropiado. En consecuencia, esto significa que la condición de Nozick autoriza, y protege, las apropiaciones cuyos resultados determinan que cada persona viva con menos de lo que

---

[28] Es decir, no situaciones contra factuales diferentes (totalmente), pero con posibles resultados diferentes de la misma (descripto generalmente) situacióncontra factual, en la cual *B* se apropia: ver, nuevamente, la Tabla 1.

Más allá de las distinciones entre las formas de empeoramientode la situación de una persona mostrada en el texto, tengo que registrar también la siguiente modal: *X* empeora la situación de *Y* en un sentido débil (relativamente) si *X* le quita *posibilidades* (que podrían no estar actualizadas) superiores (desde el punto de vista de *Y*), pero *X* empeora la situación de *Y* en un sentido más fuerte si *X* evita algo que de otro modo hubiera *realmente* sucedido y resultado mejor para *Y*. Los escenarios que presionan en contra de Nozick para mostrar que su condición es demasiado débil pueden ser tomados de cualquier manera, como posibilidades excluidas, o como lo que realmente hubiera ocurrido si *A* no se hubiera apropiado. No puedo decir cuál de estas es la forma correcta porque Nozick no dice a qué se refiere cuando enuncia dentro de la distinción modal, cuál es el grado de 'empeoramiento'.

Debería responder aquí a la crítica de Thomas Münzer que dice que 'Cohen elude la diferencia… entre un sistema de propiedad aceptable y el mejor posible' (*A Theory of Property*, pág. 217n). Mi punto de vista no es que la apropiación de *A* fracasa al generar 'el mejor sistema posible', sino que (no se puede descartar) si los sistemas superiores particulares (según el punto de vista de *B*) hubieran sido posibles, o si se hubiesen desarrollado, en ausencia de la apropiación de *A*, entonces, intuitivamente, *B* sufre una injusticia que echa dudas acerca de la legitimidad de la apropiación de *A*.

(Según ciertos puntos de afirmaciones contra factuales no hay nada que importe tanto como aquello que hubiera podido suceder, si *A* no se hubiese apropiado. Por lo tanto se podría considerar el valor esperado para *B* de la no apropiación de *A*, como una función de todas las alternativas posibles, una vez sopesadas todas sus probabilidades).

necesita, resultados que son por lo tanto, en el correcto sentido del término, Pareto-inferior.[29] A, si fuera lo suficientemente ignorante o irracional como para hacerlo, tendría el derecho de impedir que B tomara lo que A ya se ha apropiado, inclusive si ambos hubieran mejorado su estándar de vida si B lo tomara.

En el proceso de construcción de la 'situación actual`, supuse que el aumento de productividad que de estaemergía, estaba relacionado con el talento organizativo de *A*, pero esa suposición era innecesaria, y, si en vez suponemos de otra manera, entonces la cuestión en contra de Nozick se encararía en forma aún más profunda. Supongamos que solo *B* es un buen organizador, y que cuando *A* se ha apropiado, *A* le propone a *B* que *B* proyecte una óptima división del trabajo y que al mismo tiempo cumpla su papel cumplido hasta ahora, por el mismo salario $n + p$, y entonces *B* prefiriendo sobrevivir a morirse de hambre, acepta. Entonces, la apropiación de *A* queda aún justificada bajo los requisitos de Nozick, si bien, este es el caso en donde (como en II (a) y II (b)) *B* podría haber sido el artífice de las ganancias productivas, y además de las ganancias sucesivas, que *A* no es capaz de producir. El ejemplo demuestra que aun cuando la privatización genera un valor agregado, el privatizador no es necesariamente el que agrega valor, y, si pensamos que los que agregan valor merecen recompensa,[30] entonces deberíamos notar que la condición de Nozick no garantiza que ellos obtengan alguna. Para obtener todos los beneficios del incremento de la producción como resultado de la privatización, sus justos apropiadores lo único que tienen que hacer es apropiarse de los recursos sin necesidad de intervenir en ellos.

Yo también supuse que la división productiva laboral vigente en la situación actual y en II (a) y II (b) no se podría haber implementado bajo el

---

[29] La inferioridad de Pareto es una noción ambigua entre los economistas, que no tienden a distinguir entre la idea según la cual todos *optarían* por una situación diferente y la idea de que todos se *beneficiarían* con una situación diferente (más allá de lo que ellos pudieran pensar y por lo tanto cualquiera fuese la opción que ellos eligiesen). En este caso estoy usando el concepto Pareto en su segunda acepción, y lo que yo digo resulta falso cuando es abordado en su primera acepción.

El propio Nozick algunas veces permite (¿Qué sería de otra manera?) que se violen los derechos para asegurar una Pareto-mejora en el sentido actual, pero sólo si la comunicación resulta imposible con personas que no consienten pero que al mismo tiempo se benefician, o dicha comunicación resulta terriblemente onerosa. (Ver *Anarchy*, pp. 22-3 y ver Erik Mack, 'Nozick on Unproductivity', para abordar el concepto acerca del permiso selectivo en relación al 'cruce de fronteras' con compensación de Nozick amenaza con derribar su defensa de la inviolabilidad de la propiedad privada).

[30] No estoy aquí afirmando que ellos lo hagan. Hay que destacar, entre otros aspectos, que no es necesario suponer que los que agregan valor deberían obtener el valor de lo que ellos agregan para considerarlos tan explotados por aquellos que obtienen el valor, simplemente porque ejercen poder sobre ellos. Ver mi obra *History, Labour, and Freedom*, pág. 230 n37.

principio lockeano de propiedad compartida. Eso a mí me parece verdadero por definición. Para estar seguros, A y B podrían haber acordado una división del trabajo sin que ninguno de ellos se apropiase privadamente de la tierra. Pero entonces, así lo argumentaría yo, ellos efectivamente se habrían apropiado de esta en forma colectiva. Ellos hubieran instituido una forma de socialismo (al menos *pro tem*) que es otra posibilidad que Nozick desprecia injustificadamente, y sobre la cual diré más en la sección 5.[31]

Resumiendo, es de notar que Nozick transforma el requisito de Locke de dos maneras, una legítima y la otra no. La manera legítima es la de permitir el fracaso del concepto de dejar para el otro lo suficiente y de igual valor, siempre que sobrevenga una compensación suficiente. Esto no debilita los requisitos de Locke en forma crucial: captura el espíritu y lo formula con un estilo general apropiado. Pero la otra manera ilegítima, inaceptable, es debilitar los requisitos por considerarlos no por lo que pudiera o hubiera podido suceder *tout court*, en ausencia de la apropiación, sino lo que hubiera sucedido dada la especial hipótesis de que el mundo hubiera permanecido en un estado de propiedad compartida. Esta manera deja de lado el criterio para decir que A daña a B.[32]

4. Pero ahora supongamos que B carece de las destrezas organizativas de A, y que si él se hubiera apropiado de la tierra, no hubiera podido dirigir a A de manera tal de poder generar un aumento de la producción bajo la condición de propiedad compartida (ver II (c) de la Tabla 1). Bajo tal presunción, ¿es legítima la apropiación de A?

Es de notar que, aunque digamos que ésta es legítima, entonces es legítima solamente en virtud de que satisface las condiciones en forma mucho más fuerte que la que establece Nozick. Y mi propio punto de vista es que su legitimidad es incluso de este modo cuestionable. Porque suponer de otra forma,

---

[31] Para más posibilidades no consideradas hasta ahora, ver la sección 3 de Hillel Steiner, 'Capitals, Justice, and EqualStarts'.

[32] Richard Arneson critica mi cadena de contraejemplos en relación a la condición de Nozick que enuncia lo siguiente: 'si pensamos que tu acción me daña, el hecho de que una acción alternativa que podrías haber realizado me hubiera prodigado un gran beneficio, no es pertinente a la cuestión'. (Lockean Self- Ownership, p. 45). Esto es verdad, pero el hecho sobre el que baso mi caso no es el que fue formulado por Arneson, sino el hecho de que tu acción me impide obtener beneficios que de otro modo tú no meprodigarías.

Arneson dice que 'Cohen afirma que está realizando una crítica interna a Nozick desde el punto de vista de la propiedad de sí', y que, interpretada de esta forma, 'esta crítica es incorrecta' (*ibid.*, p. 45 fn. 23) por la razón citada anteriormente. Pero mi reclamo no consiste en que las premisas afirmadas por Nozick refutan su propia teoría de la apropiación sino la más débil, que no es relevante para una crítica interna, en el sentido estricto del término: que Nozick carece de las premisas que justifican dichas teorías y que la premisa de la propiedad de sí en particular, no logra justificarla.

sería tomar por cierto que la tierra no es, desde el origen (o sea, antes que nadie la haya trabajado), poseída por *A* y *B* en forma colectiva o conjunta, de modo que la forma correcta de decidir su destino sería a través del método democrático de acuerdo consensuado, en vez de hacerlo unilateralmente. ¿Por qué no deberíamos considerar a la tierra, antes de la apropiación de *A*, como algo poseído conjuntamente, en vez de, como Nozick da por sentado, como algo que no era poseído por nadie?[33]

Cuando la tierra es poseída conjuntamente, cada uno puede hacer uso de la misma según su propio criterio, siempre y cuando no interfiera con el uso similar que de ella hacen los demás: bajo la propiedad conjunta de la tierra nadie es dueño de ninguna parcela de la misma. Bajo la propiedad conjunta, contrariamente, la tierra es poseída por todos juntos, y lo que cada uno tiene permiso para hacer con la tierra está sujeto a la decisión colectiva.[34] El procedimiento adecuado para llegar a tal decisión puede ser difícil de definir, pero ciertamente no estará abierta la posibilidad de que alguno de los miembros de esta propiedad conjunta pueda proponer privatizarla total o parcialmente, independientemente de la compensación que él ofrezca al resto de los miembros de la propiedad conjunta. Si tú y yo poseemos una propiedad conjunta, yo no puedo, en contra de tu deseo, tomar una tercera parte de la propiedad y dejarte el resto, aun cuando lo que te estoy dejando es mucho más valioso que el porcentaje de lo que usufructuabas en origen. Por lo tanto, si la propiedad en conjunto en vez de la no propiedad es, en términos morales, la posición inicial, entonces *B* tiene el derecho de prohibir que *A* se apropie, aun si *B* se beneficiase con lo que él mismo de todas maneras prohíbe. Y *B* podría tener un buen motivo para ejercer su derecho de prohibir la tal apropiación por parte de *A*, de la cual el propio *B* se beneficiaría. Ya que,

---

[33] Algunos piensan que, al exponer su condición, Nozick 'le otorga a todos derechos originales vinculados a los recursos naturales' (Attracta Ingram, *A Political Theory of Rights*, p. 55). Según mi interpretación diferente, Nozick piensa que la condición no refleja tales derechos originales en el mundo, sino el derecho de la propiedad de sí sobre sí mismo que enuncia que nadie debe ser perjudicado: ver 'Retrospectiva', en el capítulo 4.

[34] Para una explicación parcial del concepto de propiedad conjunta mundial compartida por la totalidad de sus habitantes y una defensa sobre lo que inicialmente parecerían objeciones demoledoras, ver a John Exdell, 'Distributive Justice', especialmente las pp. 147-9. La idea está medianamente explicitada en varios artículos de Hillel Steiner; ver, por ejemplo, su obra 'Liberty and Equality', pp. 555-69, y 'The Rights of Future Generations', pp. 225-41. Por supuesto, no existe ninguna *institución* de la propiedad conjunta en estado de naturaleza *legalmente* constituida, pero la implicación de lo anterior para los derechos naturales en referencia a los recursos vírgenes, no es mayor que la implicación para los derechos naturales sobre los individuos,debido a que no existe ninguna institución legalmente constituida de la propiedad de sí en estado de naturaleza.

Para una discusión no polémica acerca de 'el principio que enuncia que los recursos naturales constituyen la posesión conjunta de la raza humana en su totalidad', ver a Brian Barry, 'Humanity and Justice' pág.450 *et circa*.

si él prohíbe a *A* apropiarse, entonces podría regatear con *A* la parte de los resultados que obtendrá si cediese y le permitiese a *A* apropiarse. Entonces es probable que *B* saque provecho de lo que le toca obteniendo una cantidad mayor que la que *A*, de otro modo, le hubiera ofrecido.

De esta manera Nozick debe suponer que los recursos mundiales no son, en términos morales, algo que pueda ser poseído en conjunto, sino más bien algo para apropiarse, ergo, él está lejos de hacer de esto una preocupación y no demuestra en absoluto necesidad de aclararla.

Retomo el tema de la propiedad en conjunto en el capítulo 4. El resto de este capítulo está dedicado a la permanente aceptación de que antes del surgimiento de la apropiación, el mundo no era propiedad de nadie.

5. En la sección *Anarchy, State, and Utopia* que precede a la que Nozick enuncia los principios criticados precedentemente, él pregunta y responde a una cuestión pertinente a ese requisito, aunque no queda claro si al formular la cuestión, tiene este requisito en mente o no. La misma es, si "la situación de las personas (como nuestro caso *B*) que no están en condiciones de apropiarse (porque ya no hay más objetos a disposición para ser poseídos) (se ha) empeorado a través de un sistema que permite la apropiación y la propiedad permanente.[35] Nozick, se pregunta en consecuencia si el estándar de vida de tales personas es peor de lo que hubiera sido si tal sistema nunca se hubiese desarrollado. Su interrogante es aproximadamente equivalente a la cuestión de si la existencia del capitalismo hace que los no capitalistas tengan un mejor estándar de vida del que hubieran tenido bajo un sistema diferente.

Nozick responde confirmando la tesis empírica familiar acerca de la utilidad de la propiedad privada, los reclamos habituales acerca de los riesgos, incentivos, y así sucesivamente que representan al capitalismo como una forma productiva de organización económica. Si bien, tal cual él lo señala, no invoca estas consideraciones para dar una justificación utilitaria de la propiedad privada, ya que ellos 'incorporan la teoría lockeana que sostiene el principio de la apropiación de la propiedad privada satisface la intención subyacente "lo que aún queda, suficiente y de igual valor" en el requisito'.[36] Cuando ya no queda nada para apropiarse, la situación de los que no se han apropiado de nada es a tal punto peor de lo que hubiera sido, pero los mecanismos capitalistas de producción y distribución garantizan que ellos sean más que adecuadamente compensados por su pérdida de libertad al acceso a los recursos que no son poseídos privadamente.

---

[35] *Anarchy*, pág 177.
[36] *Ibid.*

Como hemos visto anteriormente, las afirmaciones empíricas acerca de la utilidad de la propiedad privada figuran aquí en un argumento cuya mayor premisa no es el utilitarismo. El argumento no es: todo lo que sirva para mejorar el estándar de vida de las personas es algo bueno, y de hecho la propiedad privada mejora el estándar de vida de las personas; entonces: cualquiera tiene el derecho de apropiarse de la propiedad privada cuando este hecho no empeore el estándar de vida de nadie, y en general, la apropiación de la propiedad privada mejora el estándar de vida de todos (ergo, no lo empeora). La conclusión de Nozick contraria a la utilitaria no es que un sistema de propiedad privada, siendo el mejor, debería ser introducido, o, si ya introducido, mantenido. Su posición es que si un sistema de propiedad existe, entonces, el hecho de que algunas personas no posean nada o lo mínimo, no es una razón para cambiar el sistema.

Tales personas, y sin duda hay muchas de ellas en una sociedad capitalista libertaria, a causa de carecer de propiedad, son dependientes para su supervivencia de otros que necesiten comprar su fuerza de trabajo.

Se podría decir que esta condición es algo espantoso, pero Nozick niega que ellos sufran a causa de la misma.

Ya que, según él, una persona sin propiedad, o un proletario, padece de algún sufrimiento, solo si su carencia de propiedad empeora su estándar de vida más de lo que hubiera empeorado, si el mundo hubiese permanecido en el sistema de propiedad conjunta lockeana, sin propiedad privada, y Nozick cree que no es probable que los proletarios, de este modo, empeoren su estándar de vida. Él diría, al respecto de estos proletarios que logran vender su fuerza de trabajo, que al menos obtendrán tanto, y probablemente más, en el intercambio de lo que hubieran podido obtener, aplicando la fuerza de trabajo en un estado de naturaleza virgen; y también diría, de aquellos proletarios cuya fuerza de trabajo no vale la pena comprar, que aunque en el estado de no bienestar de Nozick, mueren (ante la ausencia de asistencialismo), de cualquier forma hubieran muerto en un estado de naturaleza.

Debido a que su premisa central se basa en el destino de las personas, tomado separadamente, el argumento de Nozick no es utilitario, como ya expresado. Aun así, debido a que él depende de una premisa empírica menor, su defensa de la propiedad privada resulta ser al igual que la defensa utilitaria de ésta, potencialmente vulnerable al contrargumento empírico. Su mayor premisa no es empírica, pero tampoco lo es la premisa mayor de la defensa utilitaria, la cual dice que todo lo que mejora el estándar de vida de las personas en el conjunto, es algo bueno. Yo señalo esto porque a menudo se cree que este es un aspecto de la filosofía política libertaria que, a través de enfatizar sobre los derechos, crea cuestiones empíricas acerca de las consecuencias que son difíciles de contestar y en las cuales el utilitarismo queda empantanado. Esto es una ilusión, desde el momento que, como lo vemos ahora, las tesis acerca de las consecuencias son fundacionales para la defensa de Nozick de los derechos de la propiedad privada, y por lo tanto los derechos que él sostiene carecen de la claridad y de la autoridad que a él le gustaría que nosotros supusiéramos que dichos derechos tienen. Las afirmaciones empíricas de Nozick están dirigidas y rechazadas una por una, por Hal Varian, que dice que los acuerdos sobre las propiedades del 'socialista de mercado' o de un sistema de propiedad capitalista' son aún más productivos que los del capitalismo puro que Nozick apoya, de cualquier forma, bajo ciertas condiciones.[37]

Pero los contrargumentos empíricos de Varian, estrictamente hablando, no tocan el caso del capitalismo que Nozick crea en la página 177 de *Anarchy*, de la manera en que lo hace.

Ya que Varian no compara el régimen de la propiedad privada capitalista con la propiedad conjunta no estructurada, sino con un sistema organizado de propiedad no capitalista o semicapitalista. Por lo tanto si la propiedad conjunta no desarrollada institucionalmente es lo único con lo que nosotros suponemos que podemos comparar el capitalismo, al buscar una respuesta a la cuestión formulada en el primer párrafo de esta sección, ya que esto es de hecho lo único que se supone que debemos considerar cuando evaluamos los requisitos de Nozick, entonces las observaciones de Varian, en un sentido inmediato, no vienen al caso. Pero solamente en un sentido inmediato. Ya que si los contrargumentos son irrelevantes en la forma sugerida, entonces esto ocurre solamente porque Nozick está, una vez más, restringiendo insensatamente el rango de comparación permisible. ¿Por qué una propiedad conjunta institucionalmente primitiva, debería ser la única alternativa al capitalismo, en vez de permitir también acuerdos no capitalistas más estructurados? Sin embargo, si los últimos acuerdos son permitidos, entonces la convicción de Nozick acerca de su teoría del capitalismo, y su certeza superficial de que el capitalismo satisface sus requisitos,[38] la podemos juzgar, infundada. Cuando evaluamos la apropiación de *A* deberíamos considerar no solo lo que habría sucedido si *B* se hubiese apropiado, sino también qué hubiera sucedido si *A* y *B* hubiesen cooperado bajo una constitución económica socialista.

---

[37] Ver a Varian, 'Distributive Justice', pp. 235, 237/8. Otro teórico de la apropiación, Baruch Brody, enfatiza las ventajas del capitalismo sobre el estado de naturaleza lockeano sin destacar que un sistema no capitalista podría ser todavía más ventajoso. Ver su obra 'Redistribution without Egalitarianism', especialmente página 82.

[38] Ya citado en *Anarchy*, pág 188 (ver la nota de pie de página 22 más arriba): que la certeza depende de considerar la propiedad común lockeana como la única alternativa con la cual debe compararse el capitalismo necesariamente.

Una vez que hemos ampliado el panorama de distintas maneras,[39] de nuestro rango de comparación entonces, emerge que el requisito Lockeano fuertemente defendible, prohíbe la formación de la propiedad privada completamente liberal. Ya que siempre habrá alguien que hubiera podido tener un mejor estándar de vida bajo una excepción alternativa que sería arbitrario excluir tenerla en cuenta.

(Un ejemplo de excepción alternativa que en cambio *no* sería arbitrario excluir, es aquella cuya regla enuncia que todos deben trabajar sometiéndose a la persona de más alto rango en la sociedad.) Y, desde el momento que, además, un requisito lockeano fuertemente defendible acerca de la formación y de la retención de los sistemas económicos, dictaminará que nadie debería tener un estándar de vida peor en el sistema económico vigente que el estándar que él hubiera tenido bajo alguna alternativa que no deberíamos omitir, de esto seguramente deducimos que no sólo el capitalismo, sino que todo sistema económico, no podrá satisfacer completamente el fuerte requisito lockeano, y por lo tanto, deberíamos abandonar la forma lockeana al evaluar la legitimidad de los sistemas económicos.

Una alternativa sería tener que validar el utilitarismo. Pero debido a su carácter agregativo el utilitarismo es insensible al destino del individuo y por lo tanto no es útil a los requisitos lockeanos. Porque a causa de ese carácter agregativo, el utilitarismo viola en forma monstruosa los derechos individuales, y por lo tanto es necesario pensar en una alternativa diferente.

Una alternativa que va más allá del criterio de Locke es el principio de la diferencia de John Rawls, en su sentido canónico, el cual contrasta con la forma en que muchos, incluyendo a Rawls, creo, algunas veces lo han malinterpretado. En su sentido canónico, el principio de la diferencia se satisface por medio de un sistema económico establecido solamente si aquellos que tienen el peor estándar de vida bajo dicho sistema no están aún peor que lo que los más desfavorecidos estarían bajo cualquier sistema alternativo. Pero desde el momento en que los que son más desfavorecidos, no necesariamente son los que estarían peor en un sistema alternativo, el principio de la diferencia puede satisfacerse aun si los que están realmente peor estuviesen mejor en esa alternativa. El principio de la diferencia no es por lo tanto, como puede parecer falsamente, un requisito lockeano cuyo rango está restringido a los tienen el peor estándar de vida, y este puede satisfacerse aun cuando dicho requisito no se satisfaga. Pero el principio de la diferencia tiene un poder intuitivo comparable al requisito lockeano. Ya que cuando se satisface, uno

---

[39] Ya que podríamos también considerar qué hubiera sucedido si la tierra hubiese sido repartida en forma equitativa.

podría responder[40] al reclamo del grupo más desfavorecido, señalando que los otros sufrirían, al menos tanto como sufren ellos si tuviesen un mejor estándar de vida del que tienen actualmente.

A menudo Rawls parecería interpretar el principio de la diferencia como si *los más desfavorecidos* en una economía que satisface dicho principio, no pudiesen mejorar su estándar de vida bajo ninguna otra alternativa.[41] Parecería que él lo interpreta de esta forma cuando exhorta a la inmunidad de una sociedad que satisface el principio en contra de la inestabilidad a causa del descontento popular, dado que en una economía que satisface el principio de la diferencia en su forma incorrecta, los más desfavorecidos de hecho no deberían tener ningún motivo, para el descontento. Pero esto implica una mala interpretación del principio de la diferencia, desde el momento que este último es elegido en la posición original, cuyos ocupantes deben tratar al 'grupo más desfavorecido' como un designador variable.

El principio de la diferencia mal interpretado es un fuerte requisito lockeano, con su rango restringido a los más desfavorecidos. De esta manera mal interpretado el principio, al igual que los requisitos lockeanos irrestrictos, es casi imposible de satisfacer. El correcto principio de la diferencia, sin embargo, puede satisfacerse, y a tal punto es superior a la evaluación lockeana de los sistemas económicos, una vez que todo el conjunto viable es visualizado.

6. Previamente he dicho que la idea con la que estamos familiarizados acerca de que la propiedad privada y la libertad están conceptualmente

---

[40] Para una versión sutil de esta respuesta, ver Joshua Cohen, 'Democratic Equality', pp. 739-40.

[41] Esta interpretación errónea se manifiesta en la página 103 y es claramente evidente en la página 536 de *A Theory of Justice*. ¿Por qué Rawls lo hace? Una interpretación poco generosa sería que él tácitamente supone que los que están en peores condiciones de vida en cualquier sistema económico vigente, están por naturaleza de tal manera constituidos que ellos serían siempre los más carenciados en cualquier sistema económico. O tal vez, Rawls, combina la verdad acerca de que los más carenciados en un sistema desigual que satisface el principio de la diferencia, estarían necesariamente peor bajo una igualdad absoluta, con la falsa premisa de que ellos necesariamente serian de todas formas los más carenciados en cualquier otro sistema.

Para ver la distinción entre el principio de diferencia correcto y su interpretación errónea, supongamos que una sociedad en la fase *A* y que *B* es la única alternativa factible para con *A*:

	A	*B*
Jack	10	10
Jill	8	5
Mary	6	9

(Los números representan cantidades de bienes primarios.) El principio de la diferencia fuerza la retención de A, su interpretación errónea, fuerza un cambio a B.

conectadas, es una ilusión ideológica.[42] A la luz de la doctrina de Nozick sobre la apropiación, creo poder hacer un aporte más esclarecedor a dicha cuestión.

Denominemos *paternalista* a una acción que es llevada a cabo en beneficio de los demás pero en contra de la propia voluntad, y siempre que de la misma se obtengan los resultados esperados. Un estado que impone un sistema de seguro de salud a todos sus habitantes los cuales se benefician del mismo, salvo algunos, que por la razón que fuera, se oponen, entonces dicho estado actúa de modo paternalista en el sentido definido (si, tal como lo estoy suponiendo, el estado aplica el esquema para aquellos que no lo quieren para su propio bien, y no, por ejemplo, porque el esquema es un bien público y el estado está en contra de los que sacan provecho del esfuerzo colectivo sin realizar ningún aporte a la comunidad. Nozick diría que dicho esquema es injusto, porque los impuestos que deben recaudar para sostener dicho esquema, como todo impuesto cuyo propósito no es proteger los derechos de la propiedad, los viola. *A fortiori*, el consideraría injusta una política que grava a alguien contra su propia voluntad y que en realidad lo beneficia, aun cuando la intención no era la de beneficiarlo: nosotros podemos denominar este acto como una política *objetivamente paternalista*. Nótese que la objeción nozickiana a la política que estamos considerando aquí, no es que existe una transferencia obligada de una persona a otra, que, por ejemplo, nadie debería estar obligado a pagar por el seguro de salud de ningún otro habitante. Nozick objetaría aun si el monto del impuesto a una persona estuviese relacionado con su propio seguro de salud.

Nozick desautoriza el uso objetivamente paternalista de la propiedad privada de las personas.[43] Si bien, permite el trato objetivamente paternalista de las personas ejecutado de otras maneras. Ya que, desde el momento que permite únicamente las apropiaciones que satisfacen sus requisitos, él está permitiendo que A se apropie en contra de la voluntad de B aun cuando B obtiene resultados beneficiosos, o, más bien, en tanto que B no pierda.[44]

¿Son consistentes las posiciones de Nozick? El diría que sí lo son, desde el momento que los derechos de B no son violados cuando A se apropia,- mientras que los derechos sí son violados cuando el estado funda un plan de

---

[42] Ver 'Illusions about Private Property and Freedom', y también Capítulo 1, sección 3 y 7, y Capítulo 2, sección 2.

[43] El caso especial mencionado en la nota a pie de página 29, no es un contraejemplo a dicha afirmación, ya que lo que Nozick permite es que nadie se beneficie según su conformidad, sino meramente sin su conformidad.

[44] En realidad, él avala aún más, ya que su teoría avala que B empeore su situación de vida más de lo que él lo hubiera hecho, siempre que él no empeore su situación de vida más de lo que lo hubiera hecho bajo la persistencia de la propiedad común. Pero este punto fue discutido en la sección 3 y ahora lo dejo de lado para focalizarme en otro diferente.

seguro médico a través del gravamen fiscal. Y lo antedicho es así, si la teoría de Nozick de la apropiación y de los derechos de la propiedad es correcta, pero parecería cuestionable permitir que dicha teoría establezca aquí una consistencia discutible, donde estamos evaluando el intento de Nozick para fundamentar los derechos de la propiedad. Si este intento será cuestionable o no, queda claro que la apropiación de la propiedad privada puede contradecir la voluntad de un individuo tanto como aplicar un impuesto sobre el mismo individuo.[45] Por lo tanto Nozick no puede afirmar que se inspira a través de su deseo de proteger la libertad, salvo que cuando habla de 'libertad' lo que está diciendo en realidad es: la libertad de los propietarios de la propiedad privada de hacer lo que a ellos les plazca con su propiedad.

Addendum

Aquí demostramos laboriosamente el descuido de Nozick prometido en la nota de pie de página 14 más arriba.

En la página 176 de *Anarchy, State and Utopia,* Nozick pone en contraste dos modos con los que 'alguien podría empeorar su estándar de vida a través de la apropiación de otro': en primer lugar, perdiendo la oportunidad de mejorar su situación a través de una apropiación particular o cualquier tipo de apropiación; y segundo, al no poder más usar libremente (sin apropiación) lo que sí podía usar previamente.' Luego procede distinguiendo entre un requisito de adquisición 'riguroso' (aquí llamado R) y uno 'más flexible' (F). Llamaremos A al apropiador y B a cualquier persona cuya posición haya empeorado a través de la apropiación de A. Entonces F y R podrían ser formulados de la siguiente manera:

> F: A no debe causar a B la perdida de la oportunidad de usar libremente lo que previamente sí podía usar.
>
> R: F, y A no deben causar a B la pérdida de la oportunidad de mejorar su situación apropiándose de algo que le pertenece, salvo que B sea adecuadamente compensado por cualquier tipo de pérdida de dicha oportunidad.

Ahora R es una conjunción, un elemento del cual es F, al resto lo llamaré R'. Entonces debemos notar que R' difiere de F en tres aspectos independientes. Primero, R' se concentra en las oportunidades de B para apropiarse de las cosas, mientras que F se concentra en sus oportunidades para usarlas. Segundo, R requiere que B no pierda las oportunidades de *mejorar* su situación,

---

[45] El hecho de que la creación de la propiedad privada pueda contradecir la voluntad de una persona (como lo es el caso de B) no debería confundirse con el punto ya desarrollado más arriba, que puede convertir a otra persona en subordinada de otra.

mientras que *F* no menciona posibles mejoras y por lo tanto probablemente solo prohíba que *B* empeore su calidad de vida más de lo que ya estaba, y (también) no empeorarlo más de lo que él hubiera o podría haber hecho. Finalmente, *R'* contiene una cláusula 'a menos que...'), mientras que *F* no la posee. (Nozick puede haber pensado erróneamente que *B* solo podía mejorar su condición apropiándose de algo, y, también se equivoca cuando dice que no se le podía agregar ninguna compensación a *F*; en cuyo caso las tres diferencias entre *R'* y *F* no serían independientes).

Tanto la segunda como la tercera diferencia tienen consecuencias que pasan desapercibidas para Nozick, pero aquí yo me voy a centrar solamente en la tercera diferencia, que consiste en que *R'* posee una cláusula de compensación de la cual *F* carece. Esta tiene el efecto de tornar a *F* más débil que *R* solamente porque *F* es un elemento de *R*, y no también porque, como Nozick seguramente pensó, *F* es más débil que *R'*. *F* no es más débil que *R'*, desde el momento que la cláusula de compensación en *R'* genera una forma de satisfacer a *R'* sin satisfacer a *F*.

Yo creo que Nozick ha confundido la diferencia entre *F* y *R* con la diferencia entre *R'* y *R"*, siendo *R* despojado sea de *F*, sea de la cláusula de compensación:

> *R"*: *A* no debe causar a *B* la pérdida de oportunidades para mejorar su situación apropiándose de algo.

Aquí expongo tres razones para pensar que Nozick ha confundido las diferencias entre *F/R'* y *R'/R"*:

a- Nozick distingue entre *R* y *F* para satisfacer un diallelus que presenta en la p. 176 de *Anarchy* (a la cual remitoal lector: no lo expondré aquí). Nozick dice que *R* genera el diallelus y *F* no. pero no es verdad que *R* genera el diallelus: su cláusula de compensación le ofrece a los apropiadores la posibilidad de compensar a aquellos que ya no pueden apropiarse, y por lo tanto permite la prohibición de la apropiación final de la cual es necesario poner en marcha el diallelus. Es *R"*, y no *R'* (o, por lo tanto, *R*), que convierte al diallelus en algo inevitable.

b- En la p. 178 Nozick afirma un requisito del que ya hablé anteriormente, y el cual es 'similar al más débil de aquellos que hemos ya atribuido a Locke'. Pero el requisito de la p. 178 no se parece a *F* sino a *R*, su debilidad relativa es debida solamente a la cláusula de compensación que Nozick le agrega (ver la última frase completa del texto de la página 178).

c- Mientras que *F* de hecho invalida el diallelus, ciertamente prohíbe la transformación de la tierra sin dueño, en propiedad privada, al menos si algunos acaban sin propiedad privada. Pero de hecho, en la clase de sociedad

116

capitalista que Nozick defiende, la privatización de toda la tierra sin dueño ha ya ocurrido, y hay personas sin propiedad que no tienen acceso a nada de lo que aún se mantiene sin dueño. Por lo tanto, F no puede ser útil a los propósitos polémicos de Nozick, mientras que R' sí lo es, a causa de su cláusula de compensación.

4. ¿Son compatibles la libertad y la igualdad?

El primer hombre que, después de haber cercado un terreno, se le ocurrió decir 'Esto es mío', y encontró personas lo suficientemente ingenuas como para creerle, fue el verdadero fundador de la sociedad civil. La raza humana habría evitado crímenes sin fin, guerras, asesinatos y otros horrores si alguien hubiese arrancado las estacas o rellenado la zanja y le hubiese gritado a sus semejantes: '¡No escuchen a este impostor!' '¡Ustedes están perdidos si se olvidan que los frutos de la tierra les pertenecen a todos, y la tierra a nadie!'

Jean-Jacques Rousseau, *Discurso sobre el Origen y la Desigualdad entre los Hombres*

I. Introducción

1. En el Capítulo 3 se compararon dos tipos de respuestas a Nozick. En la primera, la premisa que enuncia que la igualdad de condiciones es moralmente obligatoria se utiliza para rechazar su punto de partida, la tesis de la propiedad de sí. Pero esta primera respuesta (como ya afirmé) tiene el defecto de que la idea de la propiedad de sí goza de un atractivo inicial que rápidamente produjo un rechazo que no obstante no socava su atractivo. (En el Capítulo 10 espero poder analizarla en forma más minuciosa).

2. En virtud de la pobreza de la primera respuesta, se proyectó una segunda respuesta (ver Capítulo 3), la cual está organizada en dos etapas. En la primera se muestra que la propiedad de sí no justifica la lucha desigual por los recursos primarios mundiales: ésta primer etapa de la segunda respuesta se completó exitosamente en el Capítulo 3. La segunda etapa de la respuesta se desarrolla en el presente capítulo. Aquí, una vez más, no se sitúa la igualdad de condiciones como una premisa, y no se rechaza el principio de propiedad de sí de ninguna manera. En cambio, habría que esforzarse para poder reconciliar al principio de la propiedad de sí, con el principio de

igualdad de condiciones (o no demasiada desigualdad), a través de la creación de una constitución económica que convine la propiedad de sí con el abordaje igualitario a los recursos primarios mundiales. La estrategia es concederle al libertarismo su tesis atractiva, que se basa en los derechos de cada individuo sobre sí mismo y sus potencialidades, mientras que al mismo tiempo dicha tesis ataca el derecho inverosímil, que consiste en su visión de la relación moral original entre las personas y los objetos, la relación moral, o sea, entre las personas y los objetos, sobre los cuales dichas personas aún no han intervenido.

Una constitución económica ideal sería la que respeta tanto la propiedad de sí como la igualdad de los recursos mundiales. Una constitución de tales características, sería rechazada tanto por Nozick como por otros teóricos de la justicia distributiva por un lado, y por otro por John Rawls y Ronald Dworkin. Ya que ambos grupos de teóricos no están dispuestos a hacer una distinción tan tajante como lo hace la estrategia establecida entre el estatus moral de la propiedad de los recursos externos, y el estatus moral de la propiedad de las personas. Nozick le otorga calidad moral a los reclamos de las personas en torno a los recursos externos legítimamente adquiridos, y cree que tal calidad moral pertenece a la propiedad de sí de las personas, y Rawls y Dworkin tratan las potencialidades individuales de las personas como sujeto, menos controvertidamente, a los mismos principios igualitarios de distribución que ellos aplican a los recursos externos, aunque con importantes calificaciones.[1] La posición intermedia sugerida que se refleja en la constitución ideal, está con Nozick y en contra de Rawls y Dworkin en su afirmación (o por lo menos la no-negación) de la propiedad de sí, pero con Rawls y Dworkin y en contra de Nozick en el principio de someter la distribución de los recursos no humanos a la valoración igualitaria. Una conclusión de este capítulo es que ninguna constitución que sea verdaderamente intermedia en el sentido descripto es capaz de asegurar la igualdad de condiciones. De esto se deduce que la respuesta a Nozick en dos etapas, ya vista en el segundo párrafo de este capítulo no es, de hecho, viable. Una constitución intermedia preservaría la propiedad de sí, pero igualaría los derechos en relación a los recursos mundiales. El presente capítulo examina dos formas de obtener la igualdad previamente mencionada. Una forma es colocando todos los recursos externos bajo un régimen de propiedad conjunta de todos en la sociedad, donde cada uno tiene el derecho a veto sobre lo que se hace con los mismos. Dicho régimen junto con la propiedad de sí, asegura de hecho la igualdad de

---

[1] Rawls y Dworkin alegan una cierta soberanía de las personas sobre sí mismas en su afirmación de las libertades políticas y otras, tales como la elección de una carrera, y el hecho de garantizar dichas libertades tiene implicaciones distributivas.

condiciones, pero el elemento de la propiedad conjunta priva a la propiedad de sí con la cual éste se combina, de su pretendido efecto, que consiste en que el propietario de sí se auto gobierne autónomamente. Ya que las personas no pueden hacer (virtualmente) nada sin usar partes del mundo externo. Si, por lo tanto, ellos requieren del permiso de la comunidad para poder usar alguna parte del mundo externo, entonces, efectivamente (como opuesto formal o jurídicamente), ellos ya no se pertenecen a sí mismos, desde el momento en que no pueden hacer nada sin la autorización de la comunidad.

En consecuencia ninguna constitución que prescriba esta primera forma de igualar los derechos pertinentes a los recursos externos, es verdaderamente intermedia.

Pero, si el contraste entre la propiedad efectiva y la meramente formal altera el intento ya descripto para diseñar una constitución intermedia, esto también genera un serio problema para los libertarios. Ya que el proletario sin propiedad que no puede usar medios de producción sin la autorización de un capitalista, sufre de la falta de la propiedad de sí efectiva. En consecuencia come argumentaré en la sección 6 más adelante, que desde el momento en que los libertarios consideran al proletariado como poseedores de todos los derechos que ellos creen que las personas poseen, la propiedad de sí que ellos defienden es mucho más estrecha y por lejos menos atractiva de lo que parece ser a primera vista.

Otra forma de igualar los derechos pertinentes a los recursos externos es distribuyendo una igual cantidad de derechos a cada individuo. Entonces, cada uno, si es propietario de sí, podría hacer con su parte lo que le plazca. Esto produce una verdadera constitución intermedia, inicialmente, a todo nivel, pero una constitución que, yo argumento, fracasa en asegurar la igualdad de condiciones que los socialistas apoyan. Por lo tanto, los socialistas deben rechazar la propiedad de sí y yo demuestro en qué forma hacerlo en el Capítulo 10.

II. Retornos a la capacidad y a la incapacidad bajo el régimen de propiedad conjunta

2. En el Capítulo 3, cuestioné la afirmación banal de que las cosas 'vírgenes' pueden ser consideradas como cosas sin dueño y por lo tanto 'virtualmente' disponibles; es escasamente necesario compartir dicha afirmación aun cuando se acepta que las personas son propietarias de sí en su totalidad. Entonces, una alternativa radical a la visión de que las cosas son, en su estado nativo, casi sin propietario, es referirse a ellas como poseídas en forma conjunta o

colectiva por todas las personas. En esta sección, evalúo una posibilidad de combinar la concepción de la relación moral original entre las personas y las cosas con el principio de propiedad de sí. Indago en el resultado de unir la propiedad de sí con la propiedad en conjunto del mundo externo, con laintención de arrojar luz sobre el efecto distributivo de la propiedad de sí en un mundo cuyas partes no están abiertas a la privatización unilateral.

Con la intención de simplificar imaginemos una sociedad compuesta por dos personas, que llamaremos a uno Capaz y al otro Incapaz, de acuerdo a sus capacidades naturales respectivas. Cada uno de ellos es propietario de sí, y ambos poseen en forma conjunta todo el resto. (En este caso, es intranscendente el cómo estas reglas se ponen en práctica. Imaginemos que una autoridad externa adecuadamente poderosa –por ejemplo Dios– los habilita). Con recursos externos adecuados, Capaz puede lograr su sustento de vida y mejorar su estándar, en cambio Incapaz no tiene la más mínima capacidad productiva. Supongamos que cada uno es racional, interesado sólo en sí mismo y mutuamente desinteresados en el otro –carentes de conmiseración y benevolencia y cualquier otra motivación que los llevaría a interesarse esencialmente en el bienestar del otro–[2] y entonces nos preguntamos con cuál esquema de producción y distribución ambos estarían de acuerdo. En consecuencia investigamos qué retribución correspondería según la capacidad de cada individuo en un tipo de mundo sin propiedad privada.

Entonces, lo que Capaz e Incapaz obtienen depende no solo de sus propias potencialidades y decisiones sino que también depende de cómo es el mundo, materialmente hablando. Distingamos cinco situaciones materiales posibles mutuamente exclusivas y conjuntamente exhaustivas, no todas ellas interesantes:

I. Capaz no puede producir diariamente lo que necesita una persona por día para vivir, en consecuencia Capaz e Incapaz mueren.

II. Capaz puede producir lo suficiente o aún más que lo suficiente para una persona, pero no lo suficiente para dos. Incapaz permite que Capaz produzca lo que puede, desde el momento que solo la conmiseración o la envidia lo llevarían a no permitirlo.[3] Capaz vive e Incapaz muere.

III. Capaz puede producir justo lo necesario para sustentarse a sí mismo y a Incapaz. Por lo tanto Incapaz le prohíbe que produzca si no produce al menos

---

[2] La cuestión de estas estipulaciones familiares consiste en rastrear lo que refleja la estructura de los derechos como tales, aparte de la especial generosidad o malicia.

[3] Alternativamente, y asumiendo que todos deben comer a la noche para permanecer vivos al día siguiente, Incapaz le permite a Capaz trabajar por un día, bajo la condición de que, al final del día, un sorteo decidirá quién será el adjudicado con el plato de comida. Si gana Incapaz, Capaz muere e Incapaz vive un día más de lo que hubiera vivido si Capaz hubiese ganado (y entonces vive el periodo que le corresponde).

esa cantidad mínima. Capaz consecuentemente lo hace y ambos subsisten con lo justo necesario.

iv. Si Capaz produce al máximo de sus posibilidades, entonces la cantidad que él produce está determinada independientemente de su elección, y ésta excede lo que Capaz e Incapaz necesitan para sustentarse. Por lo tanto ellos negocian la distribución del excedente fijo. El precio de no llegar a un acuerdo sería parar la producción, y por lo tanto, la muerte de ambos.

v. Como en el ejemplo anterior, Capaz puede producir un superávit, pero ahora, con más criterio, él puede variar la cantidad, de manera tal que Capaz e Incapaz van a negociar no sólo como en iv sobre quién se queda con cuánto, sino que también sobre cuánto se va a producir.

Los casos interesantes son el iv y el v, en los cuales las negociaciones son reñidas.[4] Esta es una cuestión controvertida en la literatura relevante tanto filosófica como económica, es qué se esperaría como resultado de dicha negociación. Pero queda claro que los ingresos resultantes del proceso de negociación serán las funciones de utilidad de Capaz e Incapaz, incluyendo la no utilidad del trabajo para Capaz y la no utilidad de la incapacidad para Incapaz. Lo que interesa en otras palabras menos técnicas, son sus preferencias, lo que les gusta y lo que les disgusta, y en qué medida. Y el punto crucial es que el talento de Capaz, como tal, no afectará lo que él obtiene. Si el ejercicio de su talento le resulta pesado entonces él ciertamente obtendrá una compensación adicional, pero solo porque él está agobiado y no porque su trabajo lo agobie. Resumiendo, él no obtiene ningún extra por tratarse de él, que hace la producción, y no Incapaz. Incapaz controla una condición de la producción necesaria (flexibilizando su derecho al veto sobre el uso de la tierra), y Capaz controla dos condiciones, pero esto no le otorga a Capaz ninguna ventaja para la negociación. Si un bien cuesta $101, y tú tienes cien dólares y yo tengo solo uno, entonces si ambos estamos interesados en forma racional e individual en el bien, tú no obtendrás un porcentaje mayor de dicho bien si lo hemos adquirido en forma conjunta, solo por el hecho de que tú hayas aportado mucho más. Entonces, la propiedad conjunta mundial previene que la propiedad de sí genere una desigualdad que sería objetada por los igualitarios. Y mientras la historia de Capaz e Incapaz, es extremadamente particular en varios aspectos, el punto particular de que el talento como tal no genera ninguna recompensa extra, aun bajo la propiedad de sí, donde también existe una propiedad conjunta de los recursos externos, es genera-

---

[4] Supongo que no sería viable para Capaz esperar hasta que Incapaz se muera para convertirse en el único propietario de todo. Supongamos que él muriera inmediatamente después de Incapaz en ausencia de producción. (Recuerden que la tierra es poseída en forma conjunta de tal manera que la producción de Capaz requiere el permiso de Incapaz).

lizable, así lo pienso. Yo no digo que no pueda surgir ninguna desigualdad que tan detestable como lo es para los igualitarios en la situación de Capaz/ Incapaz, sino que, o bien dicha desigualdad no existiría o su origen no sería la propiedad de Capaz de sus propias potencialidades, sino que el origen es la influencia de las funciones utilitarias de las partes sobre el resultado del proceso de negociación. No podemos garantizar que no surja ninguna desigualdad tan detestable para los igualitarios, ya sea solo porque los diferentes igualitarios sostienen diferentes igualdades, y por lo tanto es extremadamente improbable que todas estas surjan del proceso de negociación.

3. En la sección 4 describiré una objeción aparentemente fatal al argumento de la sección 2, y como trato de demostrar en la sección 6, a partir de la cual podemos aprender mucho. Pero aquí, como algo digresivo, desarrollo una objeción al argumento, relativamente menor, y una que es más bien difícil de evaluar, debido a cuestiones controvertidas acerca del concepto de racionalidad.

Las cuestiones de objeción que afirman que la propiedad de sí no tiene un efecto desigualador en un mundo de propiedad conjunta. Utilizaremos el siguiente modelo para desarrollar la objeción.

Imaginemos dos grupos de agricultores con las mismas capacidades. Los miembros del primer grupo, los agricultores Unidos, son propietarios de la tierra en forma conjunta. Los miembros del segundo grupo, los agricultores Mezclados, cada uno de ellos es propietario privado de parcelas de tierra, de distintas proporciones, pero a ninguno de ellos les alcanza para vivir de esto, y entre todos poseen además una parcela de tierra en conjunto. La fertilidad de la tierra es tal que la posición material de cada grupo de agricultores es una versión multi-personal tanto de (iv) como de (v) de la sección 2: hay más que suficiente para que todos sobrevivan, si todos los agricultores trabajan toda la tierra. Si estoy en lo correcto en la sección 2, entonces los resultados de las negociaciones entre los agricultores Unidos y los Mezclados deberían ser idénticos siempre que las posibilidades de producción sean las mismas en los dos casos, porque la propiedad privada de parcelas de tierra, insuficiente para dar sustento no confiere más ventaja estratégica de negociación, que la propiedad privada de nada más que la que confiere sólo el talento, donde el resto de lo que se requiere para producir sustento de vida es poseído conjuntamente. La objeción es que un agricultor Mezclado podría amenazar con destruir (parte de) su parcela privada, mientras que nadie puede amenazar con destruir nada de lo que se posee conjuntamente. Si tales amenazas fuesen creíbles, entonces parecería que los agricultores privadamente Mezclados de buenos recursos podrían tener ventajas sobre sus 'primos' agricultores de menos recursos privadamente. Y si esto sucede en este caso, también podría suceder en el caso precedente de Capaz, en el cual Capaz tiene el poder de dejar que (parte de) su talento, decaiga. Lo que no queda claro, debido a las dificultades en el concepto de racionalidad, es si la tal amenaza schellingiana[5] podría ser creíble, y por lo tanto, efectiva, *bajo la afirmación de que todos son racionales*. Si esto fuese así, entonces los que tienen un mayor poder de producción podrían obtener más en un mundo poseído conjuntamente por razones que van más allá de la consideración de que su trabajo podría ser pesado para ellos.

Pero esta objeción al argumento de la sección 2 es, como he dicho, relativamente menor, aun cuando ésta es válida. Una razón por la cual ésta es menor es que logra su objetivo solo en el caso peculiar en el que Capaz disminuya de hecho su potencialidad productiva. Pero una razón aún más importante para considerar dicha objeción secundaria es que ningún libertario querría derrotar el argumento Capaz/Incapaz (por la consistencia de la igualdad y la propiedad de sí) sobre bases tan adventicias. Él libertario querrá, en cambio, vencer poniendo presión sobre la objeción más fundamental a la cual ahora regreso.

4. Aun con todo lo que se podría decir acerca de la objeción de la sección 3, de cualquier forma emerge una objeción más profunda y aparentemente fatal a la lección desarrollada en la sección 2 del ejemplo Capaz/Incapaz. La lección es que sin negar la propiedad de sí, y sin afirmar la igualdad de condiciones como un principio no derivado, podríamos movernos hacia una forma de igualdad de condiciones a través de insistir con la propiedad conjunta del mundo externo. Y la objeción aparentemente fatal es afirmar que la propiedad privada conjunta es, como la historia de Capaz e Incapaz podría hacernos pensar, inconsistente con el objetivo de lograr el efecto esperado de la propiedad de sí. ¿cuál es la ventaja de ser propietario de mí mismo si no puedo hacer nada sin el acuerdo de los demás? ¿No poseen conjuntamente Capaz e Incapaz, no solo el mundo, sino que de hecho, también al otro? ¿No negociarían exactamente como lo hacen, si en vez de ser propietarios de sí mismos, cada uno fuese propiedad conjunta de ambos? ¿No es que la propiedad conjunta del mundo le da derecho a una persona de prohibirle a otra el uso totalmente inofensivo de un recurso externo, tal como sacar agua de un arroyo muy caudaloso,[6] y no es, por lo tanto, inconsistente con la más mínima propiedad de sí *efectiva* (e independientemente indefendible por añadidura)? Es como si la forma sugerida de igualdad de recursos externos, a saber, propiedad del mundo conjunta, convirtiese en ineficaz la propiedad

---

[5] Ver Thomas Schelling, *Strategy of Conflict*.
[6] Ver capítulo 3, más arriba.

de sí con la cual hemos esperado poder combinarla. La propiedad de sí no se elimina, pero se conviente en algo inútil, algo así como si uno tuviese un sacacorchos, pero tuviese prohibido el acceso a las botellas de vino.

Hay dos respuestas posibles a la objeción de que la propiedad de sí es inútil cuando ésta se combina con la propiedad conjunta del mundo. La primera, que está explorada en la sección 5, es para argumentar que la propiedad conjunta mundial no priva, de hecho, a la propiedad de sí de todo uso, ya que, para decirlo crudamente, la economía no es todo. La segunda repuesta, aunque yo creo que ambas son correctas y muy importantes, y que aparece en la sección 6, es la de aceptar que la propiedad mundial conjunta convierte a la propiedad de sí en algo meramente formal, mientras que muestra que los objetivos polémicos presentes no requieren que ésta sea nada más que eso.

5. La primera respuesta dice que las personas tienen intereses vitales en asuntos que son distintos a los intereses relacionados a la producción y a la distribución de sus frutos, asuntos en los cuales la propiedad mundial conjunta no se involucra, o se involucra reducidamente. Por lo tanto, sería falso decir que la propiedad mundial conjunta convertiría a la propiedad de sí individual en algo inútil.

Pero esta respuesta parece ser incompatible con el hecho de que todas las acciones humanas requieren de espacio, el que se posee en conjunto si el mundo existe.[7] (Hasta la actividad mental de un agente inmóvil requiere del espacio que él ocupa). O, si se cree que esto es descabellado, entonces consideremos en cambio que toda acción humana requiere ser nutrida, que implica alimento, el cual proviene del mundo externo. En consecuencia parecería que el control colectivo sobre lo que cada uno puede hacer con el mundo externo afecta a todos los niveles de la vida, y no solamente al dominio de la producción. Es como si, de hecho, la propiedad mundial conjunta determinase

---

[7] En referencia a la importancia del espacio como un recurso, ver mi obra *Karl Marx's Theory of History*, pp. 50/2. Para los fuertes cuestionamientos acerca de la relación entre la libertad y los derechos sobre el espacio, ver a Hillel Steiner, 'Individual Liberty', pág 44 y ss.

completamente la totalidad de los resultados, independientemente de lo que se dictamine oficialmente acerca de quien posee las habilidades.[8]

Existe, tal vez, una 'acción' que podría ser llevada a cabo sin el permiso de los otros en un mundo de propiedad conjunta siempre que exista la propiedad de sí, y posiblemente no sin ella, a saber, dejándose morir: en ausencia de la propiedad de sí el individuo tiene obligaciones no contractuales que podrían prohibirle que se deje morir. (Hablo de dejarse morir en vez de [otras formas de] suicidio, habida cuenta de que el suicidio activo podría requerir de recursos externos, mientras que el dejarse morir, consideramos que se logra sin apelar a ningún recurso). Pero hasta esta sugerencia puede ser incorrecta desde el momento en que se podría pensar que los propietarios del mundo en conjunto tienen el derecho a prohibir que alguien muera sobre el piso, por ejemplo, porque el cadáver de dicho individuo podría contaminar algunos de los recursos mundiales.

6. Pero ahora, retomemos nuestra polémica tarea, que consiste en concentrarnos en la contención de Robert Nozick quien enuncia que honrar la propiedad de sí de las personas implica otorgarles la libertad de vivir sus propias vidas, lo cual es incompatible con la condición de igualdad valorada por los socialistas. La respuesta recientemente sugerida a dicha contención fue que la propiedad de sí es, contrariamente a lo que Nozick dice, compatible con la igualdad de condiciones, desde el momento en que la desigualdad que Nozick defiende depende de la unión de la propiedad de sí con el principio de desigualdad de la distribución de los recursos externos, que no necesariamente debe ser aceptado. Cuando, en cambio, la propiedad de sí se combina con la propiedad conjunta del mundo, la tendencia a generar desigualdad se elimina.

La objeción en la sección 4 a dicha respuesta era que la distribución de los recursos bajo la propiedad conjunta mundial convierte a la propiedad de sí –con la cual está oficialmente combinada– en algo meramente formal.

---

[8] Es decir, si la propiedad mundial conjunta es en sí misma sustancial más bien que meramente oficial. Para considerar un régimen en el cual una persona A es dueña tanto de sí misma como de todo el resto de las personas, con todos los demás recursos mantenidos en propiedad conjunta. Entonces o dicha propiedad conjunta permanece sustancial (porque al ser A dueño de todas las personas, este hecho sustantivamente consistente con el ejercicio de los derechos sobre las cosas) en cuyo caso la afirmación en el texto es pertinente; o la propiedad mundial conjunta en sí misma carece de sustancia (porque todos los 'derechos' sobre las cosas de las personas que a su vez han sido adueñadas pertenecen, sustancialmente, al dueño de dichas personas). Por ahora concluyo, dejando pendiente posibles contraejemplos ulteriores, que la propiedad mundial conjunta determina totalmente el resultado, dejando otras disposiciones meramente oficiales excepto para el caso, si existiese uno, donde es en sí mismo meramente oficial.

Pero dicha objeción debería ser dejada de lado, en cuanto a los inmediatos propósitos de la polémica, si se pudiera mostrar que la propiedad de sí defendida por Nozick es en sí misma meramente formal, en tanto que él no pudo sostener que la propiedad de sí necesita de la desigualdad de condiciones (desde el momento en que el modelo Capaz/Incapaz muestra que la propiedad de sí meramente formal no lo hace).

Para estar seguro, a Nozick le gustaría que nosotros pensásemos lo que él mismo evidentemente piensa, es decir, que la propiedad de sí que él apoya es más que algo meramente formal. En el Capítulo III de *Anarchy, State, and Utopia* se declara a favor de que cada persona debería ser libre de vivir su propia vida, un desiderátum que supuestamente está garantizado por los derechos constituyentes de la propiedad de sí nozcikiana.[9] Pero Nozick también piensa que el más abyecto proletario –llamémoslo Z[10]– que está obligado a vender su fuerza de trabajo a un capitalista o morir, goza de los derechos elementales.[11] Y si esto es así, entonces Nozick no podría objetar que la propiedad de sí de Capaz sea meramente formal, desde el momento en que, si esto es de hecho meramente formal o no, no lo es menos subsiguiente que la propiedad de sí de Z.

Si Capaz y Z carecen de propiedad de sí en un sentido efectivo, entonces eso ocurre porque ninguno de los dos puede hacer nada sin el acuerdo de Incapaz y del capitalista, respectivamente. Pero ellos son, no obstante, diferentes a los esclavos absolutos, ya que mientras nadie puede hacer nada sin el acuerdo del otro, es también verdad que no hay nada que cada uno pueda hacer sin su propio consentimiento: ni Incapaz, ni tampoco el capitalista tienen derechos de control absoluto que no estén basados en un previo contrato de obediencia. Por el contrario, el amo del esclavo puede determinar unilateralmente lo que el esclavo está obligado a hacer.

El dilema resultante para Nozick es severo. O bien el capitalismo no confiere una consecuente propiedad de sí, desde el momento en que la propiedad de sí de Z no es lo suficientemente fuerte como para calificar como tal; o bien, si califica de esta forma, entonces la propiedad de sí genuina permite la aplicación de la igualdad de condiciones, desde que la propiedad de sí de Capaz es por lo menos tan fuerte como la de Z, y de esto no surge ninguna desigualdad subsiguiente para con la propiedad de sí en el mundo de Capaz/Incapaz.

---

[9] Ver *Anarchy*, pp.28/35 (en los laterales) y pp.42-5, 48-51 (conduciendo la propia vida).

[10] Después de *Ibid*, pp. 262-4.

[11] Z es despreciable porque no tiene propiedad privada y por lo tanto tendrá que contratar en condiciones adversas con alguien que en vez posee alguna propiedad. Siempre y cuando él encuentre un propietario dispuesto a contratar con él. Se podría pensar que su problema es grave, pero Nozick no cree que él tenga (generalmente) dificultades serias: ver Capítulo 3 más arriba.

128

Notemos, además, que tanto Capaz como Incapaz en algún sentido, están en una situación lejanamente mejor que Z, ya que tanto Capaz como Incapaz están obligados a negociar acuerdos entre ellos para poder sobrevivir, y desde el momento en que ambos son racionales y están interesados en sí mismos, de esto se deduce que la supervivencia de cada uno está garantizada (en un mundo lo suficientemente abundante como para sustentar a dos personas con el trabajo de una). En contraste, ningún capitalista necesita negociar ningún acuerdo con Z para sobrevivir,[12] y la supervivencia de Z, por lo tanto, no está garantizada.

Para enunciar el punto central de forma diferente: Nozick dice que es inevitable la propensión a la desigualdad cuando se le permite a las personas vivir sus propias vidas. Si bien él debe sostener que a pesar de las restricciones en sus elecciones de vida, y a pesar de su posición de poder adversa *vis-a-vis* en relación con los demás, Z conduce su propia vida. Pero de esto entonces se deduce que Nozick está equivocado al decir que cuando las personas conducen sus propias vidas la igualdad de condiciones no puede garantizarse, desde que Capaz e Incapaz conducen sus propias vidas tanto como lo hace Z, y la constitución bajo la cual ellos viven garantiza una cierta igualdad de condiciones.[13]

He dicho (ver Capítulo 3) que un punto fuerte en la posición de Nozick, es que la tesis de la propiedad de sí, sea inherentemente atractiva. Pero lo que exactamente deberíamos ahora preguntarnos es: ¿es atractiva también para nosotros su teoría? ¿Qué es lo que sentimos, en este campo conceptual, para insistir sobre que las personas deberían disfrutar? ¿Es (i) la propiedad de sí como tal, la libertad burguesa a secas, la que diferencia al proletario más abyecto de un esclavo; o es (ii) la circunstancia más sustantiva de control sobre la vida de cada uno? Si (i) es la respuesta correcta, entonces nosotros ganamos tanto la polémica contra Nozick como la pelea más importante para reconciliar la igualdad socialista con la libertad. Pero yo pienso que muchos de nosotros creemos que la mayoría de las personas deberían tener una soberanía más efectiva sobre sí mismos que la que tanto Capaz como el proletario disfrutan. Por supuesto, esto no lo rescata a Nozick. Por el contrario: mientras parecía ser una virtud del libertarismo, la condición de afirmar la propiedad de sí, ahora resulta que la propiedad de sí como tal, en ausencia de una concesión más profunda, no presenta ninguna atracción en especial.

---

[12] Algunos cuestionarían este contraste entre el capitalista y el trabajador. Defiendo dicho contraste en la sección 13 del Capítulo 13 ('The Structure of Proletarian Unfreedom') de *History, Labour and Freedom*.

[13] Para desafiar una comparación entre Capaz y Z, ver a Jan Narveson, *The Libertarian Idea*, pp. 71-3. Una buena defensa de la misma, se encuentra en Grant Brown, en *Review of Narveson's book*, pp. 442-3.

Pero también es verdad, por motivos similares, que los socialistas no estarían a favor de la propiedad mundial conjunta. Ellos deben buscar otra forma para alcanzar la igualdad de condiciones, una que sostenga mayor autonomía de la que la propiedad mundial conjunta permite.

Ahora estamos en condiciones de extraer tres conclusiones. En primer lugar, el relato de Capaz e Incapaz demuestra que la estricta igualdad socialista es compatible con la libertad que tiene todo el mundo de la que se jactan los defensores del capitalismo; en la sociedad capitalista, tal libertad no es nada más que la propiedad de sí formal, y la propiedad de sí formal sigue rigiendo en el mundo de Capaz e Incapaz.

En segundo término, si bien de hecho resulta que la libertad de la que Nozick habla puede reconciliarse con la igualdad, es sólo porque se trata de una libertad muy limitada, y queda por demostrar que la igualdad puede ser reconciliada con una libertad más meritoria de su nombre.

Tal libertad –y esta es la tercera conclusión– no es la propiedad de sí, sino la autonomía, la circunstancia del control genuino sobre la vida de cada uno. La propiedad de sí universal con el mundo disponible fracasa al garantizar autonomía, desde el momento en que tiende a producir proletarios, que carecen de dicha autonomía. La propiedad de sí universal, de hecho, no produce proletarios cuando la misma está unida a la propiedad conjunta de los recursos externos, pero la última viola la autonomía en una forma diferente. Yo argumentaré, más tarde, que la conclusión correcta es que, para que prevalezca la verdadera libertad, o la autonomía, deben haber restricciones a la propiedad de sí,[14] y cosa que es irónica, desde el momento en que la autonomía es la que nos atrae hacia la propiedad de sí, a través de una catastrófica falsa identificación. Eso que hace que la teoría de la propiedad de sí nos resulte atractiva, en realidad es lo que debería llevarnos a rechazarla. Pero ahora procedo exponiendo y rechazando, una tentativa diferente para garantizar la igualdad de condiciones, que combina la propiedad de sí con una distribución igualitaria sobre los recursos externos de un tipo diferente a la propiedad conjunta.

III. La constitución Steiner

7. Una tercera constitución económica, distinta a la de Nozick y a la descripta en la sección 2 más arriba, combina la propiedad de sí con la propiedad privada de iniciales partes iguales de los recursos mundiales. Diferente a la propiedad conjunta, que prohíbe una formación nozickiana de propiedades

---

[14] Ver Capítulo 10, sección 3, más abajo.

privadas desiguales ubicando todos los recursos bajo control colectivo, la nueva propuesta, a la que llamaré la constitución Steiner,[15] constituye la propiedad privada desde el inicio, pero la misma prohíbe el principio nozickiano desigualitario privatizando los recursos a través de una división igualitaria inicialmente. La constitución Steiner no es la muy conocida constitución económica de Ronald Dworkin, que Dworkin llama 'Igualdad de los Recursos', ya que Steiner sólo iguala los recursos externos, mientras que Dworkin también favorece una compensación ecualizadora para la desigualdad de las capacidades personales.[16] De hecho, y como veremos en la sección 9, Dworkin sostiene, desde mi punto de vista sin éxito, que una constitución del tipo Steiner no puede justificarse consistentemente.

A primera vista, la propiedad conjunta y la división igualitaria parecen ser formas similarmente igualitarias de tratar los recursos externos, pero, sea o no que ambas formas sean igualitarias, de cualquier modo, sus resultados son completamente diferentes. Consideremos, nuevamente, a Capaz e Incapaz. Supongamos que Steiner está en vigencia, por lo que cada uno posee una porción igual de tierra. Supongamos, entonces, que Capaz pudo trabajar ambas parcelas de tierra y por lo tanto producir más que suficiente para sustentarse a sí mismo y a Incapaz, y que Capaz puede también producir lo mínimo indispensable para sustentarse a sí mismo trabajando solamente en su propia parcela. Entonces el punto de amenaza precontractual de Capaz, sería mucho más alto que el de Incapaz: Incapaz estaría muerto, pero Capaz tendría un nivel de vida factible de alcanzar trabajando solamente su propia tierra.

Entonces, si Capaz hace un contrato con Incapaz para sustentarlo, tanto que para trabajar su tierra quiere en cambio parte del producto obtenido, entonces Incapaz obtendría su subsistencia pero con el agua al cuello. Y si Capaz cree que el producto que puede obtener para sí mismo después de trabajar la tierra de Incapaz, no vale la penael esfuerzo de trabajo extra según su punto de vista, entonces Capaz dejará que Incapaz muera.[17] Ergo, en este caso, y, sin lugar a dudas generalmente, la propiedad conjunta es más genero-

---

[15] Lo denomino de esta manera porque es la solución de Hiller Steiner al problema de la justicia cuando la cuestión de sucesivas generaciones a las que no me dirijo en este momento, es dejada de lado. Ver el libro de Steiner *The Natural Right to the Means of Production*, pp. 48-9, y su artículo 'Capitalism, Justice and Equal Starts', *passim.* Este último artículo es particularmente relevante en cuanto al reclamo a Ronald Dworkin y en contra de él –ver parte IV más abajo– que la constitución de Steiner carece de una motivación coherente.

[16] Yo no sé si Dworkin cree que la compensación ecualizadora debería en lo posible ser completa. Las páginas de 'Equality of Resources', sugieren más de una respuesta a dicha pregunta, pp. 299, 301, 327, 337.

[17] Supongo, una vez más (ver nota de pie de p. 4), que probablemente Capaz no pueda esperar hasta que Incapaz muera para poder reunirse con su parte. Tal vez Incapaz se anticipa designando su tierra para su propia tumba.

sa que la división igualitaria para el menos capacitado. Nótese, además, que a Incapaz le iría aun peor bajo la propiedad conjunta lockeana.[18] La propiedad conjunta le permitiría a Capaz labrar la cantidad de tierra que quisiese sin darle nada a Incapaz, y, contrariamente a la constitución de Steiner, esto dejaría a Incapaz con nada para ofrecerle a Capaz a cambio de su sustento.

Nótese, que bajo muchas circunstancias, la división igualitaria generará capitalismo. Si el talento y/o la suerte de las personas es lo suficientemente desigual, entonces algunos exitosos podrían transformar sus acciones de origen sacando más ventajas al contratar a personas ofreciéndole más de lo que estas personas podrían acumular trabajando sus propios recursos. Por lo tanto, los menos exitosos tendrán razones para vender sus acciones a sus congéneres más exitosos y así convertirse en sus trabajadores asalariados.[19] En contraste, la propiedad conjunta se convierte en capitalismo solo si cada propietario conjunto concuerda con que así sea, o concuerda con una división igual (u otra) a partir de la cual se desarrolla el capitalismo. Y las sociedades capitalistas que se desarrollan a partir de una división inicial igualitaria tenderán a mostrar cada vez más desigualdad (o mostrar la misma desigualdad más rápidamente) que aquellas sociedades con acuerdos capitalistas con sistema de propiedad conjunta en su prehistoria, aun cuando los dos tipos tenderán también a mostrar menos desigualdad que aquellas que emergen de la apropiación nozickiana.

Contrariamente a la propiedad conjunta, la división igualitaria no garantiza la supervivencia a Incapaz, aun cuando ésta es materialmente posible,[20] y por lo tanto la misma contradice un principio de estado básico de bienestar. Por lo tanto, la división igualitaria bajo la propiedad de sí no debe ser acepta-

---

[18] Como mínimo, si ignoramos el *First Treatise of Government* (ver par. 41,42) que pueden interpretarse como que se le deja a Capaz la obligación de sostener a Incapaz. Al respecto, ver la crítica de James Tully en el Capítulo 7, sección 11, más adelante.

[19] Hay menos tendencia a obtener tal resultado cuando el mayor talento de las personas más productivas no puede desarrollarse, y/o los mismos ejercitados con efectos productivos diferentes, excepto como resultado de la división del trabajo en la cual las personas menos productivas son participantes esenciales. Pero los socialistas y los liberales de izquierda tienden a exagerar el grado en el que esto se cumple.

En relación a una serie de afirmaciones que urgen tal dependencia de los más productivos sobre los menos, ver a William Galston, *Justice and the Human Good*, pp. 207, 211-12; y otros dos autores que él cita: David Miller, *Social* Justice, pp. 105/6; y Leonard Hobhouse, *The Element of Social Justice*, pp. 140-1. Parte de la reclamación está muy bien elaborada por el obispo Latour en *Death Comes for the Archbishop* de Willa Cather. Latour le dice a su amigo, el excelente cocinero, el padre Joseph Vaillant: 'Yo no estoy despreciando tu talento individual, Joseph… pero, cuando uno piensa en esto, una sopa como esta no es producto de un solo hombre. Es el resultado de una tradición refinada constantemente. Hay casi mil años de historia en esta sopa' (pág. 39). En relación a un intento persuasivo para bloquear interferencias que los socialistas podrían desear admirar ante la observación del obispo Latour, ver Nozick, *Anarchy*, pág. 95.

[20] Como para los escenarios iii-v (pero no i y ii) en la sección 2 más arriba.

da por nadie que crea al menos en un principio aunque mínimo de igualdad de condiciones, y por esto, se podría decir que la división igualitaria no respeta, de hecho, la intuición igualitaria acerca de los recursos externos.[21] Y, sea como fuere, la propiedad de sí junto con la división igualitaria no traerá la igualdad de condiciones anhelada por los socialistas. Y, desde que la propiedad conjunta, que podría implicar esa igualdad, excluye definitivamente los derechos personales sustantivos de la efectiva propiedad de sí, una constitución del tipo descripto en la sección 1, que combina la propiedad de sí (en algo más que un nombre) con la igualdad de los recursos mundiales garantizando la igualdad de condiciones, no ha sido aquí descubierta.

Creo, además, que no existe una constitución tal para ser descubierta: ninguna regla igualitaria relacionada con los recursos externos podrá, por sí misma, junto a la propiedad de sí, traer igualdad de resultados, excepto que, como en el caso de la propiedad conjunta, haya un sacrificio inaceptable de la autonomía. Existe una tendencia en la propiedad de sí a crear desigualdad, y el único modo para anular esa tendencia (sin necesariamente coartar la propiedad de sí) es a través de un régimen sobre los recursos externos el cual es tan rígido que de por sí excluye el ejercicio de los derechos independientes sobre uno mismo.

8. Un examen comparativo de lo convertible en otro de constitución de división igualitaria (DI) y de propiedad conjunta (PC) sostiene la idea de que *si* hay que mantener la propiedad de sí, entonces DI es la forma preferida para la igualdad de los recursos externos. Lo que sigue no tiene la intención de ser un caso de DI sobre PC *tout court*, si bien parte de esto podría ser visto de esa manera, pero solo para DI sobre PC *dado que* las personas son tratadas como soberanas sobre sus propias potencialidades.

Donde hay preferencia unánime por la otra constitución, ya sea de PC y DI pueden prontamente convertirse en el otro. Si todos los que viven bajo PC desean DI, ellos simplemente se dividirán los recursos poseídos conjuntamente.

---

[21] Un análisis implícito a tal efecto, se encuentra en 'axiomatization of self-ownership with external resource equality' por John Roemer en su obra *Public Ownership*. Debo enfatizar la frase 'se podría decir' en el texto porque yo no creo que Roemer demuestre que los recursos externos están distribuidos desigualmente en la constitución de Steiner. Estos evidentemente están distribuidos en forma igual, y algunos (al menos) de los axiomas de Roemer por lo tanto carecen de generalidad, ya que las condiciones en la propiedad de sí y la igualdad de los recursos externos, aun cuando verdaderas en algunas formas de lograr tal conjunción. En un artículo inédito que enviaré a quien así lo solicite, demuestro que los axiomas 3,5 y 6 (Land Monotonicity, TechnologicalMonotonicity and Self-Ownership of Skill, respectivamente: ver, más adelante, la nota de pie de página 25 más abajo) carecen de la generalidad indicada. Y aquí distingo aquellos aspectos de la construcción de Roemer que creo exitosos de aquellos que en cambio son erróneos.

Y si todos los que viven bajo DI desean PC, ellos simplemente unirán lo que poseen separadamente. Ningún sistema tiene ventaja convertible sobre el otro bajo la preferencia unánime por el sistema alternativo, cuando los costos de la transacción son ignorados (como seguramente lo serán a esta altura de la reflexión). ¿Pero, qué pasa si algunos pero no todos de los que viven bajo DI desean vivir bajo PC, o solo algunos de los que viven bajo PC desean vivir bajo DI?

Bajo DI esos pocos que quieren vivir bajo PC no lo obtendrán. Es decir, no obtendrán una propiedad conjunta completa de todo y de todos, dado que algunos mantendrán sus acciones separadamente. Pero los que deseen vivir bajo PC se podrían juntar con todos los que buscan lo mismo en una propiedad conjunta menos completa: llamémosla PCV (V por voluntaria). Ahora, no todos los que desean PC desearán PCV tanto como desean vivir bajo PC, y hasta tal vez, no deseen PCV para nada. ¿Esto implica por lo tanto que estos tienen quejas contra el punto inicial DI? ¿Podrían estos decir que los que desean DI obtienen lo que desean mientras que los que desean PC no lo obtienen? No, ya que el paralelo adecuado para alguien que desea PC completo es alguien que desea DI completo, y éste no tiene la garantía de obtener lo que desea bajo DI tampoco (desde que DI hace posible PCV). Si los que desean PC entran en un sistema PCV, entonces ni ellos ni los que desean DI completo obtendrán lo que desean. Y ambos grupos fracasan en obtener lo que buscan porque otros hacen elecciones que quienes creen en la propiedad de sí deberían respaldar el derecho a poder hacerlo.

Si por otro lado, hay PC desde el comienzo, entonces la misma persiste siempre en tanto y en cuanto haya al menos una persona que así lo desee, y esto parece inconsistente en relación a los demás como propietarios de sí, en un sentido efectivo. Uno podría, por supuesto, comenzar con una PC bajo la cual cualquiera de los n propietarios conjuntos tendría el derecho de salir con 1/n (enésimo) del total de los recursos externos. Pero, cuando son ignorados los costos de las transacciones, agregar tal derecho a PC es asimilarlo a DI: PC con el derecho a negociar el abandono de tal contrato, que es por motivos prácticos, equivalente a DI (desde que DI permite a cada uno contratar en PC o PCV).

Parecería ser que la conclusión, si se comienza con un compromiso, ya sea con la propiedad de sí, ya sea con la igualdad de los recursos externos, y se tiene que elegir entre PC y DI, entonces la forma natural para obtener la igualdad de los recursos externos es más a través de DI que a través de PC. Dado que ir hacia PC probablemente refleje la creencia, perjudicial a la propiedad de sí, de que las personas deben ser dotadas de los derechos que les permitan beneficiarse con (los frutos de) las potencialidades personales de otros.

IV. Dworkin sobre Steiner

9. La constitución Steiner conjuga la propiedad de sí con la división igualitaria de los recursos externos (solamente), y por lo tanto implementa, lo que Ronald Dworkin llama 'la teoría de la puerta de salida de la justicia', la cual él erróneamente supone que puede ser fácilmente eliminada.[22]

Antes de abordar el caso de Dworkin en contra de la teoría de la puerta de salida, será útil relacionar las preocupaciones del presente capítulo con los de su díptico magistral sobre el tema de la igualdad.[23] Los artículos de Dworkin definen una distinción entre la igualdad del bienestar, que Dworkin rechaza, y la igualdad de los recursos, que él sostiene. Tal distinción es ortogonal a la que aquí me ocupa, que está entre las potencialidades personales y las mundiales. Una visión igualitaria de los recursos mundiales puede enlazarse con una visión igualitaria de las potencialidades personales, o, en cambio, como en Steiner, con una visión que los representa como auto-propiedad. Si tomamos, como hace Dworkin, un punto de vista doblemente igualitario, entonces podríamos, como él muestra, desarrollar ese punto de vista sea como un igualitarismo del bienestar o como un igualitarismo de (todos) los recursos.

Cualquiera sea el punto de vista desde el que se desarrolle la comprensión de un punto de vista igualitario, nadie es dueño de nada como derecho moral básico, y las relaciones entre las cosas y las personas están dispuestas de manera tal que se igualan trátese del bienestar social o de la participación en la totalidad de los recursos. Pero sí, como Steiner, restringimos el igualitarismo individual a los recursos mundiales, entonces, también, podríamos desarrollar los componentes igualitarios trátese de un igualitarismo de los recursos o de un igualitarismo de bienestar. La primera alternativa es la de dividir equitativamente los mismos recursos externos[24] y luego dejar que las personas hagan con ellos lo que más les plazca. La segunda alternativa, es decir, un igualitarismo del bienestar en relación a los recursos externos solamente, parecería ser incoherente (ya que los recursos externos no producen —o solo insignificantemente— un caudal de utilidades disociables del resultado

---

[22] Ver Dworkin, 'Equality of Resources', pp. 309-10.

[23] Me refiero al ensayo en dos partes que apareció en *Philosophy and Public Affairs* en 1981.

[24] Por ejemplo, a través del remate descrito por Dworkin en las pp. 286-90 de 'Equality of Resources'.

de aplicar talento en ellos), pero John Roemer ha proporcionado un boceto axiomático conspicuo sobre esto.[25]

Por lo tanto, la distinción de Dworkin entre el igualitarismo del bienestar y de los recursos, y mi distinción entre el igualitarismo total y el igualitarismo comprendedor en relación solamente a los recursos externos, genera, al unirlos, las cuatro clasificaciones siguientes:

	Igualitarismo del bienestar	*Igualitarismo de los recursos*
en relación a todos los recursos	Igualitarismo del bienestar total (por ej., como el descripto por Dworkin)	Igualitarismo de los recursos totales (por ej., como el expuesto por Dworkin)
en relación a los recursos externos solamente	Igualitarismo del bienestar parcial (por ej., como el axioma de Roemer)	Igualitarismo de los recursos parciales (por ej., como el expuesto por Steiner)

Dworkin enfatiza la distinción separando las columnas de la tabla arriba expuesta, pero muestra su completa disconformidad con la distinción que separa sus hileras. No da aclaraciones sobre la hilera de fondo, y por lo tanto no trata el lado derecho exitosamente, cosa que es equivalente a lo que él llama la 'teoría de la puerta de salida', una teoría cuya justificación bastante obvia lo elude a él mismo. La teoría de la puerta de salida 'sostiene que la justicia requiere de recursos iniciales iguales' y 'después, *laissez-faire*'. La misma dice que 'si los individuos comienzan con las mismas circunstancias y no se hacen trampa o se roban entre ellos, entonces es justo que estas personas se queden con lo que han ganado a través de sus propias habilidades'. Esto, dice Dworkin, 'es difícilmente una teoría política coherente'. Esta es 'una indefendible combinación de muy diferentes teorías de la justicia': para Dworkin, una igualdad inicial es justificable sí y sólo sí ésta es justificable para preservar completamente la igualdad.

Pero Dworkin malinterpreta la motivación de la teoría de la puerta de salida. Está equivocado cuando dice que el componente *laissez-faire* depende de 'algunas versiones de la teoría lockeana de que la gente adquiere propiedades mezclando su trabajo con los bienes o algo por el estilo', y que un abordaje

---

[25] Ver nota de pie de página 21 más arriba. Dos de los axiomas de Roemer son (1) Monotonicidad de la Tierra: no declina el bienestar de nadie si todos conservan el mismo talento precedente y la cantidad de tierra aumenta y (2) Propiedad de sí del talento: si A tiene como mínimo tanto talento como B, entonces él posee como mínimo tanto bienestar como B.

similar debería, por lo tanto, ser aplicado desde el inicio, que la consistencia requiere entonces la adquisición lockeana o nozickiana, más que una división igualitaria de los recursos. Esto, argumentaría, falsea eso de que 'el momento en que el primer terreno de los inmigrantes es…un punto arbitrario en sus vidas en el cual ubicar cualquier requerimiento de una sola vez cuando cada uno posee una parte igual de los recursos disponibles.[26]

El componente *laissez-faire* en la teoría de la puerta de salida no puede basarse en la teoría de Locke que dice que las personas adquieren la propiedad al mezclar el trabajo con las cosas, desde que el *laissez-faire* de la puerta de salida comienza solo una vez que todos los recursos externos han sido distribuidos, y por lo tanto es demasiado tarde para adquirir el derecho de algo mezclando con esto el propio trabajo. La mezcla del trabajo garantiza el derecho, según Locke, solo en lo que aún no es poseído por nadie, y no existe nada que no sea poseído con lo cual mezclar el propio trabajo una vez que la división igualitaria inicial de los recursos externos ha sido efectuada.

Dworkin representa a Locke como si el mantener ese trabajo garantizara el derecho, porque el mismo une la labor que hace el trabajador con algo que él mismo ya posee, a saber, su trabajo. Yo pienso que ésta es una buena exégesis de Locke. Pero algunos piensan que, para Locke, trabajar en algo hace que ese algo le pertenezca, no (solo) por la razón mencionada, sino cuando y debido a que cuando uno pone su trabajo en ese algo, está aumentando el valor del mismo.

Y *algo* de esta consideración podría ser usada efectivamente para justificar el componente *laissez-faire* en los inicios de la teoría de la puerta de salida.

Podría yo argumentar que quien se basó en esto no debería estar comprometido en contra de una división inicial igualitaria.

Nótese que lo que yo llamaré 'argumento de valor' es significantemente diferente al argumento de la mezcla del trabajo, si bien muchos (y a veces, hasta el mismo Locke) son propensos a confundir ambos. Si la justificación de tu propiedad en la que trabajaste es que tu trabajo está puesto en esa propiedad, entonces tú no la posees debido a que has incrementado su valor, aun cuando lo que merece ser llamado 'trabajo' necesariamente crea valor. Y, para el argumento de valor, es el conferir un valor en sí, no el trabajo a través del cual éste es conferido, lo que es esencial: si mágicamente tú has incrementado el valor de algo sin trabajo, pero, digamos, solo por desear de que esto suceda, entonces, sobre el argumento de valor, tú tendrías derecho a todo lo que ese argumento justifica que tú poseas.

Los parágrafos principales del trabajo mezclado de Locke no invocan, según mi punto de vista, la consideración de que el trabajo incrementa el valor

---

[26] Todas las citas en los dos precedentes párrafos son de 'Equality of Resources', pág. 309.

de aquello en lo que ha sido aplicado. Y Karl Olivecrona podría tener razón cuando dice, que en parágrafos posteriores, cuando Locke pone en primer plano el incremento de valor, no está intentando dar una justificación a la apropiación inicial de la propiedad privada.[27] Según Olivecrona, Locke, en cambio, justifica la extensiva desigualdad de bienes que emergen mucho después de haber cesado la apropiación original. La justificación de Locke es que casi todo el valor de lo que ahora es tan desigualmente distribuido no se debe a ninguna apropiación inicial desigualitaria, sino que se debe al trabajo que sigue mucho después de la apropiación inicial.[28]

Así interpretado –es decir, no como una justificación de la apropiación original– el argumento del valor podría ciertamente ser utilizado para justificar la desigualdad generada por el *laissez-faire*, la justificación de esto que dice que el trabajo es responsable de (casi toda) la diferencia de valor donde es inherente esa desigualdad. Pero es perfectamente consistente proponer que la defensa de la desigualdad del *laissez-faire* mientras que aún se insiste con una división igualitaria en la fase inicial de los recursos cuyos valores no son responsabilidad del trabajo de nadie. De hecho, si el poder del trabajo creador de valor es la justificación básica de la desigualdad emergente del *laissez-faire*, entonces una división igualitaria de los recursos externos no es meramente consistente con el *laissez-faire*, sino que también es un preludio natural para el mismo, desde el momento en que nadie crea el valor de las materias primas.

En conclusión: si lo que importa acerca del trabajo es que éste agrega algo ya poseído a algo no poseído, entonces el trabajo no juega ningún papel en la justificación de los componentes del *laissez-faire* en la teoría de la puerta de salida, desde el momento en que, en esa teoría, todo está ya poseído una vez que comienza el *laissez-faire*. Y si lo que cuenta acerca del trabajo es que el mismo agrega valor, entonces esto podría de hecho justificar el componente *laissez-faire*, pero sin tener implicaciones desigualitarias en la distribución de las materias primas. Para estar seguros, *deberíamos* inventar un argumento (no muy bueno) para la apropiación original en referencia al poder del trabajo creador de valor,[29] pero uno no se *compromete* a respaldar ese argumento justificando las desigualdades que surgen después de la apropiación con el argumento de que fue el trabajo el que las provocó. Por lo tanto, es falso que:

> [...] la teoría de la adquisición lockeana (o cualquier otra teoría de la justicia de la adquisición justifique el componente *laissez-faire* en una teoría de la

---

[27] Ver su 'Locke's Theory of Appropiation', pp. 231-3.

[28] Para ver más acerca del valor del trabajo-creador de poder de Locke, ver el Capítulo 7, sección 6-10 más abajo.

[29] Ver Capítulo 7, nota de pie de página, más abajo.

138

puerta de salida) no puede tener menos fuerza al gobernar la distribución inicial de la que tiene en la justificación del derecho a través del talento.[30]

Bien, el fundamento verdadero de la teoría de la puerta de salida es el contraste entre las personas y los recursos mundiales como objetos posibles de derecho y dispensa igualitaria. Es razonable pensar, en relación a los recursos externos que no fueron aprovechados por nadie, que ninguna persona tiene más derecho sobre ellos que cualquiera otra persona, y que por lo tanto, los derechos igualitarios sobre los mismos deberían ser instituidos. Pero evidentemente no es razonable suponer, del mismo modo, que nadie tiene para comenzar, más derecho que cualquier otra persona sobre los poderes de las personas que lo recibieron. Y si también pensamos que cada individuo tiene el derecho a decidir qué hacer con sus propias potencialidades, y combinamos ese pensamiento (seguramente no inconsistentemente) con el igualitarismo de los recursos externos, entonces el resultado es la 'teoría de la puerta de salida'.

La distinción fundamental en relación a la "teoría de la puerta de salida" no está entre qué es adecuado al inicio y qué es adecuado después. La teoría resulta enmarcada de dicha forma exclusivamente bajo la suposición de que todos los recursos externos están disponibles desde el principio. Si lo anterior es falso, y, en consecuencia, algunos de dichos recursos aparecen más tarde, elevándose desde el mar o como resultado de una exploración, entonces la así denominada (y esencialmente mal nombrada) "teoría de la puerta de salida" requiere una división equitativasuplementaria en sustitución del libre-para-todos nozickiana.

'El momento en el quelos inmigrantes desembarcan por primera vez' no es, por lo tanto, 'un punto arbitrario' 'sobre el cual se deba insistir acerca de su equidad'. Lo anterior no resulta arbitrario en virtud de la percepción auxiliar por la que todos los recursos externos que alguna vez existan ya se encuentran disponibles.

La combinación de igualdad inicial y la competencia subsecuente generadora que según Dworkin denuncia, 'no logra mantener cohesionada una teoríapolítica', cobra sentido, según él cree, en el juego del Monopolio', cuyo objetivo consiste en permitir tanto a la suerte como a la destreza un rol altamente circunscripto y arbitrario, en su análisis final'.[31] Entonces, más allá de lo que Dworkin quiere transmitir, (yo considero que dicha afirmación resulta desconcertante) cuando él enuncia que parte del objetivo del Monopolio es permitir que la destreza juegue un rol arbitrario, lo considera en cambio un

---

[30] Dworkin, 'Equality of Resources', pág. 309.
[31] *Ibid*, pág. 310.

juego diferente, que modela 'la teoría de la puerta de salida' de un modo más preciso, y justamente le da su nombre, a saber, un tipo de circuito de carreras. Es posible hallar una teoría política que considere lo anterior como un modelo propicio repugnante para la justicia distributiva. Es lícito considerar que en el juego de la vida tanto Coes, Ovetts y Chamberlains no deberían recibir grandes recompensas debido a su Dios o de los talentos otorgados por la naturaleza. En consecuencia, se impone la confrontación con dudas ininteligibles acerca de los derechos de las personas sobre sus propios poderes, circunstancia ignorada por Dworkin. La postura normativa de la izquierda sería más fácilmente sustentable si la teoría de 'la puerta de salida' fuera simplemente incoherente. Pero no lo es.[32]

V. Conclusión

10. Una afirmación frecuente de la derecha proclama que libertad e igualdad constituyen ideales antagónicos, y, en la medida en que ellos se oponen, debería privilegiarse la libertad a la igualdad. Algunos simpatizantes de la derecha lamentan que exactamente como ellos suponen, la igualdad debe ser rechazada, mientras que otros no ven daño en eso.

La mayoría de la izquierda responde que no hay un conflicto real entre igualdad y libertad cuando ambas son correctamente concebidas, o que, mientras haya una, la libertad tendría que abrir camino a la igualdad, dado

---

[32] Es curioso que Dworkin se oponga a la teoría de la puerta de salida sobre la base de que la misma distingue una justa distribución inicial de las distribuciones posteriores justificadas como transformaciones voluntarias de la distribución inicial, desde que su teoría de la justicia, igualdad de recursos, tiene la misma estructura. Los que han leído el artículo 'Equality of Resources' comprenderán que si las personas no se diferencian en sus intangibles recursos personales, entonces lo que sigue a la división equitativa de los recursos externos, es, precisamente, el dejar que las cosas sucedan inevitablemente. De la misma manera, la teoría de Dworkin tampoco se articula así misma en un sentido de línea de salida de dos etapas solamente en el caso especial cuando los recursos intangibles son equivalentes. Una articulación dicotómica estructuralmente idéntica también se lleva a cabo en el caso más general en el que un esquema de tasación redistributiva (modelado en un esquema que se dice contrario a la baja dotación de talento) precede al proceso de puro mercado. Por lo tanto, el punto de partida que privilegia Dworkin no es menos arbitrario (tampoco lo es más) que el de Steiner. Lo que diferencia sus teorías no tiene nada que ver con estructuras temporales, sino con el contenido de la calidad inicial. Dworkin caracteriza la teoría de la puerta de salida como instando a que (esto ya fue señalado anteriormente) 'si las personas comienzan con las mismas circunstancias, y no hacen trampa o se roban entre ellos, entonces es correcto que los mismos se queden con lo que obtuvieron a través de sus propios talentos' (*Equality of Resources*, pág.309). Pero si leemos el término 'circunstancias' en su acepción más extendida (que incluye a los recursos internos) en la cual Dworkin utiliza ese término (ver *ibid.* más adelante), entonces él mismo afirma la declaración citada.

que la justicia demanda igualdad, y la justicia viene antes que todas las otras valoraciones políticas.

Este capítulo ha tratado acerca de igualdad y libertad, y su autor es de alguna manera de izquierda. Pero no he intentado demostrar que no existe una oposición entre igualdad y libertad por la que los simpatizantes de izquierda deban preocuparse: esa extensa pregunta se ha quedado sin tratar en este contexto. Lo que he mostrado, en cambio, es que no existe oposición entre igualdad y lo que el derecho libertario *llama* libertad. En tanto que bajo el régimen de propiedad conjunta de los recursos mundiales, cada uno posee los derechos constitutivos de propiedad de sí –que consiste en la concepción de la libertad según el derecho libertario– sin prejuicio en el mantenimiento de la igualdad de condiciones.

VI. Retrospectiva

A continuación hago un resumen de un par de capítulos que concluyen aquí, cosa que podría resultar útil para algunos lectores.

Una modalidad de hacer filosofía correctamente es juntar las premisas que ni siquiera los adversarios desearían rechazar, y que a fuerza de la capacidad de inferencia para obtener resultados que los adversarios ciertamente querrán rechazar, pero que una vez garantizadas las premisas, ellos se sentirán fuertemente presionados a rechazar. El truco consiste en ir desde las premisas ampliamente aceptadas hacia las conclusiones controvertidas. Obviamente no es útil pasar de premisas que son controvertidas en sí mismas a conclusiones controvertidas.

Algunos críticos de Robert Nozick desestiman su trabajo etiquetándolo como alguien perteneciente a la categoría secundaria recientemente referida. Thomas Nagel, por ejemplo, afirma contundentemente, en su *Anarchy, State and Utopia*, que las conclusiones profundamente no equitativas de Nozick resultan tediosamente previsibles a la luz de las premisas profundamente no equitativas con las que él comienza.[33] Pero creo que Nozick puede ser presentado de una manera mucho más simpática que la enunciada anteriormente, y que necesita ser presentado de dicha forma para que podamos comprender desde otra perspectiva el inconmensurable atractivo de sus ideas.

Nagel apoya el pensamiento de Nozick[34] ya que comparte su teoría que sostiene que la libertad y la igualdad son antitéticas a la igualdad, la diferencia entre estos dos pensadores es que Nagel no considera dicha an-

---

[33] Ver su 'Libertarianism Without Foundations', especialmente la página 193.
[34] Ver Capítulo 2, subsección 2 más arriba.

títesis como un motivo para rechazar rotundamente a la igualdad. Estando yo menos predispuesto a considerar la libertad y la igualdad incompatibles, estoy menos inclinado a tratar las conclusiones de Nozick acerca de la desigualdad como una re-escritura de sus premisas que afirman la libertad (o así lo serían). Permítanme, entonces, decir cómo pienso que Nozick va desde lo último hasta lo primero, y, por ende, cuáles son las vías para poder trabar este progreso.

Nozick apunta a defender la desigualdad, postura que enoja a los socialistas e incomoda a los liberales, insistiendo con el compromiso con la libertad que es común a los socialistas, liberales y los de la derecha sostenedora del principio del libre mercado nozickiano. Existen otras clases de derechistas, un ejemplo es Roger Scruton, quien muestra escepticismo sobre la libertad en sí misma, pero, cualquiera fuese el impacto que dichos pensadores hubieran llevado a cabo en las esferas de la intelectualidad de la clase media alta contemporánea, ellos como Nozick no molestan intelectualmente a los socialistas ni a los liberales, precisamente porque ellos no pretenden construir su edificio sobre los cimientos normativos compartidos.

Pero ¿cómo llega Nozick de la libertad a la igualdad? Parte esencialmente de dos premisas, la primera de las cuales es que nadie debería ser esclavo, ya sea en forma parcial o total de nadie. Nadie debe ser propiedad de otro, pero cada uno es, con todo derecho, un dueño de sí mismo. En consecuencia, desde el momento en que yo no soy esclavo sino un soberano dueño de mí mismo, entonces nadie está habilitado para cooptar mis servicios cuando yo no he sido contratado para proveerlos. Si tú dispusieras del derecho de imponer que yo te preste mis servicios, independientemente del contrato, entonces yo me convertiría en tu esclavo. En principio, continuaríamos diciendo que en un estado de bienestar, en el cual, por ejemplo, los cuadripléjicos son mantenidos con el ingreso de sujetos sanos que sufren una sanción coercitiva, implica la esclavitud parcial de unos sobre otros.

Esto conlleva, así lo sostendría exactamente Nozick, la subordinación de algunos a otros, lo cual es objetado por los socialistas cuando pregonan contra el poder de los capitalistas sobre los trabajadores.

No obstante, este es un poder legítimo, por ser el fruto de un contrato, mientras que no existe ningún contrato como respaldo en el caso del servicio que el estado de bienestar demanda.

Podríamos resumir la primera parte de las argumentaciones de Nozick de la siguiente manera:

1. Nadie en ningún grado es esclavo de nadie. En consecuencia,
2. Nadie es propiedad, parcial o total, de nadie. En consecuencia,
3. Cada persona es dueña de sí misma. En consecuencia,

4. Cada persona debe ser libre de hacer lo que le plazca, en tanto[35] no perjudique a nadie: no se le requiere que ayude a nadie.

La conclusión que acabamos de enunciar no legitima por sí misma la extensiva desigualdad de la distribución. Para que la desigualdad comience a construirse, la gente no debe tener derechos sobre sí mismos sino sobre los objetos externos, y tales derechos no pueden ser extraídos del argumento precedente. Con el propósito de establecerlos, Nozick necesita una premisa ulterior, una segunda premisa, y esa es precisamente la premisa a la cual ahora regreso.

Así como la primer premisa de Nozick se refiere a las personas y a sus capacidades, su segunda premisa (5, abajo) es acerca de todo lo demás y sus potencialidades, lo que significa que habla de la naturaleza y los recursos no modificados de la misma. Estos, para Nozick, previamente a las acciones o al trabajo de cualquiera sobre ellos no le pertenecen a nadie. Estos ya existían antes de la aparición del ser humano en el mundo, y mientras cada ser humano nace con los derechos naturales implicados en la primera premisa, nadie nace con ningún derecho natural sobre las cosas. En consecuencia, cualquier derecho que un sujeto establezca sobre las cosas debe derivar del ejercicio de los derechos sobre sí mismo.[36] Y en particular, la manera en que los derechos originales se constituyen es a través del derecho de cada persona de apropiarse de una cantidad de recursos no modificados si, (ver (4), lo cual es una consecuencia de (1))en dicho acto de apropiación el sujeto implicado no perjudique a nadie(incluyendo en 'nadie' no solamente a aquellos que ya existen cuando lleva a cabo la apropiación, sino también a todo aquel sujeto que llegará más tarde). La apropiación no perjudicial es sencillamente un ejemplo a destacar dentro de 'la libertad natural' sustentado en (4).

A continuación la segunda premisa es:

5. El mundo externo, en su estado original, no le pertenece, total ni parcialmente, a nadie.

Y (5), junto con (4), permite la inferencia de:

6. Cada sujeto puede acumular para sí mismo cantidades ilimitadas de recursos naturales en tanto no perjudique a nadie con dicha acción.

---

[35] No 'si y sólo si', siempre y cuando algunos daños no violen la propiedad de sí, así como algunos daños a tu propiedad no violen tus derechos a la misma. Acerca de cuáles son los daños permisibles y cuáles no, ver la sección 6 del capítulo 9 más adelante.

[36] Sobre el principio plausible de que un individuo que no posee ciertos derechos podría adquirirlos sólo como resultado del que un individuo ejercite los derechos que ya le pertenecen (por ejemplo, como en este caso, él mismo).

El siguiente paso requiere una reflexión acerca de lo que significa perjudicar a alguien por el acto de apropiarse de un recurso natural aún no apropiado. La respuesta de Nozick es que el sujeto es aún más perjudicado de lo que lo hubiera sido si el recurso no hubiese sido apropiado en absoluto. Los recursos no apropiados, como por ejemplo la tierra ordinaria, suelen ser utilizados menos productivamente, por motivos de organización y de incentivo, a diferencia de los recursos que han sido tomados bajo control privado y que por lo tanto se han convertido en redituables para un sector privado. Es relativamente fácil obtener beneficios suficientes de la explotación privada de los recursos, de manera tal que los apropiadores posean lo suficiente como para compensar a aquellos de la pérdida sufrida por la imposibilidad de acceder a los recursos apropiados. Los no apropiadores no estarán entonces en peores condiciones económicas de las que hubieran estado si los recursos no hubieran sido apropiados. Según lo expresado anteriormente, la privatización exhaustiva de casi todo, por parte de aquellos que son lo suficientemente rápidos para privatizar antes que otros, está totalmente justificada. Aquellos, que constituyen lo que podríamos llamar el proletariado, habrán sido muy lentos o habrán nacido demasiado tarde como para privatizar algo, pero no empeorarán su nivel de vida en forma relevante, por lo que en realidad no deberían manifestar ninguna demanda. Resumiendo, (6) habilita la siguiente inferencia:

> 7. Cantidades desiguales de recursos naturales, pueden con total legitimidad, convertirse en propiedades privadas en manos de un sector de la población.

Entonces, si cada uno es dueño de sí mismo, en el sentido de (4), y los recursos del mundo externo son monopolizados por un sector de la población, la economía resultante, haciendo una observación acerca de las motivaciones humanas (asumiendo que las personas no son extraordinariamente altruistas) mostrará una ostensible desigualdad de condiciones, cualquiera sea la igualdad de condiciones que se coteje, ya sea igualdad de ingresos, o de utilidades, o de satisfacción de necesidades básicas. En consecuencia (4) y (7) producen la tan deseada conclusión, a saber:

> 8. La desigualdad extensiva de condiciones es inevitable, o solamente evitable so pena de la violación de los derechos de las personas hacia sí mismas y hacia las cosas.

Ahora, existen (por lo menos) tres formas de oponerse a la argumentación precedente, cada una de las cuales se detalla en este libro. La primera es desafiar la derivación de (4) proveniente de (1), y de una manera más generalizada, someter la retórica de la propiedad de sí a un escrutinio crítico: esta será la tarea *a posteriori* del capítulo 10. No obstante yo creo que es interesante e igualmente importante que podamos interpelar a Nozick en dos líneas decisivas que no rechacen el concepto de propiedad de sí. Una forma es la de desafiar su noción de perjuicio, utilizando la manera en que él pasa de (6) a (7). Se puede cuestionar la prueba que Nozick utiliza para determinar si una apropiación de propiedad privada perjudica a alguien, y argumentar en su contra, que el hecho de que un sujeto no empeore su situación más de lo que le hubiera sucedido si el recurso no se hubiera privatizado en absoluto, no demuestra que dicho sujeto no se haya perjudicado, desde el momento que puede hallarse en una situación económica mucho peor de la que hubiera tenido si el recurso no hubiera sido apropiado por quien actualmente lo posee: ese era el tema central de la sección 3 del capítulo 3. Y la otra forma de objetar a Nozick sin cuestionar el concepto de propiedad de sí es desafiar su segunda premisa, (5), la premisa que enuncia que originalmente el mundo externo no le pertenece a nadie. Efectivamente, legalmente hablando, en el origen el mundo no tiene ningún propietario, pero nosotros no estamos discutiendo aquí su condición legal original, sino su condición moral original. (Si nosotros estuviéramos discutiendo lo legal en oposición a lo moral, verdad sea dicha, entonces la afirmación de que las personas son dueñas de sí mismas sería evidentemente falsa). Podríamos entonces oponernos a Nozick a través de un enfoque alternativo de la relación moral original entre las personas y las cosas, bajo la cual nosotros consideramos a la naturaleza, desde su origen, como un bien colectivo perteneciente a todos. Si esa concepción diferente de los derechos sobre el mundo se une al principio de propiedad de sí, la desigualdad extensiva de condiciones es evitable, y esta ha sido la principal afirmación del capítulo que concluye aquí.

5. Propiedad de sí, comunismo e igualdad: en contra de la solución tecnológica marxista

...solamente entonces puede el angosto horizonte del derecho burgués ser atravesado en su totalidad y la sociedad inscribir en sus estandartes: ¡De cada uno de acuerdo a sus capacidades, a cada cual según sus necesidades!

Karl Marx, *Crítica del Programa de Gotha*.

I. Propiedad de sí

1. En este capítulo argumento que la creencia del marxismo acerca de que la superabundancia material es la solución a los problemas sociales, está conectada con la renuencia marxista a efectuar una ruptura absoluta con ciertos valores burgueses radicales. 'La solución tecnológica marxista' ha servido como forma de evitar cuestionamientos acerca de la justicia que aquellos que intentan continuar con la tradición marxista no pueden ignorar conscientemente.

Denominaré la estructura de pensamiento burgués, 'libertarianismo de izquierda', y por lo tanto afirmo que el marxismo ha fracasado en distinguirse a sí mismo (con la suficiente profundidad) de dicha postura. Desde el momento en que el significado que le asigno a dicha frase no es el único que la misma podría sostener razonablemente, por lo tanto debo explicar de qué manera la usaré aquí.

Un libertario, en el sentido actual del término, es alguien que sostiene el principio de propiedad de sí, concepto que ocupa un lugar preponderante en la ideología del capitalismo.[1]

Dicho principio enuncia que toda persona tiene el derecho moral a detentar la posesión privada total tanto sobre su propia persona como sobre sus potencialidades. Esto significa que cada sujeto dispone de un conjunto de derechos morales (que la ley de su país puede reconocer o no) sobre el uso y frutos de su cuerpo y capacidades, comparables en contenido a los derechos disfrutados por aquel que detenta la posesión privada irrestricta de una porción de una propiedad física.

Un derecho inherente a una propiedad material que es especialmente importante para la explicación, por analogía con el contenido de la propiedad de sí, es el derecho a no ser forzado a poner lo que se posee a disposición de ningún otro sujeto. Mi tierra no es *completamente* mía si alguien más tiene derecho de paso sobre ella, o una demanda no contractual sobre un porcentaje del ingreso que la misma genera, Análogamente, yo no soy completamente mío, yo no soy completamente dueño de mí mismo, si se me exige, bajo riesgo de castigo coercitivo, y sin haberme contratado para ello, a prestar asistencia a otro sujeto, o a transferir a otro (parte de) lo que yo produzco, ya sea directamente o a través de una redistribución impuesta por el estado. Esta prohibición de forzar a un sujeto a ceder su servicio o producto a otro es el corolario de la libertad para usar sus facultades como mejor lo desee que disfruta todo sujeto regido por el principio de propiedad de sí. Cualquier otro que sea el significado acerca del concepto de propiedad de sí, y hay lugar para la reflexión acerca de lo que este término abarca *exactamente,*[2] la prohibición establecida es una de sus implicancias, y además, la significancia polémicamente crucial, la implicancia mayor para la controversia en la filosofía política.

El principio libertario de propiedad de sí mismo ha sido puesto al servicio tanto progresista como reaccionario, en diferentes periodos históricos. Fue puesto al servicio de una causa progresista cuando sirvió como instrumento

---

[1] Las primeras dos secciones de este capítulo revisadas y desarrolladas en las pp. 114-17 de mi obra 'Self-Ownership, World-Ownership and Equality', que aparece en la edición Frank Lucash, y que reaparece, sin el material de esas páginas, y de otra manera revisadas, como el Capítulo 3 de este libro. En el artículo de 1986, lo que aquí llamamos 'libertarianismo' venía llamado 'liberalismo', debido a que *uno* de los términos aparece más tarde, y me convencí de que llevaba a la confusión utilizar el término 'liberal', y que John Rawls y Ronald Dworkin, llamados general y justamente liberales, emergiesen como antiliberales. Hillel Steiner utiliza el término 'liberal' en su vieja y ya en desuso acepción que yo recordaba de su 'Liberal Theory of Explotation', y Antony Flew lamenta la desaparición de ese significado en su punto 'Libertarianism' en la pág.188 de su obra *Dictionary of Philosophy.*
[2] Ver el Capítulo 9 más adelante acerca de esta reflexión.

148

contra las demandas no contractuales de los señores feudales en relación al trabajo de sus siervos. En contraste, en nuestro propio tiempo, es puesto al servicio de la política reaccionaria por aquellos que sostienen que el estado de bienestar aumenta injustificadamente la asistencia a los más necesitados. En este capítulo haré total abstracción de las diferencias en la importancia del principio de propiedad de sí que refleja disidencias en el contexto histórico de su aplicación.[3]

Lo que me interesa aquí son las diferencias en su significación que emergen cuando el libertarianismo es confrontado con otros principios, como voy a explicar a continuación.

El libertarianismo, tal cual lo he definido, puede estar combinado con principios contrastantes en relación a aquellos recursos productivos que no inciden en las personas, a saber, las sustancias y poderes de la naturaleza. Como resultado, el libertarianismo encaja tanto en las posturas de derecha como las de izquierda. Todos los libertarios dicen que cada sujeto goza del derecho fundamental de ser dueño de su propia privacidad, y en consecuencia, no goza de dicho derecho sobre ningún otro ser humano. (La calificación 'fundamental' se circunscribe al hecho de que, así como yo puedo transferir mi propiedad física a un tercero, de la misma manera puedo transferir la propiedad sobre mí mismo, y convertirme en el esclavo de otro: la total propiedad de sí permite –de hecho, la legitima– tener derechos derivados de la propiedad en otros, y la correspondiente falta de propiedad derivada en uno mismo). El libertarianismo de derecha, del cual Robert Nozick es un exponente, agrega[4] que las personas que son dueñas de sí mismas pueden adquirir igualmente derechos originales ilimitados en cantidades desiguales y virtualmente irrestrictas[5] de recursos naturales externos.

---

[3] Una observación histórica orientada. Si nos preguntásemos por qué Marx y/o el marxismo ha sido cauteloso en rechazar a la propiedad de sí, la respuesta podría yacer en el deseo de llevar adelante la energía de la revolución burguesa, que es una revolución de la propiedad de sí contra la falta de libertad feudal que la niega, hacia una socialista. Si esto es así, entonces esta podría ser una de las herencias burguesas que desfigura el marxismo. (Otra podría ser lo que algunas personas llaman 'produccionismo').

[4] A algunos libertarios de derecha, como el mismo Nozick, lo que sigue les parecerá no tanto como un agregado sino más bien una implicación del principio de propiedad de sí: ver nota a pie de página 6 más abajo.

[5] '*Virtualmente* irrestrictas', porque Nozick impone una débil condición acerca de la apropiación: ver *Anarchy*, pág.178, y el Capítulo 3 más arriba, secciones 2 y 3.

La postura libertaria de izquierda, en contraste, es igualitaria con respecto a las divisiones iniciales de los recursos externos[6]: Herbert Spencer, Léon Walras, Henry George, Hillel Steiner y James Grunebaum han sostenido esta posicion.[7]

Dos pensadores contemporáneos destacados cuyas doctrinas encarnan un rechazo al libertarianismo son Ronald Dworkin y John Rawls. Ellos proponen, hasta un cierto punto significativo, restringir la propiedad de sí[8], en tanto que ellos dicen que, en virtud de que es una suerte aleatoria el hecho de que los seres humanos tengan los talentos que poseen, dichos talentos, moralmente hablando, como es evidente no les pertenecen: los mismos son recursos que emergen de los resultados, de cuyo ejercicio la comunidad en su totalidad puede disponer de manera legítima.

Por lo tanto, según mi opinión, los marxistas deben refutar lo que yo he denominado libertarianismo de izquierda con mayor exactitud de lo que ya lo han hecho ellos mismos si quieren mantenerse fieles a sus más preciadas convicciones. Aquí no estoy afirmando que los marxistas hayan aceptado el principio libertario[9], pero que, en el manejo de dos grandes cuestiones, ellos han fallado en oponerse frontalmente a dicho principio. Ante estas cuestiones han actuado como si fuese innecesario rechazar la tesis de la propiedad de sí. Yo creo que esta falla al refutar la cuestión distorsiona el tratamiento marxiano estándar de las dos cuestiones, y que, para lograr un tratamiento

---

[6] Estoy poniendo entre paréntesis la cuestión de la relación entre el principio de propiedad de sí y el principio acerca de los recursos en cada variante del libertarianismo. Algunos podrían sostener que la propiedad de sí requiere del libertarianismo de izquierda, otros, que el mismo requiere libertarianismo de derecha, y otros, dirán que la cuestión de la justicia en relación a los recursos externos no se fundamenta en la tesis de la propiedad de sí. (En el Capítulo 3 más arriba, critico lo que puede describirse como el tentativo de Nozick para derivar el libertarianismo de derecha del libertarianismo).

[7] Ver Herbert Spencer, *Social Statics*, primera edición, Capítulo IX: este capítulo fue omitido en la segunda edición, ya que Spencer para ese entonces se había convertido en un libertario de derecha; Léon Walras, *Théorie de la propieté*, y para una buena exposición y crítica de Walras, ver *Work and Welfare*, pág.112 y ss. de Ugo Pagano; *Progress and Poverty*, esp. Libros V-X, de Henry George; 'The Natural Right to the Means of Production', 'Capitalism, Justice, and Equal Starts', y *An Essay on Rights*, Capítulos VII, VIII, de Hillel Steiner; y a James Grünebaum, en *Private Ownership*, Capítulo VII.

[8] O más bien: yo no digo que Dworkin y Rawls creerán atractiva esa descripción acerca de sus puntos de vista. De todos modos, Rawls considera 'la distribución de los talentos naturales, como un bien común', un beneficio que la gente debería compartir, en cantidades decididas por su principio de diferencia igualitaria: A *Theory of Justice*, pág. 101; y el esquema de Dworkin para gravar el talento, tiene una lógica igualitaria parecida: 'Equality of Resources', pág. 290 y ss.

[9] Esa alegación, de todos modos, podría ser construida sobre las bases de ciertos entendimientos marxistas de los motivos para decir que los capitalistas explotan a los trabajadores: ver Capítulo 6, secciones 2 y 3 más adelante.

adecuado a las mismas, es imprescindible incorporar el principio anti-propiedad de sí atribuido a Rawls y Dworkin previamente.

(Quiero recalcar que al instar a los marxistas a que rechacen el principio de propiedad de sí, no estoy diciendo que ellos deberían sostener la ausencia total de los derechos de la propiedad de sí. El rechazo al principio de la propiedad de sí es consistente con la afirmación de muchos derechos de la propiedad de sí, y, aunque yo afirmo que la total propiedad de sí universal contradice no solo la igualdad sino también la autonomia[10], la última necesita claramente del sostén de algunos derechos de la propiedad de sí).

2. La primera área en la que los marxistas han fallado en oponerse a los libertarios de izquierda es en la crítica a la injusticia capitalista. En la versión marxiana de dicha crítica, la explotación de los trabajadores ejercida por los capitalistas, en otras palabras, la apropiación sin recompensa que los capitalistas realizan sobre una parte de lo que los trabajadores producen, deriva exclusivamente de que los trabajadores han sido excluidos del acceso a los medios físicos de producción y en consecuencia están obligados a vender su fuerza de trabajo a los capitalistas, los cuales disfrutan del monopolio de clase de dichos medios. Por lo tanto, para los marxistas, la apropiación capitalista está enraizada en una distribución injusta de los derechos de las cosas externas. La apropiación tiene su origen causal en una distribución no equitativa de los medios de producción, y es suficiente para considerarla una explotación injusta que surge de la desigualdad inicial injusta. La crítica marxista a la apropiación capitalista necesita en consecuencia que la tesis de la propiedad de sí no sea negada.[11]

Cuando los social demócratas (o liberales en el sentido norteamericano del término) piden la intervención estatal a causa de una disminución del bienestar, ellos están demandando que aquel que esté mejor los asista, y por lo tanto, están rechazando la tesis de la propiedad de sí: ellos aprueban abiertamente (considerando que se) justifica que aquellos que están mejor están

---

[10] Ver Capítulo 4, sección 6 más arriba, y el Capítulo 10, sección 3 más abajo.

[11] En el Capítulo XXIV del Vol. I de *El Capital*, Marx pretende demostrar que la explotación también puede ocurrir sin la injusta distribución original de los recursos externos que caracteriza lo que apenas he llamado 'la crítica estándar marxista' a la injusticia del capitalismo. En esas páginas relevantes, Marx concede, en función del argumento, que el capital inicial del capitalista fue acumulado 'a través de su trabajo y el de sus antepasados' (*El Capital*, Vol. I). Una vez en posesión del capital, sin embargo, el capitalista hace que el mismo aumente a través de la apropiación del trabajo no pagado, y, por ende, a través de la explotación injusta, hasta que 'el capital total originalmente avanzado se convierte en algo efímero' (*ibid*, pág.734). Más adelante argumento que este concepto de explotación, tanto presupone y rechaza el principio de propiedad de sí: ver la discusión sobre 'el capitalismo generado honestamente' en la sección 8 del Capítulo 6 más adelante.

obligados a ayudar a los desafortunados. La segunda actitud democrática es notoria en las columnas editoriales anti-thatcheristas de *The Guardian* que se quejan de aquellos que no son lo suficientemente adecuados como para abastecerse en la competencia de mercado, más allá de 'lo justa' que sea dicha competencia.

La retórica política de los marxistas es bastante diferente. En su crítica a la injusticia capitalista, los marxistas no reclaman que aquellos que gozan del bienestar asistan a los que están en situación peor. Desde la perspectiva marxista, los que padecen un mal estándar de vida en el capitalismo son los proletarios, y estos están mal no (meramente) porque sean desafortunados, sino porque son explotados, ya que los ricos, o sus antepasados, los han despojado. Lo que aflige a los pobres es que se les niega coercitivamente el control de los medios de producción, y bajo tal interpretación acerca de su dificultad, la solución más adecuada para su reparación se basa en el sostén del libertarianismo de izquierda.

En la afirmación marxista, los proletarios padecen injusticia en el sentido del libertarianismo de izquierda ya que ellos no obtienen la justa parte del mundo externo que les corresponde.

Por lo tanto, la postura marxista de no oposición al libertarianismo de izquierda en lo que incumbe a la crítica a la injusticia capitalista, no puede sostenerse. Lo que los marxistas consideran explotación, a saber, la apropiación sin recompensa, o la plusvalía, acontece de hecho cuando a la gente se le niega coercitivamente el acceso a los medios de producción externos para su existencia. Un ejemplo de esto es lo que Marx denominó 'la acumulación primitiva', el proceso por medio del cual, debido a lo anterior, un campesino británico relativamente independiente fue convertido en proletario al ser despojado, por medio de diversos recursos, algunos legales y otros violentos, de su tierra.

No obstante, tal despojo forzado, aunque ciertamente es una condición causal suficiente de lo que los marxistas definen como explotación, no es necesariamente una condición de la misma. Si todos los medios de producción fueran distribuidos equitativamente en la población, y la gente mantuviera la propiedad de sí, entonces las diferencias de talento, el tiempo y los distintos grados de voluntad para arriesgarse generarían una prosperidad diferencial que en su debido momento permitiría que algunos contrataran a otros, lo que sería considerado por los marxistas como un modelo explotador. (Para ser más preciso, dicho escenario se desplegaría por lo menos a niveles de desarrollo de los medios de producción por debajo de aquellos a los cuales, de acuerdo a los marxistas, el capitalismo, y por lo tanto la explotación capitalista, no lo obtendría. Con medios de producción muy avanzados, por el contrario, los medios, esto significa, lo que posibilita que inclusive la gente relativamente improductiva produzca mucho sin asistencia, la distribución equitativa de los recursos externos podría conducir a la no explotación, pero no se obtienen en ninguna circunstancia según la visión marxista, medios de producción *muy* avanzados en tanto que el capitalismo prevalece). Resultaría difícil imaginar a cada sujeto de una población total de n individuos dotados en forma privada con 1 enésimo/n de los medios de producción de una sociedad moderna, pero fundamentalmente el mismo criterio es aplicable si comenzamos con lo que algunos considerarían una hipótesis más factible: si todos los medios de producción pertenecieran a todo el conjunto de la sociedad y fueran arrendados con contratos (renovables) por periodos limitados a las cooperativas de los trabajadores, entonces, una vez más, las diferencias entre unos y otros en la dotación inicial de los recursos podría conducir a grados infinitamente extensos de desigualdad y, desde ese momento, a la explotación, con alguna cooperativa que termina explotando a otras. En consecuencia, los marxistas han exagerado cuando consideran que la explotación depende de la desigualdad inicial de derechos en relación a los recursos mundiales. La historia de cómo lo campesinos fueron despojados de sus tierras no impugna al capitalismo como tal. La misma solo impugna al capitalismo con una especie de pre-historia (sucia). Los libertarios, tanto de izquierda como de derecha, condenarían a los capitalismos con esa especie de pre-historia, pero los marxistas están en contra del capitalismo como tal, y por lo tanto deben condenar un capitalismo en el cual la explotación de los trabajadores proviene del uso hábil de los explotadores de sus propios poderes basados en ninguna ventaja especial en los recursos externos. Los libertarios no podrían llamar a esto una forma de explotación, pero los marxistas deben hacerlo, y de esta forma, impedir lo que ellos consideran explotación, la distribución inicial equitativa de los recursos externos no es suficiente, y sin embargo, ellos proceden rutinariamente, en su crítica al capitalismo, como si lo fuera. ('Como si': yo no quiero decir que los marxistas piensan que la igualdad inicial de los recursos externos eliminaría la explotación con seguridad. Ellos saben perfectamente que tal hecho no ocurriría. Pero esto es inconsistente con su afirmación que enuncia que la carencia de los medios de producción es la causa fundamental de la explotación). Para terminar con la generación de la explotación característica del capitalismo, las personas deben reclamar los frutos del poder de otras personas, reclamos que (inclusive) el libertarismo de izquierda no acepta.

Debería agregar que algunos libertarios de izquierda demuestran poca conciencia de lo inestable que podría resultar el criterio de igualdad inicial que ellos tanto promueven. El intento que ellos realizan para que la combinación del igualitarismo y la propiedad de sí resulte atractiva, está condenado al fracaso, y las implicancias de su punto de vista (en oposición a sus motivaciones) están mucho más cerca de las motivaciones de los libertarios de derecha de lo que ellos realmente se dan cuenta. (El trabajo de Hillel Steiner ilustra esta afirmación).[12]

II. Comunismo

3. El segundo tópico importante, en la reflexión en la cual los marxistas fracasan frontalmente en oponerse al libertarianismo de izquierda, es aquella acerca de la naturaleza de la buena sociedad. No estoy tratando de decir que todos los libertarios de izquierda tienen la misma visión de la buena sociedad como la tienen los marxistas, sino más bien que ningún libertario de izquierda podría esgrimir ninguna objeción normativa a la visión marxista de la buena sociedad desde su posición de libertarianismo de izquierda, considerada sencillamente como tal, ya que en la buena sociedad de Marx los medios de producciónestán disponibles para todos, de forma *gratuita*, pero el individuo permanece efectivamente soberano de sí mismo.

Él se conduce a sí mismo en tanto está dotado de una mente,[13] desarrollándose libremente no solo sin impedir el desarrollo de otros, sino que además es una 'condición'[14] del libre desarrollo de los otros. Una abundancia desbordante torna innecesaria la maniobra de presionar sobre el talento de los que naturalmente están mejor dotados para que asistan a los menos dotados con el propósito de establecer la igualdad de condiciones, y en consecuencia deviene innecesario oponerse o modificar la propiedad de sí, con el objetivo de obtener dicha igualdad.

Una manera de describir la vida bajo el comunismo, tal cual Marx la concibió, es imaginar una banda de jazz en la cual cada integrante busca su realización como músico. Aunque básicamente interesado en su propia realización, y no en la de la banda en su conjunto, o la de sus pares tomados separadamente, sin embargo él se realiza a sí mismo hasta el punto tal que cada uno de los otros integrantes también lo hace, y la misma actitud se repite con cada uno de ellos. Adicionalmente, existen personas menos talentosas que obtienen una gran satisfacción no por tocar un instrumento sino por escuchar, y su presencia implica un placer aún más profundo a los integrantes de la banda. En un contexto de abundancia, tanto los músicos como la

---

[12] Para una discusión pertinente acerca del trabajo de Steiner, el cual ofrece algo similar al veredicto de 'condenado al fracaso' expuesto más arriba, ver a Eric Mack, en 'Distributive Justice and the Tensions of Lockeanism'.

[13] Karl Marx y Frederick Engels, *The German Ideology*, pág.47.

[14] Ver nota de pie de página 16, más adelante.

audiencia persiguen sus propias y variadas aptitudes: nadie limpia las calles[15] (a menos que sea recompensado por esto) o pasa su vida trabajando ante una máquina porque sí. Cada uno se guía según el objetivo que él mismo ha diseñado, y a pesar de todo, no existe desigualdad en la escena como para preocupar a un igualitario.

De esta forma es como yo entiendo el comunismo de Marx, es un concierto de auto-satisfacciones que se sostienen mutuamente, en el que nadie está obligado a estimular la realización personal del otro. Por supuesto que no estoy negando que cada uno disfrute con la realización de los demás. A menos que se trate de personas malhumoradas, probablemente ellos disfruten con la satisfacción ajena.

No obstante no es imperioso que esto suceda: no es algo relacionado con el afecto lo que se supone que posibilita la existencia del comunismo. En cambio, es el acceso a los recursos lo que asegura que 'el libre desarrollo de cada uno resulte en el libre desarrollo de todos'.[16]

Hablando de la visión marxista de la sociedad buena, tengo en mente 'la fase superior de la sociedad comunista',[17] lo que más tarde los marxistas denominaron comunismo, ya que Marx hizo una distinción entre las fases inferiores y superiores de la sociedad comunista, y que la tradición posterior la rebautizó distinguiendo entre socialismo y comunismo. Lo que la tradición posterior ha denominado socialismo, la fase inferior de Marx, constituye una sociedad en la cual los medios de producción pertenecen a la comunidad en su totalidad, y que luego de ciertas deducciones, la gente recibe de la producción social total algo *proporcional* al trabajo que ellos han aportado'[18], de manera tal que aquellos que contribuyen más reciben más: yo denominaré a este aspecto el 'principio socialista de proporcionalidad'.(Las deducciones efectuadas antes de la distribución cubren la depreciación y la inversión, fondos de aseguración y contingencias, los costos del gobierno, el aporte a las escuelas, hospitales y otras facilidades alimentan 'la satisfacción común de

---

[15] Ver nota de pie de página 27, más adelante.

[16] Karl Marx y Frederick Engels, *El Manifiesto Comunista*, pág.506. Comparar *La Ideología Alemana*, pág.78: 'Solo al interno de la comunidad cada individuo tiene los medios para cultivar sus dones en todas las direcciones'. Notar que la comunidad es aquí *un medio* hacia el objetivo específico independientemente de las potencialidades de cada persona. Ver, más adelante, la página 618 de *El Capital*, donde Marx insiste en que 'el individuo parcialmente desarrollado, que es meramente el portador de una función social especializada, debe ser reemplazado por un individuo totalmente desarrollado, para quien las diferentes funciones sociales son diferentes modos de actividad en las que él se turna'.

[17] Karl Marx, *Crítica del Programa Gotha*, pág. 324.

[18] *Ibid.*

las necesidades', y, finalmente, los fondos para aquellos que no se hallan en condiciones de trabajar).[19]

Marx pensaba que el socialismo sería un gran avance sobre el capitalismo, porque este último es un sistema bajo el cual algunos sujetos sanos física y mentalmente viven sin trabajar en absoluto, apropiándose de los frutos del trabajo de otros.

No obstante, Marx también creía que se trataría de un progreso limitado. A pesar de que ninguna persona sin discapacidad pudiera vivir sin trabajar, porque la base para realizar eso, la propiedad privada de los medios de producción, hubiera desaparecido, Marx creía que el principio de proporcionalidad socialista había limitado el atractivo moral; y a continuación paso a examinar algunas de sus críticas a lo anterior.

'El derecho de los productores', dice Marx, 'es proporcional al trabajo que ellos aportan', y lo considera como un avance, en relación con una sociedad capitalista. No obstante, 'a pesar de este avance, este derecho de igualdad es sin embargo permanentemente estigmatizado por una limitación burguesa':

> [En] tanto una persona es superior a otra física o mentalmente[20] realiza más trabajo al mismo tiempo, o puede trabajar por un periodo de tiempo más prolongado... Este derecho igual [por lo tanto] es un derecho desigual por trabajo desigual. No reconoce diferencias de clase, porque cada uno es tan solo un trabajador como cualquier otro; *pero tácitamente reconoce el talento individual desigual y por lo tanto la capacidad productiva como un privilegio natural.*[21]

Al enunciar que se considera la capacidad productiva de una persona como un aspecto del que goza de un 'privilegio natural'[22], Marx está caracterizando el principio de proporcionalidad como una forma truncada del

---

[19] *Ibid*, pp 322-3.

[20] Una explicación acerca de la falla inexplicable para registrar la importancia de esta parte de la frase de Marx, y una crítica consecuente totalmente fuera de lugar sobre la demanda de Marx que dice que el socialismo viola la idea de igualdad, ver a Richard Norman, *Free and Equal*, pág.115.

[21] *Crítica del Programa Gotha*, pág. 324 (mi énfasis). Los otros pasajes de *Crítica* se citan más abajo, siguen más o menos inmediatamente.

[22] Es difícil comprender lo que Marx quiere decir cuando dice que el socialismo '*reconoce* el talento individual desigual...como (un)...privilegio natural' (énfasis agregado). Después de una lectura literal completa de su afirmación, dice que el régimen socialista afirma la parte de ideología burguesa que sostiene que las personas tienen derechos morales fundamentales de la propiedad de sí. Pero me parece que lo que Marx está diciendo es que el socialismo trata el talento personal *como si* este fuese un privilegio natural: no la ideología como tal, sino que el principio de distribución que este implica, está preservado. De cualquier forma, no hace falta decidir aquí entre estas dos interpretaciones de Marx.

principio de propiedad de sí.[23] Para estar seguro, no reconoce abiertamente que el privilegio de propiedad de sí se trunca aquí, pero claramente lo hace, desde el momento en que el principio socialista demanda lo que la propiedad de sí demandaría en un mundo donde los medios de producción fueran de propiedad conjunta solamente *después* de que las deducciones perjudiciales para la propiedad de sí (ver más arriba) ya hayan sido aplicadas.[24]

Debido a que esto preserva el derecho al ingreso de la propiedad de sí, aunque en forma restringida, el principio de proporcionalidad socialista 'es por lo tanto un derecho de desigualdad': los más talentosos, por lo tanto, realizarán las cosas mejor que los menos talentosos, y aquellos con pocos dependientes podrán sostener a cada uno de ellos mejor que los que tienen muchos. Pero al inicio estas condiciones de igualdad de provisión, 'estos defectos',[25] son inevitables en la primera fase de la sociedad comunista como lo es cuando recién ha emergido luego de prolongadas contracciones de parto de la sociedad capitalista. El derecho nunca puede estar por arriba de la estructura económica de la sociedad y su desarrollo cultural condicionado por lo mismo.

No se puede esperar que el principio de propiedad de sí, luego de siglos de influencia, pierda todo su poder inmediatamente después de la revolución socialista emergente. Por razones prácticas[26] los socialistas deben sostener el orden continuado de la propiedad de sí, lo que no significa que deban adoptarlo como un principio fundamental.

---

[23] En *El Capital*, p. 271, Marx dice que una persona que es 'propietaria de su capacidad de trabajo' es por lo tanto propietario de su propia 'persona'.

[24] Uno podría cuestionarse si todas las deducciones contradicen a la propiedad de sí, algunas de ellas seguramente lo hacen.

[25] De paso, nótese que estas desigualdades de provisión son sin exagerar llamadas 'defectos'. Si, como algunos argumentan, Marx no creía en la igualdad de condiciones, ¿Por qué entonces las consideraría defectos? (Para una presentación sofisticada acerca de tales argumentos, ver 'Marx and Equality' de Allen Woods. Para una crítica acerca del argumento de Wood, ver *Literature of Revolution*, pp. 48-51.)

[26] La persistencia de la propiedad de sí (sea esta una ideología o sólo una práctica: ver nota a pie de página 22 más arriba) bajo el socialismo es, en parte, un remanente del reciente pasado capitalista: el premio es aún necesario como un incentivo a la colaboración, ya que la gente está acostumbrada a eso. Pero Marx presumiblemente, quiere también decir (de acuerdo a su materialismo histórico, desde que esa teoría fue analizada en mi *Karl Marx's Theory of History*) que el principio burgués (o su práctica) es más adecuado para avanzar en el desarrollo de las fuerzas productivas hacia la abundancia en virtud de su nivel post capitalista inmediato, y no (solamente) a causa de un tipo de remanente ideológico. Si él hubiera pensado que tal remanente constituía la explicación total del defecto en la justicia socialista, no habría estado tan seguro acerca de que el defecto persistiría hasta haber logrado la abundancia: se hubiera podido lograr una justicia más perfecta antes de la abundancia, en la medida en que la conciencia burguesa fuese disipada.

Veamos, ¿cómo podemos superar el régimen defectuoso –en tanto todavía es parcialmente burgués–, régimen que prevalece en esta fase inferior de la sociedad comunista, el socialismo? Se podría pensar que la manera de superarlo es confrontar el origen de la desigualdad de condiciones que es el defecto de dicha sociedad, a saber, que la sociedad 'reconoce tácitamente la desigualdad de las capacidades individuales y por ende la capacidad productiva como privilegios naturales'. Se podría pensar que la forma de superarlo es repudiando el legado persistente del principio de propiedad de sí. Pero no lo hace. Aquí es cuando Marx falla, francamente, en rechazar el libertarianismo de izquierda. Elude la cuestión al acudir a una posición técnica. Habiendo enunciado que los defectos del socialismo son inevitables, dado su origen en la sociedad capitalista, inmediatamente Marx procede a escribir un párrafo que ha inspirado a mucha gente, incluyéndome, pero acerca del cual presentaré algunas críticas. A continuación presento lo que Marx dice:

> En una fase superior de la sociedad comunista, luego de la subordinación esclavizadora del individuo a la división del trabajo, y con esta también la antítesis entre trabajo mental y físico ha desaparecido[27], en tanto que el trabajo se ha convertido no solo en un medio de vida sino también en el deseo primordial de la vida, luego de que las fuerzas productivas han crecido paralelamente al desarrollo integral del individuo, y todos los frutos de la riqueza cooperativa fluyen con mayor abundancia, solo bajo dichas circunstancias puede ser superado totalmente el angosto horizonte del derecho burgués y la sociedad podrá inscribir en sus estandartes: ¡De cada cual según su capacidad, a cada cual según sus necesidades!

Lo que la sociedad comunista inscribe en sus estandartes podría parecer inconsistente con el libertarianismo. ¿Esto no implica que el individuo debe prestar su capacidad a la comunidad, en virtud de la igualdad de condiciones y por lo tanto utilizarla de una forma diferente a la que hubiera hecho bajo otras circunstancias? Por el contrario, en la sociedad comunista, cada uno se desarrolla libremente, y, así lo remarco, sin ninguna de dichas restricciones, y por lo tanto la razón por la que el desarrollo libre universal es compatible con la igualdad de condiciones se debe a que el trabajo se ha convertido en un deseo primordial de la vida: el libre ejercicio de las capacidades de cada uno no solo permite, sino que también promueve la satisfacción de las necesidades de todos. Y la causa por la que el trabajo se ha convertido en el deseo primordial de la vida es que se ha vuelto atractivo, a causa del alto nivel de productividad citado anteriormente en el parágrafo: 'los medios materiales

---

[27] Con la desaparición de dicha antítesis, 'el trabajo en el cual un ser humano hace lo que una máquina podría hacer en su lugar, ha desaparecido'. Karl Marx, *The Grundrisse*, pág.58.

para ennoblecer el trabajo en sí mismo' es el dar.[28] de aquí mi afirmación de que Marx elude el rechazo al libertarianismo de izquierda acudiendo a una posición técnica. En un nivel alto de abundancia material, el incentivo de la recompensa por la contribución del trabajo ya no es necesaria, y por lo tanto ahora es necesario mantener el recurso de la propiedad de sí. No obstante, el mismo hecho que hace innecesario mantener su recurso también hace innecesario rechazar el principio en sí mismo. Cuando el trabajo es un deseo primordial de la vida, el mismo es realizado tanto sin la remuneración impuesta por el principio de propiedad de sí como sin la coerción que presupone el rechazo de dicho principio.

En ambas fases del comunismo los individuos contribuyen con cualquiera sea el trabajo que elijan: esta es la razón por la cual no se dice nada acerca de cuánto deberían contribuir en la fase inferior. Desde el momento en que el trabajo es su único medio de vida, no hay peligro por lo tanto de que no contribuyan. En la fase superior, el trabajo, habiendo sido 'ennoblecido', es ahora 'el deseo primordial de la vida': de esta forma, nuevamente, no existe el peligro de una contribución deficiente. Para cada uno según su capacidad' no es imperativo, sino parte de la propia descripción del comunismo: en tanto que el trabajo es el deseo principal de la vida, así es como se desarrollan los acontecimientos. Las personas se realizan con el trabajo que han tomado como un hecho de preferencia incondicional más que por obediencia a una norma vinculante.

III. Igualdad

La fase superior del comunismo de Marx se caracteriza por una distribución igualitaria que no se logra por (la amenaza de) la fuerza: usaré la frase 'igualdad voluntaria' para remarcar este aspecto. Ahora preguntaré: ¿Cómo es posible una igualdad voluntaria, en una sociedad moderna muy dimensionada?, y a continuación expondré la respuesta de Marx a dicha pregunta (es posible cuando y debido a que prevalece la abundancia material) como una de las respuestas que dicha pregunta podría recibir. Algunos pensarán que una sociedad de igualdad voluntaria es *ipso facto* una sociedad comunista, mientras que otros insistirán que, para ser comunista, una sociedad debe poseer también otras características agregadas (por ejemplo, una institucionalidad distintiva). Al respecto no tomaré una posición acerca de dicha pregunta ni de la manera en que Marx la hubiera respondido. El tópico inmediato de esta parte del capítulo es la voluntad igualitaria. El comunismo

---

[28] Karl Marx, carta en *The People's Paper*, pág.58.

continúa siendo discutido exclusivamente porque la igualdad voluntariaes (por lo menos) una condición necesaria del mismo.

No voy a tratar de demostrar que la igualdad voluntaria en una sociedad sea posible, aunque yo creo que lo es. Mi pregunta, que consiste en cómo *podría* ser posible, no es la misma pregunta que cómo *es* posible. Esta pregunta, de la manera en la que yo quiero hacerla, es la siguiente: ¿Qué es lo que con mayor probabilidad haría posible la igualdad voluntaria, si la misma fuese posible? A esa altura discuto (y rechazo) lo que he considerado la respuesta de Marx a dicha pregunta; una respuesta diferente, que yo apruebo, y una tercera respuesta, que a menudo es atribuida a Marx, y que yo deploro. Las dos respuestas atribuidas (por mí y por otros) a Marx son consistentes con el libertarianismo de izquierda. La respuesta que yo prefiero no lo es.

Según lo que considero una explicación de Marx acerca de cómo la igualdad voluntaria sea posible, una abundancia total asegura la compatibilidad extensiva entre los intereses materiales de personas diversamente dotadas: dicha abundancia elimina el problema de la justicia, la necesidad de decidir quién obtiene determinado beneficio a expensas de quién, y *a fortiori*, la necesidad de implementar tales decisiones por la fuerza. Pero mientras se hubiera podido justificar, hace cien años o más, o basar la posibilidad de la igualdad voluntaria en la expectativa de un poder productivo efectivamente ilimitado, ya no resulta realista pensar acerca de la situación material de la humanidad de esa manera pre-verde. Los frutos de la riqueza cooperativa probablemente nunca 'fluyan' tan 'abundantemente'[29] de manera tal que nadie se enfrentará a la necesidad de abandonar o cambiar lo que desea, a causa de los deseos de otras personas. El problema de la justicia no desaparecerá.

No obstante, una abundancia menor podría lograr que la igualdad voluntaria fuese posible, aunque de forma diferente. Pienso en un nivel de capacidad productiva que es demasiado bajo como para impedir que se desaten conflictos significativos de intereses materiales, pero que es lo suficientemente alto como para permitir la resolución pacífica e igualitaria de dichos conflictos. Ya que no todos los conflictos de intereses generan necesidad de coerción. El conflicto de intereses se produce cuando aparecen cosas deseadas por una persona que únicamente pueden ser obtenidas si, como resultado, otra persona fracasa en obtenerlas.[30] No obstante un conflicto de intereses genera necesidad de coerción exclusivamente cuando al menos una de las partes

---

[29] *Crítica al Programa de Gotha.*

[30] Cf. Lars Bergström 'What is a Conflict of Interest? pág.208. Así definido, un conflicto de *intereses* puede o no generar conflicto entre *las personas*, o sea, una lucha antagónica en la cual cada uno puja por obtener lo que desea a costa del otro, y por lo tanto, la armonía social puede lograrse ya sea porque no *existe* conflicto de intereses o bien porque cualesquiera fuesen los conflictos existentes se resolverían sin antagonismo.

del conflicto no está dispuesta a modificar lo que desea o a abstenerse de perseguirlo, excepto que fuera forzada a hacerlo. Creo que no es utópico hablar de un nivel de plenitud material que mientras es demasiado bajo como para abolir los conflictos de intereses como tales, es lo suficientemente alto como para permitir su resolución sin coerción en favor de la igualdad.[31] Debo aclarar que en este punto yo no tengo en mente ningún viejo compromiso pacifista en algún lugar u otro entre demandas opuestas. Me estoy refiriendo a una resolución *igualitaria* incoercible de los conflictos de intereses, y yo creo que tal resolución es posible siempre y cuando las personas actúen creyendo en la justicia igualitaria, la cual, si las condiciones materiales son favorables, demanda solamente algún sacrificio y no un sacrificio heroico de los propios intereses. Creo que una sociedad de tales características sea factible, no porque yo crea que las personas puedan convertirse en totalmente justas y por lo tanto preparadas para sacrificar sus intereses hasta cualquier extremo, bajo cualquier circunstancia en virtud de lo que la justicia demande, sino porque creo que ellos son o podrían convertirse en *suficientemente* justos dispuestos a sostener una distribución igualitaria, en condiciones de modesta abundancia. Esta es mi solución al problema de cómo la igualdad voluntaria podría ser posible. (Estoy comprometido con múltiples motivaciones, y por ende quiero dejar abiertos los detalles institucionales, pero supongamos, que la igualdad se asegura a través de una ley impositiva que regula en forma oscilante la redistribución igualitaria, con eximición del págo del impuesto estipulado que no genere multa, excepto, forzosamente, en caso de desaprobacion.[32] No obstante dicha multa nunca se paga, desde el momento en que todos están convencidos de que hay que pagar el impuesto estipulado, y lo hacen gustosamente).

Alguien podría preguntar por qué insisto tanto con una abundancia considerable (aunque no ilimitada) como presuposición de la igualdad voluntaria. Me podrían decir que probablemente dicha igualdad se consume bajo condiciones menos generosas y más adversas, en cuya situación se demanda más sacrificio a los más talentosos, pero ellos podrían estar motivados por una mayor obligación (que en condiciones más benignas) a la deprivación de los menos capaces. Por lo tanto, no necesito objetar un punto de vista acerca de las condiciones materiales de la igualdad voluntaria la cual es más

---

[31] Creo que el ingreso *per cápita* en las sociedades capitalistas avanzadas ya está más allá del nivel requerido pero esta creencia no es, por supuesto, integral a la afirmación precedente.

[32] Algunos podrían argumentar que una ley con carácter de regla primaria (en el sentido de Herbert Hart: ver *The Concept of Law*, Capítulo V) debe poseer una penalidad adjuntada a dicha ley. No obstante, no creo que esto sea verdad, y aún si lo fuese, su verdad es irrelevante en este contexto, en tanto que yo podría referirme a esta sin la pérdida de un principio de redistribución registrado y aceptado, y no llamarla una 'ley'. (Para una discusión esclarecedora acerca de si la ley requiere penalidades o no, ver Joseph Raz, *Practical Reason and Norms*, páginas 157-62).

optimista que la que yo he sostenido.Y quien quiera se sienta atraído por tal punto de vista debería pensar que aquí estamos considerando la operación regular a largo plazo y a larga escala, de una sociedad que no es primitiva y no está en guerra. Esto explica dicho comportamiento característico de las situaciones únicas de aflicciones compartidas, tales como el hambre o un accidente desastroso aquí resulta irrelevante, que las formas de solidaridades familiares y tribales queden descartadas en esta situación[33], y no hay aquí expectativa en relación a las virtudes cívicas esperables en la guerra. Con todas las estipulaciones pertinentes ya nombradas puestas en su sitio, me parece irreal poner esperanzas en torno a la igualdad voluntaria en una sociedad que no es rica. No obstante, de la manera que fuere, yo estoy aquí fundamentalmente comprometido a dirigirme no precisamente a los optimistas ya descriptos anteriormente, sino a los marxistas que creen que los conflictos sustanciales de intereses hacen imposible la igualdad, y por ende les pido que consideren si el progreso material sobre el cual depositan su esperanza no podría facilitar la resolución igualitaria de dichos conflictos en un estadío más temprano que aquel en el cual dicho progreso causa la desaparición de los citados conflictos.

5. Debería resultar evidente que la explicación de Marx acerca de la posibilidad de la existencia de la igualdad voluntaria no contradice a los libertarios de izquierda.

Y se podría pensar que los libertarios de izquierda tampoco necesitan objetar a la sociedad que mi propia solución describe, desde el momento en que la misma tampoco despliega ninguna invasión coercitiva de la propiedad de sí. No obstante, en mi solución la ausencia de coerción es consistente con la igualdad social solamente porque los ciudadanos descreen en la propiedad de sí y adhieren a una ley (o práctica) voluntariamente[34] que refleja dicha descreencia. Ellos creen que aquellos que no logran producir tanto como los que sí pueden hacerlo, tienen, de todas maneras, derecho a una provisión comparable, y en consecuencia también creen que la fuerza debería imponerse en sociedades (al menos algunas) que no son como las de ellos, donde la fuerza *es* necesaria para promover mayor igualdad. A raíz de que todos tienen dichas creencias, y estas son verdaderas para ellos, los mejor dotados satisfacen sus obligaciones de búsqueda de igualdad sin ser forzados a hacerlo. Y debido a que la constitución de la sociedad no impone penas con el propósito de sustentar la igualdad, esto es ampliamente aceptable para el libertarianismo de

---

[33] Ver, más adelante, *Karl Marx's Theory of History*, páginas 211-12.

[34] Se podría reformular todo lo que sigue a continuación con el propósito de satisfacer el punto de vista de todos aquellos con los que estuve en desacuerdo en la nota de pie de página 32.

izquierda. No obstante, los principios de la sociedad, que son los que tornan innecesarias las leyes coercitivas, no son precisamente el tipo de leyes que un libertario de izquierda podría apoyar.

Los libertarios de izquierda tendrán todavía reservas más fundadas acerca de la sociedad que yo estoy describiendo si, y a pesar de que ella funcione de una manera igualitaria porque la población cree que la justicia demanda igualdad, y por lo tanto adhieren a la ley igualitaria, dicha ley conlleva penalidades. Se podría pensar, que a raíz de que tales penalidades deberían, *ex hypothesi*, ser innecesarias como medio para asegurar que la población actúe de la forma igualitaria prescripta[35], no habría ningún motivo para agregarlas. Pero puesto a añadir penalidades que nunca fueron impuestas y sin embargo podrían existir y en función de eso voy a bocetar a continuación cuatro parágrafos.

La razón para aplicar dichas penalidades, su autor insiste, es para enfatizar que las personas no dotadas de capacidades (tomando el caso extremo de menor capacidad) no son mantenidas debido a la mera generosidad de otros. Las penalidades sirven para destacar el mensaje de que estas personas gozan de derechos: no es simplemente la falta de caridad el hecho de que los capacitados no los socorran. Desde el momento en que las personas no capacitadas tienen el derecho a ser ayudados lo que es incompatible con el acto de garantizar a los capacitados la totalidad de los derechos concernientes a la propiedad de sí, debería existir (hipotéticamente) un estado coercitivo, o un subrogado del estado, que legitime su derecho a ser ayudados, *inclusive*, cuando las personas los ayudasen de todas maneras. (Un subrogado del estado es, por ejemplo, una disposición general entre la población a aplicar las sanciones coercitivas contra los transgresores, sin necesidad de ningún aparato institucional especial para aplicar dichas leyes).

Lo que el estado le ordena aquí al ciudadano capacitado es que actúe conforme a su deseo libremente determinado, no obstante él todavía se halla bajo amenaza de ser penalizado si no cumple con lo que el estado ordena. Para evitar dudas, insistamos en que es erróneo creer que simplemente porque el ciudadano cumpliría con lo que el estado le ordena realizar, no tendría ningún motivo para objetar la amenaza adjunta a dicha directiva. Existen por lo menos dos razones que explican por qué una persona podría sentirse justificadamente ofendida cuando es obligada a realizar algún acto por la fuerza

---

[35] En este contexto supongo que todo individuo sabe que todo individuo sabe (y así sucesivamente) que todo individuo es un igualitario comprometido. Desde el momento en que es de 'público conocimiento' según la obra *Convention* de David Lewis, las penalidades legales ni siquiera son necesarias en virtud de 'el juego de la seguridad'. (Para ver el concepto del juego de la seguridad, ir a A.K.Sen, 'Isolation, Assurance and the Social Rate of Discount').

que de todas formas haría por decisión propia. No obstante ninguna de estas situaciones es aplicable en el presente caso.

La primera razón se ilustra cuando un estado represor le prohíbe a sus habitantes visitar países a los cuales, como suele suceder, no quiere que los ciudadanos vayan. Ellos podrían sin embargo ofenderse razonablemente por la prohibición, desde el momento en que piensan que los países que visitan deberían ser completamente aptos para ellos. Pero los ciudadanos de la sociedad igualitaria que estamos analizando carecen de este motivo para ofenderse por el hecho de que ellos estarían forzados a realizar lo que de cualquier manera desean hacer, desde el momento en que reconocen que las demandas de los menos capacitados son justas y por lo tanto están de acuerdo con que deberían ser forzados a respetar dichas demandas de justicia si, lo cual es falso, se hace necesario forzarlos a hacerlo.

Una razón diferente para objetar la existencia de una penalidad en contra de tener que hacer lo que no tengo ninguna intención de hacer es que yo podría ofenderme por la falta de confianza en mí sentido de la moral, la cual podría quedar al descubierto gracias a la existencia de la penalidad. No obstante este grado de queja también está ausente aquí. Ya que las penalidades no se aplican a raíz de lo que las personas capacitadas podrían hacer de otra manera. La conducta racional es fortalecer el estatus conferido por la ley a las personas menos dotadas. Lo racional significa que las penalidades podrían permanecer vigentes aun cuando todos saben que nadie actuaría de una manera diferente a la que actúan si las mismas no rigieran. Las penalidades no son adoptadas a raíz de las creencias adversas acerca de las motivaciones de cada uno.

Por lo que aún más a favor de la afirmación de que las penalidades no utilizadas prestarían más atención a los derechos de las personas menos capacitadas. Cualquiera sea la posición con respecto a esta afirmación, yo confío en que los individuos de izquierda rechacen la abundancia utópica de Marx como base para proyectar un futuro con igualdad social voluntaria y basen la posibilidad de dicha igualdad en el estar disponibles, en el contexto de una abundancia menor, para actuar en base a creencias acerca de la justicia que son inconsistentes con cualquier forma de libertarianismo.

6. Soy optimista cuando digo que podemos concebir un nivel de plenitud material sin alcanzar la abundancia ilimitada y pacificadora proyectada por Marx, pero que es lo suficientemente abundante como para que a pesar de que los conflictos de intereses persistan, puedan resolverse sin el ejercicio de la coerción. Creo que el propio Marx hubiera sido más pesimista acerca de ese resultado particular. Yo creo que él creía que cualquier falta de abundancia ilimitada capaz de erradicar todos los conflictos de intereses

más importantes causaría un disenso continuo, una 'lucha por las necesidades... y todo el viejo y sucio negocio ya conocido'.[36] Creo que esto sucedía porque Marx era innecesariamente pesimista acerca de las consecuencias sociales que llegarían si no se lograba la ilimitada abundancia que él necesitaba para recuperar el optimismo acerca de la posibilidad de dicha abundancia. El pesimismo en torno a la posibilidad social contribuyó a generar el optimismo acerca de la posibilidad material.[37]

Consideremos este párrafo, extraído de *La Ideología Alemana*:

> En tanto que las fuerzas productivas permanezcan aún insuficientemente desarrolladas como para hacer superflua la competencia, lo que por ende daría lugar a una competencia infinita, tan prolongada que las clases que son gobernadas anhelarían lo imposible si tuvieran 'la voluntad' de abolir la competencia y con ella el estado y la ley.[38]

¿Qué significa que la competencia pueda ser calificada como *superflua,* en oposición a la no actual, no existente competencia? Lo único que puede significar, creo, es que no hay nada *por lo cual* alguien pueda competir: la competencia es superflua cuando todos pueden tener todo lo que desean sin perjudicar los deseos de los demás.

Ahora, Marx enuncia que en tanto la competencia no es superflua, la competencia 'por lo tanto' es inevitable: da a entender que la competencia es necesaria en tanto sea factible. No obstante, lo que hace que la competencia sea inevitable, lo que genera que ella se retroalimente infinitamente, es el desarrollo insuficiente de las fuerzas productivas, solo cuando las fuerzas productivas se desarrollen suficientemente la competencia será superflua y por lo tanto solo entonces será posible propagarla.

Desde el momento en que la competencia es necesaria en tanto sea posible, se infiere que, en tanto sea posible la *no* existencia del comunismo, el comunismo es imposible. La única circunstancia, entonces, que puede posibilitar la existencia del comunismo es el desarrollo pleno de las fuerzas productivas. Lleno de pesimismo, Marx se imponía pensar que o bien el capitalismo duraría para siempre o que dicho desarrollo de las fuerzas productivas algún día llegaría. Y, desde el momento que odiaba el capitalismo, necesitaba pensar en soluciones tecnológicas.

Ahora, ¿qué *es* una sociedad de competencia, en el sentido del párrafo de la *Ideología Alemana*? Es una sociedad en la cual las personas usan

---

[36] *La Ideología Alemana*.

[37] No estoy afirmando que el pesimismo social de Marx fuera el único origen de su optimismo materialista: ver la nota de página 13 en la introducción de este libro.

[38] *La Ideología Alemana*, pp. 329-30.

sus poderes para obtener lo más que pueden para *ellos mismos*, sin tener en cuenta las necesidades de los demás. No obstante ellos pueden concretar lo anterior solamente si gozan de la libertad para usar sus poderes como ellos quieren, exclusivamente, y por lo tanto, si el principio de propiedad de sí prevalece.

Entonces, desde el momento en que Marx pensó —así lo demuestra nuestro texto— que es imposible extinguir la competencia antes de conseguir la abundancia absoluta, él creía casi con certeza que resultaría imposible abolir la presuposición jurídica de la competencia, a saber, la propiedad de sí, en tanto se produjera cualquier tipo de escasez. Si hubiera pensado que era posible trascender la propiedad de sí en la escasez, entonces, ¿por qué, y a raíz de qué otra razón profunda y no relacionada, hubiera pensado que de todas maneras era imposible abolir la competencia?

Cuando no hay abundancia, así lo creía Marx, es imposible abolir la propiedad de sí. Y cuando la abundancia se ha logrado, y dicha posibilidad está establecida, la abolición de la propiedad de sí ya no es necesaria. Lo bueno de la abundancia no es que la misma posibilita abolir la propiedad de sí, si bien lo hace, sino que torna innecesario hacerlo (ver más arriba).

7. Algunos estudiosos de Marx dirían que he exagerado acerca del grado en el que Marx confiaba en el triunfo del comunismo para lograr una abundancia que extinguiera los conflictos de intereses, y admito que mi idea no está basada en la lectura detenida de los textos sino de recordar cómo las críticas de la burguesía al comunismo circulaban en mi infancia y adolescencia. Ya que fui criado en el movimiento comunista canadiense, y mi primera ingestión de marxismo, que sin duda alguna tiene un efecto duradero, fue en dicho movimiento, y podría asegurar que el énfasis acerca de la abundancia ilimitada en mi propia comprensión del marxismo no proviene de Marx sino de dicho movimiento. (El evangelio del movimiento era *El Materialismo Histórico y Dialéctico* de Stalin: escrito por Joseph Vissarianovitch, el desarrollo de las fuerzas productivas constituía la clave de la historia y la liberación del ser humano).[39] Los estudiosos de Marx a quienes yo tengo en mente coincidirían en que, según Marx, habrán pocos conflictos de intereses bajo el comunismo, no obstante ellos dirían que él basaba esa expectativa *no* en la creencia de una futura abundancia imponente sino en la confianza en que,

---

[39] Con el propósito de ofrecerle al lector la posibilidad de regocijarse al enterarse de cómo era la fe estalinista en el desarrollo de las fuerzas productivas, paso a citar del libro de texto soviético *Fundamentals of Marxism-Leninism*, que fue publicado a principios de la década del 60. Da cuenta de lo que ocurre en el curso de 'el avance hacia las alturas luminosas de la civilización comunista' que comienza con una extensa cita de la obra del académico V.A.Obruchev, 'el famoso científico soviético', el cual, ahora nos enteramos de que no llegó demasiado lejos.

luego de la abolición del capitalismo, *la motivación* individualista decaerá gradualmente. Las personas no pensarán más en términos de lo mío y lo tuyo. Cada persona se convertirá en 'individuo social' que se *identifica* con los intereses de las otras personas.

De todas maneras, tengo mis reservas acerca de esta interpretación de Marx, las que desarrollaré en la sección 9. En este momento deseo criticar la confianza en la superación de la motivación individualista, si existe o no una base para la misma en Marx. Por supuesto, podemos cuestionar si tal superación es posible. No obstante, dejando esto de lado, quiero destacar que lo anterior es extremadamente indeseable. A menos que la frase 'trascendencia de la motivación individual' sea empleada en una descripción engañosa de algo diferente, a saber, mi idea de que los conflictos de intereses persisten pero las personas están dispuestas a resolverlos de una manera igualitaria, denota una perspectiva bastante espeluznante, en la cual la propiedad de sí es protegida a expensas de una hipersocialización de las pertenencias de cada individuo. El jurista soviético E. B. Pashukanis apostaba a la 'persona social del futuro, la cual subsume su ego en el colectivo y por ende encuentra la máxima satisfacción y el sentido de la vida en este acto',[40] de todas maneras yo no encuentro ningún atractivo en el ideal retratado en dicha formulación.

Es necesario: prolongar la vida humana a una edad promedio entre 150 y 200 años, para erradicar las enfermedades infecciosas, reducir al mínimo las enfermedades no infecciosas, alcanzar la longevidad y derrotar el cansancio, aprender las técnicas de reanimación en caso de muerte por accidente o antes de tiempo; poner al servicio del hombre todos los recursos de la naturaleza, la energía solar, y el calor eólico y subterráneo, aplicar la energía atómica en la industria, en el transporte y en la construcción, aprender cómo acumular energía y transmitirla, en forma inalámbrica, a cualquier lugar del planeta; pronosticar las calamidades naturales y por lo tanto eliminar su potencialidad de daño provenientes de ellas: inundaciones, huracanes, erupciones volcánicas, terremotos; producir a nivel industrial todas las sustancias conocidas en el planeta, inclusive las –proteínas– más complejas, y también las sustancias desconocidas a la naturaleza: más duras que el diamante, más resistentes al calor que los ladrillos horneados, más refractarias que el tungsteno y el osmio, más flexibles que la seda y más elásticas que la goma, desarrollar nuevas razas de animales y variedades de plantas que crezcan más vigorosamente y por lo tanto produzcan más carne, más leche, más lana, más trigo, más frutas, más fibras y más madera según las necesidades del hombre; reducir, adaptar para las necesidades vitales y conquistar terrenos poco fértiles, los pantanos, las montañas, los desiertos, la taiga, la tundra, y tal vez, hasta los fondos marinos; aprender a controlar el clima, regular el viento y el calor, de la misma manera que son regulados actualmente los ríos, dirigir las nubes a voluntad para controlar las lluvias y el cielo despejado, la nieve y el clima caluroso.
Sigue adelante sin decir que aún después de lograr todas estas maravillosas tareas de erradicación y control de alta envergadura, la ciencia no obstante, no habrá alcanzado aún los límites de sus potencialidades. No existe ningún límite ni tampoco puede existir alguno, para la curiosidad de la mente humana, para la lucha del hombre en su afán de poner las fuerzas de la naturaleza a su servicio, para develar todos los secretos de la misma (páginas 876-7).
[40] *Law and Marxism*, pág.160.

En el escenario de Pashukanis, la constitución permite que las personas se comporten como a ellos les plazca, ' simplemente y según ellos piensan', y lo que ellos están decididos a hacer es complacerse los unos a los otros. Mi propia solución no adhiere a un cambio tan extremo en la motivación de las personas. *Estoy convencido de que es mucho mejor rechazar el principio normativo burgués de la propiedad de sí y no apuntar a una gran*[41] *transformación de la psicología humana que lo que implica postergar el principio burgués y luego confiar en un grado extravagante de socialización.*

La insistencia en vencer todos los conflictos de intereses, tanto en la versión de la abundancia como en la del 'individuo social', refleja, creo yo, un rechazo infantil a tolerar una medida de auto negación como el camino para negociar con las inevitables dificultades de la existencia social. Debemos aceptar que siempre existirán conflictos substanciales de intereses, no obstante las personas puedan demostrar su capacidad para manejarlos a través de la mutua tolerancia y sentido de justicia cuando ellos están bendecidos por las circunstancias materiales que son piadosas, aunque no paradisíacas. Para que esto sea factible, las personas no deben ser celosamente ecuánimes y altruistas, desde el momento que yo estoy preconizando una abundancia que, aunque menor a la que la que creo que Marx profetizó, es lo suficientemente grande como para asegurar que una parte considerable del auto sacrificio requerido en pos de la igualdad de condiciones no será necesario.

La figura 1 resume mucho de lo discutido anteriormente. Esta detecta tres puntos básicos para comprender que la igualdad radical sin coerción es posible.[42]

8. La figura 1 muestra dos respuestas marxistas tradicionales a la pregunta de cómo la igualdad voluntaria podría ser posible, y mi propia respuesta diferente. La figura omite una cuarta respuesta posible, que no es ni la de Marx ni la mía, y que llamaré la solución de Sumner, ya que me fue sugerida por Wayne Sumner.

La solución de Sumner es diferente a cualquiera de las de Marx en tanto tolera los conflictos de intereses, pero también es diferente a la mía, ya que su mecanismo no es en función de la justicia igualitaria, y por lo tanto no contradice el libertarianismo. La solución de Sumner depende de un nivel material similar al que yo invoco, en el cual no se requieren grandes sacrificios para lograr la igualdad. Esta basa su logro en una forma de altruismo

---

[41] No necesito afirmar que el escenario que yo mismo proyecto (ver más arriba) no implica ningún cambio en la psicología humana.

[42] Para ver una crítica que desafía una versión anterior de las secciones precedentes a este capítulo, referirse a la obra de Keith Graham, 'Self-Ownership, Communism, and Equality', mi respuesta a dicha crítica está disponible para quien así lo requiera.

limitado. Según Sumner, las personas tienen suficiente(aunque no ilimitado) afecto el uno por el otro, de forma tal que, cada vez que una persona cae bajo el nivel general de bienestar, los otros notan su apremio y en consecuencia llevan a cabo acciones para solucionarlo. La asistencia que ellos dan no es ofrecida con el más mínimo atisbo de beneficencia, la cual podría ofender la dignidad de las personas menos favorecidas, sino que lo hacen con un espíritu de camarería. Los ciudadanos de Sumner no son iguales a los de Pashukanis, desde el momento en que ellos sacrifican objetivos que desearían conseguir, en la manera en que alguien lo haría a favor de un amigo.

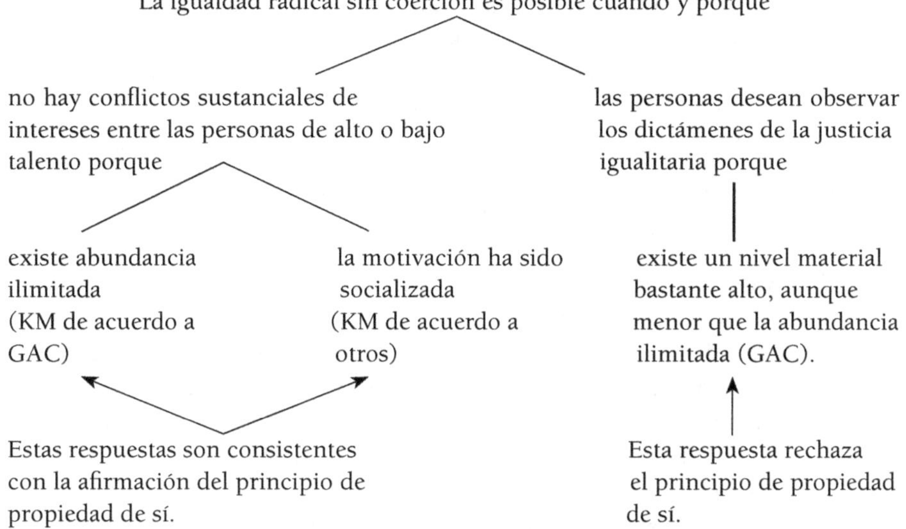

Figura 1

En el escenario de Sumner, nadie apunta a la igualdad como tal, al contrario de como lo haría cualquier sujeto si la justicia accionara contra él, sin embargo siempre se obtiene un resultado igualitario. Concluyo que dicha conjunción de condiciones no es realista, bajo ningún nivel para sociedades que exceden el tamaño de un pueblo. Podría no ser realista suponer que inclusive en una sociedad de mayores dimensiones, las personas no dispuestas a movilizarse ni por la justicia ni por la caridad podrían en cambio, estar firmemente dispuestas a ayudar a otros sujetos anónimos que tienen alguna dificultad particular, de todos modos lo máximo que produciría lo anterior es una analogía anárquica del estado de bienestar: el alivio de los problemas graves y de la deprivación aguda. Yo no veo cómo se podría esperar que la motivación de Sumner sirva para asegurar el objetivo de igualdad demandante.

9. Ya expresé mis dudas (más arriba) acerca de la atribución a Marx del enfoque pashukiano sobre qué es lo que haría posible la igualdad comunista. Tal vez Marx confiaba en la socialidad radical en el momento de sus primeros escritos, no obstante los individuos socializados, en el sentido requerido, no me parece que sea lo que permite que la igualdad comunista se torne posible en sus trabajos posteriores, desde *La Ideología Alemana* en adelante. Cuando *El Manifiesto Comunista* predice que 'el libre desarrollo de cada uno [será] la condición para el libre desarrollo de todos', esto no pronostica una erupción de altruismo, así lo he ya sugerido (ver sección 3 arriba), o ningún otro cambio efectivo que se asemeje en su magnitud. Permítanme referirme al ejemplo de la composición musical. Si un saxofonista, un bajista, un baterista y uno o dos músicos más forman una banda de jazz, ya que el deseo de cada uno consiste en desarrollar su propio talento tocando en la misma, ellos no están motivados por el altruismo, y nadie se une a una banda con la intención de promover la auto realización de otro músico. Todos se unen a una banda por placer, y no porque desean que la banda se destaque por alguna razón independiente (lo que no significa que dichos músicos no tenga también esta motivación).

En su obra *Marxism and Moral* Steven Lukes pasa por alto la interpretación de la banda de jazz de los textos relevantes, y en consecuencia adopta una caracterización del individuo comunista hipersocializada y textualmente insostenible. No conozco ninguna evidencia, en los escritos maduros de Marx, ya que de acuerdo a Lukes Marx 'se inclinaba hacia la máxima' supresión de la distinción entre los intereses de los individuos.[43] El comunismo no es, decía Marx, 'el amor imbuido opuesto al egoísmo'.[44]

En mi visión, cuando el Marx maduro hablaba de la superación del antagonismo entre el individuo y el interés social, no quería decir que el individuo tomaría como propio el interés social. Lo que tenía en mente era una feliz armonía de intereses individuales, y, en consecuencia, el cese de la manifestación de la unidad social de manera alienada.[45] Lukes tergiversa la ausencia de conflicto entre el individuo y un interés social *separado* como una identidad de los intereses de los individuos.[46]

Marx, además, no postuló una armonía completamente absurda de los intereses individuales. Los antagonismos derivados del 'proceso social de

---

[43] Lukes, *Marxism and Morality*, pág. 98.

[44] Marx y Engels, 'Circular Letters Against Kriege', pág. 41. Cf *La Ideología Alemana*: 'Los individuos' desconocedores de sus mutuas relaciones… ya no serán más "el principio del amor" o devoción que lo que será el egoísmo.

[45] Ver mi obra *Karl Marx's Theory of History: A Defence*, pp. 125-9, sobre cómo según Marx, el antagonismo entre los individuos conduce a la alienación del lazo social.

[46] Ver Lukes, *Marxism and Morality*, pp. 97-98. El párrafo de *La Ideología Alemana* citado por Lukes en la página 98 no tiene nada que ver con la socialización de los individuos.

producción' han desaparecido, y en consecuencia también se ha desvanecido la necesidad de proyectar una armonía ilusoria en la religión y el estado, no obstante no desaparece todo el 'antagonismo individual'.[47]

Para estar seguro, Marx empleó la frase 'individuo social', y ésta sugiere, fuera de contexto, el producto de una transformación socializante radical de la estructura motivacional del individuo. No obstante, una mirada al párrafo donde aparece dicha frase disipa la impresión inicial. Cuando Marx afirma que, con el comunismo, 'el desarrollo del individuo social... aparece como la piedra fundante de la producción y de la riqueza',[48] no está hablando acerca de motivaciones altruistas o ningún otro tipo de vínculo afectivo. Se está refiriendo ala sociabilidad ya no confinada a una expresión alienada dentro de un estado represor y estructuras sociales:[49] con la superación de la alienación la sociedad existe *exclusivamente*en sus individuos constituyentes.

De esa manera' el individuo social' del *Grundisse* rememora al individuo de la *Cuestión Judía*, que reconocerá y organizará sus propias fuerzas 'como fuerzas *sociales*, y en consecuencia ya no separará el poder social de símismo en forma de poder *político*.[50] No obstante, en ese trabajo inicial la idea de que la sociabilidad como una superestructura opresiva desaparecería está ligada a una doctrina motivacional. En tanto que el individuo autoemancipado de la *Cuestión Judía* trasciende al estado, él trasciende, en el mismo movimiento, el egotismo de la sociedad civil que determinó la necesidad de la existencia del estado. Esa es una razón por la cual yo restrinjo mi rechazo al individuo socializado (según la concepción de Pashukanis) como una interpretación de las bases de Marx para creer en la posibilidad del comunismo remitiéndome a su *Ideología Alemana* y a sus escritos posteriores. La otra razón es el sostén textual aparente de la noción de socialización basándose en una descripción extraordinariamente ambiciosa de lo que significa' [llevar] adelante la producción como seres humanos' que se halla en los 'Comentarios de Marx sobre James Mill' de 1844.[51]

10. ¿El comunismo, tal como lo describe Marx, y dada la naturaleza de su razón para poder pensarlo factible, produce justicia, o está, como alguna

---

[47] Prefacio de *The Critique of Political Economy*, pág 183.

[48] *The Grundrisse*, pág 705. Para frases similares, ver *ibid.*, pág. 832.

[49] Para una interpretación diferente de 'individualidad social', ver, David Archard, 'The Marxist Ethic of Self-Realisation' páginas 28 y ss; y Will Kymlicka, *Liberalism, Community, and Culture*, páginas 114/119. La socialización del individuo, tal cual es interpretada por los autores anteriormente mencionados, está referida a la noción de comunismo en términos de 'la liberación del contenido', situación que exploro en la sección (7) del Capítulo V, de *La Teoría de la Historia de Karl Marx*.

[50] 'Acerca de las Cuestiones Judías'.

[51] Ver esos 'Comentarios', más adelante.

gente cree, 'más allá de la justicia'?[52] Dicha pregunta es diferente a cada una de las otras dos, a saber: ¿El comunismo, tal como Marx lo describe, produce justicia, *de acuerdo a lo que Marx entiende por justicia?* Y: ¿*El propio Marx pensaba* que el comunismo produciría justicia? Estoy solamente exponiendo la primera pregunta que es la menos exegética de las tres. Las tres preguntas son claramente diferentes, y, en mi visión, ellas tienen respuestas distintas, en parte porque, como ya lo he argumentado en otra parte,[53] mientras que Marx creía que el capitalismo era injusto, y que el comunismo era justo, no siempre se dio cuenta que tenía esas creencias. Esta discrepancia dentro de su actitud hacia la justicia ha generado una extensa controversia exegética, acerca de la cual no voy a hacer comentarios aquí, en parte porque yo tendría poco que agregar al excelente tratamiento de dicho tema en la publicación de Norman Geras.[54]

Parte de la controversia acerca de si el comunismo de Marx está más allá de la justicia o no, refleja el fracaso para distinguir categóricamente a los distintos sujetos del predicado 'es justo'. Algo que puede resultar justo o injusto es la distribución de los bienes y servicios. Creo que es justo cuando tiene una cierta forma igualitaria, cuyo carácter exacto no necesita ser especificado aquí, pero que yo supondré que caracteriza la distribución bajo el comunismo marxiano. De esto se deduce que el comunismo, como Marx lo describe, produce realmente justicia. Pero logra este cometido ya sea (según mi interpretación de Marx) en virtud de la abundancia o (como en la interpretación de Marx ofrecida por otros) en virtud de una cierta socialización de la motivación. En ninguno de los casos, la justicia que esto produjese debe a la justicia entendida como una virtud moral entre su ciudadanía. Y desde el momento en que se puede pensar de la justicia no como un legítimo estado de situaciones, sino como el camino para llegar a dicho estado, entonces, de acuerdo como está dada la plena distribución en el comunismo, tal como Marx lo describe, se podría llegar a la conclusión que está más allá de la justicia. Sin embargo, no hay razón para que alguien que cree que el comunismo es justo porque su distribución es justa para resistir a la conclusión de que el comunismo (también) está más allá de la justicia, en el sentido en el que usé 'más allá de la justicia' en la oración anterior.

(Vale la pena destacar que bajo mi propuesta no-marxista acerca de qué factor haría posible el comunismo, la sociedad no está en ningún aspecto más

---

[52] 'Más allá de la justicia' es muy ambiguo. 'Más allá' podría significar 'más allá de la necesidad de' o 'más allá de la posibilidad de', y 'justicia' puede ser una caracterización de las personas, o de las instituciones, o de las distribuciones. No abordo la totalidad de las posibles desambiguaciones resultantes en lo que sigue a continuación.

[53] En mi revisión de *Karl Marx* de Allen Wood.

[54] Ver 'La Controversia acerca de Marx y la Justicia' en su obra *Literature of Revolution.*

allá de la justicia en ninguno de los dos sentidos –justicia como distribución y justicia como virtud moral– ambos criterios diferenciados anteriormente).

La importancia de ser claro en cuanto a que la justicia, en diferentes discusiones, es una propiedad, es corroborada por una relación interesante entre tres puntos de vista de lo que podría hacer posible el comunismo que ya he discutido en este ensayo y ciertas observaciones en el informe de David Hume sobre la virtud personal de la justicia.

Para Hume, una condición subjetiva y una objetiva son individualmente necesarias y conjuntamente suficientes para que la virtud de la justicia sea tanto necesaria como posible en la sociedad humana. Las condiciones son limitadamente generosas y moderadamente escasas.[55] Cuando las limitaciones en cuanto a la generosidad se eliminan, de manera tal que cada hombre 'no siente más preocupación por sus propios intereses que por los de sus semejantes',[56] la justicia es innecesaria, y cuando las personas carecen de generosidad en absoluto, la justicia es imposible.

Bajo una completa ausencia de escasez, que es sinónimo de abundancia ilimitada, la justicia es, una vez más, innecesaria, y en condiciones de escasez extrema, donde lo que existe no alcanza para suplir las necesidades mínimas de cada persona, es imposible: no se puede esperar que los seres humanos sean justos en esas circunstancias. La justicia es un aspecto normal de los acontecimientos humanos, desde el momento en que la condición subjetiva se satisface como una cuestión de la naturaleza humana, y su condición subjetiva casi siempre se satisface, desde el momento en que la escasez

---

[55] '…'es sólo desde el egoísmo y desde los límites de la generosidad del hombre, junto a la escasa provisión que la naturaleza le ha otorgado para sus deseos, que es allí donde la justicia encuentra su origen', *Tratado de La Naturaleza Humana*. Para más aclaración bien argumentada acerca de que la lista de Hume es incompleta, ver a Lukes, *Marxism and Morality,* páginas 32-3, y también su 'Talking Morality Seriously, páginas 104-5. Lukes sigue y desarrolla, el libro de Alien Buchanan, *Marx and Justice*, p.167. Para una crítica más profunda de Hume, ver a James Griffin, *Well-Being*, pp. 285/6, 382.

[56] *An Enquiry Conserning the Principles of Morals*, p. 185. Hay que destacar que no se trata de altruismo paradójico en el cual las personas se interesan exclusivamente de los intereses de los demás, lo que es paradójico porque entonces desaparecen los intereses por los cuales un sujeto se avenga a ocuparse. Se trata más bien, de una actitud inmediata de conformismo en relación a la política ya sea de maximizar o de igualar el bienestar (dependiendo de cómo se entiende la igualdad de compromiso: ver más adelante).

extrema no puede ser duradera (arrasa con los seres), y poca gente puede vivir en las naturalmente pródigas islas de los Mares del Sur.[57]

Esa es la respuesta de Hume a la pregunta: ¿Cuándo la justicia, como una virtud de las personas, es a la vez necesaria y posible? Yo he enunciado una pregunta diferente: ¿Qué puede hacer posible el comunismo, en tanto el comunismo es concebido como una distribución igualitaria sin coerción? Las preguntas son diferentes, no obstante las respuestas se superponen unas con otras. La primera respuesta a mi pregunta es la que creo dio Marx, a saber, la circunstancia de abundancia masiva, que es la misma de una de las dos respuestas de Hume a la pregunta: ¿Qué hace a la justicia innecesaria? La segunda respuesta a mi pregunta, que otros piensan dio Marx, yo la denomino motivación socializada, y se asemeja a la benevolencia ilimitada, que es la respuesta alternativa de Hume a la pregunta de qué hace a la justicia innecesaria. La respuesta que elijo para mi pregunta es: conducta voluntariamente

---

[57] Aquí hay una presentación más sistemática del argumento de Hume acerca de las condiciones de la justicia. Cada una de las condiciones de generosidad y de escasez, pueden estar completamente ausentes, ser moderadas o sin límites. Lo anterior origina nueve conjunciones posibles de condiciones objetivas y subjetivas. Las tabulo a continuación, junto con algunas de las consecuencias que según mi opinión debería manifestar Hume, en cada caso, esto corroboraría si la virtud de la justicia es posible y necesaria o no:

		GENEROSIDAD		
E		Ausente	Moderada	Sin límites
S	Sin límites (=escasez extrema)	1 Imposible	4 Imposible	7 Innecesaria
C A S	Moderada (=Abundancia moderada)	2 Imposible	5 Posible y necesaria	8 Innecesaria
E Z	Ausente (= abundancia ilimitada)	3 Innecesaria	6 Innecesaria	9 Innecesaria

justa. Esto es lo que Hume dice que sucede[58] cuando las personas no son ni totalmente descuidadas en relación a sus semejantes ni absolutamente identificadas y cuando la naturaleza no impone escasez extrema ni tampoco una cornucopia; y según mi perspectiva acerca del comunismo, en contraste con las dos perspectivas atribuidas a Marx, ellas también despliegan aspectos subjetivos y objetivos.

Se podría decir, siguiendo la línea de Hume que en los dos puntos de vista marxianos de lo anterior (ambos opuestos a mi propia postura), el comunismo está más allá de la justicia, en tanto que está más allá ya sea de una como de la otra de sus dos condiciones. O, contrariamente, se podría decir que, para Hume, lo que torna a la justicia innecesaria esprecisamente lo que, para Marx, la hace posible. No obstante, esta supuesta paradoja desaparece cuando recordamos el lugar que ocupa la justicia en ambos casos. Si nosotros predicamos la justicia del comunismo, tal cual Marx la describe, entonces optamos por ello a causa de su distribución igualitaria, y no a raíz de algún aspecto virtuoso en sus ciudadanos. En tanto que para Hume, en contraste, la justicia siempre es una virtud de las personas. La justicia es, entre otros aspectos, y con especial relevancia aquí, la virtud artificial que restringe nuestra natural tendencia a apropiarse de todo aquello que generalmente toda

---

Los puntos 3, 6, 7, 8, y 9 quedan justificados por la frase de *El Tratado* de Hume: 'Aumenta la benevolencia de los hombres hasta un nivel satisfactorio, o la abundancia de la naturaleza, y así harás que la justicia sea inútil, al reemplazarla con virtudes mucho más nobles, y bendiciones más valiosas' (pág.495). Y me parece que la brillante argumentación de Hume en la Parte I de la sección III fundamentan los puntos restantes del diagrama expuesto arriba. Cuando la escasez es moderada la generosidad hace que la justicia sea posible, y su carácter limitado determina que la justicia sea necesaria. Cuando la generosidad existe pero es limitada, la ausencia de escasez extrema determina que la justicia sea posible, y la presencia de escasez (moderada) hace que la justicia sea necesaria.

¿Es posible la justicia en los casos donde ella es innecesaria? Creo imposible en los puntos 7, 8, y 9 por las razones expuestas más adelante, donde se discute la inconsistencia del incremento de justicia y benevolencia. ¿Pero es posible la justicia en los casos 3 y 6, en donde lo que la hace innecesaria no es la generosidad en especial sino la abundancia en sí misma? Se podría responder: no, no es posible, porque la abundancia hace que la creación de las instituciones se incline a considerar que la justicia es innecesaria, por lo tanto las mismas no deben existir escindidas de la justicia. Pero también se podría responder: sí, es posible, desde el momento que para el individuo es posible erigir y honrar dichas instituciones inútilmente; se podrían tener derechos de propiedad donde, por razones de abundancia, las mismas no son necesarias, por lo que se tendría una justicia inútil, 'un ceremonial ocioso' (*Enquiry*, pág. 184), en los casos 3 y 6. ¿O se debería aun insistir: no, desde el momento que dichas instituciones no irían contra el meollo de la cuestión, por lo tanto no se trataría de una virtud artificial, y por ende no sería justicia?

[58] Excepto por el hecho de que tanto Hume como yo abordemos de manera muy diferente el tema acerca del comportamiento justo: el paralelo es más formal en este punto que lo que lo es en los otros dos.

institución que promueve el bienestar a través de la propiedad asigna a otros ciudadanos.

Ambos términos 'generalmente' y 'que promueve bienestar' necesitan una explicación. La obediencia de la institución a lo que es la justicia es *generalmente* solo la que promueve bienestar, ya que, en situaciones particulares, adherir a las reglas de la propiedad puede ocasionar más daños que beneficios, y constituye una evidencia de la artificialidad de la justicia (en contraste con una virtud natural como la benevolencia) que debería ser de esta manera. No existen posibles reglas de propiedad que resulten mejores, considerando todos los aspectos, que aquellas reglas que en algunas instancias conllevan algún perjuicio.

La expresión 'que promueve bienestar', por definición, es ambigua a través de dos alternativas. Algunos comentaristas piensan que Hume era un utilitarista, de manera tal que la obediencia de la institución a eso que es justicia promueve una felicidad añadida, aun si fuera necesario al costo de la felicidad de algunos. Otros comentaristas, por ejemplo Gauthier, piensan que Hume supone que las instituciones importantes promueven el bienestar de cada persona.[59] Yo empleo el término impreciso 'que promueve bienestar' porque la diferencia entre las interpretaciones en relación a lo añadido e individualizado no es importante aquí.

Según Hume, las instituciones como la propiedad privada no son en sí mismas justas o injustas, sino que promueven bienestar o lo frustran, y son las personas las que son justas o injustas según ellas obedezcan o no a las reglas de las instituciones que promueven bienestar. La justicia es 'una consideración hacia la propiedad de los otros'[60], no obstante dicha consideración se la asume como justicia solo porque la institución de la propiedad es generalmente promotora de bienestar.

Desde el momento en que el concepto de justicia humeano adhiere a las reglas de la propiedad, no puede haber ningún tipo de justicia, según Hume, donde las reglas de propiedad no existan. De acuerdo a esto, cuando la abundancia plena torna dichas reglas innecesarias, ella también disuelve la justicia. La justicia es la virtud artificial que combate nuestra tendencia natural a tomar lo que le pertenece a otros. No obstante no hay oportunidad para la manifestación de dicha tendencia cuando se logra la abundancia, porque entonces los seres humanos pueden obtener todo lo que desean sin tomar lo que le pertenece a otros (y ellos no son tan maliciosos como para desear

---

[59] Ver su excelente obra *David Hume, Contractarian*.

[60] 'Of the Original Contract' p.367. A veces esperar que se cumplan las promesas es *también* parte de la justicia, ver por ej. *Treatise*, p.526.

tomar de los otros por razones no-instrumentales). La abundancia significa que no existe nada a lo que el artificio de la justicia pueda oponerse.

Podría parecer menos claro que la incrementada benevolencia 'tornara inútil la justicia'.[61] ¿Por qué una disposición para respetar las reglas de propiedad no debería coexistir con una expansión de la generosidad? Mientras haya escasez, parecería que existe un motivo para distinguir lo mío de lo tuyo, y si, siendo benevolente, las personas cumplen la distinción voluntariamente, entonces ¿No están siendo voluntariamente justos, en vez de benevolentes -y-por lo tanto-no-justos?

Dicha línea de cuestionamiento de errores es la que está implicada cuando las limitaciones de la generosidad humana están a la vista. Cuando cada ser humano 'no siente más compromiso por su propio interés que por el de sus semejantes', el uso de cualquier objeto material, en cualquier ocasión, termina en las manos de cualquiera, con el consentimiento de todos, que pareciera más propenso a disfrutar del mismo.[62] En consecuencia, no existiría ningún tipo 'de marcas linderas entre la parcela de mi vecino y la mía',[63] y ni siquiera paredes ni cercos. Su asociación por definición con la propiedad convierte a la justicia por naturaleza en una 'virtud cauta y celosa',[64] una consideración para lo mío y para lo tuyo no gobernada por las consecuencias inmediatas del bienestar, y por lo tanto estrictamente incompatible con el grado de generosidad a la cual Hume le atribuye la disolución de la justicia.

Si la justicia es una disposición para honrar a ciertas instituciones y la injusticia es una disposición para violarlas, entonces ninguna de las dos existe, nosotros estamos realmente más allá de ambas, cuando las instituciones en cuestión no existen. No obstante, si la justicia es considerada como un esquema de distribuciones, entonces existe una variedad de motivos compatibles con la justicia, y también una variedad de circunstancias, incluyendo la abundancia. Si por ejemplo, la justicia consiste en la distribución proporcional a la necesidad, entonces es lícito pensar que la abundancia da lugar a un tipo de justicia fácilmente alcanzable, en vez de innecesaria. Y, donde la abundancia falta, entonces una generosidad especial, inclusive la generosidad ilimitada de Hume, podría ser lo que hace posible la justicia. En el sentido más amplio de la distribución[65] siempre existe una distribución de lo bueno y de lo malo en la sociedad, y esta distribución siempre adopta una cierta forma. En con-

---

[61] *Treatise*, p. 495.

[62] O a quien tiene una demanda de bienestar con diferente fundamento de la misma, dependiendo de cómo se interpreta la igualdad de compromiso: ver más arriba.

[63] *Enquiry*, p. 185.

[64] *Ibid.*, p. 184.

[65] Más amplio, por ejemplo, que uno que se limita asimismo a las distribuciones de la propiedad *per se.*

secuencia, donde la justicia consiste en la distribución de una determinada forma, resulta imposible ir 'más allá' de la justicia y de la injusticia. Estas son contradictorias, y no meramente contrarias.

6. Marxismo y filosofía política contemporánea o: ¿Por qué Nozick influencia más a algunos marxistas que a algunos liberales igualitarios?

1. Si bien pertenezco a una escuela de pensamiento que ha sido denominada *marxismo analítico*, al igual que otros de la misma escuela, y tal cual queda de manifiesto en los capítulos precedentes de este libro, estoy comprometido por cuestiones de moral y filosofía política que en el pasado, no han llamado la atención de los marxistas. Los marxistas analíticos se involucran con lo que demanda un compromiso con la igualdad, y precisamente con qué suerte de obligaciones tienen las personas talentosas y productivas hacia aquellas que son relativamente improductivas o minusválidas, o que viven en un estado de especial necesidad. Nosotros buscamos una definición precisa de lo que es la explotación, y queremos saber con precisión por qué esta es errónea.

¿Qué es lo que explica esta relación más bien novedosa, es decir, novedosa para los marxistas, o inclusive –ya que no cabe ninguna duda, por el momento, que no existe nada más acertado que llamarnos así– para los semi-marxistas? No creo que se explique por el hecho de que, al contrario de los marxistas de antaño, nosotros somos académicos con trabajos relativamente bien remunerados, recibimos dinero y reconocimiento a través de insistir con dichas preguntas y proponer nuestras propias respuestas a ellas. Ya que también podríamos recibir dinero y reconocimiento insistiendo con las preguntas que siempre han ocupado a los marxistas, preguntas tales como base y superestructura y fuerzas y relaciones de producción que me han tenido ocupado durante unos quince años, antes que mis intereses se dirigieran decididamente en la dirección de la filosofía moral y política.

Yo creo, en cambio, que nuestra nueva orientación en la atención se explica por los cambios profundos en la estructura de clase de las sociedades capitalistas occidentales, cambios que despiertan problemas normativos que no existían anteriormente, o, mejor dicho, que previamente tenían poca significancia política.

Dichos problemas normativos tienen ahora gran significancia política.

Un propósito de este capítulo es identificar algunos de dichos problemas normativos y explicar por qué ellos eran menos interesantes en el pasado y por qué actualmente aparecen de manera más sensible.

2. Las personas como yo, que fuimos formadas por un marxismo políticamente comprometido mucho antes de que conociéramos la filosofía política académica, llegamos a la filosofía política acompañados de un cierto paradigma de injusticia gobernando nuestras reflexiones. Dicho paradigma es la relación entre el propietarizado capitalista y el trabajador asalariado sin propiedad, lo que los marxistas interpretan como una relación de explotación injusta. Es un dato moral para los marxistas políticamente comprometidos, o, en cualquier rango, para los marxistas políticamente comprometidos que no son del estilo excéntrico que me rodeaban cuando yo estaba creciendo,[1] que hay injusticia cada vez que un propietario de capital, en virtud de poseerlo, extrae utilidades de un trabajador quien carece de capital propio y en consecuencia se encuentra forzado a entregar parte de su producido a un capitalista como intercambio para poder acceder a los medios de producción.

¿Por qué tales marxistas creen que la extracción en cuestión es injusta? Creo que ellos lo piensan tan largamente porque creen que la transferencia del producto del trabajador al capitalista implica lo que Marx denominó 'el robo del tiempo de trabajo de otro sujeto':[2] el salario que recibe el trabajador corresponde solo a una parte del tiempo que él emplea en el trabajo, de tal manera que las horas que deberían, como una cuestión de justicia, pertenecer al trabajador, son robadas por su amo capitalista. Yo no digo que esta sea la única crítica que los marxistas le hacen a la relación capitalista, y ni siquiera, que para ellos esta sea la crítica más importante. La crítica que enuncia

---

[1] Nací en 1941 en un distrito de Montreal que fue representado por el comunismo en el Parlamento en 1945, y mis padres y con cierta frecuencia yo también, participábamos activamente en el movimiento comunista de Montreal que tuvo poder hasta 1956: ver Capítulo 11, sección 1, más adelante.

[2] *The Grundrisse*, p.705.

que una sociedad basada en la relación capitalista reprime el desarrollo del potencial humano, es como mínimo igualmente importante, pero dicha crítica no implica que la relación capitalista sea *injusta*.[3] Mi afirmación es que, para los marxistas, la objeción más importante de la justicia al capitalismo es la objeción al robo del trabajo, y en la medida en que los marxistas tienen otras objeciones al capitalismo inspiradas en la justicia, ellos no las distinguen. (La distribución desigual de los medios de producción, por ejemplo, que podría ser interpretado como injusto en campos independientes, los marxistas piensan que es injusto fundamentalmente porque la misma fuerza a que algunos sujetos realicen para otros trabajo impago).

Con el objetivo de fundamentar su condena al capitalismo, Marx argumentó que la relación entre los compradores y los vendedores de la fuerza de trabajo era en varios aspectos centrales sustancialmente análoga a la relación entre los señores feudales y los siervos de la gleba. La ley feudal y su aplicación exigen que el siervo done parte de su vida al señor feudal. El robo del tiempo de trabajo del siervo comienza cuando él abandona sus propios proyectos y procede a llevar a cabo sus obligaciones en la heredad del señor feudal. Es totalmente cierto, no es una cuestión de teoría sino de observación, que el siervo ocupa parte de su tiempo trabajando para sí y otra parte en trabajo no recompensado[4] para el señor feudal. Según Marx, no es menos verdadero con respecto al trabajador asalariado el hecho de que él sea forzado a donar parte de su vida a un superior poderoso. Pero la verdad, en su caso, es mucho menos manifiesta. En tanto que existen dos aspectos superficiales del capitalismo que soslayan su realidad subyacente. Para empezar, bajo el régimen capitalista la explotación es mediada por un contrato que el trabajador es formalmente libre (aunque solo formalmente) de no aceptar dicho contrato: en contraste, el siervo no goza en absoluto de ninguna libertad formal para decidir no trabajar para el señor feudal. Y en segundo lugar, la división del tiempo de trabajo del trabajador en tiempo que él trabaja para sí y el tiempo en que trabaja para el capitalista exige un análisis económico y no es, como lo es en realidad en el caso del feudalismo, una cuestión de observación.

Los marxistas dicen que los capitalistas les roban tiempo de trabajo a los trabajadores. No obstante solo se le puede robar a alguien lo que

---

[3] Para ver la no implicación hay que destacar que un sistema social podría reprimir el potencial de todos sus miembros sin distinción, para beneficio de nadie, y tampoco a pedido de algún sector particular de la sociedad: por lo tanto, no habría la más mínima injusticia en la represión. Por contraste no podría existir un sistema bajo el cual todo individuo sufra una pérdida neta de su tiempo de trabajo, como consecuencia de la expropiación.

[4] Algunas personas piensan que la protección que el siervo recibe del señor feudal lo compensa por la plusvalía que el señor feudal obtiene de su trabajo. No está de más decir, en este contexto, que Marx no es una de esas personas.

genuinamente le pertenece. En consecuencia, la crítica marxista a la injusticia capitalista implica que el trabajador es el dueño genuino de su propio tiempo de trabajo: solo él, y ningún otro, goza del derecho a decidir qué hará con su tiempo de trabajo. No obstante, él podría a duras penas gozar de dicho derecho pero carecer del derecho a decidir qué hacer con su propia *capacidad* para trabajar, su fuerza de trabajo. En consecuencia, la afirmación de que los capitalistas roban el tiempo de trabajo de los trabajadores implica que el trabajador es dueño genuino de su propia fuerza de trabajo. Pero los marxistas no podían pensar que el trabajador fuese el dueño de su propia fuerza al menos que se usara el mismo criterio para toda la población en general. Por lo tanto, el argumento marxista que sostiene que el capitalista explota al trabajador depende de la proposición que enuncia que los sujetos son los auténticos dueños de su propia fuerza de trabajo. Dicha proposición es la tesis de la propiedad de sí, y afirmo que dicha proposición es la tesis de propiedad de sí, y afirmo que (algo similar)[5] dicha tesis apuntala el caso marxista para la proposición que afirma que la relación capitalista es intrínsecamente de explotación.

La idea subyacente es que toda persona debería ser soberana con respecto a cómo hacer uso de sus energías. Ningún sujeto debería utilizarlas bajo las órdenes de ninguna otra persona a la manera de un esclavo *y* so pena la sustracción de parte de su producido sin ninguna recompensa a cambio.

Enfatizo 'y' para destacar que se pueden distinguir dos(generalmente no diferenciados pero sin embargo distintos) elementos en la acusación que denuncia que el trabajador padece injusticia. El siervo es, en parte, el esclavo del amo, ya que una parte de su vida está sometida, independientemente de su propio consentimiento, al deseo del señor feudal, y lo anterior es erróneo ya que todo sujeto debería en última instancia someterse solo y exclusivamente a su propio deseo. Él debería estar al timón de todos sus actos, de manera tal de poder controlar lo que se realiza con cualquier parte de una propiedad privada que le pertenece.(Ese comando no es, por supuesto, no calificado, y lo mismo rige para el comando análogo así denominado por la noción de propiedad de sí). Pero esta disquisición acerca de lo que está errado en relación a

---

[5] El paréntesis es una manifestación a favor de la demanda más débil: sin duda no es necesario afirmar una versión *irrestricta* del principio de la propiedad de sí para afirmar que la relación capitalista es inherentemente explotadora. No obstante, los marxistas no han reflexionado realmente acerca de las posibles restricciones y en consecuencia no han tomado distancia de la tesis no calificada sobre la propiedad de sí. Por lo tanto es, una simplificación permisible atribuirles la misma en esa forma. (Una restricción posible sería prohibir la *transferencia* de la propiedad de sí, que significa entregarse a la esclavitud. Dicha restricción es consistente con la descripción de los capitalistas como usurpadores de los trabajadores. Lo mismo no es aplicable para todas las restricciones sobre el ejercicio de los derechos a ser retribuido que se corresponden con la propiedad de sí).

la esclavitud y a la servidumbre (y que lo marxistas afirman que también está equivocado con el capitalismo) no se refiere a que un sujeto sea despojado de algo que produce. Para estar seguros, el daño infringido a un esclavo se ve agravado si de hecho él produce y no recibe (la totalidad) de su producido, pero siempre se le roba su tiempo tanto cuando es forzado a ceder su producto como cuando no lo es. De manera similar, el siervo es perjudicado, y, si Marx tiene razón, el proletario también es perjudicado, tanto cuando ellos producen algo durante el tiempo que se hallan cautivos por sus superiores como cuando no lo hacen, desde el momento en que el cautiverio en sí no es correcto. El proletario es dañado aun cuando no esté explotado, en el sentido de Marx, porque su ineficiente empleador nunca se las ingenia para asignarle una tarea mientras él espera, ociosamente, en la fábrica.

Un conocedor de *El Capital*[6] podría objetar, aun si Marx afirmó algunos principios acerca de la propiedad de sí, difícilmente podría haber pensado que la relación de dependencia de un asalariado implicaba un robo de la fuerza de trabajo que violaba dicha relación, desde el momento en que él insistía con vehemencia que el trabajador recibe el valor total de la fuerza de trabajo que vende al capitalista (siendo lo antedicho el valor de lo que se requiere para producir la fuerza de trabajo del trabajador, a saber, los bienes de subsistencia que él compra con su salario).

Ahora, la premisa a esta objeción (que el trabajador, según Marx, recibe el valor de mercado por su fuerza de trabajo) es correcto, no obstante la conclusión sugerida (que Marx no pensaba que los derechos del trabajador con respecto a su fuerza de trabajo fuesen violados) es bosquejado apresuradamente[7] ya que Marx frecuentemente se refirió al robo

---

[6] Los lectores que encuentran que la teoría del valor trabajo sea talmúdicamente aburrida, pueden omitir estos párrafos finales de la sección 2 y proceder a la sección 3.

[7] Aquellos que llegan a esta conclusión les gusta citar *El Capital* de Marx cuando habla de la circunstancia de que el capitalista obtiene más valor del trabajo del trabajador que del valor representado por los salarios del mismo: 'Esta circunstancia es un golpe de suerte para el comprador pero de ninguna manera resulta una injusticia para el vendedor'. (Vol.I, pág. 301). De cualquier forma, creo que es particularmente (woodeniano) calificar la 'injusticia' en este contexto, como algo que denota (una franca) injusticia, (en relación a este juego de palabras intencional: ver a Allen Wood, *Karl Marx,* pág.134. 'Injusticia' en este contexto significa, lo que Engels muestra que él pensó que significaba, en este párrafo paralelo: '[Esta] circunstancia... un golpe de suerte particular para el comprador, pero *de acuerdo a las leyes de intercambio de los commodities* de ninguna manera resulta una injusticia para el vendedor.' (*Anti-Dürhing,* pág.284, énfasis agregado).

del tiempo[8] de trabajo y, tal cual yo argumenté previamente, el robo del tiempo de trabajo implica el robo de la fuerza de trabajo también. En consecuencia, si el experto en *El Capital* está acertado al afirmar que la proposición que enuncia que la fuerza de trabajo del trabajador es *robada* por el capitalista es incompatible con la proposición que afirma que el capitalista le paga al trabajador el valor total de mercado de su fuerza de trabajo, entonces el propio Marx era inconsistente: la falta no reside en mí, sino en él. No obstante, estamos habilitados, creo, para absolver a Marx de la actual imputación de incoherencia. Para poder llevar a cabo lo enunciado, necesitamos absoluta claridad en relación al estado de la afirmación de Marx acerca de que el capitalista le roba al trabajador. Tal afirmación es, por supuesto, falsa, en tanto que el término 'robar' queda restringido a su significación legal: no se viola ninguna ley de la propiedad burguesa en la relación de dependencia salarial. No obstante, este no es el centro de la cuestión ahora, desde el momento que es igualmente cierto que no se viola ninguna ley de la propiedad feudal en la relación entre el señor feudal y el siervo de la gleba, a quien Marx asimila al proletario con el objetivo de demostrar que este último es estafado.

En cada caso en particular, existe, de acuerdo a Marx, un robo de hecho pero en términos legales: si él está en lo correcto, los procedimientos legales vigentes están al servicio de facilitar los robos cuantiosos (no legalmente hablando) descriptos por Marx.

En términos legales el trabajador es 'el libre propietario de su propia capacidad de trabajo y por lo tanto, de su persona',[9] no obstante, en los hechos un trabajador no es más de lo que es un siervo de la gleba.

Existe, finalmente, un camino ulterior especialmente sutil por el cual la coherencia de Marx puede ser reivindicada. Porque aunque el capitalista paga el ciento por ciento del valor del mercado por la fuerza de trabajo del trabajador, y por lo tanto no se puede decir contundentemente que esté robando algo del valor de mercado, se podría argumentar que está robando parte de su valor de uso, desde el momento que parte de su valor de uso es su poder para producir más de lo necesario para sostener la subsistencia, y es válido argumentar que el capitalista se apropia de lo antes mencionado sin sustituir

---

[8] Ver el párrafo de *Grundrisse* citado precedentemente. Hay muchos otros párrafos similares de igual relevancia, incluyendo el siguiente, que es especialmente interesante y pertinente, desde el momento que muestra que el propio Marx consideraba la acusación de que el capitalista roba (algo a cualquier precio) consistente con su pago al trabajador por lo que vale su fuerza de trabajo: 'Aunque equivalente sea intercambiado por equivalente todo el asunto todavía permanece como la actividad secular del conquistador, que compra *commodities* de los conquistados con el dinero que les ha robado' (*El Capital*, Vol.I).

[9] *Ibid.*, pág.271.

nada a cambio: quizás, entonces, el capitalista logra robar valor-de-uso sin robar valor de mercado.[10]

3. No estoy diciendo que aquel que cree que algunos trabajadores son explotados, o inclusive que aquel que cree que los trabajadores son explotados en su totalidad, deba sostener el principio de propiedad de sí. En cambio, yo enuncio dos aspectos. Para comenzar, y tal cual ya argumenté en la sección 2, los marxistas *de hecho* basan la responsabilidad de la explotación en alguna noción de la propiedad de sí. En segundo lugar, y de la manera en que ahora deseo argumentar, si, como lo hacen los marxistas, se toma la apropiación del tiempo de trabajo como tal, o sea, en su forma general completa, como un paradigma de injusticia, entonces es imposible evitar la ratificación de algo como el principio de propiedad de sí.

Para comprender que lo dicho anteriormente es así, es imprescindible recordar que la tesis marxista tradicional, que enuncia que la apropiación forzada tanto del tiempo como del producto del trabajo del otro en virtud de detentar la propiedad de los medios de producción es injusto, se expresa como un reclamo completo y general. No resulta importante, para sostener tal reclamo, a qué *tipo* de capitalista, o a qué *tipo* de trabajador, nos estamos refiriendo en particular.

En consecuencia, si la tesis marxista tradicional es correcta, entonces el caso particular que voy a describir a continuación debe ser considerado como un caso de explotación injusta.[11]

Imaginemos a un trabajador que disfruta plenamente de su trabajo como del salario que obtiene trabajando para un vecino cuya salud es totalmente precaria y lleva una vida miserable pero que no obstante, a diferencia del trabajador, se las ha ingeniado para poseer un capital considerable. El capitalista enfermo sustrae de lo producido por el trabajador justo lo suficiente para sobrevivir. Podemos suponer que si algo del orden de un desequilibrio del capital declarado no se recompone, entonces el trabajador produciría para sí

---

[10] En este contexto, me siento en deuda con el ingenioso argumento de Douglas Ehring que dice que es posible robar el valor de uso de una cosa sin robar su valor de mercado. Agregaría que no acepto la afirmación menos importante complementaria e inversa que dice que se puede robar el valor de mercado sin robar el valor de uso, y tampoco acepto la crítica de Ehring de algunas afirmaciones hechas por mí acerca del trabajo, el deseo, y la explotación. Ver la obra de Ehring *Cohen, Exploitation, and Theft* pág. 30 y ss. En relación a las críticas de Ehring a las afirmaciones, ver 'The Labour Theory of Value and the Concept of Exploitation' en *History, Labour, and Freedom*, pág 229-30, de mí autoría.

[11] Todos estarán de acuerdo acerca de que el caso que se describe a continuación aborda el tema de la explotación en un sentido moralmente neutro de dicho término, *si esto fuese posible*, pero la cuestión de si esto debiera ser considerado una explotación *injusta* o no, es, como se verá, bastante más delicada.

exclusivamente y abandonaría cruelmente a su vecino al destino de la muerte. Y también podemos suponer que fue a raíz de que él sabía que moriría sin el poder sobre el trabajador que su capital le daría, que el hombre enfermo decidió adquirir y ejercer dicho poder.

Ahora los marxistas están comprometidos por su afirmación sin reservas que enuncia que la apropiación del tiempo de trabajo del otro, como tal, es injusto, a catalogar de explotación injusta la relación entre el alegre trabajador y el capitalista enfermizo. Y esto refuerza mi argumento de que la tesis que enuncia que la apropiación es *siempre* injusta requiere la afirmación del principio de propiedad de sí. Ya que, ¿cómo se podría catalogar *dicha* relación como explotación injusta sin afirmar el principio de propiedad de sí del trabajador? No existe, *ex hypothesi,* ninguna injusticia en la distribución de beneficios y cargas que pueda demostrar que el intercambio es injusto.

No veo modo de declararlo injusto sin considerar al capitalista tristemente enfermo violando los derechos del alegre trabajador en el marco de sus propios poderes. Este es un caso poco característico como para afirmar que este capitalista desafortunado, hecho poco habitual, debería detentar algunos derechos sobre la fuerza de trabajo del trabajador, si fuera necesario inclusive a través del desequilibrio del capital, por lo tanto no se puede llamarlo un explotador injusto al menos que se sostenga que nadie debería detentar derechos sobre la fuerza de trabajo de otro ser humano.

Alguien podría decir: que lo que los marxistas creen que está equivocado en este caso no es que el derecho de propiedad de sí es violado sino que el trabajador está *forzado* a trabajar para el capitalista. No obstante, no es siempre erróneo forzar a las personas a hacer cosas. Por ejemplo, no es siempre una equivocación forzar a las personas a respetar los derechos de los demás. Si los marxistas creen (e indudablemente es así) que no es correcto forzar un excedente del trabajador, entonces esto se explicaría por la creencia de que hacerlo viola los derechos del trabajador sobre sus propias potencialidades. Yo critico el que no exista una manera alternativa posible para explicar por qué los marxistas creen que el forzamiento es incorrecto.

Ahora alguien podría argumentar que unos pocos marxistas dirían que la transferencia del alegre trabajador al capitalista enfermizo es injusta. Pero yo no estoy prediciendo lo que los marxistas dirían. No estoy afirmando que los marxistas *desearían* decir que hay injusticia aquí: algunos de ellos podrían decirlo y otros no. Es difícil saber lo que los marxistas dirían acerca de este caso, desde el momento en que generalmente ellos no discuten ejemplos tan poco habituales como éste. En mi calidad de filósofo, yo estudio los ejemplos poco habituales para probar las implicancias de mis doctrinas, y por ende, afirmo que todo lo que los marxistas *desearán* pronunciar acerca del caso, será porque están comprometidos con encontrar una injusticia a raíz de su creencia no crítica acerca de que la extracción de un producto de un trabajador a través de la instrumentación de la propiedad del capital es, en tanto tal, injusta. (Al denominar tal creencia como una creencia no crítica, lo que quiero decir, *inter alia,* es que la misma no ha sido verificada a través de la aplicación de posibles contraejemplos). El ejemplo demuestra que la falta de reflexión sobre la doctrina de la explotación conduce a los marxistas a la afirmación del principio de propiedad de sí. Dicho principio contradice la idea de que debería existir en la sociedad paridad entre beneficios y cargas. Por supuesto, los marxistas sienten una gran afinidad por la última idea: la misma ocupa un lugar más importante en sus corazones que el principio de propiedad de sí, que ellos deberían rechazar. El concepto igualitario sugiere que tanto la posesión de la persona enfermiza como el uso de su capital no es punible, lo que implica que no existe injusticia en ello, y también implica que la doctrina marxista acerca de la explotación es una sobregeneralización. El aspecto igualitario a destacar acerca del caso, es que ningún ser humano debería ser dejado morir y que es muy afortunado el trabajador que tiene la capacidad laboral suficiente tanto para sostenerse a sí mismo como a otro, que si no fuese sostenido, moriría. Asimismo es afortunado el capitalista minusválido que, teniendo el poder, a través de poseer el capital, de exigir el sostén del trabajador, y, dadas las circunstancias idiosincráticas existentes, no hay nada erróneo en el hecho de que el capitalista posea y haga uso de dicho poder.[12] Explotar a un ser humano significa sacar una ventaja injusta de este. El capitalista minusválido saca ventaja del alegre trabajador, pero no se trata de una ventaja injusta.

4. A través de su línea no comprometida con respecto a la ecuación capital/ relación laboral, los marxistas terminan aceptando implícitamente la noción de propiedad de sí. No obstante que dicha noción, de acuerdo a como ya la hemos abordado,[13] sea el fundamento del libertarianismo, que es una posición reaccionaria en la filosofía política contemporánea. Según el libertarianismo, el estado de bienestar les hace a los trabajadores que pagan impuestos, exactamente lo mismo que, según el reclamo marxista, los capitalistas le hacen a los trabajadores: forzosamente, el estado les extrae producto a los trabajadores, y los libertarios agregarían, sin el beneficio del contrato que los trabajadores firman con los capitalistas. Desde el momen-

---

[12] No hace falta aclarar que la afirmación precedente no es una negación de la injusticia que implica que una *sociedad* esté fundada en una minoría que posee en forma privada los medios de producción; y el ejemplo peculiar que yo empleé como punto conceptual clave carece de consecuencias políticas para los socialistas que promueven una sociedad en la cual las personas incapaces obtendrían ayuda por una cuestión de derecho inalienable.

[13] Ver Capítulo 3, sección 1 más arriba.

to en que los marxistas consideran que dicho contrato es una farsa, no se sienten obligados a coincidir con la premisa que enuncia que la sustracción del estado de bienestar es *peor* que la sustracción del capitalista. Pero la teoría marxista de la explotación les dificulta poder considerarla *justa*, en tanto no pueden negar que el estado de bienestar obliga al trabajador productivo a hacer bajo la fuerza de la ley lo que él hace para el capitalista bajo la fuerza de las circunstancias.[14]

De esta forma los libertarios acorralan y afrentan a los marxistas en cuestiones de filosofía política. Ya que es difícil visualizar cómo la extracción por parte del estado de bienestar a un trabajador podría justificarse si la extracción por parte del capitalista minusválido no lo es. En consecuencia, según mi conjetura, es la dificultad que tienen los marxistas con dicha clase de analogía lo que explica el por qué algunos de mis colegas y yo hemos dedicado tanta energía y todavía lo seguimos haciendo, a la filosofía política. Tenemos que repensar la teoría de la explotación desde un abordaje más profundo, con el objetivo de no condenar ni la redistribución forzada por el estado de bienestar, ni tampoco, *a fortiori*, las dispensas redistributivas aún más igualitarias que nosotros respaldamos como marxistas, o semimarxistas.

Ya he rechazado (ver más arriba) la hipótesis que enuncia que la afirmación marxista acerca del trabajador explotado no es que sus derechos de propiedad de sí sean violados, sino que él está *forzado* injustamente a ceder su trabajo al capitalista.

Supongamos ahora que estoy equivocado, y que lo que marxistas deploran en la relación capitalista es *justamente* que dicho sistema fuerza al trabajador a otorgarle tiempo al capitalista. (Esto significa suponer que yo estoy equivocado al creer que la retórica marxista acerca del hurto y el robo implica un compromiso con el principio de propiedad de sí y supongamos también que estoy igualmente equivocado en el argumento que he construido en torno al caso del trabajador alegre/ el capitalista minusválido). En consecuencia, el desafío de los libertarios a los marxistas postularía, a saber, ¿por qué no es igualmente erróneo forzar al contribuyente impositivo a que regale su tiempo al estado?

Por lo tanto, estoy ofreciendo una hipótesis general y también una más específica que la abarca, pero de la cual no depende. La hipótesis general es que la causa por la cual los marxistas son vulnerables a los libertarios

---

[14] Algunos socialistas sostienen que es suficiente rechazar la afirmación de Nozick que enuncia que el gravamen es trabajo forzado para señalar que, a diferencia de un esclavo, el que paga impuestos, no está forzado a trabajar, sino solamente a producir si él mismo trabaja. Dudo que ellos también dirían, como lo requeriría la coherencia, que, de la misma manera, el proletario tampoco está forzado a trabajar para el capitalista, sino solamente a producir para él, si el proletario trabaja.

es que parece plausible que lo que los últimos puedan decir acerca de los contribuyentes impositivos en el estado de bienestar se asemeja alo que los marxistas pueden decir acerca de los trabajadores explotados por los capitalistas. La hipótesis específica agrega que la afirmación destacada en relación a los trabajadores explotados es que resultan violados sus derechos sobre la propiedad de sí. La hipótesis general sobrevive al reemplazo de la hipótesis específica por la alternativa relevante que enuncia que los trabajadores son forzados a enrolarse en trabajos no correspondidos.

5. Ahora deseo ocuparme de dos objeciones acerca de lo dicho anteriormente. La primera está basada en la actividad política de los marxistas, y la segunda, en la descripción que los marxistas hacen acerca del futuro comunista.

La primera objeción es que el movimiento comunista, en muchos países, incluyendo mi Canadá nativo, estuvo al frente de la lucha por el estado de bienestar. Y los comunistas nunca experimentaron ninguna dificultad intelectual en sostener su compromiso con dicha lucha. Pero, ¿cómo pudo ser posible, si no estoy errado al sostener que existe una fuerte tensión entre la justificación del estado de bienestar y la doctrina marxista de la explotación?¿De qué manera su lucha por el estado de bienestar encaja con mi atribución a los marxistas de un principio de propiedad de sí que es violado por el estado de bienestar? Y la segunda objeción que está de alguna manera relacionada, es que la normativa que gobierna la distribución en la sociedad marxista ideal, el comunismo, parece contradecir el principio de propiedad de sí. La normativa comunista enuncia: 'De cada uno según su capacidad, a cada cual según su necesidad',[15] y la primera parte de la normativa parece imponer una obligación de trabajar para la sociedad que es inconsistente con el principio de propiedad de sí.

El hecho de que el movimiento comunista promoviese el estado de bienestar, no representa, según mi punto de vista, ningún obstáculo para mis afirmaciones. Ya que los comunistas consideraban la lucha por el estado de bienestar como una lucha para la mínima básica para los *trabajadores* en particular: la provisión publica fue considerada como una modesta rectificación de los errores infringidos al trabajo en relación al producto de su actividad, siendo sus productos (en las palabras de la canción un extracto del cual forma parte el epígrafe de este capítulo) 'las maravillas [que éste había] llevado

---

[15] 'La Crítica al Programa de Gotha'.

a cabo'.[16] En 'Solidaridad Para Siempre', los parias y sujetos en estado de inanición que necesitan el estado de bienestar, son las personas que en realidad
han creado el estado de riqueza. Comparemos el conocido *blues* americano
de la década del 30, 'Buddy, puedes ahorrar diez centavos'. El hombre dice:
'Una vez construí un ferrocarril, lo hice funcionar... una vez construí una
torre, hasta llegar al sol', y se supone que dichas frases demostraban que él
debería haber poseído al menos una moneda de diez centavos.

En las estrofas de dichas canciones, las personas no reclaman alivio ante
la posibilidad de muerte por inanición, basándose en que ellos no pueden
producir, sino todo lo opuesto, porque ellos han producido y por lo tanto
no se los debería dejar morir de hambre. Dos demandas para recompensar,
necesidad y empoderamiento a través del trabajo, están fusionadas, en el típico
estilo de la retórica comunista a la moda en esa época, en el verso 'Solidaridad' que constituye el epígrafe de este capítulo. Fue posible fusionarlos
en el momento cuando la canción fue escrita porque los revolucionarios y
progresistas consideraban al conjunto de productores explotados como muy
cercanos al conjunto de aquellos que necesitaban los beneficios del estado
de bienestar. En consecuencia, ellos no percibían ningún conflicto entre la
doctrina generadora de empoderamiento implicada en la segunda parte del
tercer renglón ('entre las maravillas que hemos llevado a cabo'), y por ende la
doctrina igualitaria sugerida en la primera parte ('Ahora nosotros sostenemos
a los parias y a los sujetos que se están muriendo por inanición'), cuando se
lee por sí solo. Porque no hace falta mucha argumentación para demostrar
que existe verdaderamente una diferencia de principio entre los reclamos en
las dos partes del renglón. Las personas en estado de inanición no son necesariamente quienes han producido lo que las personas que se mueren de
hambre necesitan, y, si lo que producen les pertenece por derecho, entonces
las personas en estado de inanición que no lo han producido, no tienen derecho a reclamar. La vieja imagen de la clase trabajadora, como un conjunto
de personas que a la vez que construyen la riqueza, no la poseen, esconde,
por la fusión de dichas características, la verdad problemática y dolorosa que
las dos demandas a sostener, a saber, 'Yo hice esto y en consecuencia debería
poseerlo' y 'Yo necesito esto, moriré o me debilitaré si no logro obtenerlo' que

---

[16] A un marxista fuertemente comprometido con *El Manifiesto Comunista* le podría resultar
difícil justificar la provisión estatal que se hace cargo del bienestar del *Lumpen Proletariat*
desempleado crónicamente e improductivo. Así es como el manifiesto los describe: "la clase
peligrosa", la escoria social, la masa pasivamente podrida expulsada por los estratos más bajos
de la vieja sociedad pueden aquí y allá ser arrastrados por una revolución proletaria dentro del
movimiento; sus condiciones de vida, sin embargo, predisponen al lumpen mucho más hacia el
caer en la maquinaria sobornante de la intriga reaccionaria'.

no son solo declaraciones diferentes sino potencialmente contradictorias.[17] El truco libertario es enfrentar la primera declaración con la segunda.

El hecho de que ellos hayan creado las maravillas y que luego hayan sido convertidos en parias y quedado en estado de inanición, fueron dos de las cuatro características que los comunistas percibieron en la clase trabajadora en pleno apogeo del movimiento comunista. Los cuatro aspectos nunca pertenecieron a ningún conjunto de personas en particular en ningún lugar, no obstante acostumbraban a ser lo suficientemente convergentes entre ellos como para que cierto semblante de coincidencia fuera sustentable, al contar con una dosis de entusiasmo y una pizca de autodecepción.

La concepción comunista sobre la clase trabajadora ha sido que sus miembros:

1. Constituían la mayoría de la sociedad;
2. produjeron la riqueza de la sociedad;
3. eran las personas explotadas de la sociedad; y
4. eran las personas más necesitadas de la sociedad.

Existieron, además, en la misma línea, dos características más como efecto de las cuatro ya enunciadas. Los trabajadores estaban *tan* necesitados que en consecuencia:

5. No tendrían nada que perder con la revolución, cualquiera fuera su resultado.

Y, a causa de 1,2 y 5, la clase obrera estaba dentro de la capacidad de (1, 2) y del interés (5) de la clase obrera para cambiar la sociedad, de manera tal que:

6. Podían y transformarían la sociedad.

Usaré estos nombres para resaltar los seis aspectos: *mayoría, producción, explotación, necesidad, nada-que-perder, y revolución.*

---

[17] Cf. Anton Merger, *The Right to The Whole Produce of Labour*, pág.5: 'Cualquier intento de otorgarle una cierta lógica a la idea de que el derecho del trabajador a quedarse con la totalidad de su trabajo, se confronta inmediatamente con las numerosas personas que son incapaces de trabajar (los niños, los ancianos, y los inválidos, etc.), y los que están forzados a depender de un ingreso no ganado para satisfacer sus necesidades'. Cf. *Ibid*, páginas 28, 109.

Muchos de los problemas actuales del marxismo y, ciertamente, del Partido Laborista Británico,[18] reflejan la creciente ausencia de coincidencia de las primeras cuatro características. Con especial relevancia en este capítulo está la ruptura con la explotación y los aspectos de la necesidad. Esto fuerza una elección entre el principio de propiedad de sí incluido en la doctrina de la explotación y el principio de igualdad de beneficios y cargas que niega el principio de propiedad de sí y que es necesaria para defender el sostén de mucha gente carenciada que no son productores y que, *a fortiori*, no son explotados.[19]

Si es posible creer que los aspectos son consecuentes, entonces estamos frente a una posición política muy poderosa.[20] Podemos decirles a los demócratas que deberían abrazar la causa del socialismo, porque los trabajadores constituyen la inmensa mayoría de la población. Podemos transmitirle lo mismo a los humanitarios, porque los trabajadores padecen terribles necesidades.

Y, fundamentalmente, estamos bajo menos presión de la que estaríamos al preocuparnos acerca de los ideales y principios exactos del socialismo, y esto se debe a dos razones. La primera es que cuando se hace obvio que las características coinciden, surgen varias clases de principios normativos que justifican la lucha por el socialismo, y por lo tanto no existe ninguna urgencia práctica para identificar cuál principio o principios son esenciales: desde un punto de vista práctico, tal decisión se torna innecesaria, y un desperdicio de energía política. Y la segunda razón para no preocuparse demasiado acerca de los principios, cuando los aspectos (parecen) coincidir, es que entonces no es necesario reclutar gente para la causa socialista articulando principios que

---

[18] Todos los carnés de afiliación al Partido Laborista aún reproducen la legendaria frase de la 'Cláusula IV' de la Constitución Laborista, que promete 'asegurar a los trabajadores, sean ellos manuales o intelectuales, el fruto total de su trabajo'. Si esta promesa se cumplía, entonces, los padres solteros *full time*, las personas no aptas para el trabajo u otras personas con diversas discapacidades no recibirían nada.

[19] Que solo quiere decir que ellos no trabajan más horas de las necesarias para producir lo que consumen. Por ende, es irrelevante si, de cualquier forma, podrían ser explotados en un sentido más amplio.

[20] Dicha posición es criticada en 'Solidaridad para Siempre', que cohesiona todos los aspectos y cuyos versos dicen lo siguiente:

Cuando la inspiración del sindicato corra a través de la sangre de los trabajadores,
No habrá mayor poder en ningún otro lugar bajo el sol;
Sin embargo, ¿qué fuerza en la tierra es más débil que la endeble fuerza de uno?
Pero la unión nos hará fuertes.

¿Tenemos algo en común con el parásito avaro?
¿Quién nos azota en la servidumbre y nos aplasta con su fuerza?
¿Nos dejó alguna alternativa aparte de organizarnos y luchar?
Pero la unión nos hará fuertes.

lo conduzcan a ello: el éxito de la causa está garantizado, por la mayoría, la producción y el nada-para-perder.

Es en parte a raíz de que no hay un grupo evidente que posea dichas características y por lo tanto, la característica revolucionaria que los marxistas, o los que fueron marxistas, están crecientemente impulsados a incluir filosofía política normativa. La desintegración de las características induce a la necesidad intelectual de filosofar lo cual está relacionado con una necesidad política de ser claro como nunca antes acerca de los valores y los principios, en pro de la defensa socialista. La defensa socialista normativa es menos necesaria cuando las características coinciden. No se impone justificar la transformación socialista como una cuestión de principios cuando las

---

Somos nosotros los que aramos las praderas, los que construimos las ciudades en las que ellos comercian.
Cavamos las minas y construimos los talleres, establecimos interminables kilómetros de vías férreas.
Ahora nos encontramos entre los marginados y hambrientos de este mundo maravilloso que hemos creado.
Pero la unión nos hará fuertes.

Todo este mundo que es propiedad de zánganos ociosos en realidad es nuestro y solo nuestro.
Hemos sentado las mayores bases, construidas hacia el cielo, piedra a piedra.
Lo nuestro no es estar esclavizados, sino dominar y poseer.
Mientras la unión nos haga fuertes.

Se han llevado muchos millones que nunca ganaron trabajando,
Pero sin nuestro cerebro y nuestros músculos ni una sola rueda podría girar.
Podemos romper su poder arrogante, aumentar nuestra libertad cuando aprendamos
Que la unión nos hará fuertes.

En nuestras manos tenemos un poder mayor que el oro acumulado,
Mayor que la fuerza de los átomos, magnificada mil veces.
Podemos dar a luz un nuevo mundo de las cenizas del viejo.
Porque la unión nos hace fuertes.

Aspecto 1, acerca de que los trabajadores constituyen la mayoría de la sociedad, no está afirmado explícitamente, pero seguramente está implícito como parte de la explicación acerca del inmenso poder potencial de la clase trabajadora afirmado en la primera estrofa, en la tercera y en la quinta. La otra parte de la explicación de ese poder es que los trabajadores son los productores, como en la tercera estrofa, y como la misma tercera estrofa, y todo el segundo renglón de la cuarta, aseguran. El aspecto acerca de la explotación es aparente en el primer renglón de la cuarta estrofa, y el tercero de la tercera estrofa indica cuán privados están los trabajadores, sin duda a tal nivel que la quinta estrofa (nada-que-perder) lo dice. Así como en lo que respecta a la estrofa sobre la revolución, el tercer renglón de cada uno de los dos últimos versos, y el segundo del primero, implican que los trabajadores pueden cambiar la sociedad, y claramente es parte del mensaje de toda la canción, que eso es lo que sucederá.

personas son conducidas a hacerlo debido a las urgencias de su situación, y en una posición favorable para el éxito.

Cada una de las características de 1-4 es ahora el *leitmotiv* en una cierta clase de políticos de izquierda o de post izquierda en Gran Bretaña. Para comenzar, existe (lo que a veces es denominado *arco iris*) una política para la mayoría, adoptada por los socialistas quienes reconocen la desintegración e intentan generar una mayoría para producir el cambio social por fuera de elementos heterogéneos: los trabajadores mal pagos, los desempleados, las razas oprimidas, personas oprimidas a causa de su género o por preferencia sexual, gente anciana abandonada, familias monoparentales, y así sucesivamente. (Muchas de estas personas padecen necesidades especiales, no obstante no son destacados porque simplemente son los más necesitados). Ernesto Laclau y Chantal Mouffe procuran teorizar esta perspectiva.[21]

Una política con reducido énfasis en la explotación caracterizó la retórica wilsiniana en 1964, la cual prometía la desaparición de las estructuras británicas reaccionarias en el *white heat* (n.d.t.: estado de creatividad y emoción intensa) de la transformación tecnológica del país en el cual la alianza entre el proletariado y los productores con un alto grado de educación derrocaría el poder de la City y daría por tierra con los advenedizos y haraganes.[22] Esa política proyecta una alianza saint-simoniana entre los trabajadores y productores de alta tecnología con mayor énfasis en el parasitismo de aquellos que no producen que en la explotación de aquellos que lo hacen (desde el momento en que algunos de los más altamente calificados que caben dentro de la inclusión saint-simoniana difícilmente podrían ser considerados como explotados).[23] Una política de explotación, con un grado de pretensión de

---

[21] Ver su obra *Hegemony and Socialist Strategy*. Una crítica meticulosa acerca de la retirada reactiva de las demandas marxistas tradicionales se encuentra en 'Post Marxism?'. Para una crítica menos meticulosa, ver el Capítulo 4 de *The Retreat from Class*, de la enfurecida Ellen Meiksins Wood. Wood tiene razón cuando dice que el libro de André Gorz, *Farewell to the Working Class*, fracasa al identificar una casa de cambio comparable a la clase trabajadora, como fue tradicionalmente concebida, en cuanto al poder. Pero ella exagera acerca de que la dimensión de la tal casa de cambio esté aún intacta: ver los párrafos que le atribuye a la clase trabajadora en las páginas 14 y 15 de su libro. Podría ser absurdo renunciar a la casa de cambio tradicional y luego decir 'negocio (más o menos) como de costumbre', pero Wood dice 'negocio como de costumbre' sin renunciar a la casa de cambio tradicional, y eso podría ser considerado como algo aún más absurdo.

[22] La frase 'calor blanco de la tecnología' fue usada sin ironía en la campaña electoral parlamentaria de 1964.

[23] El dicho de Wilson fue traído a la luz por Michael Meacher, en un artículo en el diario *The Guardian* que apareció menos de quince días después de la derrota laborista de las elecciones en 1987. Según Meacher, 'Los laboristas no pueden retomar el poder simplemente confiando en el voto de los trabajadores... Es la clase tecnocrática –los dirigentes medios en

que otras características permanezcan inamovibles, caracteriza varias formas del obsolescente laborismo scargilliano.[24]

Y, finalmente, existen políticas de acción a los derechos de bienestar centradas en la necesidad, políticas de aquellos que piensan que el sufrimiento tiene su primera demanda en la energía radical y por ende dedican su tiempo a nuevas organizaciones tales como Shelter, The Child Poverty Action Group, Age Concern y un abanico de grupos que se confrontan con el hambre en todo el mundo, la privación, y la injusticia. Tales organizaciones no existían cuando la desintegración era menos avanzada y tanto el movimiento de los trabajadores como el movimiento pro bienestar eran bastante iguales. (La actividad filantrópica a favor de los niños carenciados, los sin techo y los indigentes preceden largo tiempo atrás a la fundación de las organizaciones nombradas anteriormente, no obstante ellos persiguen sus objetivos no con el espíritu de proveer caridad sino de reparar la injusticia, injusticia, sobretodo, que no puede ser traída a colación bajo el concepto de explotación).

6. Ahora retomo la segunda objeción a mi atribución a los marxistas de la tesis de propiedad de sí, queenuncia que el principio que gobiernala distribución bajo el comunismo ('de cada uno de acuerdo a su capacidad, a cada cual según su necesidad') lo contradice. Pasaré a denominarlo 'la objeción comunista'. Existen dos repuestas a esto.[25]

Para empezar, se puede aceptar que el principio comunista contradice con rigor la tesis de propiedad de sí, en tanto que la denegación socava la atribución de dicha tesis a los marxistas. En resumen, véase que la tesis con la cual los marxistas están comprometidos en función de su crítica al capitalismo contradice el principio que los propios marxistas legislan para el comunismo. Debido a que la objeción del comunismo no localiza el *argumento* para

---

programación, los informáticos, los científicos en investigación industrial, los ingenieros en high-tech– quienes tienen en sus manos el futuro de Gran Bretaña. Esa es la clase a la que los laboristas deben apuntar y llevar al poder.' Meacher contrasta su fe en las posibilidades de ese grupo con dos bases alternativas de poder laborista: una 'coalición variopinta de minorías', y 'la creciente clase de los desposeídos'. Es deprimente que una figura conocida usualmente como alguien a la *izquierda* del Partido Laborista se aparte tan expresamente de una perspectiva igualitaria.

[24] Lo dicho arroja algo de luz acerca del cómo y el por qué esa forma de política es desastrosa cuando obsoleta. El laborismo revolucionario a la vieja manera hace el juego de *fuerza mayor* de la negociación burguesa: 'Dennos los medios de producción o haremos un paro general constantemente'. Cuando los capitalistas contesten, 'Bien, no los necesitamos nunca más, paren si quieren', entonces llegó la hora de abandonar la fuerza y pensar en la derecha.

[25] La argumentación en esta sección es complicada, y los lectores podrán hallar útil el siguiente resumen:

La objeción comunista: el principio comunista contradice la tesis de la propiedad de sí, la cual por lo tanto no puede ser atribuida a los marxistas.

atribuir la tesis de propiedad de sí a los marxistas (Ver secciones 2 y 3 más arriba), y por lo tanto esta no excluye la primera respuesta.

Pero existe una réplica para esta primera respuesta a la objeción comunista. La misma consiste en que al analizar implícitamente la tesis de propiedad de sí, la crítica marxista es *ad hominem*: es una crítica que apunta a que el capitalismo caiga en su propia trampa, sin, como fuere, afirmar dicha trampa, y, por lo tanto, sin generar ninguna autocontradicción en la totalidad de la doctrina marxista.

A continuación, elaboro tres replicas a esta contestación a mi primera respuesta a la objeción comunista. La primera réplica comienza por destacar que la contestación previamente enunciada no niega que los marxistas *empleen* la tesis de propiedad de sí: garantiza que ellos la emplean mientras niegan su creencia en ella. No obstante, el empleo habitual sistemático de la tesis de propiedad de sí, aun si no expresa o se manifiesta como una creencia devota, podría generar una seria confusión depropósito que alcanza para explicar la vulnerabilidad de los marxistas frente al libertarianismo. Mi segunda réplica es que la caída del capitalismo en su propia trampa, de hecho, no va a funcionar: demostraré en la sección 8 que no se puede condenar el capitalismo sobre las premisas burguesas que condenan la servidumbre.

Finalmente –y esta es mi tercera réplica y la decisiva– no es factible que la pasión que acompaña la aseveración marxista acerca de que al trabajador se le robe su producción, sea una construcción con propósitos *ad hominem*. Esto significaría que los marxistas no creen realmente que al siervo se le robe, desde que, salvo que el uso de la táctica *ad hominem* sea deshonesta, ellos deben creer que las situaciones tanto del siervo como la del proletario son en verdad paralelas.

Mi segunda respuesta a la objeción comunista invalida la concesión que hice en la primera respuesta. Esta es la que prefiero, porque, como ya he explicado en la sección 3 del capítulo 5, creo que esta es una interpretación desacertada del principio comunista: el ver en ello una negación de la

---

Mi primera respuesta: si el principio comunista contradice la tesis de propiedad de sí, entonces, tal vez, los marxistas se contradicen a sí mismos.

Respuesta del objetor: ellos no se contradicen a sí mismos, desde el momento que invocan la propiedad de sí, solo en la forma *ad hominem*.

Mi primera réplica: De cualquier forma, ellos la usan incesantemente, y esto podría bastar para explicar su vulnerabilidad al libertarianismo.

Mi segunda réplica: la táctica *ad hominem* no funciona.

Mi tercera réplica: el empleo de *ad hominem* meramente, de la tesis de propiedad de sí, no explicaría la pasión que acompaña la afirmación marxista de que el trabajador se ve privado.

Mi segunda respuesta a la objeción comunista: el principio comunista, de hecho, no contradice la tesis de propiedad de sí.

propiedad de sí. El ciudadano comunista que se comporta 'simplemente como si tuviera un pensamiento propio'[26] *es* efectivamente soberano de sí mismo.

De hecho, es más difícil (aunque no imposible), desde la perspectiva de las afirmaciones de este capítulo, remitirse a lo que Marx enuncia en *La Crítica del Programa Gotha* acerca del estadio inferior del comunismo, o lo que más tarde se denominó socialismo. Es obvio que en dicha sociedad existe incuestionablemente alguna síntesis del principio de propiedad de sí. No obstante, para una discusión más profunda de ambos estadios del comunismo, en relación al fracaso marxista para repudiar la idea de la propiedad de sí, una vez más, debo remitir al lector a la sección 3 del capítulo 5.

7. En virtud de la refutación de mis dos objeciones a mi atribución de la tesis de la propiedad de sí a los marxistas. Resumo a continuación mi argumento principal.

Si aquellos que padecen una profunda carencia coinciden, o son considerados como un subconjunto de la clase trabajadora explotada, entonces la doctrina marxista de la explotación no implicaría dificultades para el principio marxista de distribución de acuerdo a la necesidad. No obstante, cuando los realmente necesitados y los productores explotados cesan de coincidir, entonces la doctrina marxista de la explotación es flagrantemente incongruente inclusive con el mínimo principio del estado de bienestar. El temor marxista acerca del libertarianismo, es una reflexión acerca de la idea de la separación de las figuras 3 y 4 (ver más arriba). Y por lo tanto es lícito decir, sin exagerar, que los libertarios han forzado a los marxistas a ser igualitariosmás consecuentes. (Gran parte del trabajo reciente de John Roemer, y, en particular, su afirmación acerca de que la explotación carece de significación normativa fundamental, puede ser comprendido desde esta perspectiva).[27]

Dentro de la literatura del liberalismo contemporáneo encontraremos un serio intento de lograr un consistente igualitarismo para con la filosofía política, y por lo tanto, a esto deben remitirse los marxistas. Al contrario de los marxistas, los liberales gozan de cierto grado de inmunidad al desafío de Nozick. Supongamos que entramos a la filosofía política no como marxistas sino como liberales del tipo Brian Barry, Ronald Dworkin, John Rawls o Thomas Scanlon. Entonces, no nos concebiríamos como intelectuales representantes de una clase o de un movimiento en particular. Consecuentemente, puede pensarse acerca de las grandes publicaciones destacadas en la filosofía política sin esa clase de constricción en torno a las propias reflexiones, y, en particular, y consecuentemente, no comenzar con el paradigma de la

---

[26] Marx y Engels, *La ideología alemana.*

[27] Ver John Roemer, *'Should Marxist be Interested in Exploitation?'* Una crítica al artículo de Roemer, se encuentra en la sección 6 del Capítulo 8 más abajo.

explotación. Los liberales que ya he nombrado parten de referencias más extensamente focalizadas tanto con respecto a los posibles lugares de injusticia como en relación a las posibles modalidades de injusticia. Reflexionando acerca de dichos sitios y sus modalidades ellos inmediatamente van hacia un principio de igualdad, y por lo tanto mucho de su trabajo es una tentativa para explicar su contenido. Ellos aplicarán dicho principio de igualdad, entre otros aspectos, para abordar la relación entre capital y trabajo, y esto conducirá a críticas, de muchos tipos, de las variadas formas de la relación. Algunas de las críticas reflejarán una cierta sensibilidad al valor igualitario de la democracia, y de esta forma obtenemos críticas liberales de la relación capital/trabajo proveniente de autores tales como Michael Walzer[28] y Robert Dahl[29] quienes no se centran en la explotación, sino en el carácter antidemocrático de las relaciones en los lugares de trabajo del mundo capitalista. A su vez, es factible la crítica rawlsiana al capitalismo (la que me fue sugerida por Tim Scanlon) bajo el que el uso del desempleo para mantener la economía ralentizada es condenado por considerarla una seria violación al Principio de la Diferencia. Desde el momento en que los desempleados no están, por su condición, produciendo nada, los marxistas pueden ampararlos bajo su paradigma de injusticia exclusivamente presentándolos como deshechos temporarios de la clase trabajadora explotada: los marxistas tienden a considerar a los desocupados como personas echadas de su espacio laboral.[30] No obstante, para los liberales como por ejemplo Scanlon, el hecho de que se les niegue la oportunidad de producir, es suficiente para establecer la injusticia de su situación: no existe problema alguno en calificarlos como viejos productores que están improductivos.

Estos constituyen ejemplos de probables críticas liberales al capitalismo, cuyos detalles dan sobrado lugar para la discusión. Lo que resulta sin

---

[28] Ver su obra *Spheres of Justice*, páginas 117-19, 161-3, 301-3.

[29] Ver su obra *Preface to Economic Democracy*.

[30] Como en la canción de izquierda, 'The Banks of Marble', (Los Bancos de Mármol) de Les Rice:

> He visto al marinero parado de frente al mar, sin hacer nada,
> Escuché al jefe decirle 'Ya no tengo trabajo para ti'.

La canción concierne a los campesinos, a los mineros y a los marineros desocupados, pero no dice nada de aquellos que nunca tuvieron la oportunidad de trabajar en el campo, en las minas o en el mar. Los que nunca tuvieron tal oportunidad quedan excluidos del grupo de 'mis hermanos que trabajan' los que 'unidos se refuerzan' de modo que llegarán a poseer eso por lo que tanto 'han sudado'.

Véase un trabajo muy bueno de Philippe Van Parijs, 'A Revolution in Class Theory', acerca de los desocupados no como desempleados sino como una clase que es más o menos permanentemente deprivada de 'activos de empleo'. Van Parijs señala que 'el desocupado' obtendría muchas más ventajas de una redistribución de empleos que de una redistribución de la riqueza' (*ibid*, pág. 469).

embargo indiscutible es que desde el momento en que los liberales no consideran la injusticia de la relación capitalista en términos generales como un dato, consecuentemente no tienen propensión a aceptar el principio de propiedad de sí.

8. El contraste entre la vulnerabilidad de los marxistas y la seguridad de los liberales en el tópico de la producción y la justicia se reactualiza claramente en el caso que denominaré 'las relaciones capitalistas honestamente generadas'. En una relación capitalista honestamente generada existe, como siempre sucede en una relación capitalista, un trabajador privado de capital por un lado y un capitalista dotado de capital por el otro, no obstante la relación es generada honestamente ya que en este caso el derecho diferencial es el resultado de una historia que se inicia con iguales derechos al capital en un contexto de propiedad de sí y que no llega a su estado capitalista como resultado de violencia o fraude alguno, sino de la mayor frugalidad y/o talento de aquellos que finalmente llegan a poseer todo el capital.

Dichas relaciones perturban profundamente a los marxistas. Porque ellos sostendrían que inclusive en una relación de ese estilo el trabajador es explotado injustamente. Necesitan exclamar esto, so pena tener que abandonar la afirmación de que la relación capitalista es intrínsecamente injusta. Sin embargo, en virtud del compromiso otorgado a la propiedad de sí, ¿con qué fundamento pueden los marxistas quejarse acerca de las relaciones capitalistas honestas? Dichas relaciones derivan de la igualdad de los recursos externos en el contexto de la propiedad de sí

El marxista no puede oponerse al componente de la propiedad de sí de la derivación, desde el momento en que el mismo afirma implícitamente los derechos de la propiedad de sí en sí mismo.

Pero sería absurdo para los marxistas rechazar la igualdad inicial de los recursos externos, en virtud de la fuerte oposición del marxismo a la desigualdad en la posibilidad de acceso a los medios de producción.[31]

En consecuencia, el marxista cae en *su* propia trampa. El principio en el que él implícitamentese apoya, consiste en establecer la demanda de que el trabajador es explotado, en esta situación opera para subvertir esa misma

---

[31] Un igualitario podría refutar la igualdad inicial de los recursos externos, sobre la base de que los recursos necesitan ser diferencialmente distribuidos para compensar las diferencias en capacidad. Pero esa base de refutación de la igualdad de recursos requiere la negación del principio derivado de la tesis de propiedad de sí, que dice que las personas tienen derecho a distintas compensaciones (no compensadas) según lo que las distintas capacidades produzcan, y por lo tanto no es adecuado a los marxistas. (Hay mucho más que decir al respecto de cómo, precisamente, la condena marxista al acceso desigual a los medios de producción está relacionada con la condena marxista de la extracción del producto excedente: ver Capítulo 8 más adelante).

demanda. Supongamos que e = a que en cualquier relación capitalista el trabajador es explotado injustamente, y que s sea la tesis de propiedad de sí. La argumentación marxista de e (su condena al capitalista catalogado como un ladrón) demuestra que él está comprometido con s, y, si estoy en lo correcto acerca del caso del capitalista minusválido, no existe posibilidad alguna de sostener e sin afirmar s. No obstante el ejemplo de la relación capitalista generada honestamente demuestra que s desaprueba a e. En consecuencia, si e es verdadera, por lo tanto s es verdadera; pero si s es verdadera, e es falsa. Y por la tanto aparece una *reductio ad absurdum* en relación a la afirmación marxista que enuncia que los trabajadores sin propiedad están, en tanto tal, bajo condiciones de explotación.

Los liberales, por el contrario, no tienen ninguna dificultad con las relaciones capitalistas generadas en forma honesta. Ellos no necesitan aclarar que son explotadores, pero tampoco se sienten inhibidos para expresar que efectivamente sí lo son. Si por ciertos motivos, los liberales desean condenar (algunas) relaciones capitalistas honestas, no los obstaculiza ni interfiere ningún compromiso con la propiedad de sí. De acuerdo a Ronald Dworkin, o al menos así lo interpreto yo, las relaciones capitalistas honestas no son injustas cuando ellas ocurren en su totalidad porque las personas de dotación material y capacidad personal comparables tienen preferencias diferentes; pero probablemente resulten injustas cuando y debido a que las mismas reflejan diferencias de talento. La última afirmación contradice la tesis de propiedad de sí.

La forma en que los marxistas caen en su propia trampa en la cuestión de las relaciones capitalistas honestamente generadas es una consecuencia del intento fallido por parte de los marxistas de hacer caer la defensa burguesa del capitalismo en *su* propia trampa.

Los marxistas han siempre disfrutado con la idea de exponer al capitalismo a la luz de la propia ideología burguesa. Les habría gustado demostrar que solamente una argumentación falsa del capitalismo puede lograr que el mismo supere la prueba utilizando como justificación su propia ideología. Ellos tratan de condenar al capitalismo con el argumento de que viola la propiedad de sí, o la libertad burguesa: el contrato laboral, según dicen ellos, es *fictio juris*, en tanto que esconde una relación sustancialmente similar a la que existía entre el señor feudal y el siervo. Pero, por más cierto que pueda ser el caso del trabajador desposeído de recursos desde los comienzos, el mismo no puede competir contra las relaciones generadas honestamente, y hay suficiente transparencia en el capitalismo existente actualmente para desatar una crítica al capitalismo que se apoye en el principio burgués de la propiedad de sí. (Los bancos le adelantarán capitales a las personas que están manifiestamente imbuidas de talento emprendedor aun cuando ellos puedan ofrecer solamente una garantía modesta).

Porque desechan cualquier compromiso que interfiera con la propiedad de sí que agobia a los marxistas, los filósofos liberales contemporáneos no consideran desafiantes a libertarios como Nozick. Su postura ante él fue expresada en el título del artículo de Thomas Nagel: 'Libertarianismo sin fundamentos', acerca de *Anarchy, State, and Utopia*. Los liberales no se sienten tocados por lo que ellos consideran la afirmación sin argumentos de Nozick en relación a los derechos de la propiedad de sí. Los marxistas encuentran difícil de desestimar a Nozick tan prontamente como lo hacen los liberales, desde el momento en que ellos mismos tienden a emplear la propiedad de sí en un sentido fundacional.

Desde el momento en que los liberales que he nombrado consideran que Nozick no es perturbador, se muestran muy sorprendidos ante intelectuales como Jon Elster, John Roemer, Philippe Van Parijs y yo por cómo abordamos a Nozick tan seriamente. Ellos creen que estando a su izquierda, nosotros deberíamos considerar a Nozick aún menos perturbador. Pero yo creo que nosotros lo consideramos más perturbador a raíz de esa forma tan particular en que estamos a la izquierda de los liberales. Estamos a la izquierda a raíz de nuestra actitud hacia la relación capitalista, pero dicha actitud queda lejos de ser sostenible en su forma más prístina solamente si es afirmada la propiedad de sí. (No *si y solo si*, desde el momento en que si la propiedad de sí es afirmada, en consecuencia la actitud de los marxistas hacia el capitalismo no es sostenible, a raíz de las razones ya dadas en mi discusión acerca de las relaciones capitalistas honestas).

Algo que podría seguir de todo esto es que los liberales, al ser menos vulnerables al desafío libertario, está por lo tanto en una posición menos favorable para apreciar su fuerza. En tanto ellos no tienen una creencia propia en la propiedad de sí para exorcizar el encuentro decisivo con el libertarianismo, debería ser más apoyado por nosotros que por ellos. Según mi punto de vista, Dworkin, Nagel y Rawls no toman a Nozick lo suficientemente en serio como para hacer todo lo necesario en aras de derrotar su posición.[32] A través de una seria confrontación con Nozick, los marxistas pueden esperar no solamente rebatirlo[33] sino también, y por lo tanto, llegar a una caracterización

---

[32] Varios fracasos de los liberales en tratar la propiedad de sí seriamente, son discutidos en la sección 9 del Capítulo 4 más arriba y en las secciones 3 y 5 del Capítulo 9 más adelante.

[33] Una forma de minar el caso de Nozick en relación a la propiedad de sí, es distinguir cautelosamente entre la idea de propiedad de sí y la idea de libertad: ver el Capítulo 4, sección 6 más arriba, y el Capítulo 10, sección 3 más adelante. Siendo más propensos que los liberales igualitarios para confundir estos dos conceptos, los marxistas están mucho más motivados al exponer las raíces de tal confusión.

más profunda de su propia concepción de la justicia que aquella asociada con el uso indiscriminado de la idea tradicional de la explotación.[34]

---

[34] En 'Self-Ownership, Reciprocity, and Explotation, o en Why Marxists Shouldn't be Afraid of Robert Nozick', Paul Warrenhace una crítica comprensiva a mí artículo precedente a este capítulo. Él argumenta en contra de mi afirmación de que (1) la concepción marxista de la explotación se inclina hacia el principio de propiedad de sí, e, independientemente, en contra de mi afirmación distinta que (2) el principio de propiedad de sí es inconsistente con el igualitarianismo distributivo marxista. No estoy de acuerdo con ninguna de las críticas de Warren, y noto con satisfacción que, en su nota de pie de página 20, se acerca a reconocer que las mismas son inconsistentes una con la otra. Yo estoy más impresionado con la parte positiva del artículo de Warren, que defiende una noción *marxistizante* de la explotación capitalista sobre la base de una cierta norma de reciprocidad.

7. Marx y Locke acerca de la tierra y el trabajo

...el trabajo hace por lejos la parte más grande del valor de las cosas que disfrutamos en este mundo. Y la tierra que produce los materiales es escasa para ser reconocida como tal, o a lo sumo como una parte muy pequeña de ella...

John Locke, *Second Treatise of Government*

1. Ya hemos visto[1] que la distinción axial entre propiedad de sí y propiedad mundial genera tres puntos de vista acerca de los poderes de la naturaleza y los poderes de las personas. Los enfoques difieren según los mismos estimulen o no un abordaje igualitario de las sustancias y potencialidades de la tierra por un lado, y los poderes de las personas para modificar la naturaleza, por el otro.

Existen, para comenzar, los que defienden un abordaje igualitario tanto a los recursos naturales como al trabajo humano. Ellos argumentan que las personas talentosas son simplemente afortunadas de serlo, y que para equiparar la influencia injustamente desigualizante de dicha suerte, no solo lo que produce la naturaleza, sino que también el producto de la capacidad de las personas debería ser distribuido de acuerdo a los principios de igualdad (o quizás, en ambos casos, de formas apropiadamente diferentes). John Rawls y Ronald Dworkin son destacados exponentes de esta posición.

Otros, sin embargo, como por ejemplo Robert Nozick, se oponen al igualitarismo tanto con respecto a la capacidad productiva humana como a la no humana. Nozick afirma que para evitar el apoyo a la esclavitud que él cree implícito en la actitud igualitaria hacia el poder de las personas, cada individuo debe controlar su propio poder y sus producidos. Sobre todo, sostiene,

---

[1] Ver, especialmente, la sección 1 del Capítulo 5 más arriba.

que las personas ejercitan legítimamente su poder cuando acumulan para ellos cantidades virtualmente irrestrictas de recursos naturales que no pertenecen a nadie.

Esta acumulación legítima justifica una distribución sesgada de los recursos, la desigualdad que se incrementa por el hecho de que los individuos de Nozick tienen derecho no solo a lo que ellos por sí mismos ya han tomado, sino también a las apropiaciones de otros que llegan a ellos por vía del comercio o como regalo.

Finalmente, es posible intentar una situación intermedia, en la cual el principio nozickiano de propiedad de sí sea articulado con un régimen igualitario sobre los recursos naturales exclusivamente. En los capítulos 3 y 6, he comentado acerca de este tercer abordaje, que podría llamarse *igualitarismo parcial*, para confrontarlo con el igualitarismo comprehensivo de Rawls y Dworkin por un lado, y el antigualitarismo comprehensivo de Nozick por el otro. Me he cuestionado cuán lejos se pueda llegar, en la dirección de alguna forma de condición de igualdad definitiva, sobre la base de un igualitarismo de los recursos externos que conceda a cada persona soberanía sobre sí misma.

Mi interés en el igualitarismo parcial refleja mi simpatía por la política de izquierda. Para todo socialista es una estrategia adecuada posponer enrolarse contra la idea seductora de que cada individuo debería decidir lo que corresponde hacer con su propia persona y sus potencialidades. La izquierda debería proceder, inicialmente, de la misma manera que lo hace el igualitarismo parcial, rechazando solamente esa parte del pensamiento de derecha que es fácilmente refutable, a saber, su tratamiento caballeresco de los recursos externos, que tan fácilmente deviene, según el pensamiento de derecha, en propiedad privada desigual. Al final, ya lo hemos visto, los socialistas tendrían que poner algunos límites a las demandas de las personas acerca de la propiedad de sí, desde el momento en que de otra forma no podrán garantizar la igualdad de condiciones[2] como ellos creen que debe ser. Pero creo que pueden avanzar aúnmás hacia la igualdad de condiciones, partiendo de un igualitarismo meramente parcial tal como muchos parecen pensar. Visto que muchos suponen que lo primero que los socialistas deben hacer es negar la propiedad de sí, y que el debate entre la derecha y la izquierda es primordialmente acerca de lo que los sujetos de derecho tienen sobre ellos mismos, contra las demandas de otras personas. Esa manera de formular la pregunta política fundamental es demasiado lábil para la derecha: deja la parte vulnerable de la derecha fuera de consideración.

---

[2] O, de hecho, tanta libertad y autonomía: ver el Capítulo 10, sección 3.

2. En este capítulo expongo y critico un par de argumentos, que derivan de *Second Treatise of Government* de John Locke, el cual amenaza con minar la esperanza de que podría existir algún apoyo a la igualdad de condiciones proveniente solo del igualitarismo de los recursos mundiales. Pero, antes de retornar a Locke, quiero describir una anomalía en la lectura marxista acerca de la justicia distributiva, la cual debe ser removida si los marxistas están por la labor de alejar la amenaza que implican los argumentos de Locke. Como todos sabemos, los marxistas creen en la teoría del valor del trabajo, o, en todo sentido, los absolutamente ortodoxos creen en ello, y son precisamente estos acerca de los cuales hablaré a continuación. Estos marxistas creen que el valor de los *commodities* se debe exclusivamente al trabajo requerido para su producción. Y, a raíz de su lealtad a la teoría del trabajo, los marxistas están obligados a afirmar, y de hecho afirman, que los recursos mundiales no elaborados a los cuales se les aplica el trabajo no poseen valor, desde el momento en que dichos recursos no fueron creados por el trabajo, ni tampoco crean valor, ya que no son trabajo en sí mismos. Los marxistas sostienen, sin embargo, que el beneficio en el capital proviene de la explotación del trabajo. Los capitalistas explotan a los trabajadores cuando ellos se apropian de parte del valor que solamente la tarea de los trabajadores puede producir.

Aun cuando los marxistas indican cómo los trabajadores llegan a ser explotados por los capitalistas, en oposición a lo que dicha explotación consiste, de repente los marxistas le asignan una importancia extrema a los recursos naturales, situación que procedo a explicar a continuación.

Los esclavos son explotados porque ellos no son dueños de su fuerza de trabajo, y los siervos son explotados porque ellos no son dueños de nada,[3] pero los trabajadores asalariados, que son dueños de su fuerza de trabajo,[4] son explotados solo porque no son dueños de los medios de producción. En consecuencia deben vender su fuerza de trabajo a los capitalistas, en condiciones adversas. Actualmente la mayoría de los medios de producción no son recursos naturales en bruto, en cambio son productos del trabajo, por ejemplo herramientas, máquinas, y materiales ya elaborados, o como mínimo, ya extraídos.

Pero desde el momento en que los medios de producción que no son en sí mismos recursos naturales, son el producto, finalmente, de la articulación entre el recurso natural y la fuerza de trabajo, 'los dos creadores

---

[3] Ver mi obra *Karl Marx's Theory of History*, pág. 65.

[4] Quiere decir que disfrutan de la propiedad de sí como una cuestión de hecho legal formal, aun cuando, dado que no poseen medios de producción, carecen de hecho de propiedad de sí, así como los siervos carecen de ella: ver el Capítulo 6, sección 2, más arriba.

primordiales de riqueza'[5] y, desde el momento que los trabajadores bajo el sistema capitalista no están desposeídos de su propia fuerza de trabajo, entonces, debe ser, según la postura marxista, la imposibilidad por parte de los trabajadores de adueñarse de los recursos naturales lo que los torna tan vulnerables a la explotación por parte de los capitalistas.

En coincidencia con la línea de pensamiento recientemente enunciada, Marx enfatiza que la respuesta a la pregunta acerca de cómo los trabajadores llegan a ser explotados, yace en los hechos en torno a los recursos naturales exclusivamente. Su compromiso con dicha respuesta aparece en su discusión de lo que él denomina 'el secreto de la acumulación primitiva', que revela cómo se constituyó el capital explotador. Marx le quita entidad al relato apologético por el cual la explotación fue el resultado de la industria y el ahorro de una 'elite diligente, inteligente, y, fundamentalmente frugal'.[6] Si tal afirmación fuese verdadera, entonces el uso previsor de la fuerza de trabajo perteneciente a cada trabajador, en un contexto de igualdad inicial de los recursos externos, habría creado capital. No obstante, de acuerdo a Marx, la verdad es que el capital comenzó al mismo tiempo que el trabajo explotable, como consecuencia de la falta precapitalista de posesión de los recursos por parte de los campesinos. 'La expropiación de la tierra... a los campesinos fue la base de todo el proceso'.[7] La tierra, sin embargo, es un recurso natural, y consiguientemente, de acuerdo a Marx, fue la pérdida crítica de recursos naturales lo que dio origen al proletariado. (Para ser más claro, solo el suelo virgen es un recurso natural en el sentido estricto requerido en este capítulo, ¿pero no fue porque su suelo fue cultivado que el campesino quedó expuesto a la explotación cuando la tierra le fue sustraída?

Se podría objetar que, aun si la falta de tierra fue la que dio origen al proletariado, de lo que actualmente ellos carecen notoriamente no es de los recursos en bruto, sino de los medios de producción característicos del capitalismo establecido. Y es realmente verdad que si estuvieran provistos de dichos medios, entonces la explotación cesaría. No obstante, esto no conduce a que ellos necesiten de esos medios avanzados para escapar de la necesidad de contratar con los capitalistas. Según la afirmación de Marx, venden su fuerza de trabajo a los capitalistas porque de otra manera morirían, y, si necesitan los medios de producción existentes para vivir bien, la provisión de recursos primitivos podría ser de cualquier modo suficiente para que los proletarios no murieran por hambruna.

---

[5] Marx, *El Capital*, Vol. I. Marx identifica a esos 'creadores' como 'poder-trabajo y tierra' (*ibid.*, como 'hombre y naturaleza'), y él explica en *ibid.*, que 'tierra' 'significa, en términos económicos, todos los objetos del trabajo proporcionados por la naturaleza sin la intervención del hombre'.
[6] *El Capital*, Vol. I.
[7] *Ibid.*

No cabe dudade que esta es la razón por la cual Marx escribió, en una oración cuyo tópico era el capitalismo 'del presente día', y no su origen, que 'el monopolio de la tierra es asimismo la base del monopolio del capital'.[8]

Pero el objetor podría argumentar que el crecimiento de la población posibilitada por la producción capitalista significa que ya no queda suficiente tierra por persona para la elemental supervivencia individual, en principio, o solo con los recursos en bruto. Si bien, aun si lo dicho es verdad, es de una relevancia cuestionable en el marco de una discusión acerca de las implicancias de la afirmación de Marx sobre el origen de la explotación. Más aún, es una afirmación controvertida, como podría apropiadamente pensarse, cuando tomamos en cuenta el derecho a la tierra de todo el planeta. Pero supongamos que de hecho sea tanto verdad como relevante que los trabajadores contemporáneosnecesiten, a causa de su número, de medios de producción relativamente sofisticados para lograr escapar a la explotación. Entonces, ¿por qué sus antepasados no se los proporcionaron, o no les dieron los medios para que puedan hacerlo? Obviamente, no fue porque carecían de la fuerza de trabajo, sino porque ellos, a su vez, carecían de los medios de producción, sin haber recibido nada de sus antepasados, que estaban asimismo despojados: y así sucesivamente, en retrospectiva. Al reiterar esa impecable explicación marxista que enuncia que la carencia de los medios de producción de cada generación proletaria depende de una pérdida original de los recursos naturales como la causa ulterior de la explotabilidad del proletariado actual.

Ahora, existe aquí (como mínimo) una aparente tensión, entre la extrema importancia otorgada a la distribución de los recursos mundiales en el diagnóstico marxista acerca del origen de la explotación, y la absoluta falta de importancia de los recursos mundiales en la teoría marxista acerca del origen del valor. Si los recursos primarios mundiales no crean ni poseen valor, ¿por qué debería importar que los trabajadores fueran privados de ellos?

3. El diagnóstico marxista del origen de la explotación congenia con una política de redistribución igualitaria. Pero la afirmación a la cual difícilmente se puede vincular, a saber, que el trabajo es la única fuente de valor, puede elaborarse para servir a objetivos no igualitarios, y tales son los objetivos que veremos que algo *parecido* a una teoría del valor del trabajo fue hecho por John Locke.

Para ver cómo la falacia de la proposición que enuncia que el trabajo crea valor es alentadora desde un punto de vista igualitario, imaginemos que la naturaleza nos ofrece todos sus recursos en la forma de bienes de consumo

---

[8] *La Crítica del Programa Gotha.*

totalmente elaborados de forma tal que no sea necesario modificarlos con trabajo. Supongamos, por ejemplo, que todo lo que de material uno desee proviene de la naturaleza como si se tratase de una manzana muy madura que cae de un árbol directamente sobre el regazo de una persona hambrienta. Bajo esas condiciones benignas, el trabajo en este caso no estaría creando ningún valor, y una distribución equitativa de los recursos mundiales tendería a fomentar la igualdad de condiciones definitiva tan apoyada por los marxistas.[9] Pero en el mundo real, lo que deseamos, en parte, depende del trabajo. Por lo tanto, dado que las personas presentan capacidades laborales diferentes, en esto encontramos una de las justificaciones para la existencia dedesigualdad enrelación a la recompensa ya la circunstancia en la cual el sujeto más productivo y los beneficiarios elegidos por él, más redunda. La desigualdad de condiciones es más difícil de defender basándose en la hipótesis, o hasta cierto punto, de que el trabajo *no* es responsable por el valor de los *commodities*. En virtud de la atracción comparativa de la tesis de propiedad de sí, la cual aprueba la distribución naturalmente desigual de las potencialidades personales, y la comparativa falta de atracción de la distribución similarmente desigual de los recursos naturales y de la energía, el reclamo que las personas hacen en relación a los frutos de su trabajo constituye la base probablemente más sólida para la desigualdad de la distribución.[10]

Entonces, existe un peligro de discrepancia entre el igualitarismo marxista y la depreciación marxista de los aportes no laborales en la formación de valor. Con el propósito de sostener su igualitarismo, los marxistas ortodoxos

---

[9] No todos piensan como yo, que los marxistas son igualitarios. Un buen caso acerca de que el mismo Marx no era un igualitario se encuentra en la obra de Allen Wood 'Marx and Equality'. Para argumentos conclusivos de lo contrario, ver 'The Controversy About Marx and Justice', de Norman Geras en su obra *Literature of Revolution*.

[10] Pensemos en un mundo de fantasía en el cual la naturaleza no contribuye en satisfacer las necesidades humanas, y por lo tanto es opuesto relevantemente en su carácter para el mundo sin trabajo que uno se figura en el parágrafo previo. En este segundo mundo imaginario, las personas flotan en el espacio, y todos los servicios necesarios y lujosos toman la forma de otras personas que los tocan de distintos modos. Para simplificar, supongamos que todos obtienen la misma satisfacción, en el mismo grado, de los mismos toqueteos: este no es un mundo de diferentes estilos para diferentes personas. Sino que es un mundo de diferentes estilos *de* diferentes personas. Porque aunque las funciones de utilidad son idénticas, no lo son las capacidades (capacidad para tocar bien). Bajo la propiedad de sí del talento, los tocadores más dotados recibirán más caricias que las que tengan que repartir, desde que las caricias que ellos hacen son de tal raridad, que por lo tanto habrá una enorme desigualdad en la distribución de lo que a las personas les importa, o sea, las caricias que ellas reciben, como algo positivo, y como negativo, el esfuerzo que estas personas deben hacer para acariciar a los demás. Esta desigualdad no se puede encontrar en la división desigual de los recursos no humanos, ya que tales recursos no están aquí en juego. Es mucho más difícil estar en contra de la desigualdad en este mundo, que estar en contra de lo mismo en un mundo sin trabajo como el descripto previamente.

deben diferenciar su posición de una posición como la de Locke que sostiene tanto el lugar preeminente del trabajo en la creación de valor como el derecho del trabajador a su trabajo y por ende a sus productos.

En principio, hay dos modos para resolver este dilema. El primero es reducir la significación del trabajo como protagonista de la creación de valor. Pero esto implica abandonar la teoría del valor del trabajo, y, por lo tanto, la extinción del marxismo ortodoxo. El otro modo, aparentemente más elegible, consiste en negarle al trabajador el reclamo por su producido. Este modo parece más abierto, pero presenta dos obstáculos. El primero, es que si los marxistas niegan que el trabajador tiene derecho a su producido, deben entonces explicar por qué, de todas maneras, ellos consideran al trabajador como explotado, y generalmente no ofrecen ningún tipo de explicación alternativa.[11] Y el segundo obstáculo es que los marxistas, por razones políticas, son francamente reacios a denegar el principio de propiedad de sí, ya que ellos perderían aliados si así lo hiciesen. Una manifestación de dicho rechazo es el apego de los marxistas al diagnóstico de la causa de la explotación descripta en la última sección. Cuando los marxistas basan la explotación de los productores en el despojo de los recursos mundiales, lo sostienen sin denegar la propiedad de sí, y de esta forma atraen el apoyo de los libertarios de izquierda (o sea, a los parcialmente igualitarios) a la causa anticapitalista.[12] Pero si estoy en lo correcto, los marxistas pueden seguir conservando su consideración distintiva acerca de la creación de valor, y sin embargo ser igualitarios, si no logran demostrar más diferencia entre ellos y los libertarios de izquierda de la que han hallado conveniente hacer.

4. Acto seguido debo ocuparme de una objeción que los partidarios conocedores de la economía marxista estarán muy dispuestos a discutir. Ellos dirán que en la discusión anterior yo pasé por alto una distinción crucial, a saber, entre (lo que los marxistas llaman) el *valor de cambio* y el *valor de uso*. El primero, valor de cambio, es el poder de una cosa para ser intercambiada por otras cosas en el mercado, la medida de su poder para que esto ocurra está determinada por el número de cosas de cualquier clase por las cuales ella

---

[11] Una respuesta modesta al respecto, se encuentra en 'Labour Theory of Value and the Concept of Exploitation' en mi obra, *History, Labour, and Freedom*, pág. 230 en la nota de pie de página 37.

[12] En relación a las caracterizaciones del igualitarianismo parcial y del libertarianismo de izquierda, ver, el Capítulo 5. Otra expresión de reluctancia marxista para rechazar el principio de propiedad de sí, es la explicación marxista del comunismo: ver Capítulo 5, sección 3.

puede ser intercambiada.[13] El valor de cambio es diferente al valor de uso, que consiste en el poder de una cosa para satisfacer el deseo humano, ya sea directa o indirectamente. Una cosa satisface el deseo indirectamente cuando, por ejemplo, es usado para producir otra que satisfaga el deseo directamente, en el sentido de que para satisfacer el deseo, esa otra cosa necesita solamente ser consumida. El término 'valor de uso' denota, fundamentalmente, no solo un poder, sino también todo lo que goce de dicho poder, en tanto que constituye una convención verbal marxiana que dice que todo lo que *tenga* valor de uso, *es* valor de uso. En consecuencia, todo lo que contribuya a la satisfacción de un deseo es un valor de uso, y así, por ejemplo, una parcela de tierra fértil a la vez tiene y es valor de uso, desde que puede ser utilizada para producir cultivos valorables en uso.

Ahora, la crítica marxista debería recordarme que la teoría del valor del trabajo es una teoría acerca del valor de cambio exclusivamente. La teoría no pretende explicar por qué un *commodity* tiene el monto de valor de uso que posee, sino tan solo porque se intercambia con un cierto número de otros valores de uso en el mercado. La respuesta desde la teoría del trabajo a dicha pregunta es que las proporciones de intercambio del mercado, en el análisis final, son una función de los montos de trabajo requerido para producir *commodities*. Y mientras Marx enunciaba que el trabajo por sí solo crea valor de cambio, reconocía ampliamente que la tierra, o la naturaleza, contribuye al valor de uso, y por ende era contrario a los socialistas que negaban dicha verdad. Marx criticó a los socialistas alemanes por la apertura de su Programa Gotha de 1874 con la declaración que enuncia que 'el trabajo es la fuente de todo bienestar y de toda cultura', y los amonestó con que 'la naturaleza es tanto la fuente de valor de uso como lo es el trabajo'.[14] El trabajo por sí solo produce valor de cambio, pero nada tiene valor de cambio a menos que tenga valor de uso, y, desde el momento en que los recursos naturales son necesarios para producir valor de uso, constituyen una presuposición de la creación del valor de cambio, aun cuando no tienen, ni crean, ninguno. En consecuen-

---

[13] Aquí doy la definición inicial de Marx acerca del valor de cambio, como lo encontramos en las primeras páginas del Vol. I de *El Capital*. Más adelante, implícita y tramposamente él lo redefine, en términos de tiempo de trabajo, y con esto cambia lo que se suponía ser la *explanans* del valor de cambio en una combinación de *explanans/explanandum*, una maniobra que hace tautológica a la teoría del valor-trabajo. Bajo la definición original del valor de cambio, la tierra en condiciones vírgenes tendría algo del mismo, pero lo pierde bajo la redefinición tautológica. (La transición ilícita definicional de Marx, es discutida en las páginas 221-6 de mi obra 'Labour Theory of Value and the Concept of Exploitation' en *History, Labour and Freedom*. Ver también las páginas 325-8 de mi obra 'More on Exploitation and the Labour Theory of Value').

[14] *La Crítica al Programa Gotha*. Aquí, Marx no menciona los medios no naturales de producción como una tercera fuente de valor de uso. Esto confirma el enfoque de la sección 2 más arriba, en donde tales recursos son tratados como derivaciones de los últimos factores de producción, que son la tierra y el trabajo.

cia, mi crítica marxista debería concluir en este punto, habiéndose disipado la tensión aparente a la cual ya me referí hacia el final de la sección 2 de este capítulo. La falta de recursos mundiales de los trabajadores constituye la escena de su explotación, aun cuando la explotación es la expropiación del valor de cambio. Podríamos afirmar ambos conceptos, que el trabajo es la fuente de todo valor de (cambio) y que, debido a su inmenso valor de uso, la desigualdad de los recursos naturales es fatídico e injustificado. Consecuentemente, podríamos afirmar la teoría del valor trabajo pero también protestar en contra del despojo del recurso del cual son víctimas los trabajadores. Esto responde a la pregunta del final de la sección 2. Y el dilema construido hacia el final de la sección 3, ahora puede ser también evitado. Podemos afirmar la teoría del valor trabajo y no obstante reclamar la redistribución igualitaria, sin negar el principio de propiedad de sí, enfatizando la importancia de los recursos naturales en la generación de valor de uso.

5. Pero para el marxismo ortodoxo el tipo de solución a los problemas enunciados en las secciones 2 y 3 no va a funcionar: la cuestión acerca de que la teoría del trabajo es una teoría del valor de cambio no es viable en el presente contexto. En tanto que, tal como ya lo he argumentado en alguna otra parte,[15] la noción de que el trabajo crea valor de cambio conlleva un peso ideológico, solo porque este se confunde con la afirmación distintiva negada oficialmente por los marxistas, a saber, que el trabajo es el único creador de un producto valorable en uso en sí. Esto es solo debido a que los marxistas (y también sus opositores) combinan esas dos ideas de que ellos son capaces de suponer que la teoría del trabajo de valor de uso es una base adecuada para acusar a los capitalistas de ser explotadores.

Para ver cómo emerge tal combinación, notemos, para comenzar, que frases como 'el trabajo crea valor de cambio' proveen una versión meramente metafórica de la teoría del valor del trabajo. Lo que la teoría del trabajo literalmente dice es que el valor de cambio de un *commodity* varía directa y uniformemente con la suma del tiempo de trabajo requerido para producir *commodities* de este tipo bajo condiciones actualmente estándar de producción, e inversa y uniformemente con el monto de tiempo de trabajo actualmente requerido para producir *commodities* de otro tipo. Esa afirmación no implica que el trabajo cree algo. Son los montos de tiempo de trabajo que ahora *serían* requeridos para producir cosas, un cierto conjunto de magnitudes contrafácticas, y no algún tipo de esfuerzo extremo, lo que da cuenta del monto de cuánto valor de cambio poseen las cosas, si la teoría del valor trabajo es correcta. La historia de un *commodity*, y por lo tanto, cuánto trabajo se

---

[15] Ver, 'The Labour Theory of Value and the Concept of Exploitation' en *History, Labour, and Freedom*, páginas 214-32.

ha puesto en él, o incluso si no requirió ningún trabajo estrictamente no tiene nada que ver con cuánto valor de cambio tiene dicho *commodity*. Un *commodity* adquiere un importante valor de cambio si requiriese mucho trabajo para ser producido, aun si el *commodity* cayera del cielo y por lo tanto no tuviese en absoluto ningún trabajo 'agregado'. Lo que se requería en el pasado, y aún más lo que sucedía en el pasado –estos acontecimientos son irrelevantes en relación a cuánto valor de cambio tiene una mercancía, si la teoría del valor del trabajo es verdadera–. Pero dichos aspectos no son epistémicamente irrelevantes. Ya que, en tanto las condiciones técnicas cambian a una velocidad relativamente lenta, el tiempo de trabajo requerido para producir algo en el pasado reciente es por regla general una buena guía para calcular el tiempo de trabajo requerido para producir lo mismo actualmente. La típica relación de tiempo de trabajo pasado real, además, es la mejor guía para calcular cuánto tiempo de trabajo era necesario en el pasado. De ese modo, lo que ocurrió, el trabajo realmente invertido, se convierte en un buen indicador de lo que actualmente se requiere, y, por lo tanto, un buen indicador del valor de cambio del *commodity*. Pero esto no significa que, 'crea' en algún modo, cree el valor de cambio del *commodity*.

La metáfora de la creación extensamente utilizada[16] para transmitir la teoría del valor-trabajo le hace creer a la gente que la teoría dice que los trabajadores producen algo, y, teniendo en cuenta que el candidato más evidente para representar algo producido por los trabajadores es el producto físico, la teoría del valor-trabajo, al final de cuentas, es confundida con la idea de que los trabajadores crean el producto en sí mismo. *Es decir, es sobre todo a raíz de dicha confusión que la teoría del valor-trabajo produce interés ideológico.* Dicha teoría no produce ningún interés si se la concibe en forma clara y distintiva. Ya que el interés ideológico real se aloja en las afirmaciones acerca de la creación de la cosa con valor de uso en la cual incide el valor de cambio.

Con el propósito de corroborar que esto es así, supongamos, a través de un experimento mental, que algo diferente a un trabajo contrafáctico 'crea' valor de cambio, en el auténtico sentido en el que, en la teoría del trabajo, el trabajo contrafáctico lo 'crea'. (Coloco comillas alrededor de 'crea' en contextos donde su uso, en el mejor de los casos, es metafórico). Imaginemos, en particular, que la magnitud de todo valor de cambio de mercancía está determinado en su totalidad por la extensión y la intensidad del deseo por dicha mercancía, y que por lo tanto podemos decir que es el deseo, no el trabajo, el

---

[16] Por ejemplo, por Marx. Para una lista de sus usos de la metáfora, ver 'The Labour Theory of Value and the Concept of Exploitation' en *History, Labour, and freedom*, pág.216, nota de pie de página 14.

que 'crea' el valor de cambio.[17] Pero imaginemos, también, que el trabajo crea al producto en sí mismo, excluyendo absolutamente los materiales no elaborados inservibles, o –que el producto se convierta en un puro servicio– excluyendo a ninguno. ¿Perdemos en consecuencia nuestra inclinación (suponiendo por supuesto, que la creencia en la teoría del valor-trabajo indujo alguna inclinación en nosotros) para comprender la demanda del trabajador hacia el producto, y, en consecuencia, a su valor de cambio, aun si ya no suponemos que el trabajo 'cree' ese valor de cambio? Yo no creo que estemos haciendo esto.

El trabajador sigue siendo explotado si él crea todo lo valioso para ser intercambiado y no obtiene todo el valor de cambio de la cosa que él crea. Lo que importa, ideológicamente, es lo que crea dicha cosa, o la transforma de tal manera que esta tiene (más) valor de cambio,[18] no lo que hace que las cosas de este tipo tengan el valor de cambio que tienen, que es lo que la teoría del valor-trabajo supuestamente explica.

Si estoy en lo correcto, la teoría del trabajo satisface su función ideológica solo cuando es confundida con una teoría que enuncia que el trabajo por sí solo crea al producto en sí mismo. No obstante, la última teoría es a la vez falsa y difícil de reconciliar con la extrema importancia (ver sección 2 más arriba) asignada a los recursos no laborales en el diagnostico marxiano de lo que permite a los capitalistas explotar a los trabajadores. Es a raíz de que los recursos mundiales contribuyen *en forma decisiva* a la creación del producto que hace que gocen de la importancia adquirida en dicho diagnóstico. La distinción entre 'crear' valor de cambio y crear un producto valioso de ser usado no facilita ninguna salida al dilema en el cual yo procuré ubicar a los marxistas ortodoxos al final de la sección 3.

6. Recordemos que el tercer abordaje en relación con la justicia distributiva, el igualitarismo parcial (ver sección 1 arriba), no restringe los derechos de las personas en sus propias potencialidades, ni tampoco, en consecuencia, en los frutos del ejercicio de dichas potencialidades. Se deduce entonces que

---

[17] Que el deseo 'crea' valor-cambio podría no ser cierto, aunque no es una suposición absurda, cuando, como sucede aquí, es la suposición de que los hechos acerca del deseo, y no los hechos acerca del tiempo de trabajo socialmente necesario, determina las proporciones de valor cambio. El lector que cree absurda la idea de que el deseo 'crea' valor cambio está probablemente confundiendo 'creación' de valor cambio con la creación del producto, y por lo tanto, confunde la idea de que el deseo 'crea' valor cambio con la idea mágica de que este (realmente) crea el producto deseado.

[18] Sea lo que fuere que cree o aumente el valor de algo, en *ese* sentido crea (algo de) su valor, pero no es el sentido de 'crear valor' en el que el trabajo se supone crear valor en la teoría del valor-trabajo: ver mi obra 'Labour Theory of Value and the Concept of Exploitation', en *History, Labour, and Freedom*, páginas 232-3.

el tercer abordaje no permitirá mucha movilidad en la dirección de la igualdad de condiciones si se puede decir que las cosas que las personas desean son en gran parte el producto del trabajo humano, en oposición a los recursos no humanos. A continuación, y retomando ahora a John Locke, lo dicho anteriormente es precisamente lo que él enuncia. Él afirma que el trabajo es responsable prácticamente de la totalidad del valor de uso[19] de todo aquello que los seres humanos desean o necesitan, mientras que opuestamente, los recursos naturales no son responsables casi de ningún valor de uso.

Algunas frases típicas de las afirmaciones de Locke:

> ...el trabajo otorga por lejos la mayor parte del valor de las cosas que disfrutamos en este mundo. Y el valor que produce la tierra sola es escaso como para reconocérselo, o al máximo se le puede reconocer apenas un valor muy pequeño...

> Es el trabajo, entonces, el que aporta el mayor valor a la tierra, sin el cual esta tendría un escaso valor...La naturaleza y la tierra proveen únicamente la materia más inservible.[20]

La tierra no cultivada virtualmente no crea ningún valor, y, por lo tanto Locke infiere, no posee virtualmente ningún valor. Tiene 'escasamente... algún valor', ya que 'provee en su mayoría materia inútil' de forma exclusiva.

Locke enfatiza repetidamente las afirmaciones que enuncian que el trabajo crea casi la totalidad del valor de las cosas y que los recursos naturales no tienen casi ningún valor. Es evidente, entonces, que pensó algo muy importante relacionado con lo anterior. Pero no queda demasiado claro qué es lo que creyó fuese la conclusión importante. Ahora procedo a detallar dos conclusiones que podrían ser tomadas como una deducción del contraste de Locke entre las contribuciones de la tierra y del trabajo. Cada conclusión le ha sido atribuida a Locke por algún comentarista. No intentaré detallar a cuál de ellas Locke se refirió realmente, en parte porque mi interés filosófico en Locke es mayor que mi interés histórico, también porque, cada vez que me refiero a Locke, enfoco mis argumentos, en su mayoría, en su premisa que

---

[19] Locke utiliza la palabra 'valor' cuando hace su exposición, pero, como yo sostengo en la sección 7 más adelante, la exposición concierne el valor-uso, desde que, para Locke, 'el valor intrínseco de las cosas... depende solamente de su uso proficuo en la vida del hombre' (*Second Treatise on Government*, para.37). En algún otro lugar Locke contrasta 'intrínseco' y 'valor de mercado', siendo este su modo de anticipar la distinción marxiana de valor-uso/ valor-cambio: ver *Some Considerations*. En el resto de este capítulo yo utilizo 'valor' para decir 'valor-uso', de acuerdo al ensayo de Locke *Second Treatise*.

[20] *Second Treatise of Government*, Capítulo V, paras, 42 y 43, y ver también, paras. 36, 37,40, y 41. Más referencias acerca de los dos *Treatise of Government* de Locke serán llamados *Treatise*.

enuncia que el trabajo crea virtualmente todo el valor, y lo que sencillamente ha sido su argumento *a favor* de ella, en vez de centrarme en la que ha sido su inferencia –tampoco muy clara– a partir de esta.

Se estima que una conclusión que Locke extrajo de su premisa que enuncia que el trabajo crea virtualmente la totalidad del valor de las cosas es que nadie debería objetar con rigor la desigualdad que existe, ya que esta proviene mayormente del ejercicio que gozan las personas de sus propias potencialidades y de la ulterior disposición que crearon al usarlas. Y la otra conclusión es que la formación original de la propiedad privada de las cosas externas sin propietario previo se justifica por el hecho de que esas cosas prácticamente carecían de valor hasta que los trabajadores que tomaron posesión de ellas les pusieron valor: los apropiadores no habían acumulado nada digno de mención hasta que establecieron el control exclusivo de algunas partes de los recursos naturales.

De esta forma, hallamos en Locke, o le atribuimos a Locke, un par de argumentos, con una premisa en común. La premisa en común es que el trabajo es responsable de prácticamente todo el valor de lo que usamos y consumimos. La conclusión de un argumento, que yo denominaré argumento de valor/apropiación, es que una persona que agrega trabajo a los recursos naturales sin propietario se convierte consecuentemente en su legítimo dueño. Acto seguido, la conclusión del otro argumento, que hemos denominado argumento de valor/desigualdad, es que la desigualdad en la distribución se justifica, desde el momento en que, o en la medida en que, la misma refleja agregados de trabajo que crean desigualdad de valor. Estoy convencido de que Locke deseaba llegar a una u otra de estas conclusiones, o ambas, o llegar a conclusiones similares a estas, extraídas de su premisa que enuncia que el trabajo crea casi todo el valor, ya que de otra manera es imposible explicar la importancia que Locke le ha atribuido a dicha premisa.

La premisa conocida que enuncia los argumentos valor/apropiación y valor/desigualdad no debería ser identificado con otra afirmación de Locke aún más conocida. La afirmación diferente consiste en que, cuando alguien trabaja en algo, mezcla el propio trabajo a lo que hace, y por lo tanto deposita dentro del trabajo algo que le pertenece. Locke utiliza la afirmación de la mezcla de trabajo como una premisa que justifica la formación original de la propiedad privada de lo que previamente no le pertenecía a nadie. Al mezclar lo que le pertenece, a saber, su trabajo, con algo que no le pertenece a nadie, el trabajador que se apropia se convierte en el dueño legítimo de la mezcla resultante, desde el momento en que solo él tiene derecho sobre dicha resultante.[21]

Llamaremos a este 'el argumento de la mezcla de trabajo'. Es de notar que el argumento de la mezcla de trabajo es diferente del argumento valor/apropiación, que comparte dicha *conclusión*. El argumento del valor para la apropiación legítima tiene una razón diferente del argumento de la mezcla de trabajo, aunque muchos (y a veces, quizás, Locke)[22] son proclives a confundir ambos. Es fácil confundirlos, (al menos habitualmente) ya que a través del trabajo agregado a algo, ese algo mejora su valor, y tal vez la acción ejercida sobre el mismo debería ser tomada como trabajo solo si ese algo mejora su valor. Sin embargo, en la lógica del argumento de la mezcla de trabajo, es el trabajo en sí mismo, y no la creación de valor, lo que justifica el derecho a la propiedad privada. Si a uno le pertenece aquello sobre lo que ha trabajado porque el propio trabajo ha quedado contenido dentro de la cosa, entonces la pertenencia no se obtiene por haberle mejorado su valor, aunque nada merezca ser llamado 'trabajo' a menos que cree valor. Y, en relación al argumento valor/apropiación, es la transferencia de valor como tal, y no el trabajo a través del cual dicho valor es transferido, lo que resulta fundamental y determinante. Si en cambio, el valor de algo aumenta mágicamente sin agregar trabajo, es decir, por el puro deseo de que esto suceda,[23] entonces se tendría derecho a poseer cualquier cosa justificado por el argumento de valor, aun sin haber realizado ningún trabajo.

---

[21] Pido disculpas por reproducir, en los próximos dos parágrafos, material que ya apareció anteriormente en el Capítulo 4: lamentablemente, estos puntos son necesarios en ambos lugares.

[22] El parágrafo de Locke más explicito 'mezcla del trabajo' es II:27:

> Todo aquello que él saque del estado en que la naturaleza lo ha producido y dejado, y lo mezcle con su trabajo, lo une a algo que le pertenece, y por lo tanto lo convierte en su propiedad. Al ser sacado por él del estado común en el cual lo puso la naturaleza, tiene, mediante su trabajo, algo que se le ha agregado, que excluye el derecho general de los otros hombres.

Yo creo que lo 'agregado' (o, en II:28, 'sumado') a la naturaleza, es el trabajo, no el valor, pero si fuese el valor, entonces Locke está confundiendo los dos argumentos. La mejor evidencia acerca de tal confusión es II:44, la cual, después de varios parágrafos sobre creación-valor (p.e., II: 40-3), vuelve al tema de la mezcla de trabajo, como si continuase la misma discusión; y también la primera oración de II:40, que dado lo que precede y lo que sigue, parece representar el poder prodigioso del trabajo para crear valor como la explicación acerca del por qué su mezcla con las cosas le confiere el derecho al trabajador.

[23] Hay que destacar que la suposición mágica acerca de que el hecho de desear crea valor de uso es diferente de la suposición no mágica (ver lo dicho previamente) que el deseo 'crea' valor de cambio y que el individuo deseante no desearía lo que desea si el deseo fuese uso valioso, salvo que y hasta que, su deseo no se haya cumplido.

Los párrafos principales de la mezcla de trabajo de Locke en el capítulo V de su *Second Treatise of Government*, desde mi punto de vista, no toman en consideración que el trabajo mejora el valor de aquello sobre lo que el trabajo es aplicado.[24] Karl Olivecrona probablemente tenga razón cuando dice que cuando, en párrafos posteriores del capítulo, Locke pone abiertamente sobre el tapete el aumento de valor, no está tratando de defender la apropiación inicial de la propiedad privada, sino que está adelantando las diferentes conclusiones en relación al argumento valor/desigualdad.[25] Su objetivo es justificar la desigualdad de bienes que obtiene ahora, cuando la apropiación original ha cesado desde hace mucho tiempo. La justificación de Locke es que la mayor parte de la presente desigualdad no se debe a una apropiación inicial desigual sino al trabajo agregado luego de la apropiación inicial. Locke está dispuesto a conceder que las cosas naturales no tocadas tienen algo de valor, pero insta a que al menos el 90% (y probablemente el 99%) del valor de las cosas que han sido transformadas por el trabajo se debe a ese trabajo transformador,[26] de manera tal que, a menos que se les quite a las personas lo que han producido, o lo que legalmente han recibido, en forma directa, o al final de una cadena de transferencias, desde los productores trabajadores, no se puede objetar la mayor parte de la desigualdad que prevalece ahora.

Demostraré, en la sección 8, que Locke utiliza un argumento inadecuado para sostener la premisa de los argumentos de valor; en la sección 9, que esa premisa es indefendible; y finalmente, en la sección 10, que aun si fuera verdad, no podría sustentar las conclusiones que se extraen de ella. No obstante, antes de presentar dichas críticas, primero debo aclarar lo que enuncia la premisa del valor de la creación, y por qué Locke estaba seguro de que dicha premisa fuese verdad.

7. La premisa de Locke es a menudo descripta como una afirmación grosera de la que, a partir de Marx, ha sido conocida como la teoría del

---

[24] Los parágrafos principales de mezcla del trabajo son: II: 27-34. Parágrafos 27 y 28 *tal vez* invocan el valor de mejora, pero como ya dije en la nota de pie de página 22, no creo que funcione.

[25] Ver Olivecroma, Locke's Theory of Appropiation' páginas 231-4. Los últimos parágrafos relevantes son II: 40-3.

[26] Creo que sería un cálculo muy modesto si dijéramos que de los productos de la tierra que resultan útiles para la vida del hombre, nueve sobre diez constituyen el resultado del trabajo: más aún, si estimáramos correctamente el valor de las cosas tal como llegan a nosotros para ser utilizadas, y sumáramos los diferentes gastos implícitos en ellas, es decir, qué porcentaje representa solo la naturaleza, y qué porcentaje el trabajo, encontraremos que en la mayoría de los casos el 99% del total se atribuye enteramente al trabajo (I:40), II:37 otorga las mismas figuras, y II: 43 multiplica la más grande de ellas por diez.

valor-trabajo. Lo anterior es engañoso,[27] ya que el valor que Locke afirma que se debe (casi todo) al trabajo no es el valor que Marx afirma que ha sido creado por el trabajo. El tópico de Locke es el valor de uso, no el valor de cambio. Supongamos que poseemos una cantidad de trigo. Entonces el valor de uso que nos pertenece se mide por el número de quintales de trigo que poseemos, o, de manera más abstracta, según la expectativa de vida y de provecho, o 'utilidad', que dichos quintales permitirán, mientras que su valor de cambio es medido por la cantidad de otras mercancías que estos podrían obtener en un mercado en equilibrio. El valor de cambio y el valor de uso pueden variar, cada uno independientemente del otro: la misma cantidad de trigo, con el mismo valor de uso, será sometido a una transformación en el valor de cambio según los cambios en las condiciones del mercado (en equilibrio), y según las diferentes cantidades de trigo, y por lo tanto del valor de uso, que tendrán bajo condiciones de mercado adecuadamente diferentes, el mismo valor de cambio.

Si leemos a Locke con esta distinción en mente, creo que estaremos de acuerdo en que su premisa de alabanza al trabajo en verdad elogia el trabajo como fuente de valor de uso y no de valor de cambio. Consideremos, por ejemplo, estos extractos de II: 37:

> Los bienes utilizables para el sostén de la vida humana producidos por un acre de tierra cultivada son (sin exageración) diez veces más que los producidos por un acre de tierra igualmente fértil que no es aprovechada y continúa siendo terreno comunal... la verdad es que estoy calculando muy por lo bajo; calculando su producto de diez a uno, cuando en cambio sería más acertado decir que la proporción se aproxima al ciento por uno.

En consecuencia la tierra no trabajada, como hemos visto, 'tiene muy escaso... valor, no vale prácticamente nada'. No obstante el incremento en su valor que aquí se le asigna a la intervención del trabajo es un incremento en su valor de uso. En tanto que los diagramas de Locke están relacionados con las producciones físicas comparativas, o valores de uso, que producen tanto

---

[27] La frecuencia de la descripción engañosa es sin duda debida 'al atractivo emocional' de la teoría del valor del trabajo, la cual 'ha inducido a algunos historiadores a interpretar a tantos autores posibles' como proponentes de la misma: Joseph Schumpeter, *A History of Economic Analysis.* pág. 98. Ver, por ejemplo, a Richard Aaron, Locke, pág. 280; John Gough, *John Locke's Political Philosophy*, pág. 81; George Sabine, *A History of Political Theory*, pág. 528. John Dunn (*Locke*, pág. 44) dice que 'la historia enmarañada de la teoría del valor del trabajo desde entonces, en la justificación y el rechazo de la producción capitalista, ya estaba prefigurada en las ambigüedades de la teoría que él [Locke] creó'. Eso está totalmente errado, desde que Locke no ha creado *esa* teoría. Sin embargo Dunn tiene de todas formas razón, en la medida que la teoría del valor típicamente entra en el debate al cual él se refiere en la forma mal interpretada, motivada ideológicamente, descripta en la sección 5 más arriba.

la tierra virgen como la cultivada, no precisamente lo que las tierras tanto virgen como cultivada irían a obtener al mercado.

Es interesante destacar cómo Locke determina la contribución del trabajo en cuanto al valor de uso.[28] Lo hace comparando el rendimiento de la tierra con y sin trabajo agregado, su herramienta de comparación es lo que yo denomino 'el criterio de sustracción". El mismo funciona de la siguiente manera: se sustrae lo que la tierra produce sin trabajarla de lo que rinde siendo trabajada, y entonces se forma la fracción obtenida como resultado de colocar el resultado obtenido de la sustracción anterior sobre lo que la tierra rinde siendo trabajada. La fracción obtenida, a saber:

$$\frac{\text{La cantidad que rinde la tierra trabajada menos la cantidad que la misma rinde sin ser trabajada}}{\text{La cantidad que produce la tierra con trabajo}}$$

supone indicar la proporción del valor de uso debido al trabajo, con el resto, en consecuencia, debido a la tierra. Más tarde voy a criticar este procedimiento para medir las contribuciones comparativas a la creación del valor de uso, pero, por el momento, simplemente destaquemos lo que es, y que no tiene ninguna relación con el valor de cambio. La tierra no trabajada que produce un décimo de lo que produciría si lo fuera, no va a obtener en el mercado, un décimo en su estado virgen de lo que obtendría si estuviera cultivada.

Desde el momento en que el *explanandum* de Locke es el valor de uso, el suyo no es el *explanandum* de la teoría marxiana del trabajo, valor de cambio. No obstante el *explanans* en la teoría de Locke tampoco es lo mismo que el *explanans* teórico del trabajo, ya que, en la teoría del trabajo, el valor de cambio es una función lineal positiva del tiempo de trabajo,[29] y el *tiempo* de trabajo juega un rol incomparable en la teoría de Locke. Y esto sucede porque el monto de valor de uso de una cosa resultaba inconcebible imaginarla co-variando de una forma simple con el tiempo de trabajo requerido para producirlo, inclusive para alguien que pensaba que su valor de uso era enteramente debido al trabajo. Tal cual lo vio Karl Marx, el *explanans* de Locke es 'el trabajo concreto', lo cual significa que el trabajo considerado en su forma concreta de arar, sembrar y así sucesivamente, y no, como Marx lo ha presentado, el trabajo 'como un *quantum*'.[30]

---

[28] Ver, en particular, II: 40,42,43.

[29] Las calificaciones que necesitan ser puestas en esa declaración para hacer frente a las complejidades dirigidas en el Volumen III de *El Capital*, no son aquí relevantes.

[30] *Teoría de la Plusvalía*, Vol. I. Acerca de la diferencia entre el trabajo abstracto y el concreto, ver mi obra *Karl Marx's Theory of History*, pág. 101.

Para ver cómo los tiempos de trabajo no juegan ningún rol esencial en la teoría de Locke, supongamos que cada parcela de tierra dentro de una economía determinada es igualmente fértil, y que ahora intervenga un deterioro de la fertilidad en la economía a gran escala que afecta a cada parcela del mismo modo.Tanto antes como después del deterioro un acre de tierra produciría un quintal de grano por día sin trabajar la tierra y un máximo de diez siendo trabajada, no obstante se requerían tres horas por día para lograr el máximo rendimiento de diez quintales cuando la tierra era buena y seis horas, después de su deterioro. Por lo tanto para Locke el rendimiento de la tierra cultivada no tendría más valor en el estadio dos de lo que tenía en el estadio uno, y esto sucede así porque el valor de uso de su rendimiento habría permanecido igual, aunque en base a la premisa teórica del trabajo, su valor de cambio, *ceteris paribus,* se habría aumentado.

Una simple prueba de que la teoría de Locke no es una teoría del valor del trabajo en el sentido marxiano, es que él solamente enuncia que *casi* todo el valor del producto se debe al trabajo. No obstante, dejando de lado este punto, él no era un teórico de la teoría marxiana del trabajo, por las dos razones enumeradas más arriba.

La segunda de dichas razones fue que el *explanans* de valor de Locke no es la cantidad de tiempo de trabajo requerido para producir el producto. Sin embargo él enfatiza contundentemente cuan prodigiosa es la cantidad de trabajo que insumen los bienes de consumo, recordándonos que:

> [...] no se trata solamente del esfuerzo del peón que ara la tierra, ni de los esfuerzos del que empuñó el arado ni del trabajo de quien realiza la trilla ni tampoco se trata del sudor del panadero, lo que debe ser contabilizado dentro del pan que comemos, el trabajo de aquellos que domesticaron los bueyes, que cavaban y forjaban el hierro y las piedras, que derribaban y tallaban la madera utilizada para arar, el molino, el horno, y muchos otros utensillos, que ascienden a un vasto número, requisito para el trigo, desde su estado de semilla para ser sembrada hasta la fabricación del pan, todo debe ser cargado a la cuenta del trabajo, y recibido como efecto de ello. La naturaleza y la tierra proveyeron solamente las materias primas que en sí mismas son las menos valiosas. (II:43)

De todos modos, el extenso trabajo que hemos catalogado aquí no está medido en la forma relevante marxiana, como una cantidad de tiempo de trabajo indiferenciado con el cual se podría pensar que el valor de cambio varía. El punto de vista de Locke es más bien que se necesita una gran cantidad de trabajo concreto y variado para obtener pan apto para el consumo partiendo de un punto natural prácticamente inservible. Además, no queda completamente claro de qué manera el catálogo de Locke sirve supuestamente a sus propios fines, el cual consiste en afirmar que el trabajo es la fuente de (casi todo) el valor de uso. Ya que, su enunciado acerca de que la materia no trabajada carece de todo valor sería aplicable incluso si la misma necesitase de muy poco trabajo para transformarla en materia con valor. La aplicación del procedimiento de sustracción para determinar la contribución del trabajo no requiere de ninguna información acerca de la cantidad de trabajo invertido, en ningún sentido. (Una especulación acerca de las razones de Locke para enfatizar de todas maneras sobre la cantidad de trabajo se ofrece en la siguiente sección: ver nota 33 más adelante.)

Finalmente, un señalamiento acerca de Marx. Como ya lo he destacado previamente, él sabía que Locke no estaba proponiendo una teoría del trabajo del valor de cambio. Pero el párrafo en el que Marx expresa esta visión es también interesante por otra razón. Habiendo observado que para Locke 'el trabajo le confiere a las cosas casi todo su valor', entonces Marx agrega este comentario en parte curioso:

> *El valor* aquí es equivalente al valor de uso, y el trabajo es tomado como trabajo concreto, no como un *quantum*; pero la forma en que se mide valor de cambio por trabajo en realidad está basada en el hecho de que el trabajador crea el valor de uso.[31]

La parte curiosa es la que sigue a continuación del punto y coma. Casi con seguridad, Marx allí está afirmando algo que cree verdadero, más que meramente algo que él piensa que Locke creía verdadero. Pero entonces la afirmación de Marx es curiosa porque, ¿cómo podía él pensar que la creación de valor de uso del trabajo era la base para 'medir valor de cambio por trabajo' (solo) si, como él sabía (ver más arriba), la tierra también crea valor de uso? Un marxista podría replicar que la creación de valor de uso es siempre una condición necesaria del factor de ser una medida del valor de cambio. Pero entonces, ¿qué otra condición relevante satisface el trabajo y no también la tierra?[32] Para responder a dicha pregunta, no alcanza con decir simplemente que es el trabajo.

8. Mi crítica principal a los argumentos de valor de Locke es una objeción a la base sobre la que afirma su premisa, que enuncia que el trabajo es responsable de la mayor parte de todo lo que la tierra produce. Él establece dicha premisa basándose en su criterio de sustracción.

---

[31] Teorías de la Plusvalía, Vol. I.

[32] Para varios intentos con el fin de distinguir entre el trabajo y la tierra según Marx, ver 'Marx and Cohen on the Labour Theory of Value' de Nancy Holmstrom, páginas 300-2. Pero ver también, mi obra 'More on Exploitaition and the Labour Theory of Value', pág. 327, acerca del porqué, según mi parecer, todos sus intentos fracasan.

Consideremos una parcela de tierra que produce diez veces más cosecha de la que producía antes de ser cultivada. ¿Es verdad, por la razón dada por Locke, y según el sentido que le dio a la siguiente afirmación que enuncia que el trabajo es responsable del 90% de la cosecha de la tierra cultivada? En su sentido pretendido, la afirmación contrasta con la contribución del trabajo con el de la tierra en sí misma, que en este caso sería el 10% de la cosecha: el objetivo de la afirmación es minusvalorar la contribución de la tierra en sí misma a valor de uso.

Según mi punto de vista, la afirmación deseada no es verdadera en el sentido requerido contrastante a raíz de la razón esgrimida por Locke, desde el momento en que dicha razón, es decir, el criterio de sustracción de Locke, es inaceptable. Un argumento para afirmar que el mismo es inaceptable es que este tiene intuitivamente consecuencias inaceptables. Otro argumento es que el mismo genera una contradicción lógica.

Para lograr comprender por qué el criterio de sustracción tiene intuitivamente consecuencias inaceptables, supongamos que hace falta solo una hora de trabajo por año para obtener cien quintales de trigo por año de un campo que produce solamente un único quintal por año espontáneamente. O, en cambio, tomemos un ejemplo más realista, supongamos que tan solo una hora de excavación crea un pozo que produce mil galones de agua por año, mientras que antes solamente había un chorrito miserable de diez galones al año. Seguramente nos equivocaríamos al inferir, del hecho de que la excavación *elevó* la producción de agua de diez a mil galones, entonces la excavación es responsable del 99% del agua producida por, y en consecuencia, del valor de uso producido por la tierra excavada, mientras que la tierra en sí misma es responsable solamente del 1% del valor de uso.[33]

Tal como Locke lo reconoció, la tierra frecuentemente produce bienes de consumo sin que se le haya aplicado ningún trabajo específico a la misma. Contrastemos con el ejemplo del cuero de vaca, que no produce ningún zapato, y no simplemente unos pocos, si no se realiza el curtido, corte y modelado. ¿Contribuye marginalmente a la producción, y debemos por lo tanto inferir que la tierra que es modesta y espontáneamente productiva, realiza alguna pequeña contribución al valor de uso del pan cocinado de su trigo, mientras que el cuero de vaca no realiza ninguna contribución al valor de uso de los zapatos? El contraste es absurdo, pero se nos impone forzosamente a partir del criterio de sustracción de Locke.

---

[33] Tal vez Locke enfatiza cuán extensiva es la contribución del trabajo en II: 32 (ver más arriba) para disipar la duda que he desplegado aquí en relación a las consecuencias de su criterio, acerca del cual él podría no haber estado suficientemente al tanto. Pero su catálogo no disipará dicha duda, solo porque, como bien lo muestra el ejemplo, no siempre se requiere una gran cantidad de trabajo para obtener producciones extensivas de tierras espontáneamente vírgenes.

El criterio de Locke falla porque la aplicación *diferencia* de un factor contribuye marginalmente a la producción, y no puede ser tratada como su contribución a la producción *en contraste* con la contribución de otros factores. Pero es justamente tal contraste el que Locke necesita, de manera tal que él pueda sobrevaluar la contribución del trabajo y devaluar la contribución de la tierra. Él necesita, en otras palabras, pasar de la premisa intachable del siguiente argumento a su conclusión derivada inválidamente. A menudo será cierto que:

(1) La aplicación del trabajo logra que la tierra virgen produzca diez veces más de lo que producía antes.

No obstante de esto no se concluye que:

(2) El trabajo produce el 90% del producto que surge de aplicarlo a la tierra virgen.

Nadie puede pensar que tal argumento es válido una vez que logra discriminar y diferenciar premisas de conclusiones, pero algunas veces esta tarea implica esfuerzo, desde el momento en que muchas frases pueden ser usadas para expresar ya sea su premisa o bien su conclusión, y en consecuencia el argumento puede adquirir una apariencia de validez. Se podría pensar que (2) se deduce de (1) porque desatentamente se usa una frase del estilo 'la producción adicional del 90% se debe al trabajo' para expresar tanto (1) como (2).

Algunos afirman que la falacia expuesta arriba es demasiado simple como para atribuírsela a un pensador de la estatura de Locke. Ellos argumentan que yo no he comprendido el poder intuitivo de su respuesta a los igualitarios, que enuncia que los bienes que estos últimos redistribuirían son en gran parte debidos al trabajo que la redistribución de ellos violaría los reclamos legítimos en ellos. No obstante, yo pienso que el poder intuitivo de dicha respuesta depende enteramente de su ambigüedad. Es verdad en el sentido (1), pero polémicamente interesante solo en el sentido (2). Excepto que presentemos a Locke como alguien que confunde (1) y (2), o que injustificadamente infiere (2) de (1), no podemos explicar por qué pone tanto énfasis en (1); (1) no sirve para alabar el trabajo y el propósito polémico de disminuir el valor de la tierra cuando (2) no deriva de este ni se confunde con el mismo.

Yo he dicho que el criterio de Locke para determinar las contribuciones relativas al valor de uso no solo tiene consecuencias no intuitivas, sino que también conduce a una contradicción. En base a dicho criterio, si una parcela de tierra no produce cosecha sin trabajo, pero en cambio rinde una cosecha siendo trabajada, entonces el trabajo es responsable por la totalidad de dicha cosecha, y la tierra no es responsable de ningún porcentaje de dicho rendimiento. Pero, aunque la tierra resulte completamente improductiva sin trabajarla, es igualmente verdad que el trabajo, arar y carpir la tierra y así sucesivamente, no produciría ninguna cosecha en un suelo infértil. El valor de la siguiente fracción, es por lo tanto, del 100%:

$$\frac{\text{El rendimiento de la tierra trabajada menos el rendimiento sin ser trabajada}}{\text{Rendimiento que el trabajo produce con la tierra}}$$

Entonces, realizando una generalización del procedimiento de Locke, deberíamos agregar conclusiones (5) y(6) a las que él postula, las cuales son (3) y (4):

(3) El trabajo es responsable por la totalidad de la cosecha.
(4) La tierra no es responsable de ningún porcentaje de la cosecha.
(5) La tierra es responsable de la totalidad de la cosecha.
(6) El trabajo no es responsable de ningún porcentaje de la cosecha.

Este conjunto de frases falla al adjudicar el éxito al trabajo. No obstante, más allá de eso, también conlleva una manifiesta contradicción. Ya que, aun si (3) y (5) son de alguna manera consistentes el uno con el otro, (3) y (6) (y (4) y (5)) no lo son en absoluto. *Si* existe un criterio defendible para asignarle contribuciones relativas al rendimiento del trabajo por un lado y a las propiedades originales del suelo por el otro, entonces este enunciado no pertenece a Locke.

Por mi parte, dudo que exista tal criterio, y por lo tanto debo distinguir lo que algunos economistas podrían creer que supliría tal criterio del tipo de criterio que para mí no existe. Los economistas denominan *problema de asignación de valor* a la dificultad para retribuir a los agentes cooperativos de la producción. Una primera solución a dicho problema fue aportado por Lloyd Shapley quien desplegó restricciones axiomáticas aparentemente factibles para cualquier solución, y logró probar que el único procedimiento consistente con ellas está en asignar a cada factor el porcentaje de sus contribuciones marginales en todos los órdenes posibles en los que los factores podrían estar combinados entre sí.[34]

De todas maneras, el motivo por el cual sin embargo sostengo que no existe criterio capaz de reemplazar el de inaceptabilidad de Locke es que,

---

[34] El 'Valor Shapley' se explica en "A Value for N-Games', páginas 337/17, de Lloyd Shapley. Una breve exposición de la solución de Shapley y el trabajo consecuente que se desarrolla a partir del mismo, se encontrará en Game Theory in the Social Sciences, pág. 180 y ss.

mientras Locke intenta, al final, contestar algo similar[35] a la pregunta acerca de la asignación de Shapley, su criterio no resulta, inmediatamente, el de cómo asignar porciones de lo que se produce a los factores, en el sentido de recompensarlos, sino de cómo diagnosticar cuales son los diferentes factores que contribuyen al producto (con el propósito, sobre esta base, de llevar a cabo algún tipo de retribución adecuada). En resumen, Locke va de los hechos (i) acerca de las contribuciones marginales, a (ii) las demandas en relación a las contribuciones físicas, y continúa hacia (iii) las conclusiones en torno a las retribuciones. Su argumento enuncia, aproximadamente, que desde el momento que la tierra no trabajada no produce prácticamente nada, y la tierra trabajada por el contrario produce enormes cantidades, en consecuencia el trabajo contribuye notablemente en la producción de lo que hace la tierra, y de acuerdo a esto, el trabajo debería ser retribuido adecuadamente. No existe en Shapley ningún enunciado que se corresponda con el segundo estadio de este argumento. Él procede directamente, con el poder de sus axiomas, de (i) a (iii), y de este modo, al contrario de Locke, se abstiene de emitir lo que puede convertirse en una pseudo pregunta. Yo estoy seguro de que Locke afirma (ii), desde que comienza con (i) y concluye con (iii), y no veo cómo, de otra manera, él podía pensar que había surcado la distancia entre ellos. Claramente no se anticipó a los axiomas de Shapley, los cuales poseen, casualmente, y en forma muy evidente, las consecuencias distribucionales no lockeanas.[36]

A modo de conclusión, si J. R.Ewing, o Donna Krebs, produce un pozo cuyo rendimiento alcanza mil barriles de petróleo por día después de cinco minutos de perforación, entonces no podemos inferir, basándonos en la concepción lockeana, que sin perforar no surge nada de petróleo, que el trabajo de él o de ella, *como opuesto a la tierra*, es responsable de todo ese petróleo. Dicha conclusión no es viable, no solamente porque es absurdo elogiar de tal manera lo que tiene meramente un mínimo de trabajo, sino porque también, según el propio testimonio de Locke, el trabajo no es la causa de *la existencia* del petróleo, desde el momento en que un excavador en un suelo sin petróleo

---

[35] Algo *similar* porque la cuestión de Locke es explícitamente normativa, mientras que el valor de Shapley aparece como respuesta a la pregunta acerca de cual es la recompensa que los propietarios de los factores deberían *esperar* obtener de la cooperación. La respuesta de Shapley a dicha pregunta podría sin embargo ser considerada como una respuesta a la cuestión normativa correspondiente acerca de qué es lo que sería adecuado para que los propietarios obtengan, como propietarios soberanos de los factores que ellos proveen.

[36] Supongamos que una parcela de tierra produce un galón de agua sin trabajo y diez galones siendo trabajada. Desde que es también verdad que el trabajo no produce agua sin la tierra, el valor de Shapley le asigna 5.5 galones a la tierra y 4.5 galones al trabajo.

no logra extraer petróleo en absoluto: el excavador no puede ser responsable tanto de todo el petróleo como de su completa ausencia.[37]

9. Por lo que, la premisa de Locke que enuncia que el trabajo es responsable por casi todo el valor de uso de las cosas, es inaceptable. Y la premisa se torna, más bien, indefendible, aun cuando mi sospecha que dicha premisa contesta a una pseudo pregunta es infundada.

Sostengo que es indefendible por dos razones. La primera es que no encuentro la forma de defenderla a no ser utilizando la base inaceptable de Locke: ¿qué otra instancia podría conducirnos a creer que dicha premisa es verdadera? Pero mi segunda razón para sostener que es indefendible es más positiva. Si Locke está en lo cierto, entonces la tierra en general prácticamente no posee ningún valor de uso. Bien, tomemos en consideración una parcela de tierra que Locke consideraría particularmente afín a su caso, porque no produce nada sin la mano de obra, contrariamente la producción sería muy alta al ser trabajada. No se puede decir que dicha tierra prácticamente no tiene ningún valor de uso sin ser trabajada, según el criterio de Locke. No corresponde sostener lo anterior, precisamente en virtud de que la tierra produce mucho *con* la aplicación detrabajo. Su valor de uso no puede ser considerado trivial, desde que la misma goza de un poder prodigioso para satisfacer el deseo humano, en virtud de la reacción que esta tiene cuando se le aplica trabajo.

---

[37] (i) Según Israel Kirzner, no hay ningún problema tan conflictivo acerca de la apropiación original de los recursos valiosos, desde el momento que los recursos carecen de valor, e inclusive, 'en el sentido relevante', no existen, hasta que los apropiadores perciben su utilidad, y por lo tanto le otorgan valor. Un argumento similar al precedente en contra de Locke, también podría aplicarse en contra del argumento bizarro de Kirzner, desde el momento que el hecho de percibir que un recurso puede ser útil, el mismo no produciría nada si el recurso careciese de las propiedades que le dieron veracidad a la percepción. Ver 'Entrepreneurship, Entitlement, and Economic Justice', especialmente las páginas 400-7, de Kirzner. (ii) En los ejemplos expuestos anteriormente, un trabajador solo se dedica a la tierra, por lo tanto no hay problema en no agregar contribuciones de la pluralidad de los trabajadores independientes. Para tal problema, ver la crítica de Amartya Sen a las defensas de desigualdad tipo Locke, a través de las referencias a la contribución productiva diferencial, en 'Just desert' y 'The Moral Standing of the Market', páginas 14-17, de Amartya Sen. Nótese, que la crítica a un argumento que recompensa la contribución productiva que convierte a la naturaleza colectiva del trabajo no hace decaer las demandas de las cooperativas de trabajo productivamente discretas especialmente sobre lo que ellos producen, de cualquier forma debería ser dividido entre los individuos pertenecientes a la cooperativa. (iii) Para una crítica ingeniosa pero a mi parecer poco eficiente, de las secciones 6 a 8 de este capítulo, ver a Andrew Williams, en 'Cohen on Locke, Land and Labour'. Para entender por qué digo que es ingeniosa, aconsejo leerla. Para entender por qué digo que es poco eficiente, leer mi respuesta no publicada que daré a quien me la solicite, junto a la respuesta de Andrew Williams a dicha réplica.

10. Pero aun si estuviésemos dispuestos a aceptar la premisa de Locke que resulta indefendible –y quizás sin sentido–, aun así, deberíamos ser capaces de oponernos a las conclusiones que supuestamente ha extraído de su premisa, que implicaría aceptar que la apropiación original y/o la naturalización de la desigualdad existente están justificadas. Ya que aun si la tierra no produjese nunca nada sin ser trabajada, entonces, asumiendo que Locke está en lo correcto, es decir, que el trabajo es el responsable de todo el valor de uso obtenido de la tierra, el propietario de la tierra no estaría justificado como consecuencia a quedarse con la totalidad de los frutos de la tierra, basándose en que él o sus antecesores hicieron todo el trabajo en dicho suelo. Ya que dicha inferencia no toma en cuenta la consideración que enuncia que no todas las personas podrían haber tenido una oportunidad similar de acceder a trabajar la tierra, ya que no quedaba tierra libre para trabajar, o porque la tierra disponible para trabajar era menos buena que la tierra a la que los más afortunados pudieron acceder.[38]

En general se cree[39] que cuando Locke presenta su argumento acerca de la mezcla de trabajo (ver más arriba), pone como condición en relación al poder del trabajo para apropiarse de la tierra, que el trabajador deje 'la suficiente cantidad de tierra e igualmente buena' como para que otros puedan trabajarla. Para abordar la consideración recién mencionada, algo similar debería agregarse a la premisa de creación de valor, en los dos de sus usos. Pero ambos argumentos estarían destinados a fracasar, desde el momento en que de hecho, no se ha dejado a los demás suficiente tierra e igualmente buena.

Frente a la demanda por la oportunidad denegada, Robert Nozick respondió que la misma no tiene justificación, desde el momento en que los sin tierra no tienen un estándar de vida peor del que hubieran tenido si la tierra apropiada hubiese permanecido sin dueño. Pero, al focalizarnos exclusivamente en cómo vivirían los sin tierra en un mundo completamente apropiado, en uno completamente sin propiedad asignada, Nozick suprime otras preguntas totalmente pertinentes, tales como de qué modo hubieran vivido si ellos o sus antecesores, hubiesen tenido la oportunidad de llevar a cabo alguna

---

[38] Este rechazo de la inferencia lockeana podría suponerse inconsistente con mi crítica al marxismo ortodoxo expuesta en la sección 2, ya que allí yo supongo que desde el momento en que la tierra es necesaria para la producción, debe tener valor de uso. No obstante no existe de hecho ninguna inconsistencia. Yo digo que la tierra es necesaria para la producción y por ende la misma hace fracasar la inferencia lockeana aun si (estoy seguro que es falso) el hecho de que la tierra sea necesaria no prueba que la misma tenga valor de uso.

[39] No obstante, véase el disenso impactante, y desde mi punto de vista casi convincente, 'Enough and as Good Left for Others' de Jeremy Waldron, que es criticado por Thomas Baldwin en la página 21 de su obra 'Tully, Locke, and Land'.

apropiación, y su respuesta por lo tanto falla al no lograr disipar la injusticia aquí prevista.[40]

Este es el lugar adecuado para comentar un brillante argumento lockeano en relación a la propiedad privada, que explota los poderes laborales creativos de una manera bien diferente a los argumentos discutidos previamente.

Me refiero a que el labrador en ascenso:

> [...] que se apropia de la tierra a través de su trabajo no disminuye sino que por el contrario incrementa el capital social de la humanidad... aquel que alambra la tierra, y goza de una mayor abundancia obtenida de diez acres, de lo que él hubiera podido obtener de cien dejados en estado natural, se puede afirmar con certeza que noventa acres se otorgan a la humanidad: porque su trabajo ahora lo provee de provisiones obtenidas de los diez acres, los cuales hubieran sido de otro modo el producto de un centenar mantenido en común.[41]

Este argumento tiene la virtud de que no requiere ninguna demanda de que el trabajador es responsable del 90% de lo que extrae de la naturaleza. Creo que la ofrenda del trabajador al 'capital social' no consiste en el excedente de provisión que él produce en sus diez acres,[42] que él bien podría consumir completamente, sino en la generosidad de la naturaleza en los noventa acres que él deja vacantes para ser utilizados por el resto de la humanidad, gracias a la productividad de los diez acres que él privatiza. Y el argumento justifica la propiedad privada, en todo caso si las personas son dueñas de sus propias potencialidades y por lo tanto no le deben sus frutos a los demás, desde el momento en que, asumiendo lo anterior, este privatizador solamente beneficia al resto de la humanidad cuando se retira a su propia parcela: ahora ellos disponen de noventa acres adicionales para cosechar sus frutos. No obstante, el argumento justifica la propiedad privada exclusivamente en tanto que la apropiación genere una ampliación de la tierra en común de manera tal que los menos capacitados puedan alimentarse allí , y por lo tanto esta falla al justificar la propiedad privada actual en el mundo real y completamente privatizado. Con el propósito de justificar la propiedad privada en un mundo totalmente apropiado en el cual algunos no son dueños

---

[40] Para ver la posición de Nozick acerca del malestar de los no apropiadores ver *Anarchy, State and Utopia*, páginas 175-82. Para la crítica a la posición de Nozick, ver el Capítulo 3 más arriba, especialmente las secciones 3-6.

[41] II:37. Este párrafo no apareció en la edición original de *Treatise*: Locke lo agregó algunos años más tarde. Aconsejo ver los señalamientos hechos por Laslett, en la página 336 de su edición del texto.

[42] Por lo tanto, ver el ejemplo de España cerca del final de II:36 el que sugiere que Locke podría querer decir, de forma bastante extraña, lo que yo creo que él no quiere decir.

de nada, sería necesario algo del estilo de la movida de Nozick, pero dicha movida, como ya lo he expresado, falla.

11. He manifestado cierto nivel de duda (ver sección 6 arriba) acerca de cuál conclusión(es) esperaba extraer Locke de su premisa que enuncia que el trabajo crea (casi la totalidad) del valor, pero también dije que estaba seguro de que él creía que algo importante a favor de la propiedad privada y/o la desigualdad se deducía de esto. Yo creo, además, que él pensaba que lo que continuaba favorecía a la propiedad privada y/o la desigualdad tanto en el estado pregubernamental de la naturaleza como en una sociedad con un estado organizado. La interpretación de James Tully del capítulo V del *Second Treatise*, si es correcto, debería crear dificultades para la comprensión de Locke, y por lo tanto debo aclarar por qué no estoy de acuerdo con la interpretación de Tully acerca de Locke.

De acuerdo a Tully, Locke no pretende justificar la propiedad que es verdaderamente privada, ya sea en el estado de naturaleza o bajo un estado organizado. Lo que Dios le da al hombre en común se somete a lo que Tully denomina 'individuación', pero no total privatización. Y una razón por la que el Locke de Tully se niega a aprobar la propiedad privada total es porque los derechos sobre dichas propiedades obrarían encontra del bienestar de la comunidad. No obstante ambos, (a) la atribución de Tully a Locke de mostrar intenciones de bienestar, y (b) su negación de que la propiedad individual es privada me parece que depende de un uso indebido de los textos de Locke.

(a) Parte del material ofrecido por Tully en defensa de la primera tesis no le provee en absoluto ningún sostén. Se refiere a II:39 para sustentar su afirmación que enuncia que 'es obligación de los gobiernos organizar las posesiones de la comunidad y el poder para el bien común', no obstante nada en II:39 sostiene dicha declaración.[43] Cita II:50 para demostrar que las leyes de la comunidad deben 'limitar la posesión de la tierra' de manera tal que todos puedan disfrutar de ella,[44] mientras que II:50 expresa que el punto es que ' en los gobiernos las leyes regulan el derecho de propiedad, y la posesión de la tierra está determinada por las constituciones positivas'. Él invoca II:135 para justificar el reclamo sorprendente, acerca del cual II:135 no dice absolutamente nada,[45] que para Locke, 'se requiere del gobierno para la constitución

---

[43] *A Discourse on Property*, pág. 170. En este texto se encuentra la totalidad del párrafo II: 39: Y entonces, sin suponer ningún dominio privado ni tampoco ninguna propiedad en Adam, en todo el mundo, exclusivo de todos los demás hombres lo que de ninguna manera puede probarse, así como tampoco puede quitársele la propiedad a su propietario.

[44] Tully, *Discourse*, pág.152.

[45] *Ibid.*, pág.154. II: 135 es demasiado extenso para reproducirlo aquí, por lo tanto invito al lector a verificar mi alegato por sí mismo.

de un nuevo orden de relaciones sociales que alinearán un vez más las acciones de los hombres con las intenciones de Dios'.

Tully cree que las acciones de los hombres se apartaron de las intenciones de Dios en el estado de naturaleza, cuando la introducción del dinero distorsionó las relaciones naturalmente ordenadas al facilitar el crecimiento de la desigualdad cuya aparición hubiera sido imposible o poco probable antes de la irrupción del dinero.[46] Sin embargo, no son los ricos, como declara Tully sin fundamento, los que –para el Locke de Tully injustificadamente– 'reclaman el derecho a sus propiedades incrementadas'[47] en los textos que él cita, si bien es John Locke quien presenta este reclamo para ellos. De acuerdo a Locke, el acumulador de riqueza monetaria 'no invade[s] el derecho de los otros', desde el momento en que 'el excedente de los limites de la propiedad que le corresponde' no reside' en la extensión de su posesión', sino en 'la caducidad de cualquier cosa inútil en ella' (II:46), y el dinero no caduca. En el *Primer Tratado* (I:42) Locke le impone a aquellos que poseen más de lo que necesitan la obligación de dar a los que menos tienen, y podríamos suponer razonablemente que un gobierno lockeano haría respetar dicha obligación.[48] Pero existe escasa referencia a algún deber de caridad en el *Segundo Tratado*, a pesar de los esfuerzos extenuantes de Tully para demostrar lo contrario, algunos de los cuales ahora procedo a exponer.

Citando II:37, Tully manifiesta:

> Si aparece un caso de necesidad, entonces, *ipso facto*, el derecho individual de un hombre resulta superado por la demanda de otro hombre, y los bienes se convierten en su propiedad. Al negarse a entregar los bienes, el propietario en consecuencia invade la parcela perteneciente al necesitado y es por lo tanto punible.[49]

Esto altera lo que II:37 enuncia. Él mismo no se pronuncia acerca de las personas necesitadas. Este afirma que si un hombre toma más de lo que puede usar, de manera tal que el excedente se arruina, en consecuencia invade 'la parcela de su vecino', pero la invade *ya sea que su vecino esté necesitado o no*. No se trata de que a una persona se le permita conservar fruta que no puede usar al menos que o hasta que 'aparezca un caso de necesidad'.[50] Más bien, se supone que este no debería conservarla en absoluto. No posee ningún

---

[46] Tully, pág. 154.

[47] *Ibid.*, pág.152.

[48] Para un argumento acerca de que esto será cumplido, ver *The Right to Private Property*, pág.241, de Waldron.

[49] *Ibid.*, pág.132.

[50] *Ibid.*

derecho presuntivo a lo que la necesidad de otro podría tener, y por lo tanto se invalida, tal como en I:42.

El deber de caridad explicitada en I:42 podría llamarse un deber de los ricos de *preservar* a los otros, pero yo no he encontrado en I:42, en el *Segundo Tratado*, que se le imponga a los ricos ni a nadie ningún deber de preservar a los otros. Por lo tanto, no estoy de acuerdo con Tully cuando dice que II:6 habla de 'un deber natural de cada hombre de preservarse a sí mismo, y, *ceteris paribus*, también a los otros.[51] En realidad, II:6 prohíbe a las personas que dañen a otras, o que las despojen de lo que estas han producido para sí mismas, pero no explicita, como lo sugiere Tully en su comentario al respecto, que habiendo logrado preservarse a sí misma, una persona esté obligada a ponerse a trabajar para la preservación de los otros, en el caso que tal actividad fuera necesaria y posible.[52] Nótese que ni siquiera I:42 obliga a ninguna persona a trabajar en pos de la preservación de ningún otro ser humano.

Tully cita del párrafo II: 149[53] en relación a un supuesto 'deber natural de comprometerse en la tarea con el objetivo de preservar al hombre', pero en II: 149 [54] no se menciona ningún deber del individuo para preservar a nadie excepto a sí mismo. Y cuando Tully se refiere a II: 11, párrafo en el cual Locke habla 'del derecho que él [hombre] tiene a preservar a toda la humanidad',[55] él se abstiene de mencionar que dicho derecho es ejercido con el único propósito deprevenir o disuadir a otros para que no maten a seres humanos. En este párrafo Locke está fundamentando el derecho a penalizar a los agresores contra sí mismos y contra los demás, sin mencionar la necesidad ni la preservación de las personas necesitadas.

Si bien podría interpretarse que el *Primer Tratado* implica que el deber de caridad debe hacerlo cumplir el gobierno, yo no concuerdo con Tully con

---

[51] *Ibid.*, pág.62.

[52] La cláusula de II que más sostiene Tully: dice lo siguiente, 'él 'siendo' cada uno': 'cuando su propia Preservación no entra en competición, él debe hacer lo posible, para preservar al resto de la *Humanidad*', pero la frase concluye de la siguiente manera: y no puede, a menos que se trate de hacer justicia a un delincuente, llevar, o poner en peligro la vida, o lo que tiende a la Preservación de la Vida, la Libertad, la Salud, la Integridad física o los Bienes de otro'. Yo, no creo que el 'y' al principio de esa parte conclusiva se trate de una conjunción ordinaria, sino que es una que introduce una cláusula que está en aposición a lo previo, con el fin de especificar lo que *se entiende* aquí con preservar al resto de la humanidad. Creo que es porque 'y' se usa aquí para introducir una aposición que, al contrario de lo que precede, lo que sigue no está en cursiva.

[53] Tully, *Discourse*, pág.62.

[54] Para estar seguros, hay una referencia a 'La preservación de la Comunidad' en la primera frase de II:149, pero el deber de lograr que se encuentra sobre las medidas legislativas, en la ejecución de la confianza depositada en ella. A esto no consigue que alguien tenga el deber, independientemente del contrato o de la relación fiduciaria, de preservar a nadie.

[55] Tully, *Discourse*, pág.62.

respecto a que se 'le atribuye a Filmer la teoría de que la propiedad de la tierra es independiente de las funciones sociales y advierte que esto es "lo más engañoso"'.[56] Ya que lo que Locke denomina 'más engañoso' es la idea de que si un hombre (por ejemplo Adán) fuera el legítimo propietario de todo el mundo, él tendría consecuentemente el derecho de matar de hambre a todo el mundo bajo el pretexto de sumisión a él. Es arduo deducir que Locke pensaría que es igualmente falso negar las funciones sociales a la propiedad donde la misma fue distribuida con menos desigualdad.

Tully también cita los *Ensayos sobre la Ley de la Naturaleza* con el propósito de fundamentar su afirmación según la cual Locke 'encuentra una teoría de la propiedad que no es condicionante sobre el desempeño de las funciones sociales considerándolo un "absurdo".'[57] Pero lo que Locke declara ser un "absurdo" no es ninguna teoría de la propiedad, sino una teoría de la motivación moralmente correcta según la cual:

> Sería ilícito que un hombre renuncie a sus propios derechos u otorgue beneficios a otro sin esperar una recompensa final... para garantizar o darle algo a un amigo, incluyendo las costos a su cuenta, o de alguna otra manera hacerle un favor a dicho amigo por pura bondad.

Locke está negando que 'la exactitud de un método derive de la conveniencia', no afirmando que los derechos de propiedad son condicionantes para el servicio social. Él insiste en que, si fuera incorrecto que un sujeto actuase contra sus propios intereses, entonces, absurdamente, sería incorrecto que él 'renunciase a sus propios derechos' en beneficio de un amigo. Las palabras que acabo de citar implican que, según Locke, los derechos de propiedad incluyen, como podría esperarse, el derecho a no ceder lo que a cada uno le pertenece (acerca de lo cual un sujeto generoso no se mostrará generalmente muy insistente). Por lo tanto, lejos de apoyar la interpretación extravagante de Tully, el párrafo de los *Ensayos* en realidad lo contradice.

(b) Un tanto en contra de la atribución de Tully a los textos de Locke en cuanto a sus intenciones buenistas que no se encuentran en ellos. Me remito a lo dicho anteriormente y que aparece más arriba, a saber, la negación de Tully en referencia a que la legítima 'individuación' de lo que Dios da a los hombres en cantidades comunes a la formación de la propiedad privada.

Según la postura de Tully, que dice que la mayoría de los comentaristas han pensado que lo que significa la propiedad privada para Locke, es en realidad, 'propiedad exclusiva dentro de una comunidad positiva'. La individuación del mundo, 'no desaparece, sino que sencillamente efectiviza la

---

[56] Tully, *Discourse*, pág. 99, cita I:41.
[57] *Ibid.*, pág.103, cita a Locke, *Essays on the Law of Nature*, páginas 213-15.

propiedad en común'. Se supone que lo enunciado anteriormente se demuestra en II: 26, donde, según Tully, un 'agente con un derecho exclusivo sigue siendo un "inquilino en común"'.[58]

Pero dicho comentario es una mala utilización de II: 26. El agente en II:26 es un indígena que ha establecido un derecho exclusivo sobre algún fruto o venado. El fruto realmente pertenecía a la humanidad en común, pero, una vez que el indígena se apropió de él, el fruto ya no pertenece a la humanidad: 'desaparece' completamente la propiedad común del fruto. Lo que permanece 'un inquilino en común de' es la tierra en sí misma, el indígena, sin embargo, no goza de ningún derecho exclusivo sobre el fruto, y el punto de Locke en II: 26 es que la propiedad privada es tan inevitable que hasta un inquilino en común debe privatizar el fruto de lo común para obtener algún beneficio del mismo. La individuación de la tierra en sí misma aparece solo más tarde, en II: 32, donde Locke enuncia que 'es evidente, que la propiedad de eso también se adquiere' como la propiedad se adquiere en venado y fruta, con el derecho privado completo. La idea de que la individuación 'no desaparece, sino que sencillamente realiza la propiedad en común' carece totalmente de fundamento.

Continuando con su defensa de la 'propiedad exclusiva dentro de la comunidad positiva', Tully hace un uso curioso e injustificado de los párrafos 28 y 35 del *Segundo Tratado:*

> *Locke* es lo suficientemente explícito cuando afirma que su modelo es el Común Inglés. 'Nosotros vemos en los Comunes, que se mantienen así por acuerdo, que 'es el tomar cualquier parte de lo que es común, y sacarlo del estado en el que la naturaleza lo ha dejado, lo que hace que este sea el comienzo de la propiedad, sin la cual lo común es inútil' (2.28.cf 2.35).[59]

Acto seguido, tal cual se explicita en II: 35, lo común por acuerdo, a diferencia de lo común en estado de naturaleza, es aquel cuyas partes no se pueden privatizar: el acuerdo es un pacto que consiste en respetar que la tierra permanecerá como tenencia comunitaria. Lo único que se puede privatizar en este acuerdo es el fruto delo común, no la tierra en sí misma, y el punto de Locke en II:28 es que *aunque* la tierra permanezca de propiedad común por acuerdos, algo tendrá que ser privatizado para que la misma tenga alguna utilidad. Por lo que II:28 sostiene la idea de que la individuación 'realiza la propiedad en común' de una forma tan mínima como lo hace el ejemplo del indígena en II: 26.

---

[58] Tully, *Discourse*, pág.105.
[59] *Ibid*, páginas 124-5.

Además, el inciso cf.' 2. 35', es difícil de interpretar. II: 35 advierte acerca de la imposibilidad de privatizar la tierra de un' común por acuerdo', pero destaca que 'es relativamente de otra manera' para los comunes que no cuentan con un estatus legislado.[60] Allí donde lo común es natural se puede tomar la tierra, pero, en consecuencia, se invalida la tenencia común de la parte tomada. Allí donde lo común es por acuerdo, solamente se puede tomar el fruto, acto que por lo tanto invalida la pertenencia común de dicho fruto. La fórmula favorita de Tully, que enuncia 'la propiedad exclusiva dentro de la comunidad positiva', no se satisface en absoluto, y por ende no comprendo por qué él nos remite a II: 35.

12. De acuerdo a mi percepción, Locke sostiene que los hombres entran en la comunidad política con el fin de asegurar sus vidas y sus posesiones, ya que ambas se hallan en riesgo en el estado de naturaleza.[61] Ahora resulta obvio, por ser necesario, que son las mismas vidas que ellos tenían en el estado de naturaleza, y no, *per impossibile*, algunas recientemente distribuidas, las que se ubican bajo la protección comunal una vez que los hombres entran a la sociedad política. Y yo creo, al igual que la mayoría de los comentaristas, y en contra de Tully, que, aunque no es igualmente necesario, es igualmente verdad que, para Locke, las posesiones de las que disfrutan los hombres en sociedad son inicialmente, las mismas posesiones que les pertenecían en el estado de naturaleza, y que ellos apuntaban a convertirlas en más seguras: ellos no entran a la comunidad con el propósito de tener alguna que otra propiedad segura, sino con el fin de asegurar las posesiones de las que ellos ya disfrutaban precariamente. En los párrafos en los cuales se sostiene esta afirmación, el lenguaje de Locke no distingue entre la preservación de la vida y la preservación de la propiedad en la forma en que se debería si no existiese entre las dos preservaciones la similitud sobre la cual estoy insistiendo.

Según el punto de vista diferente de Tully acerca de Locke, una vez que el gobierno se ha establecido, 'todas las posesiones que un hombre tiene en el estado de naturaleza... pasan a ser posesiones de la comunidad',[62] la cual determina cómo los miembros usan dichas posesiones. Pero la interpretación de Tully confunde posesión, o pertenencia, con reglas políticas. Cuando las personas ingresan a la comunidad,*se* someten a sus reglas, y tal cual Locke lo aclara (II: 120), están obligadas, bajo pena de contradicción, a someter su propiedad a dichas reglas también. Pero de esto no se deduce que a partir de que las pertenencias de quienes forman ahora parte de la comunidad 'per-

---

[60] Cf. II: 32-4.
[61] Ver, e.g., II: 123 y ss., 138.
[62] Tully, *Discourse*, pág. 164.

tenecen a la misma'[63], resulte que también *él* pertenece a ella, en el sentido paralelo y destacado de ser su esclavo.

A la comunidad no le pertenecen los bienes más de lo que le pertenece la persona propietaria de dichos bienes. Para asegurarse, la comunidad promulga y hace cumplir leyes con códigos civiles y penales, a los cuales la persona y su propiedad están ahora sujetos, y en consecuencia ambos se hallan actualmente más seguros de lo que se encontraban en la condición prepolítica, desde el momento en que la ley prepolítica de la naturaleza es a la vez indeterminada en sus aspectos detallados y difícil de poner en vigencia (II:136). Es lícito por lo tanto afirmar, como lo hace Locke, que el gobierno 'regula' (II: 50, 139) la propiedad, no obstante de esto difícilmente resulte que 'la *distribución* de la propiedad' esté 'en las manos del gobierno'.[64] Su distribución, temporalmente hablando, es fundada prepolíticamente, y, hablando en términos de un principio justificante, fundada subpolíticamente. Este es el motivo por el cual II: 138 enfatiza –en relación a Tully, de manera ininteligible– que la legislatura 'no puede sustraer a ningún hombre ninguna parte de su propiedad sin su propio consentimiento': si la legislatura distribuyó la propiedad en primer lugar, podría seguramente redistribuirla, dado el caso en que las circunstancias hayan cambiado, o cualquiera sea la base subyacente en la distribución original.[65]

Cuando Locke escribe que los hombres, 'con pactos y con acuerdos, establecieron la propiedad que comenzó tanto con el trabajo como con la industria' (II: 45), la lectura natural de sus palabras es que fue la propiedad real que cada persona juntó como resultado de su propio trabajo (o el resultado de otros trabajos relacionados de manera destacada) lo que sirvió para 'establecer' dicha propiedad: la misma se había vuelto segura, al ser ubicada dentro de un marco político. La lectura alternativa de Tully arroja, que los sujetos de la prepolítica que gozaban de una posición acomodada, muy probablemente, no hubieran aceptado ser desposeídos de sus haberes ya que esto los reduciría a un nivel de vida igual al de lo sujetos indigentes de la prepolítica. Comentando el párrafo II: 45, Tully nos dice que, para Locke, 'la

---

[63] *Ibid.*

[64] Ibid., pág. 171, énfasis agregado. En otro lugar ('A Reply to Waldron and Baldwin', pág.37), Tully invoca la autoridad de John Dunn, que escribe que, una vez que el gobierno se forma, 'la propiedad *ahora* es lo que especifican las reglas legales' ('Consent in the Political Theory of John Locke' pág.140). No obstante la afirmación de Dunn no implica que las reglas legales decidan la distribución de la propiedad. Para una evidencia conclusiva interesante acerca de que Locke distingue entre el poder para regular la propiedad y el poder de decidir a quién le pertenece, ver la primera frase de II:139.

[65] Cf., sobre esto y en relación a cuestiones afines, ver a Jeremy Waldron en su obra decisiva 'Locke, Tully and the Regulation of Property' páginas 98-106, o la versión revisada de ese texto en las páginas 232-41 de *The Right to Private Property*.

propiedad en la sociedad política es una creación de dicha sociedad',[66] pero no existe ninguna garantía ni allí, ni en ninguna otra instancia, para dicha aseveración, ni tampoco para la conclusión extravagante de Tully que enuncia que 'la comunidad sea dueña de todas las posesiones es la consecuencia lógica de las premisas de la teoría de Locke en los *dos Tratados*'. Las premisas de Locke no implican más de lo que está involucrada la comunidad cuyos individuos le pertenecen.

---

[66] Tully, Discourse, pág. 98. Compare los comentarios en la página 165 de II: 136, 138, los cuales me parecen igualmente incorrectos, aunque menos demostrable.

8. La explotación en Marx: ¿qué la hace injusta?

> ...el dueño del dinero camina al frente a grandes horcajadas como un capitalista; el poseedor de la fuerza de trabajo lo sigue como su trabajador. El primero con aire de importancia, sonriendo afectadamente, intenta hacer negocios; el segundo, tímido y manteniéndose atrás, como alguien que está trayendo solo su propio pellejo al mercado y no tiene nada que esperar excepto una paliza.
>
> Karl Marx, *El Capital.*

1. En la afirmación marxista estándar acerca de la explotación capitalista, los trabajadores, a raíz de no poseer propiedad, se ven obligados a vender su fuerza de trabajo a los capitalistas, los cuales son dueños de los medios de producción. En consecuencia los trabajadores se hallan forzados a someterse tanto a las órdenes de los capitalistas como a entregar parte de lo que producen a sus patrones: los trabajadores se quedan con parte de lo que producen, y los capitalistas se quedan con el resto (la plusvalía), sin retorno.

Ahora, se plantea el debate acerca de si Marx consideraba la explotación capitalista *injusta* o no. Hay quienes afirman que es obvio que la considerase injusta, y otros opinan que Marx creía exactamente lo contrario. No voy a proseguir con este debate ahora. Aquí doy por sentado, lo que ya he discutido en otros lugares, precisamente que Marx estaba realmente convencido de que la explotación capitalista era injusta.[1]

Habiendo aclarado este punto, retomemos la afirmación estándar acerca de la explotación,[2] desplegada hace un momento, con el propósito de pre-

---

[1] Ver mi análisis de Allen Wood, *Karl Marx*; así como otro tratado importante sobre la cuestión, Norman Geras, 'The Controversy About Marx and Justice, en su obra *Literature of Revolution*.

[2] Como lo hago aquí, usaré seguido el término 'explotación' refiriéndome a 'explotación capitalista'. Las explotaciones que caracterizan otros modos de producción no juegan ningún papel en este capítulo.

guntarnos: ¿dónde pensaba Marx que yacía la injusticia de la explotación? Es importante destacar que ocurren tres aspectos lógicamente diferenciados en la afirmación marxista en torno a la explotación, cada una de las cuales es portadora de un cierto hedor a injusticia. El primer aspecto es que (1) los trabajadores son los últimos de la cadena de distribución desigual de los medios de producción. El segundo aspecto es que (2) ellos están forzados a trabajar bajo las órdenes de otros.Y el tercer aspecto consiste en que (3) los trabajadores están forzados a entregar el producto excedente a otros. (En el relato estándar, (1) tiene como efecto tanto a (2) como a (3).

Como ya lo he dicho, estos constituyen aspectos lógicamente independientes de la condición de los trabajadores. Lógicamente, podría manifestarse cualquiera de ellos sin que necesariamente lo hicieran los otros dos, y asimismo dos de ellos al mismo tiempo, sin la manifestación del tercero. Si los trabajadores que se hallan privados de los medios de producción eligen morir, entonces solamente (1) es verdadero. O si los trabajadores poseen menos medios de producción o en un estado peor que los capitalistas, lo cual es mejor que no poseer ninguno, y ellos eligen trabajar en forma autárquica,[3] ya que esto resulta sensato en términos materiales, o como forma de desafío, porque ellos odian la explotación aun más de lo que detestan la pobreza, entonces, una vez más, solo (1) es verdadero. Si, por el contrario, los trabajadores están provistos de medios de producción equitativos, pero son forzados a trabajar a punta de pistola por opresores que no recogen nada del trabajo realizado (quizás los trabajadores son obligados a picar rocas), entonces solo (2) es verdadero. Y si los trabajadores están provistos de medios de producción adecuados, y trabajan para ellos mismos, pero otros les sustraen por la fuerza parte de lo que ellos producen, entonces solo (3) es verdadero. (También es posible armar casos en los cuales solamente (1) y (2), (2) y(3), y (1) y(3) sean verdaderos respectivamente).

Acto seguido preguntémonos: *¿cuál* de estos aspectos determina o determinan (ya que podría tratarse de más de uno de ellos) que la explotación devenga injusta, no tanto según el propio Marx, pero según un abordaje más amplio, dentro de una perspectiva marxista? La cuestión no gira (deliberadamente) en torno a la opinión de Marx. Expresado canónicamente es de la siguiente manera: *si* la historia de la explotación capitalista es la que Marx relata (y que yo he resumido en el primer párrafo de este capítulo), entonces, ¿dónde yace exactamente la injusticia (según puntos de vista independientes y razonables acerca de la justicia)?

En dos de los capítulos anteriores he discutido la afirmación marxista acerca de la explotación, y protesté, en ellos contra la relación que yo

---

[3] Para ulteriores comentarios en relación a este caso, ver la sección 4 más adelante.

discernía entre la afirmación y la tesis de propiedad de sí. En el capítulo 5 (ver en particular las dos primeras secciones), remarqué que los marxistas intentan catalogar la explotación como injusta sin rechazar la tesis de propiedad de sí (y también argumenté que no se puede catalogarla de tan injusta si no se rechaza la consabida tesis). En el capítulo 6 fui aún más lejos. Acusé a los marxistas de *ratificar* implícitamente la inclusión de la tesis de propiedad de sí en su reporte acerca de la explotación (con graves consecuencias en relación a la coherencia de dicho reporte: ver secciones 2, 3 y 8 de dicho capítulo).

El hecho de que los marxistas no logren rechazar la propiedad de sí y el que en realidad la confirmen, son, por supuesto, apelaciones mutuamente consistentes. Pero las premisas de mis argumentos en relación a las dos apelaciones parecen resultar inconsistentes entre ellas. En virtud de que en el capítulo 5 abordé la injusticia de la explotación como ubicada, fundamentalmente y según Marx, en la distribución desigual de los medios de producción (denominado como aspecto (1) anteriormente) que genera la extracción de la plusvalía, mientras que en el capítulo 6, abordé fundamentalmente el tema de la injusticia de la explotación como (nuevamente, para Marx) una cuestión de extracción de la plusvalía en sí misma (aspecto (3)): no lo presenté como una injusticia secundaria derivada de la mala distribución de los recursos siendo esta la injusticia primaria. En este capítulo, haré una breve reseña de las posiciones aparentemente contrastantes, trataré de mostrar por qué estas son inconsistentes, intentaré mediar entre ellas, y luego criticaré algunas ideas de John Roemer en relación a mí posición.[4]

2. En el capítulo 5 dije que en la crítica marxista de la injusticia capitalista, la explotación de los trabajadores por los capitalistas deriva totalmente del hecho que los trabajadores carecen del acceso a los medios físicos de producción. En este sentido, la denuncia de los marxistas consiste en que los pobres sufren injusticia según la concepción de los libertarios de izquierda ya que ellos no obtienen del mundo externo la parte que les corresponde (una denuncia, que no requiere ningún rechazo ni modificación de la tesis de propiedad de sí). Pero en el capítulo 6 el primer lugar que genera injusticia parece surgir de la derivación de la distribución del activo de la pre producción hacia la extracción forzada del producto en sí mismo, desde el aspecto (1) (ver más arriba) hasta el aspecto (3). En el capítulo 6 no digo que los marxistas creen que la extracción es injusta a causa de lo que permite o induce a que esta exista (la distribución de la preproducción), sino porque

---

[4] El lector atento habrá notado que el ítem (2) (ver más arriba) está fuera de contexto aquí. Eso es apropiado, desde que no es pertinente a la explotación como tal: ver el capítulo 6 más arriba.

esta involucra lo que Marx denominó 'el robo del tiempo de trabajo de otra persona' (y esta denuncia, he argumentado, requiere la afirmación de la tesis de propiedad de sí).

Lo que intento explicar, en el capitulo 5 es que, para Marx, la distribución inicial desigual del activo es injusta, y que el consecuente flujo del producto desde el trabajador hacia el capitalista es injusto *por tal razón*. Sin embargo, en el capítulo 6, el énfasis pasa por el flujo de producto forzado en sí mismo, que por ser la injusticia esencial para Marx, de manera tal que la distribución del activo es injusta precisamente *porque* origina tal flujo. Estas afirmaciones acerca del tema lucen inconsistentes entre ellas. *¿No puede ser que ambas, o sea, la extracción sea injusta porque refleja una distribución injusta y que también la distribución del activo sea injusta porque es la que genera la extracción injusta?* La respuesta, según mi criterio, es 'sí', cuando los dos 'por qué' en la pregunta anterior se interpretan adecuadamente y en forma diferenciada: esto es precisamente lo que espero poder demostrar.

A menudo resulta útil, cuando nos enfrentamos como lo estamos haciendo aquí, con un dilema, modelarlo en otra área de nuestro pensamiento habitado por menos prejuicios y por lo tanto disminuir su interferencia con nuestra percepción. En consecuencia, se despliega una analogía parcial de relevancia para nuestro problema. Supongamos que alguien se encuentra en una posición que le permite distribuir armas en forma desigual, o sea, a algunas personas pero no a toda la población, y que las armas habilitan a aquellos que las poseen a convertirse en ladrones a mano armada. Supongamos que la distribución equitativa de armas hubiera evitado el robo a mano armada, debido a la disuasión mutua, y supongamos también que el único uso relevante de las armas es cometer o disuadir el robo a mano armada. A nadie le importa qué tan elegantes son las armas, por ejemplo. Estas son valiosas exclusivamente como medios de destrucción y amenaza.

Antes de reflexionar con mayor profundidad acerca del ejemplo de las armas, permítanme explicar por qué he armado el ejemplo tal como lo hice. La distribución de las armas está destinada a equiparar la distribución de los medios de producción, el robo equipara la extracción forzada de la plusvalía, y el requisito importante de que las personas se interesen por las armas exclusivamente como medio para efectuar o prevenir el robo a mano armada se ajusta a la estipulación acerca de lo que deberíamos hacer con los medios de producción, a saber, que a nadie le importa de ellos excepto *como* medios de producción. Esto significa,por ejemplo, que ningún propietario de tierras desea usar (parte de) su tierra como un parque privado, y ninguna semilla de trigo puede ser comida en vez de ser sembrada. Esto es, por supuesto, falso, no obstante estoy seguro que esta falacia es irrelevante en relación a la pregunta acerca de dónde se aloja la injusticia en relación a la explotación:

el relato de Marx no requiere tal fungibilidad en los medios de producción, o sea la posibilidad de su uso no como medio de producción sino de consumo.

Podemos decir esto acerca de las armas. Podemos decir que el robo a mano armada es injusto[5] y que la distribución desigual de las armas es injusta. E inclusive es lícito argumentar que la distribución de armas es injusta porque facilita el robo a mano armada, afirmando de esta manera que la desigualdad en relación a las armas debe su injusticia a lo que las mismas permiten: se torna injusta debido a la injusticia (robo a mano armada) que esta facilita.

Por el contrario, no sería correcto afirmar que el robo a mano armada debe su injusticia a la distribución injusta de las armas que posibilita dicho delito. Lo que convierte al robo a mano armada en injusto es sencillamente que constituye una transferencia de dinero forzada y no recíproca al ladrón. (En contraste con una transferencia no recíproca que no es injusta porque es un regalo, y una transferencia recíproca forzada a la pregunta desconcertante acerca de la justicia que no es necesario confrontar aquí). El robo a mano armada es injusto porque es una transferencia de dinero *por un motivo equivocado* (A saber, en este caso, el temor de la víctima de que el ladrón lo mate).

La mala distribución de armas no es *normativamente* fundamental, si bien la transferencia de dinero es injusta cuando y a raíz de que,la misma resulta afectada por tal circunstancia como la amenaza de un arma. Dicho hecho no convierte a la mala distribución de armas en una situación normativamente fundamental, en tanto no es correcto sencillamente a raíz de la distribución injusta que facilita, a partir del hecho de que, donde tal distribución errónea sucede, esta es *causalmente* fundamental en la explicación acerca de la posibilidad y ocurrencia de transferencias injustas. Aun si la mala distribución de armas fuese la única causa posible de la extracción de dinero equivocada, tal mala distribución permanecería como error normativamente secundario (aunque causalmente primario).

Retomemos ahora el contexto marxista. En tanto distingamos entre fundamentos causales y normativos, podemos de hecho decir, retornando a la formulación que estamos desafiando (ver más arriba), que *ambas*, tanto la extracción es injusta porque refleja la distribución injusta así como es injusta la distribución del activo porque es la que genera dicha extracción injusta. Paralelamente al ejemplo del robo, los aspectos correctos que correspondeenunciar acerca de la explotación según el marxismo, son los siguientes. Primero, la extracción forzada de la plusvalía es errónea a raíz de lo que es, y no porque herede lo erróneo de otro lado. Segundo, asumiendo razonablemente que el único propósito de los medios de producción es producir, la

---

[5] Excepto, tal vez, en los casos como Robin Hood donde el robo rectifica las injusticias y por lo tanto podría ser pensado como algo no injusto: aquí podemos dejar de lado esos casos.

distribución de los medios de producción es injusta solo si y debido a que, esta permite una transferencia injusta del producto. Finalmente, y en adecuada analogía con el ejemplo de las armas, el hecho de que la transferencia del producto sea injusta cuando y a raíz de que esta es facilitada por la mala distribución (esta vez) de lo medios de producción, no convierte a dicha mala distribución en normativamente fundamental. Pensar de este modo es confundir la fundamentalidad causal y normativa.

Una transferencia de producto es injusta si y solo si esta ocurre por una *razón errónea*. Si la transferencia no recíproca de un producto refleja exclusivamente las preferencias (no manipuladas) de una forma directa,[6] entonces la transferencia no es injusta. En cambio es injusta cuando y debido a que, esta es causada por una dotación desigual del activo, una dotación desigual del activo que es injusta porque induce a un error, porque genera un flujo forzado en vez de, por ejemplo, uno basado en la preferencia. Por lo tanto, podemos decir que la extracción es injusta porque producto de una distribución desigual de los activos (y por lo tanto injusta), y a la vez lo último es injusto porque genera una extracción injusta. *El flujo es injusto porque refleja una división injusta de los recursos lo cual resulta injusto porque tiende a generar precisamente dicho flujo.*

La articulación de las bases de los dos conjuntos de los párrafos anteriores demuestra que sus afirmaciones unidas no generan ninguna inconsistencia ni circularidad:

(i) El trabajador (T) es explotado por el capitalista (C) desde el momento en que C obtiene algo de lo que T produce (sin retorno) en virtud de la diferencia en relación a la propiedad de los medios de producción, y en tanto esta diferencia le permite a C tomar algo de lo queT produce, la sustracción de C es injusta.

(ii) La distribución desigual de los medios de producción es injusta porque genera la transferencia no reciproca e injusta descripta en (I).

Muchos interlocutores aceptarán la distinción que realizaré a continuación entre los aspectos normativos y descriptivos, y por lo tanto este y el próximo párrafo no están dirigidos a aquellos que lo rechazan, desde el momento en que aquí no se intenta defender dicha distinción en términos generales. Un aspecto es descriptivo si y solo si, afirma que lo que posee una cosa no implica un juicio de valor, mientras que los juicios de valor son involucrados cuando se predican aspectos normativos. Los aspectos descriptivos de la explotación son tales que fuerzan un flujo no recíproco, y un aspecto descriptivo de la distribución del activo de la preproducción es que el mismo

---

[6] Como un ejemplo de Roemer descripto más adelante.

no es equitativo. Lo que es injusto, (según el marxismo) es un aspecto normativo de cada uno.

La distinción normativa/descriptiva permite formular una afirmación precisa acerca de la relación causa efecto en el presente dominio: los aspectos descriptivos del flujo se deben a los aspectos descriptivos de la distribución de la preproducción; el aspecto normativo del flujo es debido a sus aspectos descriptivos (y por lo tanto, por efecto transitivo, a los aspectos descriptivos de la distribución de la pre producción); y el aspecto normativo de la distribución de la preproducción se debe al aspecto normativo del flujo que este posibilita. En pocas palabras, la transferencia en la explotación es injusta por la naturaleza de su causa (los aspectos descriptivos), y dicha causa resulta injusta, posee ese aspecto normativo, porque lo que causa es injusto.

Con el propósito de aclarar ciertos conceptos, distingamos tres tópicos de aseveración: la distribución no equitativa del activo, su tendencia a inducir un flujo forzado del producto, y un flujo forzado del producto. Mi punto de vista es que la injusticia normativa fundamental es dicho flujo, aun cuando aparece como injustamente explotadora porque esta es generada por una distribución no equitativa del activo. Dicha distribución es injusta debido a su tendencia a inducir un flujo forzado del producto, y dicha tendencia torna la distribución injusta porque la realización de la tendencia es injusta.[7]

3. Argumento que la distribución de los medios de producción debe su injusticia a la injusticia de la extracción de la plusvalía facilitada por tal distribución. Algunos se sentirán inclinados a oponerse a dicha afirmación con el argumento de que una distribución injusta de los medios de producción es *intrínsecamente* injusta, injusta, es decir, no importa cuáles son sus efectos en realidad. Concuerdo con la última afirmación, pero no pienso que ella refute mi argumento que enuncia que la injusticia en una distribución de los medios de producción sea secundaria.

Las diferentes significaciones de 'intrínseco', 'intrínsecamente' (etc.) necesitan ser diferenciados aquí. La injusticia distributiva de la preproducción relevante es de hecho intrínseca a dicha distribución en el primer sentido de 'intrínseco' que pasaré a incluir. Pero, voy a introducir también un segundo sentido de 'intrínseco' en el cual la injusticia no es intrínseca a la distribución de la preproducción: el grado derivativo de su injusticia está relacionado con la última, no siendo intrínseca a ella en el segundo sentido.

---

[7] Una clarificación de tal afirmación tripartita está disponible en la sección 3, que a algunos no filósofos les parecerá tediosa. (A algunos filósofos podría parecerles aun más tediosa).

Ya he argumentado que si *y* es injusto porque permite o tiende a producir *x* y *x* es injusto,[8] entonces la injusticia de *y* deriva de la de *x* (aun cuando *x* aparece como injusto solamente cuando *y* lo produce). Ahora, en cuanto a la significación de 'intrínsecamente', el bien y el mal son intrínsecamente así si están apartados de sus efectos. Y, en ese sentido, la distribución desigual de los medios de producción es de hechointrínsecamente injusta, aun cuando su injusticia no es primaria sino secundaria, normativamente hablando. Tal distribución es intrínsecamente injusta porque su injusticia reside en su *disposición* para producir un cierto efecto, una disposición que podría no ser activada. Su injusticia no depende de ningún efecto que *en realidad* produzca, y esta resulta, por lo tanto, independiente de cualesquiera pudieran ser sus efectos reales.

Consideremos una analogía parcial instructiva. La intención de hacer algo equivocado es malo más allá de sus efectos, y, en particular, aun si de ese acto no se deriva ningún acto equivocado (porque el agente modifica su estrategia, a raíz de que su plan está frustrado, etc.). Y realizar un acto equivocado, también, es malo más allá de cualquier efecto (ulterior) dicho acto pudiera conllevar. En consecuencia, ambos, en el sentido establecido, son intrínsecamente erróneos, sin embargo se podría pensar de todos modos[9] que realizar un acto equivocado es el mal primario en estas circunstancias, que intentar llevar a cabo un acto equivocado es malo a raíz de lo que significa la intención de hacerlo (en tanto que realizar un acto equivocado no es malo *porque* surge de una mala intención (aun si no se considera como *hacer* algo equivocado al menos que así resulte)).

Análogamente, una distribución de los medios de producción inicialmente no equitativa es injusta, más allá de cuales consecuencias en realidad deriven de esta, y por lo tanto, en el sentido establecido, esto es intrínsecamente injusto: es injusto a raíz de su tendencia a generar injusticia, cuya tendencia es intrínseca a ella, en el sentido de que posee dicha tendencia cualesquiera fueren los efectos reales de dicha tendencia. Pero sin embargo la injusticia de la distribución permanece normativamente derivativa: la injusticia generadora nodal es forzada a transferirse en forma no reciproca.

Por lo tanto, coincido en que, la mala distribución de los medios de producción es intrínsecamente injusta (injusta, esto significa, más allá de sus consecuencias), pero también afirmo que *tal distribución es injusta a raíz de*

---

[8] Nótese que 'y *x* es injusto' se trata dentro del alcance de 'porque' aquí: la injusticia de *x* debe ser parte de la explicación de la injusticia de *y* para las próximas consecuencias a seguir.

[9] Algunos podrían pensarla de otra manera: el tema es controvertido, acerca del cual no creo necesario aquí tomar una posición. Lo que aquí importa es que la lógica co-plausibilidad de 'las intenciones pueden ser erróneas, más allá de sus efectos' y 'las intenciones erróneas son erróneas por lo que son, o sea, por sus intenciones'.

lo que ésta causa (y que por lo tanto, la misma resulta derivativamente injusta). Lo anterior suena contradictorio, por lo tanto debo aclarar el significado que le atribuyo a la frase 'lo que ésta causa' en la afirmación en letra cursiva. Dicha afirmación significa, en este contexto, no lo que esta ha causado, está causando, o causará, sino lo que esta *tiende* a causar. Una mala distribución de los medios de producción es de hecho injusta por lo que causa, a raíz de que esta tendencia le es inherente. De acuerdo a esto, es intrínsecamente (aunque derivativamente) injusta, ya que resulta injusta independientemente de cuáles fuesen las verdaderas consecuencias.

Hasta el momento, una propiedad normativa de *x* se califica como 'intrínseca' justamente en el caso de que *x* posee dicha propiedad independientemente de los actuales efectos de *x*. *Una condición más dura para 'intrínseco'* agrega que la propiedad normativa relevante debe ser mantenida no relacionada, es decir, sin importar cómo son las *otras* cosas.

A modo de ilustración presento el siguiente ejemplo. Una cierta partida de TNT es explosiva independientemente de que realmente explote o no. En nuestra definición inicial de 'intrínseco', su explosividad es por lo tanto una propiedad intrínseca del TNT. Sin embargo se podría decir que la partida de TNT no sería explosiva si se la colocara en un planeta carente de oxígeno, y, por tal motivo, se podría refutar que el TNT es intrínsecamente explosivo. Resumiendo, se podría agregar a las condiciones de que '*x* es intrínsecamente *f*', que *x* sea *f* independientemente no solo de sus efectos sino, en un sentido más amplio, de sus *relaciones* con las otras cosas en el mundo.

Una mala intención (que, seguimos suponiendo, es mala a raíz de la maldad de la acción que implica la intención de realizarla) permanece mala más allá de lo que suceda en el mundo. Tal intención es intrínsecamente mala aun en nuestro segundo y más fuerte sentido de 'intrínseco'. Para su objetivo, siendo un objeto intencional (o 'intensional') en el sentido técnico, no varía con las variaciones en el mundo. Por lo tanto, tampoco constituye la respuesta a si una intención es mala o no expuesta a tal variación.

En contraste, y análogamente con el caso del TNT, algo puede resultar malo a raíz de su tendencia a que *las cosas son como son*, una tendencia que se perdería si las cosas fueran diferentes. En este sentido, por ejemplo, la distribución no equitativa de los medios de producción se la puede catalogar como injusta si está dirigida a personas con idénticas preferencias, demandas y talentos, pero justa si está dirigida a personas que difieren en esos aspectos y donde la inequidad de la distribución de los medios de producción es apropiadamente compensatoria. La injusticia de la distribución de los medios de producción, entonces, es intrínseco en el primero de los dos sentidos de 'intrínseco' ya definidos, pero no en el segundo que es a su vez el más fuerte. Su injusticia depende de cómo se posicionan las otras cosas, y, en particular, en si las otras cosas se posicionan de tal manera que la distribución de los medios de producción permite la apropiación injusta de la plusvalía.

4. De esta manera he supuesto que el efecto característico de la distribución no equitativa de los medios de producción consiste en forzar a algunas personas a producir para otras. He trabajado bajo esta suposición porque así es como Marx concibió la injusticia económica, en consecuencia mi pregunta (ver más arriba) es la siguiente: si esta es la historia de la injusticia económica, entonces, ¿dónde yace, exactamente, la injusticia?

La injusticia generada por la mala distribución de los medios de producción, sin embargo, puede ser descripta en términos más generales, es decir, en términos de series de tiempo libre-e-ingresos a disposición de agentes diferentemente dotados (con medios de producción), tanto si algunos extraen o no productos de los otros. Bajo algunas condiciones, por ejemplo, un distribución no equitativa de los medios de producción no significa que *A* es explotado por *B* sino que *A* trabaja más intensamente que *B* por el mismo producto, u obtiene menos producto por la misma inversión de trabajo.

El ejemplo anterior ya fue explicitado anteriormente, no obstante no lo he profundizado por dos motivos. Primero, porque el caso no encaja en el encuadre marxista dentro del cual se sitúa mi discusión. Segundo, porque la cuestión interesante que despliega con respecto al caso de la no explotación es estructuralmente análogo al que nos ha ocupado hasta ahora: por lo tanto este no requiere una investigación independiente. La pregunta es: ¿la injusticia central reside en la distribución de los medios de producción o en el resultado no equitativo que tiende a producir? Y la respuesta a dicha pregunta es: la injusticia normativamente generadora es la distribución final, su propensión a producir lo que derivadamente ocasiona que la injusticia generadora causalmente devenga injusta.

5. Un ejemplo en el volumen I de *El Capital* que he citado en la nota 11 del capítulo 5, demuestra que Marx se oponía firmemente a determinar como origen de la injusticia de la explotación a la injusticia de una distribución *inicial* no equitativa de los medios de producción. En tanto que, en el ejemplo de Marx, existe un flujo injusto sin la distribución inicial injusta y externa del activo. Todos los sujetos comienzan de la misma forma en los activos externos, pero, por fuerza de (así lo supone Marx) 'su propio trabajo y el de sus antecesores', los activos de *A* han crecido tanto que ahora él está en condiciones de explotar a *B*, quien, podemos suponer más profundamente, permitió que su activo externo decayese. (Se supone que Marx quiso decir que normalmente pasan una o dos generaciones antes que comience la explotación. No obstante, eliminemos por el momento a los antepasados y

abordemos el ejemplo como intrageneracional, con el objetivo de prevenir objeciones inútiles).

A raíz de que en este ejemplo, existe un flujo injusto sin una distribución inicial injusta del activo, la injusticia del flujo no es una función de dicha distribución inicial, y esto confirma que la injusticia de dicha distribución inicial es una función, según Marx, de la injusticia del flujo explotador que ellos permiten. Pero aun si el flujo explotador fuera, tal como el ejemplo marxiano demuestra que no lo es, causalmente imposible sin una distribución inicial no equitativa de los medios de producción, entonces, como ya hemos visto, el último permanecería (si bien causalmente primario) como una injusticia normativa derivada.

6. John Roemer ha argumentado, utilizando ejemplos ingeniosos de una especie que no le hubieran ocurrido a Marx, que *no todo el flujo de producto desigual en el mercado*[10] *es injusto, y, en efecto, dicho flujo es injusto solo si este refleja una distribución inicial injusta del activo.* Roemer infiere que la cuestión del flujo carece de interés, y que por lo tanto los marxistas se equivocan al centrar su atención en la misma.[11] Sin embargo, yo creo que aunque la premisa de Roemer sea substancialmente verdadera (la afirmación en letras cursivas),[12] de lo cual no se deduce que el flujo no reciproco resulte normativamente carente de interés, ni tampoco (como también piensa Roemer) que la injusticia normativa fundamental sea la mala distribución del activo: por lo tanto Roemer se equivoca en cuanto a dos aspectos. Voy a explayarme en torno a la posición de Roemer para luego precisar por qué creo que su postura sea incorrecta.

Acto seguido paso a enunciar que[13] podemos estar de acuerdo con Roemer en cuanto a que todo flujo explotador injusto requiere como condición una distribución inicial injusta. Y esta premisa parece entrar en conflicto con lo que Marx dice acerca del ejemplo especial ya abordado en la sección 5 más arriba. Pero si nosotros coincidimos plenamente con Marx en relación a dicho ejemplo, entonces, creo, esto sucede porque suponemos que existen ciertos activos no mencionados por Marx que inicialmente, y tal vez también permanentemente, son distribuidos en forma no equitativa, a saber los

---

[10] 'En el mercado', aquí, establece un contraste con la extracción directamente forzada (p.e. a punta de pistola), fraude, etc.

[11] Él contesta negativamente a la pregunta del título de su ensayo 'Should Marxist be Interested in Exploitation?', que es mi objetivo aquí. (Yo no pregunto si la posición de Roemer en ese ensayo es consistente con lo que él dice en otros lugares).

[12] Es falso porque solo la ignorancia y el accidente pueden afectar los resultados de las transacciones de mercado (ver subsección 2c del capítulo 2 arriba). No obstante es conveniente olvidarnos aquí acerca de la ignorancia y del accidente.

[13] Dejando de lado los casos especiales: ver la nota 12.

activos intangibles como el talento y la potencialidad que pueden minar una equidad inicial en los activos externos. Roemer diría, en el ejemplo de *El Capital*, formulado de esta forma, que la situación inicial es injusta, y yo concuerdo. Resulta injusto porque la distribución externa del activo debería ser compensatoria, y no facilitar las consecuencias naturales de la distribución desigual intangible del activo. Si, a través de cierto grado de compromiso con la propiedad de sí, podemos retractarnos de afirmar lo anterior, entonces se torna difícil ver cómo considerar el caso de *El Capital*, en cualquier grado dentro de la manera intra-generacional impuesta por mí, como un ejemplo de explotación injusta.

A continuación, Roemer afirma que el flujo no equitativo, que es exactamente lo que él quiere significar por 'explotación' en el artículo que estoy discutiendo, no es injusto cuando no refleja una distribución injusta del activo. En consecuencia, estando libre de compromiso en relación a la propiedad de sí, Roemer aborda la distribución inicial del activo como justa solo si esta puede ser juzgada en forma equitativa, cuando ambos, *tanto* los activos externos como los intangibles (talento) son tenidos en cuenta. Consideremos ahora el ejemplo de Roemer: X e Y son iguales en talento y en activos externos *pero* ellos tienen preferencias diferentes, y, en particular, diferentes compensaciones por la relación ingreso/tiempo libre. X es un holgazán e Y un adicto al trabajo. En consecuencia X le permite a Y que trabaje con los medios de producción de X después de que Y haya terminado de trabajar con sus propios medios. Y trabaja diez horas, cinco con sus propios medios de producción y cinco con los de X, y algo de la producción de Y, supongamos dos horas y media útiles, van a X.[14] Podemos coincidir con Roemer que no hay nada injusto en esto. No hay nada injusto porque (aunque hay extracción) tal extracción no es injusta.[15]

Los ejemplos anteriores establecen la premisa de Roemer, que dice que el flujo no equitativo, como tal, no es injusto. Pero su conclusión de dicha premisa, que consiste en que la distribución no equitativa del activo, no el flujo explotador, es la injusticia (normativa) fundamental, que, desde mi punto de vista, no es conducente. Si se deduce tal conclusión, entonces el razonamiento en la sección 2 de este capítulo habría sido equivocado.

La razón por la cual la conclusión de Roemer no es conducente es que sigue siendo posible, y plausible, que su premisa (el flujo no equitativo, como

---

[14] Estos medios de producción se averían si son usados por más de cinco horas por día.

[15] La extracción no refleja nada más que preferencias diferentes. Pero, contrariamente a lo que Roemer dice en la pág.272 de 'Should Marxists...?', es falso que la explotación injusta no sucede nunca sobre la base de preferencias diferentes. Como contraejemplo muy bueno de esta generalización, ver el Apéndice en 'The RelationbetweenSelf-Interest and Justice in Contractarian Ethics', de Christopher Morris.

tal, no es injusto) es verdadera, lo que significa que *lo que es injusto es el flujo no equitativo, cuando refleja una distribución injusta y desigual del activo, cuya distribución es injusta precisamente porque habilita un flujo injustamente equitativo por lo que,* siguiendo a *Roemer,* la última injusticia es normativamente fundamental. Después de todo, ¿qué *otra situación* resulta injusta en referencia a la distribución, asumiendo[16] legítimamente que a todas las personas les importan los medios de producción es que ellos *son* medios de producción? ¡Es absurdo que nos digan que nos interesemos en la distribución del activo *en contraposición* al flujo de producto cuando es el flujo de producto lo que hace interesante la distribución del activo!

La posición marxiana es que, desde el momento que el trabajo y el trabajo por sí mismo crea el producto, y desde el momento que la propiedad (diferencial) de los medios de producción habilita a los no trabajadores a obtener algo de lo que crea el trabajo, sólo *porque* ellos son los dueños de los medios de producción, esta propiedad de los medios de producción es moralmente ilegítima. De hecho, este es el punto crucial que divide a los marxistas del pensamiento burgués. En tanto los marxistas enuncian, efectivamente, que *desde el momento* que el trabajo produce el producto y los dueños privados del capital se apropian de parte de él, el capital privado es moralmente ilegítimo y los trabajadores padecen la explotación; y los pensadores burgueses sostienen, en efecto, que *desde el momento que* el capital privado es legítimo, los trabajadores no son explotados, a pesar del hecho de que ellos producen el producto y parte de él redunda en el capital.

No adhiero a la fórmula en letras cursivas que se encuentra dos párrafos más arriba. Por lo tanto me diferencio de Roemer cuando declara que:

> La teoría de la explotación... no provee un modelo adecuado ni tiene en cuenta los sentimientos morales marxianos: la afirmación marxiana adecuada, creo yo, es por la igualdad de la distribución de los activos productivos, no por la eliminación de la explotación.[17]

(Donde, como usualmente se lee en las publicaciones de Roemer, la explotación simplemente significa un flujo no equitativo). Roemer desestima considerar cuál es el punto de equidad de la distribución de los activos productivos, si tal punto no tiene el fin de imposibilitar un flujo injusto. Si, en concordancia con la insistencia de Roemer, 'la afirmación marxista adecuada... es por la equidad en la distribución de los activos productivos', entonces esto resulta así porque tal distribución imposibilita la distribución (injusta), y, si esto acontece de esta forma, resulta completamente inadecuado

---

[16] Ver más arriba.
[17] 'Should Marxists…?', páginas 274-5.

contrastar 'la afirmación' citada con la que Roemer procura desestimar. El resultado final debe incluir la prevención del tratamiento injusto de algunos sujetos por otros: no se trata (solamente) de prevenir lo que permite que tal mal trato ocurra.

Ingresar en la casa de otra persona no es incorrecto cuando se tiene el permiso del dueño y él mismo te ha dado una llave, pero es incorrecto cuando tal permiso no ha sido otorgado y se utiliza un arma para entrar. A pesar de todo, de lo anterior no se deduce que lo que no es correcto cuando se utiliza un arma para entrar no es el acto de entrar sino el uso del arma, en este caso, sencillamente tal cual sucede, entrar.

El acto de entrar no es correcto porque se logra por medio de un arma y la tenencia de armas no es correcta porque ellas habilitan un ingreso equivocado: el ingreso equivocado es el generador (aunque causalmente secundario) de equivocación en este ejemplo.

Análogamente, Roemer está en lo correcto cuando enuncia que (definiendo 'explotación', como un flujo no equitativo, no como flujo injusto) la explotación no es por naturaleza injusta. No obstante es la explotación y no los medios de producción no equitativos, en su forma injusta, la que genera la injusticia central y normativa, si bien la misma no siempre constituye una injusticia.

Consideremos, nuevamente, el ejemplo del robo a mano armada. En general no constituye una injusticia que se firme un cheque. Constituye una injusticia cuando dicho cheque se firma porque el ladrón a mano armada amenaza al firmante con matarlo si este no firma el cheque. Por lo tanto la injusticia ocurre más allá del hecho que el ladrón tuviera un arma y amenazara con ella, desde el momento en que la víctima podría haber elegido morir en cambio de firmar. Que esto sea *considerado* una injusticia a raíz del arma (firmar un cheque en general no es injusto) claramente no impide que *sea* injusto, y, tal cual ya lo he argumentado, tampoco impide que la desigualdad del arma sea solo secundariamente injusta: la desigualdad del arma es injusta *porque* permite que ocurran transferencias injustas, como el ejemplo de los ladrones a mano armada. Y, al mismo tiempo, a pesar de que 'la injusticia de una asignación explotadora depende de la injusticia de la distribución inicial',[18] lo que convierte a lo último en injusto es su propensión a generar la primera injusticia, una asignación explotadora.

En mi solución al dilema presentado anteriormente, yo enuncio que la distribución del activo es injusta porque la misma permite o hace posible un flujo injusto. No estoy afirmando que se necesite tal flujo, desde el momento que estoy en conocimiento, por varios motivos (por ejemplo cierta

---

[18] Roemer, *Free to Lose*, pág.57.

preocupación por sus condiciones de vida), que un trabajador pobremente dotado podría preferir la extrema pobreza a trabajar para un capitalista; y un capitalista filantrópico podría distribuir la totalidad de la producción a sus trabajadores (y continuar siendo un capitalista solamente porque él ama tomar decisiones en cuanto a inversiones y cosas por el estilo). Simplificando las cuestiones[19] tal como corresponde al economista que él es, tales casos están descartados en las suposiciones de Roemer, bajo las cuales los sujetos maximizan la utilidad y encuentran solo utilidad en el salario y el ocio. En dichos axiomas, la distribución del activo requiere un cierto flujo, de manera tal que el proceso o el flujo se pierde de vista como algo irrelevante precisamente porque, de alguna manera, está atrapado dentro de la distribución del activo en sí, en virtud de las suposiciones vigentes señaladas. Esta es la razón por la cual Roemer puede decir 'que la existencia de la explotación [en las circunstancias estándar en las cuales los marxistas centran su atención-] *es equivalente* a la desigualdad en la distribución de los activos iniciales'.[20] Los dos son ciertamente equivalentes, dentro del encuadre restrictivo de Roemer, pero de otro modoson bastante diferentes, y su equivalencia especialmente construida es una razón muy pobre como para concluir que la explotación no es la injusticia primaria.[21]

---

[19] Lo que es permisible en relación a muchos problemas económicos y desastroso en relación a muchos problemas éticos, como el problema del que nos ocupamos en este capítulo.

[20] 'Should Marxists…?', pág. 274, énfasis agregado.

[21] Contraste el último argumento roemeriano con el que yo he confrontado en la sección más arriba. El último dice lo siguiente:

(Injusto) la desigualdad no necesariamente causa explotación.
(Injusto) la desigualdad de activos es intrínsecamente injusta.
(Injusto) la igualdad de activos no es meramente una injusticia derivada.

El argumento de Roemer continúa de la siguiente manera:

(Injusto) la desigualdad de activos *debe* causar explotación.
(Injusto) la desigualdad de activos no es meramente una injusticia derivada.

Tanto la premisa como la primera inferencia del argumento de la sección 3 son correctos, pero su segunda inferencia no lo es. La premisa del argumento de Roemer es solamente artificialmente verdadera. Más bien, creo que su inferencia es incorrecta, pero que alguna afirmación medianamente sofisticada no ha sido argumentada a favor previamente.

9. Propiedad de sí: delinear el concepto

Todo Individuo en la naturaleza está munido de una propiedad individual por naturaleza, no para ser invadida ni usurpada por nadie: para todos de la misma forma en que él es él mismo, de este modo él es propietario de sí, de otra manera él no podría ser él mismo...Todo hombre por naturaleza es un Rey, un Sacerdote y un Profeta en su propio circuito natural y según su alcance.
Richard Overton, *Una Flecha Contra todos los Tiranos.*

...todo hombre dispone de una propiedad de su propia persona, a la cual nadie tiene derecho excepto él mismo. Podemos afirmar que tanto la labor de su cuerpo como el trabajo de sus manos le pertenecen con legitimidad.
John Locke, *Segundo Tratado de Gobierno.*

El ser humano no puede ser heredado, ni vendido, ni ser convertido en un objeto para ser regalado; tampoco puede convertirse en la propiedad de ningún otro ser humano porque él se pertenece a sí mismo.
Johann Gottlieb Fichte, *Un Discurso sobre la Libertad de Pensamiento dirigido a los Principes de Europa, quienes la han suprimido desde ese momento hasta la actualidad.*

1. En los capítulos 3 y 7 estudié las implicaciones de la tesis de propiedad de sí en relación a la cuestión de la justicia de la distribución de bienes de todo tipo. Con respecto a la cuestión general acerca de la justicia distributiva, los principios relacionados con la pertenencia del mundo físico tienen un peso no menor que el de los principios acerca de a quién pertenecen dichos poderes. No obstante, a lo largo del recorrido de este capítulo y el siguiente, tomo la mayor distancia posible del tema acerca de la pertenencia mundial en relación al problema de la distribución, con la intención de focalizarme en el concepto, y la tesis, propiedad de sí.

El concepto de propiedad de sí no es idéntico a la tesis de propiedad de sí: la última podría ser falsa, mientras que el primero, siendo un concepto, no puede ser falso, excepto cuando 'falso' es empleado, retóricamente, para significar incoherente, o inconsistente, o irremediablemente impreciso, o irremediablemente indeterminado. No debería ser necesario enfatizar sobre la distinción entre el concepto y la tesis, no obstante, mi experiencia en el arte de polemizar demuestra que es sabio hacerlo. Ya que en la resistencia y la crítica que recibieron los artículos sobre propiedad de sí que constituyen la base de los capítulos 3 y 7 de este libro, no todos los comentaristas han logrado discriminar que la tesis de propiedad de sí es falsa desde la convicción de que el propio concepto de propiedad de sí es confuso. En sintonía con esa propensión a combinar los dos temas, algunos confundieron mi insistencia sobre la coherencia del concepto de propiedad de sí, como tal, claramente un concepto, como una forma de aprobación de la tesis de propiedad de sí.[1]

El presente capítulo se despliega de la siguiente manera. En la sección 2 I se confronta la afirmación que enuncia que el concepto de propiedad de sí es incoherente, o, como un argumento que se obtiene de Kant, auto contradictorio. En la sección 3 I se argumenta en contra del punto de vista, expresado por Ronald Dworkin, que dice que el concepto es demasiado indeterminado como para que adquiera alguna utilidad dentro del marco de la filosofía política. La sección 4 retoma y, según mi perspectiva frustra el reclamo de David Gauthier que enuncia que la propiedad de sí es consistente con el tributo redistributivo (en particular, de la renta del mercado), y la sección 5 argumenta en contra de un reclamo rawlsiano, que enuncia que dicho tributo no obliga a que algunos sujetos ayuden a otros. La sección 6 comenta acerca de la compleja relación entre el concepto de propiedad de sí y la distinción inútil y dañina.

2. Algunos filósofos piensan que la frase 'propiedad de sí' significa unir elementos semánticos que no pueden ser unidos en la forma requerida. Si ellos están en lo cierto, la propiedad de sí es solo un concepto hipotético, al igual que es un concepto hipotético el de un número verde, o (el ejemplo de Wittgenstein) el concepto hipotético de su ser las 5 en punto en el sol. No hay nada equivocado con las frases '5 en punto' y 'en el sol', pero la frase que resulta cuando ellos son concatenados no se refiere a un concepto coherente. Y algunos dicen que mientras uno puede, análogamente, hablar de personas, y de propiedad, de esto no se deduce, y es falso, que uno pueda hablar de propiedad de sí, de una persona que poseea la persona que esta es.

---

[1] Por ejemplo, Alan Ryan no posee ningún fundamento sólido como para atribuirme la afirmación que enuncia 'que todo aquel que se ocupa profundamente del tema de la libertad está comprometido con la idea de que somos criaturas con propiedad de sí' (análisis de Jonathan Wolff, *Robert Nozick*, pág. 155.) Cf. Nota 23 más adelante.

Pero ¿qué yace en el contenido de los conceptos de propiedad y personalidad que podrían descalificar el concepto de propiedad de sí? Las personas y sus potencialidades pueden ser controladas entre otros por ellos mismos, y seguramente siempre hay una respuesta adecuada para cada pregunta, con respecto a todo lo que pueda ser controlado, ¿quién tiene el derecho a controlarlo aun si dicha respuesta es nadie? [2] La tesis de propiedad de sí enuncia que la respuesta a todas estas preguntas acerca de las personas y sus potencialidades es: la persona en sí misma ¿Por qué dicha respuesta debería ser juzgada incoherente? La afirmación que enuncia que la propiedad de sí es incoherente aparece en un cierto número de versiones, no obstante son variaciones sobre un tema de Kant al cual me referiré más adelante. Ante todo, le recuerdo al lector un aspecto ya tratado anteriormente (ver capítulo 3), que la propiedad de sí no denota la propiedad del yo. Personalmente no creo, como parece que algunos sí lo hacen, que existen yoes, en oposición a las personas, que se afeitan, se critican, y (de esta forma piensan algunos) se pertenecen a sí mismos. No obstante tanto si existen yoes o no,[3] cuando una persona se afeita o se critica a sí mismo, dicha persona ya no realiza tales operaciones en un aspecto interior muy profundo llamado 'el yo' más de lo que lo hace una máquina que funciona por auto encendido a algo que es una parte especialmente íntima de sí misma cuando comienza a funcionar.

No estamos diciendo que una persona posee algún aspecto interior profundo cuando afirmamos que dicha persona es dueña de sí misma. Para afirmar que *A* disfruta de la propiedad de sí es justo decir que *A* es dueña de *A*: 'sí mismo', en este caso, significa una relación reflexiva. Yo no veo nada en el concepto de propiedad que (como el concepto de paternidad) excluya una instancia reflexiva de la misma. Todo aquel que pretenda ver en el concepto algo que excluya su uso reflexivo debe expresar de qué se trata lo enunciado.

Immanuel Kant se aventuró en dicho desafío, cuando él argumentó que el concepto de propiedad de sí era un concepto imposible, a raíz de ser auto contradictorio. Resulta irónico que Kant haya construido dicho argumento, a la luz del enfoque de Robert Nozick que enuncia que la prohibición de Kant en relación a usar a una persona meramente como un medio *respalda* el principio de propiedad de sí. Muestro (en el capítulo 10, sección 4 más adelante) que contrariamente a lo que piensa Nozick, la doctrina de Kant acerca de los medios y los fines no respalda el principio de propiedad de sí, no obstante yo apoyo a Nozick en contra de Kant en cuanto al tema de si el real concepto de propiedad de sí es coherente o no.

---

[2] Esta es la respuesta sugerida por Joseph Raz a ciertas preguntas vinculadas a la cuestión de la propiedad de sí: ver Capítulo 10, sección 2, más adelante.

[3] En oposición a las mentes, que raramente dejan de pensar.

Kant dijo:

> El ser humano no puede disponer de sí mismo porque él mismo no es una
> cosa, él no es su propia propiedad, esto supondría una contradicción, ya que
> en la medida en que él es una persona y por lo tanto es un sujeto en quien la
> pertenencia de las cosas puede ser establecida, y si él fuera propiedad de sí mis-
> mo, él sería una cosa sobre la cual podría ser propietario. Pero una persona no
> puede ser una propiedad y por lo tanto no puede ser una cosa disponible para
> ser apropiada, en tanto es imposible ser una persona y una cosa, el propietario
> y la propiedad.[4]

Podría existir más de un argumento entrelazado en esta jungla de afirmaciones (que surgen de los apuntes de clase de los alumnos), pero aunque esto
sea así, dudo que un argumento mejor que el que despliego a continuación
pueda obtenerse de dichos apuntes:

> El ser humano es una persona.
> Nada puede ser a la vez una persona y una cosa.
> Por ende el ser humano no es una cosa.

No obstante:

> Solamente las cosas pueden tener dueño.
> Por ende el ser humano no puede tener dueño.
> Por ende el ser humano no puede ser dueño de sí mismo.[5]

Este es un argumento válido, con tres premisas. No cuestiono las dos
primeras premisas. No obstante la tercera (solamente las cosas pueden tener dueño) es totalmente cuestionable en el presente contexto: nada de lo

---

[4] *Lectures on Ethics*, pág.165. (Nótese el contraste entre lo que dice Kant y el extracto de Fichte
en el encabezamiento de este capítulo).

[5] Se podría pensar que contrariamente a mí representación de él, Kant se basa en la idea de
que lo que lo que se posee y lo que es poseído no necesariamente son idénticos, lo cual difiere
de la idea de que el hombre pertenece a la categoría metafísica errónea como para convertirse
en un ítem a ser poseído. No obstante, contrariamente a las premisas que he delineado, este
argumento diferente, de la supuesta irreflexividad de la relación de la propiedad, permite que
otros puedan adueñarse de un hombre, y claramente Kant enfatiza su argumento para también
excluirlo.

Una vez más, se podría pensar que Kant está objetando solamente la *frase* 'propiedad de sí', y sus
cognados que él no se opone a que las personas posean los derechos asociados a la propiedad
de sí por aquellos que no rechazan la frase. No obstante lo anterior es una mala interpretación
desde el momento que la totalidad de la cuestión en la demostración de Kant es mostrar que 'El
Hombre no puede disponer de sí mismo' como aquellos derechos le permitirían: él argumenta,
en este contexto, en contra de la prostitución, la venta de partes del propio cuerpo, etc.

argumentado demuestra que solo las cosas (donde, de acuerdo a la segunda premisa, las personas no son un subconjunto de las cosas) pueden tener dueño, para alguien que no acepta que las personas no pueden ser dueñas de sí mismas. Por lo tanto el argumento de Kant falla al establecer que la propiedad de sí es contradictoria.

Al proponer el argumento precedente, Kant está intentando extraer un conejo normativo de una galera conceptual. En tanto que el propósito ulterior de este argumento es demostrar que es moralmente inaceptable para los seres humanos vender partes de ellos mismos, implicarse en la prostitución, etc. La idea de Kant consiste en que, desde el momento que la propiedad de sí es incoherente, actuar como si cada uno fuera dueño de sus partes y poderes es inmoral.

Sin duda Kant tiene otro argumento para la última conclusión, la cual no depende de una *manipulación* conceptual. Se trata de lo siguiente: los seres humanos son fines en sí mismos, y por lo tanto ninguna parte de estos fines en sí mismos debería ser vendida con el fin de lucrar. En consecuencia (tanto si el concepto de propiedad de sí es contradictorio o no) actuar como si cada uno fuese dueño de sus partes y potencialidades es inmoral. Más allá de lo que cada uno opine acerca de este argumento diferente, este no impugna la coherencia conceptual de la propiedad de sí, que es lo que ha estado en discusión en esta sección.

3. Algunos opinan que el concepto de propiedad de sí esta viciado no por la incoherencia sino por la indeterminación. Ronald Dworkin se opuso,[6] en estos términos, acerca del modo en que yo utilizo el concepto de propiedad de sí para identificar el libertarianismo. Él enunció que el principio de propiedad de sí es demasiado indeterminado como para tomar alguna posición distintiva en filosofía política. El razonó de la siguiente manera: poseer algo implica disfrutar de una u otra serie de derechos con respecto a dicha cosa. No obstante, se podría prever el armado de diferentes series de derechos de igual importancia sobre ellos mismos y sus propias potencialidades en virtud de los cuales podríamos decir que las personas son dueñas de sí mismas. Por lo tanto, el principio de propiedad de sí carece de contenido determinado.

No me parece factible que las premisas de este argumento escéptico puedan sustentar su conclusión. Ellas no demuestran que el principio de propiedad de sí legisle indeterminadamente. Por un aspecto, no refutan la hipótesis que yo propongo, que el principio logra determinación a través de

---

[6] Lo que voy a describir es una objeción declarada por Dworkin en un seminario de Oxford en el verano de 1986. Comparemos su objeción con Richard Arneson y su obra, 'Lockean self-Ownership', pág.54. 'La idea de la propiedad de sí no es tan determinada como las concepciones rivales de la justicia, tal como el actuar el utilitarianismo o los principios de justicia de Rawls…'

su requerimiento que enuncia que *todo sujeto* goza de los derechos *plenos* concernientes a la propiedad de sí. Se podría pensar que decir que Jones es dueño de sí mismo carece de sentido determinado. Sin embargo, cuando se estipula que *cada* persona tiene *total* propiedad privada sobre sí mismo, entonces las restricciones de la universalidad y de la completud se combinan para descalificar algunos derechos como denotaciones posibles de la 'propiedad de sí', y, en referencia a la hipótesis aquí propuesta, sobrevive únicamente una sola serie de derechos, con la cual la propiedad de síentonces puede ser (únicamente) identificada.

En la propuesta actual, la estipulación de que la propiedad de sí confiere el derecho absoluto que (lógicamente) una persona puede poseer sobre sí misma siempre que los demás también gocen de dicho derecho[7] genera un procedimiento para determinar el contenido de la propiedad de sí. La determinación podría ser lograda a través de la identificación de una serie de derechos *S* conformado de tal manera que toda persona puede tener tales derechos sobre sí misma y donde *S* le confiere a la persona derechos más plenos de lo que puede conferir cualquier otra serie de derechos universalmente disponibles. La premisa de Dworkin no muestra que no existan tales derechos.

Se podría decir, que la propiedad de sí es el principio que según una frase de Dworkin, permite 'las diferencias en cuanto a la habilidad' para' producir diferencias en los ingresos en una economía *laissez-faire* entre personas con las mismas ambiciones'.[8] Las economías *laissez-faire* varían en cuanto a sus reglas de funcionamiento, no obstante esta no es una razón para condenar la inexplicable idea de una economía *laissez-faire* (que es utilizada por Dworkin) como irremediablemente indeterminada. Y, mientras que la idea de la propiedad de una persona sobre sí misma podría ser de hecho capaz de generar diferentes interpretaciones (tal vez la hipótesis discutida en los dos párrafos anteriores está mal concebida), no es menos determinante que la idea inexplicable de la posesión de otros recursos, a los cuales Dworkin

---

[7] Debería continuar sin decir, aunque muchos me hayan criticado injustamente en el pasado, que es posible elaborar un concepto de propiedad de sí con menos incumbencia en los derechos que el concepto confiere que el de máxima incumbencia que intento elaborar aquí: el concepto tan bien reconocido de Judith Thomson acerca de la propiedad de sí, denominándola la 'primera propiedad' (ver cap.8 de *The Realm of Rights*) es un ejemplo de lo dicho. No obstante estoy en la búsqueda de un concepto de máxima incumbencia porque, como seguramente el lector informado concordará, es un concepto que los libertarios sostienen. La utilización del término propiedad de sí para denotar algo menos extravagante está fuera de toda discusión.

[8] 'Equality of Resources', pág.311.

ha colaborado con total falta de escrúpulos en sus propios escritos.[9] Yo no creo que sea más difícil decir de cuales derechos dispongo si soy dueño de mí mismo que decir de cuales derechos dispongo si poseo un cuchillo, o una parcela de tierra, o un caballo, o un esclavo. Dichas posesiones son diferentes, en todos los aspectos, pero esto es debido a que los cuchillos, las parcelas de tierra, los caballos y los seres humanos difieren de manera tal que estos inducen la construcción de distintas estructuras de pertenencia cuando entran en relación de ser poseídos, no porque un concepto diferente de propiedad se aplique en cada caso. El caso de la posesión de esclavos es particularmente instructivo, desde el momento que ofrece un camino para introducir el concepto de propiedad de sí ya empleado en el capítulo 3: ser dueño de sí mismo implica disfrutar con respecto a uno mismo de todos esos derechos que el propietario de esclavos detenta sobre la propiedad absoluta y completa del esclavo.

Volvamos al procedimiento para confeccionar una lista de derechos de propiedad de sí ya detallada dos párrafos más arriba. Tal vez no exista ninguna serie de derechos que cumpla con la condición que requiere el procedimiento. Consideremos un caso paralelo posible. Si estipulamos que toda porción de tierra pertenece en su mayoría a alguna persona, podemos inferir que nadie tiene derecho de paso en la tierra ajena, no obstante no existe una inferencia obvia similar con respecto a qué clase de estructuras cada propietario absoluto (por ejemplo una clase que obstruye la luz) puede construir en su tierra. El requerimiento de posesión de la tierra en forma total y universal puede no establecerlo. Por lo tanto la posesión universal absoluta sobre una persona podría resultar igualmente indeterminada. No obstante, en todos los casos de propiedad, los requerimientos de universalidad y maximalidad generarán derechos fundamentales que son indiscutibles. Las indeterminaciones residuales frustrarán sin duda algunos proyectos intelectuales, pero nofrustrarán, y en esto tengo plena confianza, el proyecto en el cual estoy comprometido. Porque en tanto que de hecho podría existir una pluralidad de series máximas de derechos que compiten por el título de 'propiedad de sí total', estos no diferirán al punto tal de interferir en las cuestiones concernientes a la justicia distributiva que es predominante en este libro y que genera interés en el concepto de propiedad de sí. La propiedad de sí máxima y universal nos ofrece todo lo que necesitamos, aunque no nos ofrezca todo.

---

[9] Ver *ibid.*, pág. 283. Más tarde Dworkin defendió el concepto de máxima libertad para la utilización de los recursos personalmente poseídos. Si él estaba en lo correcto o no en relación a su afirmación normativa que dice que así es cómo los recursos distribuidos equitativamente deberían ser poseídos, y el aplicar el concepto de máxima libertad de uso al caso de la propiedad de sí no origina ninguna dificultad así como tampoco la originó la afirmación normativa de Dworkin. (ver 'The Place of Liberty', sección IV.)

De esta forma, por ejemplo, la propiedad de sí máxima y universal asegura que mi derecho a utilizar mi puño como me plazca termine en la punta de tu nariz, a raíz de tus derechos, bajo la propiedad de sí máxima y universal, sobre tu nariz. Suficientemente cierto, si cada uno de nosotros tuviera menos derecho sobre su nariz y más sobre su puño, de manera tal que cada uno tendríaderecho a golpear la nariz del otro, por lo que de una manera poco clara nuestros respectivos derechos serían menores. Si bien no estamos buscando derechos universales y máximos, *tout court*, sino más bien los derechos máximos y universales de *propiedad* sobre un cuerpo en particular, por parte de la persona cuyo cuerpo (en sentido natural), y todo eso junto, establece los derechos sobre los puños y las narices en la forma establecida. Esta no es sino una aplicación elemental de la propiedad de sí de lo que nosotros diríamos acerca de la propiedad privada de las cosas. Los derechos del individuo no necesariamente se restringen cuando este obtiene el derecho de paso por el terreno de otro individuo que al mismo tiempo obtiene el mismo derecho de paso por elterreno del primero, pero sin embargo, de este modo los derechos de la propiedad privada sobre la tierra son indiscutiblemente reducidos.

El polémico derecho crucial a la propiedad de sí es el derecho a no (ser forzado) a suplir producto o servicio a nadie. La afirmación que enuncia que nosotros carecemos de tales derechos se refiere acuestiones centrales en la filosofía política, y el principio de propiedad de sí confiere dicho derecho sin ambigüedad. No ayudar a otra persona no puede interpretarse como una forma de interferir con su derecho a hacer de sí mismo lo que desea, y el no ser requerido para ayudar a otros permite que todos los sujetos tengan más derechos sobre sus propias potencialidades de los que de otro modo hubieran tenido. De acuerdo a esto, el derecho a no proveer ningún servicio o producto forma parte de toda lectura plausible del principio de propiedad de sí.

Si se piensa que dichas aseveraciones son dogmáticas, consideremos nuevamente, la propiedad de las cosas materiales, que constituye el modelo adecuado en relación al concepto de propiedad de sí. Si yo soy el dueño legal (absoluto) de un cuchillo, entonces el estado está habilitado a prevenirme de clavarte el cuchillo por la espalda, pero el estado tal vez no pueda, en el curso de los acontecimientos, ordenarme que lo ponga a tu disposición, porque, por ejemplo, tú lo necesitas en este momento, o porque tú te lo mereces más que yo. El estado puede garantizar que yo no utilice mi cuchillo agresivamente, pero no puede forzarme a usarlo para ayudarte. Ni tampoco (desde el punto de vista de la analogía con la propiedad de sí), el estado puede ordenarme que lo use hasta cierto punto a tu favor como condición para poder usarlo a mi favor. El estado no puede reconocer mi propiedad absoluta sobre el cuchillo y a la vez regular mi uso del mismo ignorando las bases de la propiedad.

Entonces, aquellos principios en referencia a la propiedad de los cuchillos provienen del concepto de propiedad de sí, y no de ningún aspecto especial en torno al concepto de un cuchillo. De acuerdo a esto, si yo me pertenezco a mí mismo, entonces se aplican puntos análogos en relación a mis derechos sobre mi brazo, o mi cerebro. Yo no soy el propietario absoluto de mí mismo, si alguien más tiene derecho, sin un previo acuerdo conmigo, de decirme cómo debo usarlos. Tampoco es absoluta mi propiedad de sí consistente con una directiva que dice que cuando los uso para mi propio beneficio, estoy obligado a usarlos para beneficiar también a otros: esa es la esencia del impuesto al ingreso distributivo: yo no me pertenezco (completamente) a mí mismo si se me demanda cederle a los otros (parte de) lo que yo gano aplicando mis potencialidades.

Es suficientemente cierto que si una persona utiliza un activo (por ejemplo su talento) para generar ingresos para pagar impuestos que le debe al gobierno, de esto no se deduce que su pertenencia sobre dicho activo sea perjudicada. Pero si una parte de sus ganancias del activo es recogida por el estado simplemente *porque* dicha persona gana dinero a través de su uso, entonces su propiedad del activo se perjudica: su derecho al ingreso que este genera, que es un incidente clave en la propiedad privada de un activo,[10] no se cumple. Existen razones consistentes con la propiedad de sí para decretar impuestos: pagar la protección policial de la propiedad,[11] corregir factores externos, redistribuir la renta de la tierra (sobre bases georgianas) y así sucesivamente. Pero un impuesto sobre el ingreso de mercado obtenido como tal es inconsistente con la propiedad de sí.

Aquí coincido con el punto de vista de Robert Nozick que dice que la tasa impositiva diferencial del ingreso de mercado originado por personas que habitualmente no son productivas contradice el principio (que él afirma y yo rechazo) que cada persona es el legítimo dueño de sus propias potencialidades, y por lo tanto no puede ser forzado a usarlas en pos de los demás tal como lo requiere la tributación redistributiva. En tanto estoy de acuerdo con Nozick acerca de lo anterior, no estoy de acuerdo con David Gauthier, que cree que la propiedad de sí (que tanto Gauthier, como Nozick apoyan) es consistente con (una cierta forma de) tributación redistributiva, y tampoco estoy de acuerdo con el punto de vista rawlsiano que niega que

---

[10] Ver Tony Honoré, *Making Law Bind*, páginas 169-70. Más información acerca de los derechos al ingreso, en la sección 4, más adelante.

[11] Nótese que para todas las complejidades en relación a lo que es voluntario y lo que es coercitivo, lo que caracteriza la construcción de la *hipotética* 'mano invisible' del estado legítimo, según Nozick (ver *Anarchy, State and Utopia*, Parte I), él no considera la subscripción individual voluntaria de una persona a un estado *actual* como una condición necesaria para que el mismo grave a esa persona.

la tributación redistributiva (según el procedimiento habitual) convierte a la mejor situación en la peor. Ante todo continuaré mi discusión con Gauthier, y *a posteriori* con Rawls.

4. Gauthier señala que muchos supondrán que el derecho de una persona:

> [...] en referencia a su talento básico –sus capacidades naturales– le otorga el derecho a la condición de renta derivada de su talento. Wayne Gretzky tiene el derecho a sus destrezas únicas en el hockey; él puede utilizarlas como le plazca; por lo tanto, ¿no tiene él derecho a la renta que ellas otorgan? No obstante su derecho a emplear sus destrezas en el hockey como le plazca no es afectada por la distribución de la renta... un impuesto confiscatorio sobre la renta no podría, y no debería, afectar su interés por jugar al hockey. El derecho de cada persona a su talento básico es un derecho al uso exclusivo de tal talento en la interacción de mercado y cooperativo. Pero la interacción de mercado no se ve afectada por la distribución de la plusvalía representada por la renta; el uso exclusivo de las capacidades de cada persona queda intacta si se confisca la renta... El beneficio representado por el factor de renta es parte de la plusvalía ofrecida por [la sociedad considerada como una empresa cooperativa única], ya que esta crece únicamente en la interacción social.[12]

De acuerdo a lo anterior, Gauthier alienta una redistribución de la renta bajo su principio de concesión relativa mínima, cuya naturaleza no necesita de nuestra atención en este momento, desde el momento que lo que importa es el *qué,* y no el cómo, la renta debe ser redistribuida. Gauthier admite que la renta confiscatoria restringe:

> [...] una cierta libertad, especialmente la libertad para recolectar el factor de renta. Pero todo esto no es parte de la libertad de un solo ser, la representación de la plusvalía a través de la renta emerge a través de la interacción. Y por lo tanto no es necesariamente parte de la libertad de mercadoconcebida como una extensión de la libertad natural disfrutada por un Robinson Crusoe.[13]

El argumento de Gauthier que dice que el derecho de un individuo a gozar de su talento básico'[14] no le otorga 'el derecho al factor de renta que deriva del talento' combina tres magnitudes diferentes. En primer lugar, existe una combinación del *factor de renta y productor de plusvalía.* Esta com-

---

[12] *Morals by Agreement*, páginas 273-4.

[13] *Ibid.*, pág.276.

[14] Lo que bien *es* su derecho a la propiedad de sí o (si 'el talento' no abarca a la persona en su totalidad sino solamente a su capacidad productiva) es el derecho particular de la propiedad de sí que constituye la preocupación primordial en las cuestiones relacionadas con la justicia distributiva.

binación, que expondré en breve, la hacen habitualmente los economistas, y bajo supuestos adaptados para sus propósitos,[15] las dos magnitudes de hecho se hacen equivalentes en forma extensiva. Pero los propósitos de los economistas' no son los de los filósofos', y en consecuencia la confusión entre las dos ideas en el contexto del argumento de Gauthier es nociva. Cada una de las magnitudes mencionadas previamentees, sobre todo, diferente de una tercera con la cual Gauthier las identifica: la diferencia entre las ganancias de una persona en el mercado y lo que este podría obtener como recompensa por sus esfuerzos en ausencia de la interacción social.

El factor de renta consiste en la diferencia entre el precio de un factor y el precio mínimo al que sería vendido si, contrariamente a los hechos, fuera posible expandir su distribución. De esta manera el factor de renta refleja una escasez insuperable: la tierra de alta calidad genera un factor de renta cuando hay menos de lo que se demanda y menos tierra buena que no puede ser mejorada para convertirse en tierra de alta rentabilidad. Análogamente, el talento de Gretzky obtiene un factor de renta, desde el momento que nadie, o muy pocos, pueden producir nuevos Gretzkys, o convertirse ellos mismos en símiles de Gretzky, con vistas a la venta del mismo por un precio menor.

El factor de renta no es lo mismo que *la plusvalía del productor*, que consiste en la diferencia entre el precio de un factor en el uso que le es adjudicado y el precio mínimo que su distribuidor aceptaría por el mismo en dicho uso (que algunas veces se denomina 'precio de reserva'). Es correcto por definición que un distribuidor siga distribuyendo lo que otra manera hace aun cuando la plusvalía de su producto es desgravada.

Gauthier parece considerarlo como un aspecto crucial dentro de su argumentación que el impuesto a la renta sea legítima[16] de manera tal que no disminuya la provisión de servicios que atraigan la renta. No obstante esto es correcto en relación a la renta solamente cuando casualmente coincide, o es menos que, con el excedente de la producción ofrecido al distribuidor de servicio inclusive a la tasa de la renta. No es verdad, como Gauthier da por sentado, de la renta como tal, sino del excedente de la producción como tal. De esta forma, si Gauthier detesta jugar al hockey, su renta que incluye el salario, podría ser idéntico a su precio de reserva: resulta lógicamente posible, en virtud de todo lo que fue sacado de su salario con la renta, que ese tal Gretzky debería colgar sus patines y ponerse a vender seguros si recibiese un dólar menos por año para jugar a hockey. Opuestamente, si Gretzky ama

---

[15] Como, por ejemplo, que las personas tengan funciones de utilidad idénticas.

[16] En otras palabras, no perjudica 'los derechos de la persona gravada por sus capacidades básicas'.

el hockey, entonces es posible que gravar mucho más que solo la renta en su salario no lo alejaría de su ocupación habitual.[17]

En cualquier reconstrucción de su argumento, Gauthier debería decidir qué es lo que es gravable, consistentemente con la propiedad de sí, si la renta es adecuada o la plusvalía del productor. Pero, cualquiera fuera su elección, él también debería aclarar una combinación ulterior y más seria que aparece en su escrito: entre el factor renta /plusvalía del productor, y el fruto de la interacción social.

En tanto que esta es una demanda crucial acerca de la relación renta/ plusvalía del productor en la argumentación de Gauthier que dice que esta 'emerge exclusivamente en la interacción social': y es en virtud de que esta emerge de tal manera que está sujeta a la redistribución, dentro de los términos de contractarianismo hipotético de Gauthier. A continuación paso a demostrar que la plusvalía del productor (en oposición a la renta económica) no requiere, en realidad, interacción social,[18] no obstante el punto importante inmediato es si su origen en la interacción social es lo que convierte a la renta en gravable, por lo tanto se abren en efecto grandes puertas esclarecedoras. En tanto que no es más verdadero en referencia a la renta de lo que lo es en relación a la plusvalía del productor, y, en efecto, de la mayoría de la demanda del consumidor, que se debe a la interacción social. Es exclusivamente en virtud de la interacción social que existe alguna demanda para mi servicio, aun a su precio de reservas, Es exclusivamente en virtud de la interacción social que no solamente Gretzky sino también el jugador de hockey más mediocre y marginal adquiere sus destrezas.[19] Gauthier se opone al *laissez-faire* puro en favor del *laissez-faire* restringido por, *inter alia*,[20] la redistribución de la renta. No obstante, la base presente de tal restricción sobre el *laissez-faire*, que la *redistribuendum* es un resultado de la interacción social, justificaría gravar virtualmente todo ingreso. E inclusive si lo que debe ser gravado no es exactamente *cualquier producto* que emerge a través de la interacción social, pero solamente esa parte de lo que emerge a través de este que excede lo que redundaría sobre una persona especifica en el estado de naturaleza, lo

---

[17] Para una crítica severa acerca de la doctrina de Gauthier sobre la renta, ver el análisis de John Harsanyi de *Moralby Agreement*, páginas 346-8. Entre otras cosas, Harsanyi rechaza la afirmación de Gauthier que dice que 'la interacción del mercado no es afectada por la distribución del superávit representado por la renta' (ver página anterior). Los puntos excelentes de Harsanyi no están conectados con la crítica de Gauthier llevada a cabo en esta sección.

[18] Ver la página siguiente en relación a un caso posible de superávit del productor en un estado de naturaleza autárquico.

[19] Daniel Hausman hace una evaluación similar y elabora conclusiones devastadoras del mismo: 'Are MarketsMorally Free Zones?, páginas 324-6.

[20] También se requiere el gravamen, él dice, para atender los factores externos, y sostener las actividades del estado (por ejemplo, la protección de la propiedad privada requerida por la interacción del mercado.

que recoge el agente impositivo debería ser ciertamente mayor de lo que resulta en estados contemporáneos que producen más redistribución de lo que (supongo) Gauthier alentaría o permitiría.

Con el propósito de aclarar la posición conceptual en más profundidad, vale la pena remarcar que, realizando asunciones empíricas improbables pero completamente coherentes, el excedente del criterio de sobre-estado-de-naturaleza en relación a la gravabilidadpodría justificar la postura de no gravabilidad de Gretzky. Supongamos que la fuente de Gretzky tanto del sostenimiento como del placer en el estado de naturaleza hubieran sido cocos, que obtuvo sacudiendo ciertos árboles hasta que cayeron cocos. Y supongamos además que él obtuvo tantos cocos que se torna indiferente en relación a la disyuntiva entre su vida en el estado de naturaleza y su vida como jugador de hockey entrenado con un vasto salario en una sociedad contemporanea.[21] Entonces, (1) el ingreso de Gretzky en la sociedad todavía contendría un gran componente de renta, no obstante (2) él no tendría un mejor estándar de vida en la sociedad del que tendría en la selva, y por lo tanto no debería ser gravado, siguiendo el criterio del excedente de Gauthier sobre el estado de naturaleza. Y en consecuencia todo lo que está establecido cualquiera sea la postura que asumamos en relación al excedente de la producción según Gretzky ya sea en la sociedad o en el estado de naturaleza. (El excedente de la producción según Gretzky en el estado de naturaleza es la diferencia entre el número de cocos que caen como resultado de que él haya sacudido el árbol y el menor número de cocos que él hubiera considerado rentables *justamente* en relación a la cantidad de esfuerzo que él le ha dedicado a sacudir el árbol.)

Sin embargo estas son deducciones poco probables en referencia a la condición de algún sujeto en el estado de naturaleza, y, sobre condiciones posibles, el argumento de Gauthier sería, como ya lo hemos visto, cuando es adecuadamente generalizada, el habilitar mucha másredistribución de la que él hubiera permitido. No obstante, yo no creo que las premisas del argumento de Gauthier, según mi interpretación,[22] justifiquen ninguna redistribución en absoluto, si, como lo hace Gauthier, se afirman los 'derechos de un sujeto en concordancia con su talento básico'.

Yo no sostengo la premisa absurda que enuncia que el gravamen redistributivo deroga completamente dicho derecho. Yo enuncio lo siguiente, por más banal que parezca, porque muchos (no solamente Gauthier) niegan

---

[21] Este tipo de comparación puede parecer alucinante, pero es esencial en la teoría de Gauthier acerca de que es posible. (De mi parte, creo que la comparación dificulta epistemológicamente pero no conceptualmente).

[22] Existen seis (al menos abstractamente) versiones posibles de las premisas del argumento de Gauthier: las mismas delinean la renta o el superávit del productor o el superávit sobre el estado de la naturaleza o cualquiera de las dos o t las tres de ellas en su totalidad.

implícitamente este hecho. Abordemos dicha situación de la siguiente manera. Supongamos que yo soy dueño de tres sartenes y tú posees tres plumeros y comerciamos estos artículos entre nosotros. El estado reclama el derecho a confiscar uno de mis plumeros comerciados y una de tus sartenes también comerciadas, según el fundamento de Gauthier (1) que yo habría aceptado dos plumeros y tú dos sartenes y (2) no existen plumeros ni sartenes en el estado de naturaleza. Por lo tanto, aunque (1) y (2) son verdaderas, el reclamo del estado se opone a nuestros derechos en relación a lo que originalmente nos pertenecía: no se nos ha permitido obtener lo que otros quieren darnos para ellos. Y lo mismo rige, *mutatis mutandis*, cuando lo que yo ofrezco no son mis sartenes, sino un día de *uso* de las mismas, lo que naturalmente es relevantemente análogo a ofrecerte un día de uso de mi talento, que es exactamente lo que obtienes cuando me contratas por un día. Si mi honorario por ese día, sea este abonado en plumeros o en dólares, está exento de impuestos por las razones de Gauthier, por más buenas que sean las razones para gravarlo, consideradas independientemente, mis derechos sobre mi talento están restringidos.[23]

(Supongamos que cada vez que yo me rasco la espalda el estado me demanda que le rasque la espalda a otra persona. De esto se deduce que yo carezco de la total propiedad de mi mano. Y en consecuencia, la implicación de la no pertenencia (total) sobrevive cuando suponemos que si yo rasco tu espalda en retribución de que tú rascas la mía, entonces algún rascado ulterior de las espaldas por terceras partes puede ser exigido por el estado a cada uno de nosotros, de acuerdo a los impuestos al ingreso redistributivo.)

Por lo tanto, aun si (lo cual no es necesariamente verdadero)[24] 'un impuesto confiscatorio sobre la renta no...afectaría el deseo de [Gretzky] de jugar

---

[23] No estoy de acuerdo con el punto de vista de Jeremy Waldron acerca de que 'no hay ningún sentido en la idea de que existe un fenómeno natural llamado "cosechar los beneficios de las propias capacidades" el cual es entendido aparte de los acuerdos sociales y las instituciones que definen la relación de uno con otros' (*The Right to Private Property*, pág.404), donde tales acuerdos, como Waldron implica refiriéndose a los mismos, son socialmente *legislados*. No hace falta ver legislaciones sociales específicas para darle un sentido a la idea de que, si *A* posee completamente *X*, y *B* posee completamente *Y*, entonces *A* y *B* tienen el derecho de acordar acerca de los términos en que intercambiarán esas posesiones. No es verdad que el talento propio deba ser entendido como una especie de función que toma las estructuras sociales como sus argumentos' (ibid., pág. 406). El concepto de una estructura social (aproximadamente, *laissez-faire*) el cual de máxima respeta el talento de la propiedad de sí es fácilmente comprensible. La sección 3 del capítulo XI del libro de Waldron, de donde se extrajeron las frases precedentes, ilustran mi crítica (ver la sección 1 arriba) que algunos autores no logran distinguir entre el concepto de propiedad de sí y la tesis de propiedad de sí. Waldron presenta (argumentos buenos) en contra de la tesis bajo la apariencia de reclamos falsos en relación al contenido del concepto.

[24] Ver más arriba: es verdad solamente si su renta es igual a o menor al superávit de su productor.

a hockey', no implica que dicho impuesto no afecte ' su derecho a utilizar sus destrezas en el hockey como a él le gusta'. También es verdad que, como Gauthier sostiene, que 'el excedente representado por la renta emerge exclusivamente a través de la interacción', y es probable que también implique que 'esta no es una parte necesaria de la libertad de mercado concebida como una extensión de la libertad natural disfrutada por un Robinson Crusoe', pero ¿por qué debería implicar que gravar el excedente no es una violación de los derechos de una persona a disponer de sus capacidades como mejor le plazca? Las personas son dueñas exclusivas de lo que les pertenece solo si ellos tienen el derecho a establecer los términos sobre los cuales ellos intercambiaran lo que les pertenece entre los sujetos de la comunidad.[25] 'La propiedad de sí concuerda con la libertad de mercado, no con la libertad de mercado concebida como una extensión de la libertad natural disfrutada por un Robinson Crusoe', tanto si tal frase articula una idea coherente o no.

Ya he argumentado que Gauthier va por mal camino cuando él le niega a las personas 'el derecho a sus talentos básicos –sus capacidades naturales- que les otorga el derecho al factor de renta generado por su capacidad' (ver más arriba). El derecho al factor de renta es una parte inalienable del derecho al talento básico de todo sujeto, y, por lo tanto, a la (total) propiedad de sí. Ahora, con el fin de lograr una visión totalizadora, procedo a demostrar un aspecto ulterior en el cual el esquema de derechos asignados a los sujetos por Gauthier difiere de los derechos concebidos por la propiedad de sí. No obstante esta diferencia más profunda entre los derechos de los sujetos de Gauthier y la total propiedad de sí no involucra ninguna distorsión de la noción del 'derecho de un sujeto a su capacidad básica', del estilo que, así lo argumenté, Gauthier lleva acabo en su doctrina de la renta económica.

La formulación de Gauthier que requiere de nuestra atención es la condición que sus contratantes satisfacen antes de acordar sobre la moral. Dicha condición 'prohíbe empeorar la posición de otros excepto cuando se torna necesario para evitar empeorar la propia posición'.[26] (En un lenguaje más coloquial, un agente está habilitado a dañar a alguien exclusivamente si de otra manera dicho agente sedañase a sí mismo). Gauthier pone de manifiesto que 'la distinción crucial... está entre empeorar la situación de otro sujeto y fallar en mejorarla, desde que la condición prohíbe solamente la primera, no

---

[25] Estoy de acuerdo aquí con Jan Narveson, que dice que la visión acerca de la renta de Gauthier constituye 'una negación de nuestro derecho a sacar el mejor provecho de nuestras capacidades naturales. Es escasamente compatible con ese derecho privar a las personas de cualquiera sea el porcentaje de sus ingresos que las dejaría con una suma por la que seguirían haciendo lo mismo' (*The Libertarian Idea*, pág. 206). Es decir, acuerdo con Narveson en cuanto implica el contenido del derecho indicado, pero no acerca de que lo tengamos.
[26] *Morals by Agreement*, pág.203.

la última'.[27] al abordar una explicación ulterior de la condición, se estipula que empeorar la situación de un sujeto significa, en este contexto, convertirla en peor de lo que hubiera sido si el agente no hubiese interactuado con la condición del sujeto afectado.[28] Aunque Gauthier utiliza el modo indicativo para formular su condición, su afirmación canónica debería estar redactada en el modo subjuntivo, desde el momento que especifica un requerimiento contrafáctico.

A continuación, la condición de Gauthier no obliga a todos los individuos en todas las circunstancias. Obliga solo a aquellos individuos para quienes la interacción cooperativa está en proyecto: la condición determina qué es lo que pueden traer a la mesa de negociaciones los cooperativistas con proyectos donde en dicha mesa se decidirán los principios de cooperación. Ellos pueden traer todos y exclusivamente aquellos activos que son adquiridos sin violar la condición. Donde la cooperación no es una perspectiva, entonces el principio establecido en la condición no es aplicable.

Se deduce del contenido de la condición y la restricción establecida sobre su aplicación que los agentes de Gauthier están en algunos aspectos másempoderados y en otros menos en referencia a los derechos y libertades[29] comparativamente a la situación en la que se hallan los agentes bajo el principio irrestricto de propiedad de sí. La gente de Gauthier goza de más libertad de la que gozan los propietarios de sí porque a ellos les está permitido matar, ejercer coerción, esclavizar, y así sucesivamente, con cualquiera con el que ellos no logren cooperar para beneficio propio.[30]

Y, correlativamente, ellos carecen de algunos derechos en el estado de naturaleza que los propietarios del sí disponen, en tanto la condición que los propietarios de sí poseen, ya que la condición les concede derechos contra la agresión solo en aquellos estados de naturaleza que constituyen el preludio a la interacción del mercado y cooperativo. A tal punto, que cualquiera sea la razón, el estado de naturaleza va a subsistir, y en consecuencia ellos carecen de dichos derechos: el estado de naturaleza de Gauthier, cuando no constituye el umbral de la sociedad, es hobbesiano más que lockeano, con una concepción adecuadamente disminuida de propiedad de sí en su lugar,

---

[27] *Ibid.*, pág.204.

[28] *Ibid.*, pág.203.

[29] Me refiero a la distinción de W.N. Hohfeld (ver, su *Fundamental Legal Conceptions*), que enuncian los siguiente: *X* tiene la libertad de hacer *A* si él no tiene el deber de no hacer *A* e incluso si otros no tienen el deber de permitirle hacer *A*; y *X* tiene el derecho de hacer *A* si él no tiene el deber de no hacer *A* y los demás tienen el deber de permitirle que haga *A*.

[30] Algo que él enfatiza –ver, p.e., *Morals by Agreement*, pág. 268. El debería haber también enfatizado que los desafortunadamente en condición de ser esclavizados tienen tanta libertad para matar o robar a los cómplices de la producción como estos últimos tienen la libertad de esclavizar a los primeros.

un lugar en el que cada persona, en los sentidos de los términos de Hohlfeld, tiene la libertad de hacer cualquier cosa y el derecho a no hacer nada. (El concepto de propiedad de sí hobbesiano es limitado, desde el momento que la propiedad de sí *total* requiere el derecho y no solo la libertad para utilizar las partes y capacidades propias según el deseo de cada uno: la anterior en una manera hohfeldiana de expresar la conclusión del argumento acerca de los puños y las narices ya dado previamente.)

Finalmente, y para recordarle al lector acerca de la importancia central de la sección que concluye aquí, los agentes de Gauthier carecen de la propiedad de sí (plena) en el orden social establecido por la negociación a la cual la condición es preludio, ya que el excedente de la interacción social se divide de acuerdo al principio de la concesión relativa máxima y mínima, y al dividirla, de alguna u otra forma redistributiva, se opone a la propiedad de sí.

5. He argumentado que el principio de propiedad de sí prohíbe forzar a una persona a ayudar a otra. Considero que el gravamen redistributivo sea ayudar a otro, y por lo tanto, esto es inconsistente con la propiedad de sí. Nosotros hemos apenas revisado –y rechazado– la afirmación de David Gauthier que trátese o no de que las formas comunes de redistribución se cataloguen como ayuda forzada (esa cuestión no figuraba en el cuadro de la sección 4), no todo el gravamen redistributivo viola la propiedad de sí. Lo que actualmente examino es la afirmación de si la redistribución efectuada por el principio de diferencia de John Rawls contradice la propiedad de sí, dicho principio no ordena que algunos sujetos deban *asistir* a otros. Tomo esta afirmación porque algunos ralwsianos[31] se han resistido a mi conceptualización que enuncia que el principio de diferencia impone la asistencia.

Cuando me refiero a los Capaces *ayudando* a los Menos Capaces, supongo que el Capaz debería gozar de un mejor estándar de vida, en términos de los propios intereses, si él dejase al Menos Capacitado librado a sus escasos recursos. De acuerdo a mis críticas a la postura rawlsiana, dicha suposición permanece altamente insatisfecha dentro del contexto rawlsiano.

Ellos argumentan de la siguiente manera: la teoría concebida como *Una Teoría de la Justicia* es propuesta para un contexto de provisión mutua en la cual, aunque las potencialidades productivas de las personas son diferentes en calidad y extensión, la actividad de cada uno mejora la recompensa disponible para todos. Cada uno es un contribuyente neto y a la vez un beneficiario neto de la cooperación social, y la pregunta respondida por los principios de la justicia no es: ¿quién debería (unilateralmente) ayudar a quién, y hasta qué punto?, sino: ¿cómo deberían ser divididos los frutos de

---

[31] Principalmente John Rawles y Joshua Cohen, en intercambios privados.

la cooperación, siendo este un sistema en el cual todos benefician a todos? El principio de diferencia responde a dicha pregunta y de este modo no está ordenando a nadie que ayude a ningún semejante, en un sentido unilateral. El principio le asegura a cada sujeto más de lo quepodría procurarse autárquicamente, y lo que los más carenciados no pueden, por lo tanto, ser descriptos sin ambigüedad como parte del producto de la capacidad de otras personas. En virtud de las suposiciones que enmarcan la teoría rawlsiana, el principio de diferencia, aunque contradice el *laissez faire*, no puede ser descripto como un principio que impone una distribución en la que los más capaces *ayudan* a los menos capaces:

> Los menos aventajados, los desafortunados y sin suerte, no son objetos de nuestra caridad y compasión, mucho menos de nuestra piedad, sino más bien son aquellos a los que se les debe reciprocidad como una cuestión de *justicia política* como ciudadanos libres y con nuestros mismos derechos, y aunque ellos tengan menos recursos, están cumpliendo con su parte en los términos vistos por cada uno como algo *mutuamente* ventajoso y consistente con el respeto hacia todos.[32]

Tengo dos respuestas con el fin de demostrar que la justicia rawlsiana no dictamina que algunos sujetos deban asistir a otros.

En primer lugar, tiene como consecuencia, suponiendo que es correcta, que *Una Teoría de la Justicia* es relevantemente incompleta: en la presente descripción del objetivo de dicho trabajo, los que no pueden beneficiar a otros, los que se beneficiarían de la asociación con otros sin conferir ninguna ventaja en retribución, los que *son* 'desafortunados y sin suerte', simplemente no son parte del juego rawlsiano: el libro no manifiesta nada acerca de las personas radicalmente improductivas que no hacen ningún aporte al producto social. Los principios de la justicia, siendo principios para dividir los beneficios de la cooperación, no son aplicable a ellos. A raíz de que ellos no pueden operar, ellos no pueden cooperar. Es obvio que John Rawls favorecería su sustento como una cuestión de derecho, pero tal apoyo no se justifica en *Una Teoría de la Justicia*.

(Rawls de hecho dice, en diferentes momentos, que deberíamos afrontar el problema de las personas minusválidas en una etapa posterior. 'Si podemos elaborar una teoría viable para los normales [en cuanto a la

---

[32] 'Justice as Fairness: a Briefer Retatement', pág. 127 de John Rawls. Para una elaboración lucida y amable de la afirmación Rawlsiana citada, ver *Realizing Rawls*, sección 5, de Thomas Pogge.

capacidad humana], podemos intentar abordar los otros casos *a posteriori*.'[33] Pero yo afirmo que estos se oponen 'al abordaje' si permanecemos con el punto de vista contractualista de ventaja *recíproca*. David Hume sabía, y en virtud de ser, preponderantemente, un contractualista,[34] que habría tenido que negar que la justicia se le debe a la totalidad de los más carenciados).

Podemos demostrar, en segundo lugar, que o bien el criterio de Rawls en relación al beneficio reciproco es demasiado débil o que sus principios son únicamente aplicables en sociedades muy diferentes a las nuestras en cuanto a su composición. A qué consecuencias desagradables nos enfrentamos depende de si, comparando lo que un individuo puede obtener a través de la interacción social con lo que él puede obtener sin ella, con el objetivo de determinar si él es un beneficiario neto de la interacción social, debemos considerar exclusivamente lo que obtendría en la alternativa autárquica en la cual este se apartase completamente de la sociedad, o, alternativamente, y más adecuadamente, debemos considerar la recompensa que el mismo obtendría siendo parte de posibles coaliciones colaterales (contando con que todos sus miembros se beneficiarían al retirarse).[35] El criterio anteriormente expuesto en relación al beneficio recíproco es arbitrariamente débil. El individuo más talentoso en la sociedad podría beneficiarse inclusive de una distribución categóricamente igual del producto social, relativo a lo que él es capaz de producir totalmente por sí mismo, pero sin embargo es probable que obtenga mucho más de lo que el principio de diferencia le otorga si se retirase junto a otros individuos talentosos. De cualquier modo, si el criterio de beneficio recíproco es fortificado para permitir la retirada de la coalición, entonces el beneficio recíproco será consistente con el principio de diferencia solo en sociedades visiblemente opuestas a la clase de sociedad que Rawls anhelaría

---

[33] 'The Basic Structure as Subject' pág.70(9). Cf. *Political Justice*, pág.20, y Social Unity and PrimaryGoods', pág.168: 'lo mejor es hacer una concesión inicial en el caso de demandas especiales acerca de la salud y de los profesionales médicos. Dejo de lado este difícil problema en este texto y asumo que todos los ciudadanos tienen capacidades físicas y psicológicas que están dentro de un cierto rango de normalidad. Hago esto porque el primer problema de la justicia concierne las relaciones entre los ciudadanos que están en plena actividad y que son miembros de la sociedad que cooperan plenamente a lo largo de toda la vida.' En contra de este punto de vista, creo que un punto de partida pertinente para reflexionar acerca de la justicia, es la cuestión de justificar la asistencia a los minusválidos no contribuyentes, y que el problema de la distribución entre las personas no minusválidas contribuyentes es visto mejor como una generalización del primer problema.

[34] Como lo muestra Gauthier: ver su obra 'David Hume, Contractarian'.

[35] C.F.Nozick, *Anarchy, State and Utopia*, pág193, Barry, *Theories of Justice*, pág.243. En las páginas 61-2 de 'The Basic Structure as Subject' Rawls se opone a la coherencia de las comparaciones de este estilo, no obstante, no veo cómo las mismas puedan ser evitadas si deseamos hablar de 'los beneficiarios de la cooperación social'.

que quedara enmarcada en su teoría, sociedades, a saber, que resultan comparables en tamaño y variedad a las nuestras.[36]

En virtud de la presunción factible de que Rawls legisle para sociedades extensas que son indefinidamente heterogéneas con respecto a la distribución de las capacidades, podemos aseverar que aquellos que tienen un mejor estándar de vida obtienen menos bajo el principio de diferencia de lo que obtendrían en alguna sociedad factible que les permita crecer a cada uno de ellos por encima de su alternativa autárquica. Esto genera para Rawls una dificultad que yo ya he intentado de exponer, una dificultad identificada por Gauthier cuando enuncia que si nosotros:

> [...] estamos de acuerdo con Rawls en relación a que la sociedad es una iniciativa de cooperación en beneficio mutuo, debemos discrepar con su punto de vista de que los talentos naturales deben ser considerados como un activo común. Ambos puntos de vista ofrecen concepciones antitéticas del ser humano así como también de la sociedad.[37]

La raíz de la dificultad es que la caracterización contractualista del *problema* de la justicia de Rawls es inconsistente con los *principios de la justicia*[38] rawlsianos (aun si dejamos de lado el problema de las personas totalmente carenciadas).

Rawls evita las conclusiones profundamente inequitativas a las que un contractualista consistente llegaría solo siendo infiel a su propio punto de partida contractual.[39]

6. En la sección 3 he argumentado que Dworkin falla al mostrar que la propiedad de sí no puede ser explicada satisfactoriamente bajo las restricciones de universalidad y maximización: podría ser verdad, consistentemente con las premisas de Dworkin, que nosotros podemos obtener un esquema (suficientemente) determinado de derechos de la propiedad de sí del requerimiento de que *cada* persona tiene *tanto* derecho sobre sí misma como le sea posible. En esta sección, examino una estrategia alternativa para explicar la

---

[36] Esta afirmación se sostiene como verdadera aun cuando sabemos de los beneficios indirectos que los sujetos talentosos obtienen de la existencia de los sujetos menos talentosos, como por ejemplo la mejora del estatus social.

[37] *Morals by Agreement*, pág.221.

[38] No quiero decir que la posición original no generará los principios que Rawls dice que la misma genera. Esa es otra cuestión. Lo que digo, es que, *si* esta genera esos principios, entonces, *o bien* esta *viola* el encuadre contractual de la cuestión de la justicia que precede al recurso de la posición original, *obien* los principios (supuestamente) generados en dicha posición se aplican exclusivamente a formas menos inclusivas de la sociedad que aquellas formas a las que deberían ser aplicadas.

[39] Para más elaboración de esta afirmación, ver mi 'Limits of Contractual Equality'.

propiedad de sí, la cual no se basa en la idea de universalidad/ maximización, y que tampoco está excluida por las premisas de Dworkin.

Se sugiere la estrategia de la proposición, defendida anteriormente, que dice que los propietarios de sí no pueden ser forzados a *ayudar* a otros. La sugerencia es que se puede avanzar con la noción de ayuda, y su contraste, el daño; que, en particular, y en una primera aproximación, el significado del principio de propiedad de sí es que nadie puede dañar a nadie y que no se puede forzar a nadie a que *ayude a*ningún otro sujeto.

Esta propuesta coincide con la estructura de disputas típicas entre críticos y defensores de la propiedad de sí. La crítica destaca la cantidad alarmante de los menos capacitados cuando prevalece el principio de propiedad de sí. El defensor del principio responde que la cantidad de menos capacitados no es responsabilidad de los más capacitados: los últimos no han colocado a los primeros en su posición tan desafortunada. Los más capacitados no han dañado a los desafortunados, y dañaría injustamente a los más capacitados forzarlos a ayudar a los menos afortunados.

Se podrían diseñar dos puntos de vista extremos con respecto a la conexión propuesta entre la propiedad de síy la distinción entre dañar/no ayudar. Existe, en primer lugar el punto de vista anteriormente sugerido acerca de que el concepto de propiedad de sí puede ser explicado sin remanente en referencia a la distinción dañar/ no ayudar, tratados en forma independiente. Y paralelamente existe un punto de vista opuesto, de acuerdo al cual las nociones dañar y ayudar son tan lábiles que no logramos determinar sus sentidos, de manera adecuada, hasta que no tengamos un concepto asegurado de propiedad de sí en forma independiente. Yo creo que los dos puntos de vista extremos son incorrectos: la distinción dañar/no ayudar contribuye a la explicación de la propiedad de sí, si bien no nos lleva a todos a las mismas conclusiones.

 Un análisis de la propiedad de sí en los términos sugeridos enuncia: los sujetos deberían ser libres para hacer con ellos mismos lo que deseen mientras sus actos no dañen a otros sujetos. De acuerdo con esto, nunca se me requiere que ayude a otros, excepto en casos en que la falta de ayuda en sí misma sea considerada dañar. De hecho, pueden existir dichos casos, y, si existen, entonces estos no presentan ningún problema para el análisis sugerido, tal cual ha sido detallado en la primera oración de este párrafo.

Dicho análisis, sin embargo, es demasiado simple, por una razón diferente, que se trata precisamente de que la propiedad de sí universal, entendida intuitivamente, es totalmente consistente con *algún* grado relativo al dañar. En tanto que la competencia de mercado daña a los perdedores, y la competencia de mercado es el alma social de la propiedad de sí.[40] Lo que puede resultar peor, no queda claro con respecto a algunas desventajas, que a veces los agentes del mercadocuestionan si deberían contabilizarlo como efectos del daño. ¿El vendedor daña al comprador, o simplemente no lo ayuda, cuando retiene información negativa en referencia al producto?

Si el análisis inicial es demasiado simple, una interpretación intermedia podría sin embargo resultar viable, bajo el cual la propiedad de sí se explica en términos de una lista de daños no permitidos, pero la construcción de la lista está guiada por la noción de propiedad de sí en general. Desde el momento que, en el intento de completar el análisis, no sería invocada la idea de propiedad de sí en particular, entonces no se detecta circularidad en el procedimiento propuesto.

Es útil recordarnos,por qué la propiedad de sí excluye el deber de ayudar (excepto en la circunstancia en que no ayudar produzca un daño). Si yo soy propietario de mí mismo, soy propietario de mis partes y potencialidades, y estos son los medios para ayudar a los demás. Desde el momento que es una verdad acerca de la propiedad de sí que dice que yo no necesito entregar nada de lo que me pertenece a beneficio de nadie, consecuentemente, no estoy obligado a ayudar a los demás. Y el daño inducido por la competencia de mercado se califica como aceptable a la luz del concepto de propiedad de sí. Ya que te daño en la competencia de mercado vendiendo lo que tú podrías no haber querido que yo vendiese o comprando lo que tú podrías no haber querido que yo comprase, y la libertad para comprar y vender, y, por lo tanto, los daños que esto puede ocasionar, son integrales al concepto de propiedad de sí.

Si yo soy propietario de algo, entonces nadie puede dañar esa propiedad sin mi consentimiento. De esta maneratú no puedesdañaruna parte de mi reloj. Pero, tú no dañas mi reloj si en cambio haces uno mejor, y por lo tanto lograrás que ya nadiequieracomprar mi reloj al precio que a mí me parece. Análogamente, aunque tú me dañas excluyéndome del mercado laboral, tú lo haces sin dañar en forma relevante lo que me pertenece. Al respecto, surgen muchas preguntas en torno a esto. ¿Tú violas mi propiedad de sí diciendo mentiras que dañan mi reputación? ¿Y qué sucedería si cuentas verdades negativas sobre mí?¿Entonces es sensato pensar que tú violas mi propiedad sobre mi reloj contando verdades o mentiras que minimizan su atractivo a los demás? Y si este razonamiento es adecuado, entonces ¿cuál es su conclusión?

---

[40] También consistente con la propiedad de sí universal aparecen los daños asociados al castigo legítimo y a la autodefensa. No obstante, las mismas son legítimas en virtud de la pérdida de los derechos de la propiedad de sí en el caso de los agresores y criminales: nada similar se sostiene en el caso del daño generado en la competencia del mercado, que por lo tanto expone un contraejemplo más serio al análisis en exposición.

Muchas preguntas demandarían atención, no obstante el curso general de la explicación sugerida es razonablemente claro. Comenzamos con la simple idea de que cada uno es libre de hacer lo que no dañe a nadie. Pero luego nos damos cuenta de que algunos daños están permitidos, y nos dirigimos hacia el concepto de propiedad de sí en general para determinar cuales son dichos daños. Y cuando detectamos puntos oscuros en relación a qué clase de daños a la propiedad de las cosas se consideran daños que violan los derechos de su dueño sobre dichas cosas, entonces la noción de propiedad de sí no debe ser subestimada por heredar dichos aspectos poco claros. Sin embargo, surgiría un problema serio si por alguna razón (no se me ocurre ninguna) el daño permitido a los objetos de propiedad resultó ser una pobre guía para el daño permitido a las potencialidades personales.

10. Propiedad de sí: evaluación de la tesis

> Apropiarse de los resultados del trabajo de alguien es equivalente a apoderarse del tiempo de dicho sujeto y por lo tanto de impulsarlo a tener que desarrollar varias actividades. Si alguien te fuerza a realizar cierto trabajo, o un trabajo no remunerado, durante un cierto periodo de tiempo, ellos deciden lo que tú debes hacer y a cuáles fines está destinado tu trabajo independientemente de tus decisiones. El procedimiento por medio del cual ellos toman la decisión en tu lugar los convierte en *dueños parciales* de tu persona; les otorga un derecho de propiedad sobre ti como sujeto.
>
> Robert Nozick, *Anarchy, State and Utopia.*

1. Como se explicó en la sección 1 del capítulo 3, para los igualitaristas, garantizar a los libertarios la premisa de propiedad de sí y luego, insistiendo sobre la igualdad de los recursos mundiales, negar la conclusión libertaria que enuncia que la igualdad de condiciones contradice a la justicia, es una estrategia inicialmente atractiva. No obstante, como también manifesté en el capítulo 3, y como demostré en los capítulos 4 y 5, dicha estrategia no tendrá éxito, y en consecuencia, los igualitaristas están obligados a criticar la tesis de propiedad de sí. Sin embargo, resulta difícil de criticar sin hacer una petición de principio. Así, por ejemplo, en mi opinión, resulta una objeción considerable en referencia a la tesis de propiedad de sí que a nadie debería irle mal como consecuencia de la bruta mala suerte,[1] ya que no existe suerte más bruta que aquella de cómo el sujeto ha nacido, ha crecido, ha sido moldeado por las circunstancias, y ha vivido los resultados buenos y malos que experimentan los individuos bajo el principio de propiedad de sí. Pero el hecho de que esto sancione los resultados de la suerte no conmoverá a un creyente moderadamente sofisticado en la propiedad de sí. El conflicto entre los principios

---

[1] Analizo las consecuencias de este principio en 'On the Currency of Egalitarian Justice'.

relevantes es demasiado básico, y demasiado evidente, como para que este lo haya tolerado y (*ex hypothesi*) se haya mantenido firme.

Sin embargo, hay una manera de argumentar en contra del principio de propiedad de sí sin invocar el principio de la suerte o cualquier principio que entre en conflicto tan medularmente con la propiedad de sí de manera tal que el argumento podría considerarse una petición de principio. Y esto acontece demostrando que la propiedad de sí es diferente de otras condiciones cuya confusión explica (como mínimo) *algunas* de las ventajas que esta atrae. Tales argumentos no *refutan* la tesis de propiedad de sí: no creo que pueda ser refutada. Pero si los argumentos son razonables, estos disminuyen la atracción del principio, lo suficientemente, estoy seguro, como para que mucha gente cuestione dicho principio. De todos modos, esta constituye la estrategia seguida en este capítulo, en el cual está en cuestión la tesis de propiedad de sí.

Los libertarios piensan que si rechazas la tesis de propiedad de sí, entonces autorizas la esclavitud, restringes la autonomía humana, y avalas que la gente sea usada como meros medios. En la sección 2-4 de este capítulo discuto estas imputaciones, distinguiendo la propiedad de sí de tres condiciones con las cuales las tres imputaciones anteriores se confunden: no ser un esclavo, tener autonomía, y no ser usado meramente como un medio. Finalmente, en la sección 5, retomo el ejemplo del trasplante de ojos que usé para la tesis de propiedad de sí en la sección 1 del capítulo 3, y argumento acerca de que el ejemplo no logra sostener la tesis.

2. La forma central para rechazar la tesis de la propiedad de sí está en la afirmación de las obligaciones no contractuales para servir a otras personas. De acuerdo a Robert Nozick, los principios que imponen las obligaciones no contractuales 'instituyen la propiedad (parcial) de los otros sobre las personas, sus acciones y su trabajo. Estos principios involucran un viraje de la noción liberal clásica de propiedad de sí a la noción de derechos de propiedad (parcial) sobre otras personas.'[2] Utilizo el párrafo ya citado para constituirlo en un *argumento* en contra de los principios de imposición obligatoria, en vez de una caracterización de ellos que hasta sus defensores estarán dispuestos a aceptarlo. El argumento que distingo devela una aversión a los derechos de propiedad sobre otras personas, es decir, aversión a la esclavitud, una aversión que no necesita considerar ningún compromiso previo con el principio de propiedad de sí en sí mismo. El propósito del argumento consiste en

---

[2] *Anarchy, State and Utopia*, pág.172, y ver, además, el fragmento asociado que forma el epígrafe de este capítulo.

convertir a los no creyentes en la propiedad de sí mostrándoles que el rechazo a la propiedad de sí es equivalente a la aprobación de la esclavitud.

Creo que la secuencia operativa polémica en el argumento discurre de la siguiente manera:

(1) Si X no está contractualmente obligado a realizar A para Y, entonces Y tiene el derecho a disponer del trabajo de X de la misma manera que lo hace el dueño de un esclavo.

(2) Si Y tiene derecho a disponer del trabajo de X como lo hace un dueño de esclavos, entonces X es, *pro tanto*, el esclavo de Y.

(3) Es moralmente intolerable para cualquier sujeto, a cualquier nivel, ser esclavo de otro sujeto. Por lo tanto,

(4) Resulta moralmente intolerable para X estar obligado no contractualmente a hacer A para Y.

El argumento, como fue reconstruido arriba, es válido. De acuerdo a esto, el discurso opositor debe asentarse en una o más de sus tres premisas. Una persona inteligente podría encontrar razones sutiles para rechazar la premisa (2), no obstante yo no creo que sería beneficioso especular en torno a eso. Las premisas interesantes son (1) y (3), y comenzaré con (3), desde el momento que lo que tengo que decir acerca de (1) es bastante complicado, en cambio lo que tengo que decir acerca de (3) no lo es.

Una objeción a (3) podría desarrollarse de la siguiente manera. Consideremos, por un momento, una condición diferente a (aunque parcialmente similar) la esclavitud, a saber, la condición de estar en prisión. Supongamos que tú eres una persona inocente y que forzadamente yo te detengo en una habitación durante cinco minutos. Entonces, en realidad, yo te detengo forzadamente, aunque sea solamente por cinco minutos. Entonces, aunque breve o no, tal detención debería ser calificada como un *encarcelamiento* de duración breve, aunque llamarlo 'encarcelamiento' resultaría una exageración absurda, existe una diferencia *normativa* masiva entre esta breve detención y un encarcelamiento de por vida. La detención breve de una persona inocente podría justificarse, por ejemplo, por necesidades temporarias de orden social, aunque el encarcelamiento a cadena perpetua de una persona inocente nunca podría ser justificado. Y, del mismo modo, aunque la premisa (1) en el argumento bajo consideración es verdadero, el gravamen redistributivo significa, de acuerdo a Nozick, trabajo forzado en condiciones de esclavitud, una dosis limitada de trabajo forzado es masivamente diferente, normativamente, al trabajo forzado de por vida que caracteriza a un esclavo.[3]

---

[3] Thomas Scanlon hace lo que de hecho es su objeción a Nozick en 'Liberty, Contract and Contribution', pág 66, nota 8.

A continuación, retorno a la premisa (1), y a una manera de resistir al argumento de Nozick que me fue expuesto por Joseph Raz, quien aducía que, cuando *X* está obligado no contractualmente a *Y*, de esto no se deduce que cualquiera detente el mismo derecho que el dueño de un esclavo a desplegar atribuciones sobre el trabajo de *X*.[4] Raz se ha opuesto a (1) con el siguiente ejemplo: si bien yo podría estar obligado a asistir a mi madre si ella contrae alguna enfermedad, ella podría no tener el derecho de eximirme de dicha obligación, y por lo tanto, no más derecho del que yo poseo para decidir si ejercitar o no mi capacidad para asistir en esta situación. Aun cuando, dado el caso que mi madre goce del derecho de eximirme de esa obligación particular, continua siendo falso que ella posea una disponibilidad irrestricta, como la que detenta el dueño del esclavo, sobre el poder personal que yo debo utilizar para dispensarme de la obligación. Ella no puede decirme que haga lo que a ella se le ocurre que yo tengo que hacer con mi capacidad.

Podríamos hacer tres demandas menos débiles progresivamente sobre las implicaciones de los derechos de mi obligación con respecto a mi madre, y la tercera y más débil de las demandas, y por lo tanto, la más difícil de rechazar, logra demostrar que mi obligación en relación a su necesidad no refleja el mismo tipo de derecho que tiene el propietario de un esclavo –tal como lo es el tipo de derecho que Nozick necesita para su argumento–. Ante todo, podría argumentarse que el hecho de que yo tenga una obligación hacia ella no necesariamente significa que mi madre goce de algún derecho en mi contra en absoluto. No obstante, la noción de un derecho en contra de alguien no es tan claro que se pueda esperar que todos estén de acuerdo con esa primera demanda. A algunos sujetos les resultará muy difícil separar mentalmente la idea que yo tengo una obligación hacia mi madre de la idea que ella tiene un derecho correspondiente en mi contra. (Yo defendería la separación diciendo que, si yo no cumplo con mi obligación, entonces, podría suceder que ella no

---

[4] Mi exposición acerca de la argumentación de Raz, además de las respuestas y refutaciones pertinentes asociadas genera suficiente complejidad como para dar lugar a la siguiente revisión que se despliega *a posteriori*. Comienzo con el argumento de Raz, el cual dice que, como mi obligación de ayudar a mi madre lo demuestra, una obligación de A no implica que B tenga el derecho de esclavizar a A. Objeción: el ejemplo es incorrecto, porque mi obligación hacia mi madre no se puede exigir. Refutación: aun si la situación exige una obligación establecida, de cualquier forma sigue siendo verdadero que nadie detenta el derecho a esclavizarme. Una objeción más amplia a Raz: ya me parezco demasiado a un esclavo cuando establezco obligaciones no contractuales con otros, aun si las mismas no implican que otro sujeto adquiera el derecho de esclavizarme. Refutación: En tal caso el propio Nozick (por implicación) contempla la esclavitud, desde que para Nozick los ciudadanos (a) de un estado mínimo están obligados a pagar impuestos para mantener a sus fuerzas policiales, y (b) Nozick cree que la esclavitud total es posible si está basada contractualmente. Y por lo tanto, también deberían ser contemplados algunos tipos de contrato más acotados como la institución de la esclavitud parcial.

tenga bases más solidas de las que tienen otros para quejarse de mi incumplimiento). La segunda demanda más débil es que, aunque en realidad mi madre goce de un derecho en mi contra, aunque fuera ella y nadie más quien se queja porque yo no cumplo con mi obligación, de todas maneras ella podría carecer del derecho de eximirme de mi obligación, y por lo tanto carecer del mismo tipo de derecho que posee el dueño de un esclavo.

Finalmente, aun si mi madre tuviese el derecho de eximirme de mi obligación, o inclusive de prohibirme de llevarlo a cabo, esto no implica que ella tenga el mismo derecho del dueño del esclavo para decirme que haga lo que ella elije que haga con los recursos que yo emplearía para llevar a cabo la obligación estipulada.

El punto central es que la cuestión de cómo, en ciertas condiciones, mi derecho para emplear mi capacidad de asistir podría ser establecido no por el ejercicio de un derecho detentado por cualquier sujeto, sino por la existencia de una obligación relevante, o, en la más débil de las demandas, por verdades acerca de los derechos que son consistentes con deficiencias en el espacio de los derechos, deficiencias que significan que 'nadie' es la respuesta a algunas preguntas del estilo: ¿quién tiene el derecho a decidir si yo realizo A o no? Y esto anula la afirmación de Nozick que enuncia que, en la medida en que yo no me pertenezco a mí mismo, yo soy un esclavo. La esclavitud se caracteriza por una obligación no contractual, y, cuando yo carezco de un derecho con respecto a algunos aspectos de mi capacidad o actividad, entonces en realidad esto puede suceder porque yo tengo dicha obligación. No obstante, de lo anterior no se infiere que yo por lo tanto me convierto en un esclavo, ya que lo enunciado no implica que haya otro sujeto que detente el derecho del cual yo carezco. En concordancia, la ausencia de propiedad de sí no necesariamente se convierte en presencia *pro tanto* de esclavitud.[5]

Algunos van a objetar que esta digresión acerca de mi obligación hacia mi madre no viene al caso. Ellos dirán que la tesis de propiedad de sí no excluye las obligaciones morales, sino solo las obligaciones legalmente ejecutables. Solo las obligaciones correspondientes a la esclavitud, y la obligación hacia mi madre no serían normalmente consideradas como algo legalmente ejecutable. Llamemos a este aspecto 'objeción de ejecución'.

---

[5] Raz agrega que, en oposición a la propiedad de sí, definida como la ausencia de obligaciones no contractuales exigibles para la esclavitud (aunque sea parcial), como si ambos fuesen exhaustivos, espara enmendar la antigua falacia de los abogados internacionales que pensaban que, si el estado es soberano, por lo tanto, no tiene obligaciones. De hecho, su soberanía consiste en la ausencia de una instancia superior al mismo, y que el hecho de no ser esclavo de nadie, significa, de la misma manera, que nadie gobierna sobre otro, no que uno tenga el derecho a autogobernarse al estilo de la propiedad de sí sin restricciones.

Una manera de oponerse a la objeción de ejecución consiste en cuestionar la consistencia de la propiedad de sí e (incluso) de las obligaciones no ejecutables hacia otros. Y dicho estilo de oposición aparece precisamente en la literatura antilibertaria polémica. Pero aun si tal oposición es correcta, la ganancia conceptual consecuente –que la propiedad de sí es inconsistente con las obligaciones morales intuitivamente evidentes, siendo dichas obligaciones del tipo no esclavista– no coincide con el éxito a nivel de la filosofía política. En tanto que el concepto nodal libertario en filosofía política no es en realidad que nosotros somos dueños de nosotros mismos, sino que el estado no tiene derecho a imponer o ejecutar obligaciones no contractuales sobre nosotros, y la línea de oposición sondeada aquí deja tal afirmación intacta.

Además, no es claro si hay una victoria conceptual en este frente. Ya que no es claramente inconsistente decir que yo soy el propietario absoluto de esta parcela de tierra y que tengo una obligación moral de permitir que mi vecino atraviese pacíficamente mi propiedad cuando él necesita desesperadamente obtener agua del arroyo al cual no tiene otra vía de acceso. No resulta obviamente falso que todo lo que se infiere relevantemente de mi propiedad absoluta de la tierra es que tengo el derecho a excluirlo (que yo podría estar moralmente obligado a no ejercitarlo) y que él no tiene derecho a atravesarlo.

Por lo tanto debemos agarrar el toro por las astas, necesitamos una forma diferente de enfrentar la objeción de ejecución, que dice que Raz invoca la clase de obligación equivocada contra la premisa (1) en el argumento de Nozick. Supongamos, entonces, que si yo hubiese tenido alguna clase de obligación hacia ella, el estado me impone unaobligación legal de servir a mi madre, o a los necesitados en general. ¿Esto no significa de hecho que el estado se arroga sobre mi trabajo el mismo derecho que posee el dueño de un esclavo?

No, ya que los puntos similares a los presentados recientemente en referencia a mi madre que no está relacionada conmigo como lo hace el dueño de un esclavo, en el ejemplo original se pueden hacer ahora acerca del estado. De esta manera alguien podría creer que el estado no tiene derecho a eximirme de esta obligación, que dicho estado tiene el deber de hacerme pagar impuestos, y, en consecuencia, no tiene derecho a decidir si yo debería transferir ingresos a los necesitados. El estado, por lo tanto, carece del derecho relevante de disponer sobre mi trabajo aun teniendo el derecho de dirigir la utilización de este para asistir a los demás. Tampoco mi madre, ni los necesitados,tienensobre mí los mismos derechos que posee el dueño de un esclavo, en virtud de la aplicación por parte del estado de cualesquiera sean los derechos que ellos tengan en mi contra. Las razones expuestas previamente oponiéndose a decir que ellos son mis dueños parciales permanecen intactas.

Un defensor de la objeción deejecuciónpodría decir ahora que el estado simplemente no puede tener el derecho especial atribuido aquí a él a menos que tenga el derecho total sobre mí que atañe a los esclavos. No obstante, esto no es verdad. La constitución socialista le demanda al estado que utilice los impuestos redistributivamente; la constitución de Nozick prohíbe realizarlo de esa forma.

Es igualmente falso en cada caso que el estado se encuentra por lo tanto envestido con el derecho de decidir si algunos servirána otros o no. Por supuesto, y esto podría confundir la cuestión en las mentes de algunos, el estado redistributivo puede tener *de facto* el poder para realizar algo prohibido por su constitución. No obstante esto es también verdadero en el estado de Nozick, y por lo tanto resulta irrelevante.

En suma, todos nosotros podríamos tener obligaciones ejecutables de cada uno hacia el otro lo que no implica tener el mismo derecho que los dueños de esclavos que disponen sobre el trabajo de los demás. En realidad, tales obligaciones constituyen la sustancia normativa de un estado redistributivo. En dicho estado, no existen los derechos relacionados con la propiedad de sí con respecto a ciertas dimensiones de capacidad de asistencia, y tampoco existen las relaciones esclavista/ esclavo.

La objeción a Raz, es que su caso en contra del argumento de Nozick que decae cuando nos ocupamos de las relevantes obligaciones de tipo ejecutable, no funciona. Pero, aun cuando Raz ha rechazado la premisa (1) del argumento de Nozick, existe una objeción más amplia a su respuesta a Nozick que me parece correcta, aunque la objeción también demuestra, irónicamente, que Nozick de alguna manera describe falsamente su propio caso en el párrafo citado al comienzo de esta sección.

Aquí se despliega la gran objeción. Supongamos que estoy obligado a ocupar un cierto tiempo llevando a cabo una tarea para ti que nadie tiene el derecho de eximirme de realizarlo y que está tan precisamente especificado que solamente habilita caminos trivialmente diferentes en relación a como podría ser realizada. Por lo tanto, en virtud de las razones razianas articuladas anteriormente, que me carguen con esta tarea no significa que cualquier sujeto se convierta a corto plazo en mi amo y yo en su esclavo o al menos en mi dueño parcial. Pero en virtud de todo esto, mi condición, hasta donde me concierne, no difiere de la de un esclavo a corto plazo o parcial. En tanto ya no tengo derecho a decidir qué hacer con mis facultades dentro del esquema ya organizado de tarea y tiempo del quetendría si mi obligación hubiera sido caprichosamente impuesta por un amo arbitrario. Lo que le interesa a un agente no es solamente si está sometido al control concentrado abarcador de un deseo particular y ajeno, sino si lo que él hace está sujeto a su propio deseo. De acuerdo a esto, y aquí yo desvío la objeción estratégica a Raz en contra de las formulaciones de Nozick, él, Nozick, no debería haber puesto sobre el tapete el tema de la propiedad de sí parcial en otras personas, sino haber enfatizado en cambio, el predicamento de la falta de derechos de propiedad plena en uno mismo. La mera ausencia de propiedad de sí resulta, irónicamente, ser una objeciónmás contundente a la obligación forzada que la propiedad de otro que se suponía mostraría la atrocidad causada por la ausencia de propiedad de sí.

¿La reorientación del argumento de Nozick recientemente indicada lo torna seguro? No en virtud de que existen dos objeciones decisivas en referencia a dicha reorientación, cada una de las cuales pone en juego los propios compromisos teóricos de Nozick. De dos maneras, dichos compromisos lo desautorizan a decir que la redistribución en un estado de bienestar debe ser rechazada en virtud de que homologa la condición del ciudadano a la de un esclavo.

El primer aspecto es que los ciudadanos en el estado mínimo, cuya coerción Nozick considera legítima, están obligados a pagar impuestos que sostienen al aparato estatal coercitivo sea que ellos deseen la protección que obtienen a cambio o no. Es absurdo afirmar que una hora de trabajo que concluye como parte del pago de la ayuda social a alguien sea homologable a la esclavitud, mientras que una hora de trabajo que concluye como parte del salario de un policía no lo es, cuando el foco está en la condición del propio esclavo putativo. Para estar seguros con lo que enunciamos, y esto no está negado en este contexto, si Nozick está en lo correcto, entonces el pago de impuestos para el policía está justificado, mientras que para el pobre no lo es, ya que el principio de propiedad de sí, a través de un argumento complicado que tiene que ver con la defensa propia, permite el primer impuesto y prohíbe el segundo. Pero el principio de propiedad de sí no puede ser invocado aquí con el objetivo de distinguir los casos, ni tampoco, en particular, para demostrar que un caso es homologable a la esclavitud y el otro no lo es, desde el momento que se supone que la consideración de la esclavitud en este contexto es un argumento *a favor* del principio de propiedad de sí.

Y una segunda crítica basada internamente acerca de la forma reorientada sugerida en relación al argumento de la esclavitud (aparte de la propiedad de sí de los otros y girando, ahora, hacia la no propiedad de sí) es también poderoso. Nozick necesita distinguir entre las obligaciones contractuales, las cuales, en general, no producen esclavitud, y las obligaciones no contractuales, las cuales, según lo asegura Nozick, sí generan esclavitud. Entonces, Nozick permite que una persona esté habilitada, en ciertas circunstancias, a aceptar un contrato por un trabajo a tiempo completo voluntariamente, y a raíz de que este está sostenido por un contrato de mutuo acuerdo, legitima la esclavitud: Nozick no diría que en lo que ingresa la persona contemplada no es esclavitud ya que él ingresa a este trabajo en forma voluntaria. Con el propósito de reafirmarnos, esto no es lógicamente inconsistente con su visión ulterior que distingue las obligaciones no contractuales que siempre presagian (al menos parcialmente) esclavitud, desde el momento que dicha visión significa que ellos, no necesariamente, están por la esclavitud. De todas maneras, Nozick debe explicar por qué existe más esclavitud en todas las obligaciones no contractuales de la que existe en cualquier obligación contractual (apenas por debajo de la esclavitud plena), sin tomar en cuenta el por qué esta fue incorporada, y cuánto se acerca dicha obligación contractual a un vínculo de control pleno sobre la capacidad laboral de una persona. A la espera de argumentos sucesivos, resulta totalmente arbitrario decidir que no puede existir un tipo de esclavitud parcial contractualmente avalada, cuando sí pueden existir esclavitudes plenas y absolutas contractualmente avaladas.

3. Muchos libertarios dicen que las personas controlan sus propias vidas, o que disfrutan de su *autonomía*, si y solo si ellas poseen los derechos constitutivos de la propiedad de sí.[6] En lo que despliego a continuación, yo cuestiono la relación entre la propiedad de sí y la autonomía. ('Autonomía', en este contexto, denota el grado de elección de una persona, opuestamente al perfil del carácter de una persona, vinculado a su capacidad de deliberación y autocontrol. La última autonomía no está en discusión aquí, lo que no quiere decir que la propiedad de sí universal no represente ninguna amenaza para la misma, por ejemplo, no garantizando la disponibilidad de los recursos requeridos para nutrir la capacidad de los niños para que puedan elegir.)

A continuación, el primer aspecto para destacar, en una investigación acerca de la relación entre la propiedad de sí y la autonomía, es que la autonomía es una cuestión de grado, una cuestión en relación a la cantidad y calidad de las opciones de las que dispone una persona. De acuerdo a esto, la afirmación que dice que la propiedad de sí favorece la autonomía requiere ser enunciada con mayor precisión. Es difícil de sostener la afirmación absurda que dice que una persona no dispone de autonomía si su propiedad de sí se halla en alguna medida incompleta, y/o que la propiedad de sí plena garantiza tanta autonomía que más sería inconcebible. La afirmación relevante debe ser

---

[6] Entonces, por ejemplo, Nozick asocia los derechos de la propiedad de sí con *la capacidad para conducir la propia vida* (ver *Anarchy, State and Utopia*, pág 34 y ver, también, *ibid.*, páginas 48-51). Nótese que el texto relevante está sujeto a dos interpretaciones. En una, lo subrayado es una redescripción retórica o persuasiva (así sería) acerca del alcance de los derechos de la propiedad de sí. En la otra vincula la última a la idea que tiene una posición independiente. La primera interpretación del texto de Nozick, no ofrece ninguna argumentación a favor de la propiedad de sí. Hay un caso a contestar solamente en la segunda interpretación de la propiedad de sí/ asociación de autonomía, y por lo tanto elaboro una respuesta a dicho caso en la presente sección.

que existe más autonomía bajo la propiedad de sí plena universal que bajo cualquier otro principio alternativo.

No obstante, en contra de dicha afirmación, existe una buena razón para suponer que, por lo menos en un mundo de personas con diferentes capacidades, la propiedad de sí resulta hostil a la autonomía, ya que, en un mundo como el descripto (ver sección 6 del capítulo 4), el egoísmo autorizado por la propiedad de sí genera proletarios sin propiedad cuyas perspectivas de vida están demasiado restringidas como para que ellos puedan disfrutar del control sustancial sobre sus propias vidas, lo que correspondería a la idea de autonomía. En consecuencia, si todo el mundo debe disfrutar de un grado razonable de autonomía, será necesario, al menos en algunas circunstancias, imponer restricciones a la propiedad de sí.

La propiedad de sí podría fracasar en el intento de maximizar la autonomía (y, *pari passu*, para maximizarla, y asegurar, a saber, que aquellos que disponen de la mínima autonomía tengan tanta como sea posible) inclusive en un mundo de individuos igualmente capacitados. Porque la autonomía, el alcance de elección del que dispones para conducir tu vida, es una función de dos aspectos: el alcance de tus derechos sobre tú mismo, con el cual esta varía positivamente; y los derechos de los demás sobre sí mismos y sobre las cosas, con las cuales la autonomía varía diversamente. Hay muchos escenarios donde algunos, o inclusive todos, disponen de menos autonomía de la que tendrían algunos, o todos, con ciertas restricciones sobre la propiedad de sí. Todos podemos beneficiarnos en términos de autonomía si ninguno de nosotros tuviese el derecho de hacer ciertas cosas.

Se podría objetar que, donde esto es así, los individuos propietarios de sí racionales a quienes les importa la autonomía contratarían con el objetivo de reducir o inclusive suspender los propios derechos de propiedad de sí. Pero la presunción de igualdad de talento en sí misma no asegura la racionalidad universal, y, aun si la racionalidad prevalece, y los problemas de transacción no impiden la institución de restricciones racionalmente privilegiadas, el solo hecho de que ellas constituyen muestras racionalmente privilegiadas de que no es la propiedad de sí como tal, sino una cierta auto cancelación del uso que se hace de esta, lo que permite que florezca la autonomía. Si tuviésemos que elegir entre la propiedad de sí, cuando esta pudiese ser ejercitada en detrimento de la autonomía, y la imposición exógena de las restricciones requeridas, entonces el compromiso con la autonomía aconsejaría la última opción.

Joseph Raz opina que 'algunos bienes colectivos son intrínsecamente deseables si la autonomía personal es intrínsecamente deseable. Si esto acontece de esta forma, entonces las teorías basadas en el derecho no pueden tener en cuenta el deseo de autonomía',[7] y por ende, podemos agregar, que el principio de propiedad de sí, un caso paradigmático de la teoría basada en el derecho (o 'theoryette') tampoco logra atender adecuadamente la autonomía. 'Una persona es autónoma si y solo si tiene una variedad de opciones aceptables a su disposición para elegir, y su vida se modificó a partir de la elección de alguna de estas opciones'.[8] Desde el momento que 'la existencia de muchas opciones consiste en parte en la existencia de ciertas condiciones sociales',[9] incluyendo la disponibilidad de bienes colectivos tales como instituciones educacionales y de bienestar, la provisión de tales bienes debe ser asegurada para que prevalezca la autonomía. En concordancia con lo anterior, dicha provisión, siendo 'constitutiva de la posibilidad de autonomía real... no debe ser relegada a un rol subordinado, comparado con algún supuesto derecho contra la coerción, en nombre de la autonomía'.[10]

Utilizando el ejemplo persuasivo de un artista creativo, Simon Green opina que las oportunidades para continuar con su arte le deben ser ofrecidas si él tiene el 'derecho... a un despliegue autónomo de sus talentos en el área de la creación artística'. Tal derecho debería, Green lo remarca, imponer obligaciones a los demás, 'pero esto no implica que sería el requisito adicional, y bastante distinto, que [él] también tenga el derecho a la propiedad privada de los frutos de [su] talento intercambiado como mercancía en un mercado abierto.'[11] Desde el momento que este último derecho, tal cual lo he argumentado, es integral a la propiedad de sí, se deduce que la autonomía ya no implica más propiedad de sí de la que está implicada por la misma. Uniendo ambos aspectos expuestos por Green, podemos decir que, con el objetivo de promover la autonomía de los artistas, no debemos transferirles la propiedad de sí, pero sí debemos limitar la propiedad de sí de los demás.

4. Nozick enuncia que los derechos que sostiene 'reflejan el principio kantiano subyacente que afirma *que los individuos son fines y no meros medios*: ellos no pueden ser sacrificados o usados para obtener otros fines sin su consentimiento'.[12] Por lo tanto Nozick intenta vincular la propiedad de sí con el prestigio asociado al nombre de Kant.

Denominemos al *principio de Kant* arriba destacado en cursiva, y lo que se deduce (después de los dos puntos) *el principio de consentimiento de Nozick*.

---

[7] *The Morality of Freedom*, pág. 203.

[8] *Ibid.*, pág.204.

[9] *Ibid.*, pág. 205.

[10] *Ibid.*, pág. 207.

[11] *'Competitive Equality of Opportunity'* pág 18.

[12] *Anarchy, State, and Utopia*, pág 31, lo que enfatizo.

Con el propósito de ser claros, y en referencia retrospectiva a ellos, exhibo los dos principios en forma distintiva a continuación:

> Principio de Kant: Los individuos son fines y no meros medios.
> Principio de consentimiento de Nozick: Los individuos no pueden ser sacrificados ni usados para lograr otros fines sin su consentimiento.

En esta sección abordo tres cuestiones: primero, discuto la relación entre el principio de Kant y propiedad de sí, a continuación, pregunto si el principio de consentimiento de Nozick es igual al principio de Kant, finalmente, discuto la relación entre propiedad de sí y el principio de consentimiento de Nozick: ¿los derechos de la propiedad de sí 'reflejan' realmente el principio de consentimiento de Nozick?

a. Comienzo mi exposición argumentando que el principio de Kant no conlleva la tesis de propiedad de sí, y que la tesis tampoco conlleva el principio de Kant.

El principio de Kant dice, en su plena afirmación,[13] que debes obrar de tal modo que trates a la humanidad, tanto en su persona como en la de cualquier otro, siempre como un fin y nunca solamente como un medio. El principio no me prohíbe utilizar a otro como un medio. Me habilita a hacerlo, *a condición de que* al mismo tiempo yo haga honor a su condición como centro de valor independiente, como un generador de proyectos que exige mi respeto. Por supuesto yo trato al vendedor de pasajes como un medio cuando le extiendo el dinero y en consecuencia logro que él me entregue mi pasaje. En tanto que yo interactúo con él exclusivamente *porque* él es mi medio para obtener un pasaje. En definitiva, indudablemente trato a la *máquina* de pasajes como un medio cuando yo inserto mi dinero en ella, y existe claramente algo en común entre el modo en que trato o considero el accionar de la máquina, qué lugar ocupa dentro de mis propósitos, y cuál es el lugar que ocupa el vendedor de pasajes dentro de mis propósitos. La acción que yo induzco en cada situación sirve como un medio para mis propósitos, y esa es la causa por la que yo la induzco. Pero si yo obedezco el principio de Kant, entonces la diferencia en mi postura, en realidad no es que yo no trato al vendedor de pasajes como un medio, sino que también lo trato como un fin. Por lo tanto, por ejemplo, si la máquina se descompone, me enojo: porque ahora no puedo obtener mi pasaje. Pero si es el hombre el que se descompone, seguramente yo haré algo al respecto. Trato de ayudarlo, y por lo tanto demuestro que nunca

---

[13] Nozick cita esta afirmación en su totalidad en *ibid.*, pág. 32.

lo consideré *solo* un medio.[14] Mi respuesta podría no ser suficiente para demostrar que yo lo trato como un fin en sentido kantiano pleno: por contraste con la idea comparativamente clara de no tratar a ningún sujeto como un medio, la idea de tratar a una persona como un fin no es ni particularmente clara ni está suficientemente bien explicada por Kant.[15] No obstante, hasta tanto no quede clara la demanda de Kant, en su totalidad, es obvio que cualquiera sea la demanda esta es consistente con los usos instrumentales habituales que las personas (forzadamente) hacen de los otros.

Ahora, supongamos que yo pienso[16] que las personas físicamente normo capacitadas tienen una obligación, que el estado debería hacer cumplir por medio del gravamen fiscal, con el objetivo de producir un excedente sobre lo que ellos necesitan para sostenerse, y así financiar a personas discapacitadas que de otra manera morirían. En consecuencia, estoy en contra del principio de propiedad de sí. En tanto que la propiedad de sí implica que tú no tienes obligaciones no contractuales ejecutables hacia nadie con respecto al empleo de tus capacidades, así como (de forma absoluta) la propiedad de la cosa implica que tú no tienes tal obligación con respecto al uso de la cosa que te pertenece. Pero estando como estoy en contra de la propiedad de sí, puedo sin embargo ser fiel al principio de Kant. Ya que, si bien yo creo que el trabajo de los físicamente normo capacitados debería ser utilizado como un medio y, si es necesario, en contra de su voluntad, con el objetivo de que los desafortunados puedan ser sostenidos, no implica que no me preocupe por los normo capacitados: entre otras cosas, en mi opinión ellos deberían prestar ese servicio simplemente porque estoy convencido que hacerlo no arruinará sus vidas. Por lo tanto, el rechazo a la propiedad de sí no implica rechazo del principio de Kant: se puede sostener el segundo y rechazar el primero.

Ahora, lo opuesto, acerca de que se puede afirmar la propiedad de sí pero rechazar el principio kantiano, también es un buen argumento. En tanto que respetar los derechos de la propiedad de sí no implica absolutamente nada acerca de mi actitud hacia los demás, de cómo los considero, y estoy seguro que *tratar* a los demás como fines, según el discurso de Kant, implica una forma particular de considerarlos o de tener una cierta actitud para con ellos. Para comprender esto, volvamos al ejemplo del vendedor de pasajes descompuesto. Yo puedo respetar sus derechos en relación a la propiedad de sí pero considerarlo totalmente como un medio y por lo tanto no hacer nada por él

---

[14] Nótese que también podría suceder que yo considerara una máquina no solo como medio, ya que podría tener un valor especial para mí, sea estético, sentimental o no instrumental.

[15] Kant reconoció que el hecho de no tratar a alguien meramente como un medio no es suficiente como para tratarlo como un fin. (ver, *The Metafisics of Morals*, pág. 198.) De hecho Kant sabía de ese punto oscuro con respecto que esa oscuridad está presente también en su propia argumentación acerca del tema.

[16] Como coincidentemente, Kant creía: ver, *The Metaphysics of Morals*, pág.46/47.

cuando se descompone. Por supuesto no puedo amenazarlo con golpearlo en la nariz con el objetivo de lograr que él me de un pasaje con mayor rapidez. Pero eso no significa que yo deba tratarlo como un fin. Ya que, en la medida que yo respeto su derecho a la propiedad de sí inherente a su nariz, también puedo respetar el derecho de propiedad del Ferrocarril Británico sobre sus trenes, y por lo tanto yo no rompo el tren cuando este no funciona. Y esto no quiere decir que yo trato al Ferrocarril Británico como un fin.

b. Hay mucho para desplegar en relación al principio de Kant y propiedad de sí. Voy a indagar brevemente en la relación entre propiedad de sí y el principio que refleja según Nozick, a saber, que las personas 'no pueden ser sacrificadas o usadas con el propósito de lograr otros fines sin el consentimiento de dichas personas'. Pero primero quiero indicar cómo el principio de consentimiento de Nozick difiere del principio kantiano medios-fines. La diferencia entre ambos reside en las condiciones de satisfacción que permiten usar a otra persona como medios: para Kant, usar a alguien es correcto mientras trates a la persona que estás usando (también) como un fin, mientras que para Nozick, es correcto siempre y cuando se obtenga el consentimiento de la persona usada. Con el propósito de comprender la diferencia entre estas dos condiciones hay que destacar que un empleador capitalista puede respetar escrupulosamente el requisito de consentimiento de Nozick y no importarle en lo mas mínimo el bienestar de los empleados (o cualquier otra cosa que remita a sus condiciones como fines), y que el estado que grava a los normo capacitados viole el requisito de consentimiento de Nozick pero de todos modos respetar su humanidad.

Se podría pensar que un párrafo en el *Grundlegung* arroja dudas acerca del contraste que he remarcado entre el principio de consentimiento de Nozick y el principio de Kant. Y, aunque no pienso que este muestre que yo estoy equivocado al contrastar sus enseñanzas de la manera que lo hice, este en realidad sugiere que mi explicación del principio kantiano requiere ser profundizado:

> Todo aquel que intenta realizar una promesa engañosa a otros ve inmediatamente que está intentando usar a otro ser humano meramente como un medio, sin que el último al mismo tiempo contenga el fin en sí mismo. Ya que a todo aquel a quien yo quiero usar para mi propio beneficio por medio de tal promesa no es posible que consienta con mi manera de actuar en su contra y por lo tanto consentir con el propósito de esta acción.[17]

Lo que yo entiendo de este párrafo, es que lo que derrota al mentiroso no es que su víctima *no lo haga,* sino que esta no *pueda* consentir con la forma

---

[17] *Foundations of The Metaphysics of Morals*, páginas 46/47.

en que el primero propone tratarlo. Al contrario de Nozick, Kant no requiere el consentimiento real de la persona que estoy tratando, sino el posible consentimiento de esta. Y 'posible' en este contexto, significa *normativamente posible*', de manera tal que los criterios para el consentimiento cuya posibilidad Kant requiere difieren de los criterios para el consentimiento requerido por Nozick. Por lo tanto yo podría estar de acuerdo, en un sentido satisfactorio para Nozick, con acciones que me traten meramente como un medio, por ejemplo, para que la persona que gana una 'apuesta de esclavitud'[18] me esclavice, si bien dicha acción evidentemente no probaría, en el sentido de Kant, que para mí fue posible estar de acuerdo con la acción de mi esclavizador, desde el momento que para Kant, es imposible, en el sentido relevante, estar de acuerdo con dicha acción.[19] Por el contrario, si yo me niego a aceptar un particular tratamiento de mi persona, no se infiere de lo anterior que yo *podría* no haber consentido, en el sentido de Kant. Si efectivamente yo consiento a que tú me uses, mi propiedad de sí permanece intacta. Si por el contrario rechazo el consentimiento, pero no obstante tú lo haces igual, mi propiedad de sí resulta violada. Desde el momento que la cuestión de Kant no es la propiedad de sí, como hemos visto en la sección 2 del capítulo 9, él incluso piensa que la propiedad de sí es una noción autocontradictoria, el consentimiento efectivo y su ausencia no constituyen aspectos cruciales para él.

Si bien el texto de *Grundelung* previamente mencionado no logra reivindicar la postura kantiana de Nozick, este también expresa un requisito que debe ser agregado a lo expresado en la subsección 4a en referencia a las condiciones del tratamiento a las personas como un fin kantiano. El texto de Kant sugiere que el criterio para no tratar a una persona como un medio debe ser satisfecho en cada una de mis acciones, y no meramente en la actitud y disposiciones colaterales a ellas. En efecto, yo debería recordar, que aun si lo uso como un medio, el vendedor de pasajes es una persona con intereses que debo tener en cuenta, si bien, la restricción kantiana del uso que yo hago de él va más allá de eso. Si el Ferrocarril Británico emplease esclavos como vendedores de pasajes, yo podría ayudarlos si ellos se enfermasen, y respetar sus proyectos, pero en el acto de comprarles un pasaje yo no respetaría su condición como fin en tanto que, en dicha acción, yo estaría colaborando con la degradación de ellos a la condición de esclavos llevada a cabo por el Ferrocarril Británico.

---

[18] Como referencia en relación al concepto de apuesta al estado de esclavizador/esclavizado, ver el capítulo 2, subsección 1d.

[19] Ver *The Metaphysics of Morals*, pp. 101, 139/40, 248.

c. Una vez aclarada (eso espero) la diferencia entre el principio de consentimiento de Nozick y el principio de medio-fin de Kant, retorno, finalmente, a la cuestión de la relación entre el principio de consentimiento no-kantiano de Nozick (tal cual lo vemos ahora) y el principio de propiedad de sí en su esencia. Nozick enuncia que la propiedad de sí *refleja* el principio de consentimiento, que el principio 'sustenta' la propiedad de sí. Bien, para comenzar, ¿el principio de consentimiento de Nozick implica el principio de la propiedad de sí? Yo creo que no, aunque también reconozco que no resulta particularmente interesante el hecho de que no lo haga. Digo que no lo hace porque parece que se puede apoyar el principio de consentimiento de Nozick y al mismo tiempo rechazar el principio de propiedad de sí. Ya que, si tú le pegas a alguien en la nariz sin su consentimiento, estás violando su propiedad de sí, pero con esa acción no lo estás necesariamente usando para obtener algún fin, ni siquiera de la manera en que una bolsa de boxeo es habitualmente usada.

En contraposición, si las personas son propietarias de sí, entonces de hecho ellas no pueden ser usadas sin su consentimiento: la vinculación se sostiene en la dirección inversa. Esto significa que ellos no pueden ser obligados a realizar por demanda de nadie, y sin su consentimiento, lo que ellos de otro modo no realizarían. Hay que colocar 'lo que de otro modo no realizarían' ya que (según la propiedad de sí) esto es correcto, por lo menos en ciertas situaciones, usarte, sin tu consentimiento, sacando ventaja de lo que *de cualquier modo* ya estás haciendo. Es correcto para mí usarte sin tu consentimiento para impedir que la luz me encandile, colocándome en una posición adecuada.

Pero Nozick dice que los derechos de la propiedad de sí 'reflejan' el principio que enuncia que las personas no pueden ser usadas sin su consentimiento, lo que significa que él basa o motiva la propiedad de sí en el principio de consentimiento. De todas maneras no veo en qué manera el principio de consentimiento pueda satisfacer dicho papel, desde el momento que este es solo una vinculación inmediata de la propiedad de sí: este formula un derecho que comprende la totalidad de la base, y nada más, comprendido por el principio en sí. Puedes estar de acuerdo con la idea de propiedad de sí y (por lo tanto) con su mayor vinculación, pero no puedes pensar que su vinculación es un *argumento* para la propiedad de sí.[20] Además, el principio de Nozick no es tan atractivo como suena, una vez que se ha logrado distinguirlo del principio kantiano con el cual habitualmente se lo confunde.

---

[20] No estoy diciendo que la implicación de un principio no sea nunca un argumento a favor del mismo, no obstante no veo cómo esta implicación pueda ser considerada un argumento a favor del principio de propiedad de sí.

Muchos de los ejemplos expuestos anteriormente exponen las limitaciones del principio de consentimiento. Para comprender dichas limitaciones, les recuerdo el caso del proletario Z de Nozick,[21] que no tiene nada para vender excepto su fuerza de trabajo, y que por lo tanto podría ser usado como un medio sin ningún escrúpulo, *con* su consentimiento, por alguien que lo contrata. Una manera de imposibilitar el severo tratamiento no kantiano es incrementando el poder de negociación de Z garantizando que el estado le provea un mínimo de bienestar. Pero esto implica exigir que los demás colaboren sin tener en cuenta si consienten o no, y por lo tanto violar el principio no kantiano de Nozick.

5. Como conclusión, retomo el ejemplo de la lotería de ojos que fue utilizada para estimular la defensa de la tesis de propiedad de sí en la sección 1 del capítulo 3. Supongamos que las personas nacen con las cavidades oculares vacías (porque una enfermedad originada por la radiación destruyó los genes que codifican la génesis y el desarrollo de los ojos) y el estado ha legislado una práctica bien estandarizada para el implante perinatal de ojos artificiales. En algunas ocasiones ocurre una desgracia en la cual un adulto pierde sus ojos, y la única manera de dotar a dicha persona con ojos proviene de otro 'vidente', ya que los ojos artificiales nunca son buenos para los adultos: solamente resultan adecuados para los adultos si son utilizados desde el nacimiento. ¿Si se propone una lotería de ojos como forma de reparación, no deberíamos enojarnos con ella como nos enojaríamos en relación a una lotería de ojos naturales? Si esto sucede, surge la cuestión de que nuestra resistencia hacia una lotería de ojos naturales no nos muestra la creencia en la propiedad de sí sino la hostilidad hacia la interferencia en la vida de una persona. Ya que la necesidad del estado nunca concede la propiedad que las personas detentan sobre sus propios ojos: estos podrían ser considerados como un préstamo con la salvedad que uno de ellos fuera recuperable si tu número sale sorteado en la lotería.

Remarquemos que, aun considerando que la transferencia de ojos coercitiva es algo horrendo, es poco probable que exista alguna instancia que impida comercializar un ojo propio, ya sea por medio de la venta o alquiler. Esto también sugiere que la propiedad de sí no necesariamente es lo que motiva la resistencia a la lotería de ojos. (Puedes condenar la violación (tomar los órganos sexuales en forma violenta) y paralelamente condenar la prostitución (el alquiler pacífico de dichos órganos sexuales), y por lo tanto cuestionar algunos derechos de la propiedad de sí. Si la única base para condenar la violación fuera el principio de propiedad de sí, entonces la prostitución debería

---

[21] Ver capítulo 4, sección 6.

ser considerada simplemente como el uso particular (de la prostituta) de sus derechos sobre su cuerpo.)

Los creyentes a ultranza en la propiedad de sí pensarán, contrariamente a lo que fue sugerido anteriormente, que la diferencia entre los ojos congénitos y los implantados por el estado genera una gran diferencia en relación a la aceptabilidad de la lotería propuesta, precisamente porque los ojos congénitos pertenecen a las personas videntes y los últimos no. Pero yo me pregunto cómo reaccionarían ellos a la siguiente fantasía alternativa. Supongamos que todos nacen con las cavidades oculares vacías, pero casi todos, una amplia mayoría, tienen ojos que caen dentro de sus cavidades oculares mientras pasan por debajo de sus árboles oculares, en tanto que otros, una minoría, no los tiene. La accidentalidad de la adquisición podría sugerir que la redistribución de los ciegos de un ojo por sorteo, no sería tan malo. ¿Los creyentes en la propiedad de sí comprenden que existe una diferencia importante entre la suerte del árbol ocular y la suerte de la genética?

Desafortunadamente, sí. Tal cual lo he dicho en la sección 1, la tesis de propiedad de sí no puede ser refutada. Pero como también he dicho, muchos pierden su creencia en ella cuando se presentan ciertos contrastes y analogías. Y finalmente espero que algunas personas queden impactadas por las consideraciones demostrativas aducidas en esta sección de cierre.

11. El porvenir de una desilusión

> El verdadero objetivo del socialismo es precisamente vencer e ir más allá de la fase
> predatoria del desarrollo humano.
> Albert Einstein, 'Why Socialism?'

1. Parecería ser que la Unión Soviética, o los pedazos en los que prontamente será convertida, abrazará al capitalismo, o caerá en un grave autoritarismo, o padecerá ambos estados.[1] Esa no es una idea original. Mientras que una cierta cantidad de retórica socialista humana sobrevive incluso ahora en la Unión Soviética, algunos observadores creen que de la crisis actual emergerá un estado, o varios estados, caracterizados por una forma atractiva de socialismo. Pero me cuesta mucho aceptar esta idea no original, y quiero explicar el porqué.

Mi madre nació en Kharkov, en 1912, en una familia judía de buena posición siendo su padre un comerciante exitoso de la construcción. Cuando tenía apenas cinco años, llegó la revolución bolchevique. Los negocios de mi abuelo continuaron proveyendo bienestar a la familia durante el periodo de la Nueva Política Económica,[2] consecuentemente mi madre tenía un muy buen pasar, y por lo tanto, mucho que perder, y a pesar de todo se desarrolló a lo largo de los años veinte, en escuelas y grupos juveniles, con gran compromiso por la causa bolchevique. Esto se lo llevó consigo cuando en 1930, el NEP instauró un régimen menos propicio para la burguesía, sus padres decidieron emigrar a Canadá, y así dejó la Unión Soviética, no por voluntad

---

[1] El presente capítulo fue escrito casi en su totalidad en 1989, y los comentarios arriba destacados y algunas conjeturas hechas *a posteriori* ahora quizás suenen bizarras al volver a leerlas. No obstante, las mismas pertenecen al clima de la época en el que el capítulo fue escrito, y no puedo revisarlas sin alterar su integridad.

[2] Desconocia cuál era la condición de la familia durante el período post revolucionario turbulento que precedió a la adopción de la Nueva Política Económica en 1921.

propia, sino porque no quería separarse de sus padres y de su hermana que emigraban.

En Montreal, mi madre, que no hablaba inglés, y a los dieciocho años tampoco tenía una educación avanzada, tuvo que descender de su escala social burguesa hacia una posición proletaria. Empezó a trabajar en una fábrica de confección como costurera. Más tarde conoció a mi padre, un sastre, que a diferencia de ella, tenía orígenes proletarios (su padre era un pobre sastre de origen lituano), y no tenía educación secundaria. La relación comenzó entre largas horas de trabajo en la fábrica, en medio de la lucha por obtener conquistas sindicales, y durante los fines de semana estivales en el campamento a unas cuarenta millas de la ciudad que había sido fundado por y para los obreros judíos de izquierda. Mis padres se casaron en 1936 y yo fui el primogénito, en 1941.

Mi madre estaba orgullosa de ser –de haberse convertido– en alguien perteneciente a la clase trabajadora y durante los años treinta y cuarenta, hasta 1958, fue un miembro activo del Partido Comunista Canadiense. Mi padre era miembro del 'United Jewish People Order', cuyos miembros eran en su mayoría antireligiosos, antisionistas, y fervorosamente prosoviéticos. Él no pertenecía al partido en sí, no por tener diferencias ideológicas, sino porque su personalidad no se adaptaba a ser miembro de un partido. De los miembros del Partido Comunista se esperaba que fueran asiduamente activos, muy seguros y que se expresasen frecuentemente en las reuniones, y mi padre era un hombre inusualmente reticente con una capacidad expresiva limitada.

Debido a las convicciones de mis padres, mi crecimiento fue intensamente politizado. Mi primera escuela, a la que ingresé en 1946, se llamaba Morris Winchewsky, en homenaje a un poeta obrero judío. En la Morris Winchewsky, durante las mañanas, teníamos materias estándar de escuela primaria, dictadas por maestras que no eran ni judías ni comunistas,[3] pero por las tardes, aprendíamos historia judía (no solo), literatura e idioma idish, de maestros y maestras judíos de izquierda, cuyo idioma principal era el idish (en algunos casos, el único). La enseñanza que recibimos de ellos, hasta cuando narraban las historias del Viejo Testamento, eran condimentadas con una visión absolutamente marxista: nada que fuese particularmente pesado o pedante, solo buen sentido común revolucionario idish. Nuestros boletines

---

[3] Eran 'gentiles' (no judías) debido a que la discriminación contra los maestros judíos contratados en el sistema educativo en Quebec determinaba la escasez de solicitantes judíos para los cargos educativos, y tampoco eran comunistas, no solamente porque la mayoría no lo era sino que además, la minoría comunista estaba formada fundamentalmente por los canadienses franco parlantes que constituían el grupo lingüístico mayoritario, judíos y ucranianos. La mayoría de las maestras de las escuelas primarias anglo parlantes de Montreal eran mujeres cultas de origen protestante, provenientes de las islas británicas: una categoría poco numerosa entre los subversivos.

de calificaciones estaban doblados en el medio, con las materias inglesas a la izquierda y las materias de idish a la derecha, debido al sentido en que se escribe cada idioma. Una de las materias de idish era *Geshichte fun Klassen Kamf* (Historia de la Lucha de Clases), en la cual, me complace notar, tuve como calificación un *diez* en 1949.

Un viernes de 1952, la Anti-subversive Squad, (brigada antisubversiva de la Policía Provincial de Quebec, o como era usualmente llamada, *the Red* (los Rojos) hizo irrupción en la Morris Winchewsky, revolviendo todo a la búsqueda de literatura de izquierda subversiva. Estábamos sentados en nuestros bancos cuando irrumpieron, pero en lo que respecta a nuestra clase que estaba en ese momento a cargo de la *Lehrerin* (maestra) Asher, no nos asustamos, ya que habiendo dejado la clase para ir a abrir la puerta, ella regresó inmediatamente, y aplaudiendo con disimulada exuberancia, anunció en inglés: ¡Niños, la Dirección de Higiene vino a hacer una inspección a la escuela, por lo que pueden irse a casa por el resto del día! De modo que bajamos corriendo, y en la entrada había cuatro hombres de guardia, uno más alto y grande que el otro, todos cabizbajos y con expresión de vergüenza.

Durante el allanamiento no encontraron ningún material peligroso, ya que la escuela había sido muy cuidadosa en no conservar en su interior nada comprometido, pero en un allanamiento simultáneo en el local del United-Jewish People's Order, que tenía a cargo la escuela, encontraron panfletos y cosas por el estilo. El local fue inmediatamente clausurado por la policía y se les prohibió el ingreso a los propietarios, basándose en una ley de Quebec, derogada más tarde por la Corte Suprema Canadiense. Y si bien a la Morris Winchewsky no le fue prohibida la continuación de sus actividades, los allanamientos causaron tanto revuelo que muchos padres retiraron a sus hijos, lo que causó que la escuela quedase imposibilitada de continuar con sus actividades a pleno.

Consecuentemente, fuimos forzados, en cuanto se refiere a nuestra vida escolar, a tener que dirigirnos al amplio mundo no comunista. Pero algunos de nosotros, y yo, que entonces tenía once años, nos fuimos con la convicción de los principios que habían sido el objetivo principal de la Morris Winchewsky, y que era el instalar en nosotros la idea de que en la Unión Soviética se implementaban tales principios.

La primera crisis en relación a dichas convicciones fue en junio de 1956, cuando el Departamento de Estado Americano publicó el texto del discurso que desacreditaba a Stalin y que Nikita Kruschev había entregado, cuatro meses antes en una sesión a puertas cerradas del Vigésimo Congreso del Partido Comunista de la Unión Soviética. El Partido en Quebec estaba desorientado por las 'revelaciones de Kruschev'. Los dirigentes más altos del partido renunciaron a sus cargos en septiembre de 1956. Ellos estaban, como la mayor parte de los miembros del partido, totalmente azorados por lo que Kruschev había dicho, porque esto implicaba que ellos habían conducido su vida política (y antes que esta, su vida) en la ilusión de una quimera. Pero también estaban desarmados por las ulteriores razones que los lideres del Partido nacional (o sea, Toronto) que habían sido delegados fraternales en el Vigésimo Congreso, habían omitido contar sobre el discurso de la des-stalinización, al hacer el informe para el Partido Canadiense. Los seis líderes de Montreal con base en Quebec se sintieron traicionados por los lideres nacionales, y, una vez que se fueron, los miembros del Partido en Montreal se sintieron, no solo traicionados, como viejos dirigentes locales, sino también, abandonados por seis camaradas que habían sido amados y admirados, cuyas fugas fueron acompañadas de absoluto silencio y sin ningún tipo de explicación, sin convocar a reunión alguna para compartir sus aflicciones con los demás miembros, y se marcharon simplemente sin siquiera decir adiós.

En un clima de confusión y tristeza, se realizaron varias reuniones de gran tensión sin estructuración alguna, durante los últimos meses de 1956, en los locales del Beaver Outing Club,[4] que era una sociedad recreativa esponsorizada por el Partido. Como líder de una sección de la juventud de la División de Quebec de la Federación Nacional de la Juventud Trabajadora,[5] asistía ansiosamente a esas reuniones, como testigo silencioso de una pequeña parte de la historia en curso. He visto al Partido dividirse en dos grupos: la línea dura y la línea blanda. Mientras se trataba (solo) de repudiar a Stalin, los de la línea dura querían cambios mínimos en el modo de trabajo del Partido, mientras que los de la línea blanda querían reconstruir y renovar todo.[6] Los de la línea dura se autodenominaban 'marxistas' y sus opositores 'revisionistas', y los últimos se autodenominaban "lo nuevo" y los otros "lo viejo" (o a veces tam-

---

[4] A los que están familiarizadas con Montreal, les podría interesar saber que este lugar está ubicado en el extremo norte de Mount Royal Avenue, opuesta a Fletcher´s Field, justo al oeste de lo que entonces era la Young Men´s Hebrew Association y que ahora es el centro de deportes de la universidad de Montreal, y en el piso superior hay un negocio de *Delicatessen* entonces llamado, Shap´s Dunn´s, luego Nu-Park y por último Nu-Way.

[5] El NFLY (Federación nacional de la juventud trabajadora) llamada 'enfly' era en realidad la Young Communist League (la liga de la juventud comunista). El Partido Comunista había sido proscripto cuando, debido al Pacto Molotov-Ribbentrop, se opuso a apoyar la guerra contra Alemania. En consecuencia, cambia su nombre y pasa a llamarse Partido Laborista Radical y la liga de la Juventud Comunista se convirtió en la Federación Nacional de la Juventud Trabajadora. (El partido retomó su nombre original en 1959 al anunciar la recuperación de su nombre original; el diario *The Canadian Tribune* (que era su periódico, explicaba que la denominación Partido Comunista se había recuperado porque 'científicamente era la más correcta').

[6] La línea de los de la línea blanda no era blanda en absoluto. Por lo tanto, por ejemplo, la acción soviética en Hungría durante el otoño de octubre de 1956 fue considerada en ese momento casi por la mayoría de los integrantes del partido como una sofocación de la rebelión fascista totalmente justificada.

bién, "los dogmáticos". Mi madre pertenecía con entusiasmo a "los nuevos", así como los demás de la misma línea que ella dirigía: la línea de fractura en el Partido estaba más entre los dos sectores y no dentro de cada uno de ellos.

Después de dieciocho meses de discusiones entre las facciones, se llamó a una convención para elegir a un nuevo ejecutivo para el Partido de Quebec aún sin líder. Vinieron dos altos funcionarios de Toronto, donde el Partido estaba menos dañado, para supervisar la acreditación de los delegados a una convención electoral.

Los delegados de Toronto apoyaban a los de la línea dura, y se ocuparon de seleccionar debidamente a algunos representantes del 'Nuevo' Partido a los que se les negó el derecho al voto, basándose en cuestiones técnicas. Yo creo –y sobre esto mi recuerdo es más bien vago– que este fue el truco usado por los supervisores de Toronto: simplemente enviaron demasiado tarde los formularios a los Nuevos Sectores que debían ser completados con los nombres de los nuevos delegados, y al regresar estos a última hora, los dieron por inválidos. A través de estos métodos u otro tipo de manipulaciones, la convención se hizo en modo que de esta resultase un viejo ejecutivo uniforme, y al final, los que pertenecían a los nuevos, entre ellos mi madre, fueron retirándose gradualmente del partido: de hecho, ellos habían sido privados del derecho de voto. Seis o siete años más tarde, cuando mi madre enfrentó a uno de los emisarios de Toronto, un amigo personal, con el papel que había tenido en la falsa convención de 1958, yo lo escuché decirle: 'querida, en política a veces hay que hacer cosas no del todo agradables'.

Más o menos un año antes de la convención de 1958, el líder de la división de Quebec de la Federación Nacional de la Juventud Trabajadora renunció desilusionado (para convertirse en un antropólogo académico), y la FNJT simplemente colapsó, tan rápido que yo no hubiera podido abandonarlo aunque lo hubiese querido. Al mismo tiempo, tampoco quería hacerlo entonces: mi madre, después de todo, era aún un miembro comprometido del Partido. Yo sentí, no sin dolor, que era la FNJT quien me abandonaba a mí.

En septiembre de 1957, con la FNJT inexistente y yo aún demasiado joven como para ser miembro de un Partido, que de cualquier forma crecía de forma demasiado vieja para mí, entré a la Universidad McGill, como un marxista convencido sin tener un espacio de pertenencia, y me uní a la más bien intrascendente Sociedad Socialista que era todo lo que la McGill tenía entonces para ofrecer.

2. A lo largo del resto de los años cincuenta, y en parte de los sesenta, yo era lo que algunos llamarían un 'fellow traveller' (n.d.t. un simpatizante). El partido se convirtió rápidamente en algo demasiado rígido para mí, como para someterme a su autoridad, pero sin embargo seguí siendo prosoviético. Las

dudas ya estaban sembradas, y yo sabía que había muchas cosas que mere-
cían ser criticadas, de cualquier forma yo estaba convencido de que la Unión
Soviética era un país socialista, en lucha por la comunidad y la igualdad,
y que se merecía ampliamente todas las alianzas de izquierda.

Pero en los treinta años y más que marcaron la desaparición de la federación Nacional de la Juventud Trabajadora y la desaparición que está
ocurriendo contemporáneamente sea de los Soviets como de los Sindicatos
de la Unión Soviética, mis puntos de vista evolucionaron, y por largo tiempo
–tal vez dos décadas– mi visión incluyó una posición bastante adversa acerca de la que la Unión Soviética se proclamase así misma como una sociedad
socialista. Por lo tanto algunas personas se sorprendieron al ver que yo me
entristeciera por el hecho de percibir el final inminente de la experiencia bolchevique. Ellos comprenden por qué lamenté el impacto debido al fracaso del
experimento, un impacto que resulta de la tendencia generalizada a identificar las causas bolcheviques y socialistas. Pero les resulta difícil comprender
que mi decepción vaya más allá de las cuestiones políticas y se preguntan por
qué.

La respuesta es que si bien desde hace mucho tiempo tengo pocas esperanzas acerca de que la situación en la Unión Soviética pudiese mejorar
sustancialmente hacia el socialismo, en ciertos dominios, y la gente es proclive a desestimarlo, hay una gran diferencia entre alimentar pocas esperanzas o
perderlas del todo. La pequeña esperanza que yo conservaba era algo inmenso, desde el momento en que había tanto en juego. Y ahora que es inevitable
tener que renunciar a la mínima esperanza aún viva, no es sorprendente que
uno tenga un sentimiento de pérdida.

Y también hay otro motivo tal vez menos racional, que creo que es bueno confesar. Es verdad que yo era fuertemente crítico de la Unión Soviética,
pero el pequeño muchacho enojado que golpea el pecho de su padre, no estará feliz al ver al viejo colapsar.[7] Mientras la Unión Soviética parecía sana y
salva yo sentía que lo seguro para mí era ser antisoviético. Ahora que se está
derrumbando, me siento impotentemente protector hacia ella.

3. Desde que este ensayo es para un volumen dedicado a Richard Wollheim, él está presente en mí mientras escribo y su presencia me hace recordar
cuán impactado yo estaba por algo que Sigmund Freud dijo acerca de la
Unión Soviética en su ensayo *El porvenir de una ilusión* en 1927, cuando lo leí
por primera vez, hace ya más de veinticinco años.

---

[7] Los que somos de izquierda y éramos acérrimos críticos de la Unión Soviética antes de que
colapsara lo necesitábamos para recibir nuestros azotes. La Unión Soviética necesitaba estar
ahí como modelo defectuoso, y así, manteniendo un ojo sobre ella, poder construir un modelo
mejor. Esto abrió un espacio mental no capitalista para poder pensar acerca del socialismo.

En el capítulo 1 de dicho ensayo, Freud propugna una teoría acerca de la estructura de la sociedad que cualquier adherente a la izquierda juzgaría como reaccionaria. Él comienza remarcando –y con esto muchos izquierdistas, entre ellos también yo, estaríamos profundamente de acuerdo– 'que en todos los seres humanos existen tendencias destructivas y por lo tanto antisociales y anticulturales'.[8] Es el próximo enunciado de Freud el que es reaccionario, ya que procede a dividir a la humanidad en grupos radicalmente diferentes. De un lado de la división están las 'masas haraganas y poco inteligentes' en las cuales la tendencia destructiva es tan fuerte que determina su conducta en la sociedad'. Lo que es más peligroso es que esas personas no están aisladas una de la otra cuando dan rienda suelta a sus pulsiones irrestrictas'. En tanto que 'se sostienen mutuamente cuando dan rienda suelta a su indisciplina'. Es decir, resulta 'imposible actuar si la masa no es controlada por una minoria',[9] y, afortunadamente dicha minoría existe. Ya que también existe otro grupo de personas que tiene la capacidad de autocontrol del cual carecen las masas, los que han 'controlado o controlan sus propias tendencias pulsionales', y que por lo tanto tienen la capacidad de ejercer su liderazgo sobre otros. Esta capacidad les da el derecho –y el deber– de gobernar, ya que:

> [...] es solo a través de la influencia de estos individuos que pueden dar el ejemplo y a quienes las masas reconocen como sus líderes, que los mismos pueden ser inducidos a realizar el trabajo y soportar los sacrificios de los cuales depende la existencia de la civilización.[10]

Después de leer hasta aquí, me desilusionó el hecho de descubrir que Freud, que en muchos aspectos estaba por encima del saber convencional apoyaba la vieja concepción aristocrática que debido a su naturaleza deficiente intrínseca, 'para la masa de la especie humana... el auto control fundamentalmente quiere decir obedecer a sus gobernantes'.[11]

No obstante ahora, habiendo desplegado su propio punto de vista, Freud reconoce el contraargumento que enuncia que el 'efecto de la cultura' superior a la existente hasta la fecha, podría neutralizar parcialmente las consecuencias negativas de la biología, en deferencia a dicho argumento, asume una posición moderadamente esperanzada. Freud insiste en que las pulsiones instintivas destructivas son un hecho básicamente biológico, pero el hecho

---

[8] *El porvenir de una Ilusión.* 'Tendencias' traducido de '*Tendenzen*'.
[9] *Ibid.*, páginas 7/8.
[10] *Ibid.*, pág. 8.
[11] Platón, *La República.* Para una versión contra la visión platónico freudiana, ver mi obra *Karl's Marx Theory of History*, pág. 212/13.

de que en la realidad solamente una minoría es capaz de disciplinar tales pulsiones sin ayuda, podría significar que la pulsión no es biológica:

> Podríamos cuestionarnos si es posible y hasta qué punto, un entorno cultural diferente pueda eliminar las dos características de las masas que hacen tan difícil la conducción de las cuestiones humanas.[12] El experimento aún no ha sido llevado a cabo. Probablemente una cierta parte de la humanidad, (debido a una disposición patológica, o a un exceso de *quantum* pulsional) permanecerá siempre asocial; pero si fuese factible reducir a una minoría a esa mayoría que hoy es hostil a la civilización, haríamos grandes progresos, tal vez esto es todo lo que *se pueda* lograr.[13]

Esto fue de alguna manera mejor que lo anterior, pero todo este mensaje era de cualquier forma demasiado duro como para que un marxista comprometido pudiese aceptarlo, por lo tanto fue un alivio y un placer, haber leído que en el párrafo final del capítulo Freud no tenía:

> La menor intención de emitir ningún juicio en relación al gran experimento que hoy se desarrolla en la civilización dentro del vasto país que se extiende entre Europa y Asia… Lo que está en preparación no ha sido concluido y por lo tanto elude la investigación para la cual nuestra propia civilización largamente consolidada nos aporta material.[14]

Para un lector prosoviético y a la vez gran admirador de Freud y sus escritos fue doblemente satisfactorio que el autor no haya hecho un pronóstico negativo acerca del experimento soviético sugerido a lo largo de la orientación emergente de su ensayo. Primero, dicho ensayo mostraba que Freud en los albores de 1927 no era tan antisoviético como temí leyendo el curso preponderante de su ensayo, y por lo tanto no tenía que clasificarlo con gran pesar como un miembro del campo enemigo. Y en segundo lugar, al

---

[12] Estas son que 'ellos no son espontáneamente proclives al trabajo y que sus argumentos no tienen ningún peso para avalar sus tendencias pulsionales', (*ibid*, pág. 8). Pero visto el desarrollo del resto del capítulo, y las ideas de Freud sobre la procrastinación, (n.d.t: postergación del placer), la primera de dichas características, la aversión 'espontánea' al trabajo está óptimamente interpretada como un universal biológico, por lo que para Freud, solamente la segunda característica, la resistencia a argumentar, es la que distingue a las masas de sus líderes: en otras palabras, estos tampoco 'tienen interés a la renuncia pulsional', no obstante ellos están convencidos argumentalmente acerca de su inevitabilidad' (*ibid*, pág. 7). En la medida que continuo interpretando a Freud, avanza en forma complicada con sus disquisiciones acerca de la posibilidad de que 'un entorno *cultural* diferente 'podría eliminar la falta' 'de interés espontáneo de las masas por el trabajo', pero, personalmente creo que la línea entre naturaleza y cultura se corta en puntos diferentes en las diversas formulaciones del capítulo de Freud.
[13] *Ibid.*, pág. 9.
[14] *Ibid.*, pág. 9.

encontrarse mis convicciones prosoviéticas (como en oposición a mis ideales socialistas) ya en crisis en esa época, fue un alivio no tener que hacer frente al escepticismo freudiano, que yo hubiera respetado, a pesar de mi convicción acerca de la falsedad de las premisas sobre las cuales estarían basadas: las personas no siempre son consistentes, especialmente en relación a los asuntos que las atañen particularmente.

4. Ese consuelo significa poco hoy en día, ya que no podemos seguir sosteniendo acerca de la Unión Soviética que 'lo que está en preparación allí no ha sido concluido'. Ha concluido, todo se ha desvanecido, y la pregunta que ahora surge para aquellos de nosotros que pensamos de este modo y que apoyábamos a la Unión Soviética, es: habiendo soportado esta pérdida, ¿qué hacemos de ahora en más?

La pérdida afecta tanto a los que (como yo) alguna vez creímos y no habíamos perdido la esperanza de que la Unión Soviética llevaría a cabo el ideal socialista, y, *a fortiori*, a los que aún creían, hasta ayer, que todavía lo estaba haciendo. Y a pesar de que el ideal en cuestión se presentaba de distintas maneras en los creyentes, incluía, para cada uno de nosotros, los siguientes elementos, y estos, consecuentemente, eran prodigiosamente demandantes: en vez de la explotación de clase capitalista, la igualdad económica; en vez de la democracia ilusoria basada en políticas de clase burguesas, una real y completa democracia; en vez de la alienación de uno y otro de los agentes económicos impulsados por la codicia y el miedo, una economía basada en políticas de inclusión. Las personas reaccionaron de distintas maneras al darse cuenta de que no progresaría el ideal que una vez habían creído posible en la Unión Soviética, y que esto tampoco ocurriría en un futuro cercano. Las reacciones dependían del modo en el que cada uno podía explicar el fracaso soviético, de cómo concebían la relación, en general, entre los ideales políticos y la práctica política, y de aspectos relacionados a cuestiones emocionales más o menos fuertes. Estas diferencias generaron una taxonomía ramificada, y sin entrar en cada uno de los casos, vale la pena señalar algunas de estas ramas salientes.En primer lugar, están aquellos que preservaron sea su creencia en el ideal sea su compromiso perseverante, con una mirada fresca acerca de cómo/o dónde/o cuándo lograrlo.

Otros repudiaron los ideales fracasados, a veces después de una cuidadosa reconsideración de sus reclamos, y otras veces a través de una forma de autodesilusión en la que abandonaron esos reclamos definitivamente. En ambos casos, se adoptaron nuevos ideales y nuevas políticas fueron elegidas, pero los que pasaron sin ningún tipo de reflexión y se quedaron ahí, de la pérdida hicieron lo que ha sido llamado Adaptive Preference Formation (Formación de Preferencias Adaptativas). El APF es un proceso irracional en el que las personas terminan prefiriendo A en vez de B solo porque A está disponible y B no lo está. El hecho de que A sea más accesible que B no es una razón por la cual haya que pensar que A es mejor que B, pero la mayor disponibilidad de A puede, sin embargo, hacer que una persona piense que A es mejor. La zorra que intenta alcanzar las uvas y fracasa en el intento no tiene *razón* para pensar que las uvas están verdes, pero su fracaso *hace que* llegue a esa conclusión.[15]

Otros, entre los políticamente golpeados, forman un grupo mixto que tienen en común el hecho de apartarse por completo de la política. Algunos de ellos aún reconocen la autoridad de los ideales originales, pero están convencidos de que será imposible realizarlos, o virtualmente imposible, o de cualquier forma sienten que ya no tienen la energía necesaria para luchar por ellos: tal vez, cuando dejaron caer el bastón, esperaban que otros lo recogiesen. Otros rechazan el ideal y no pueden abrazar ningún otro. A todos ellos, ya nada les parece realizable, y no vale la pena realizarlo, ni intentarlo. Cuando observan el mundo político, son propensos a decir, 'Vanidad de vanidades'.

A continuación, apoyo la búsqueda sostenida de algo parecido al ideal original, pero antes quiero decir algo acerca de la respuesta vanidad de vanidades, ya que yo mismo estuve tentado de sostenerla en momentos en los que el viejo ideal me parecía ser algo desesperadamente fuera de todo alcance; y también diré algo en cuanto a la Adaptive Preference Formation, porque, me parece, que la misma es una tentación en la que muchos en la izquierda comúnmente sucumben.

5. Vanidad de vanidades, o más bien, la forma en la que yo también fui tentado, dice: el socialismo genuino es imposible, o virtualmente imposible, de alcanzar. Es abrumadoramente posible que lo máximo que podríamos llegar a alcanzar es una especie de capitalismo, y tendrán que ser otros los que deberán encontrar la fuerza para luchar por un capitalismo mejor. Aquí el viejo ideal permanece vigente, pero decae la voluntad, y junto a su colapso, tanto para ayudar a inducirlo y nutrirlo, es un juicio pesimista de la posibilidad de que se propague a través de la percepción de todo el conjunto factible, de modo que la persona se plantea: lo que es *realmente* bueno no es algo realizable, y para mí no hay nada más que sea lo suficientemente bueno como para seguir luchando. Un periodo de retirada después de la desaparición de lo que uno esperaba que iba a completar nuestros sueños, naturalmente, es absolutamente normal. Hace falta tiempo para procesar las cosas. Es

---

[15] Para una discusión ulterior de este fenómeno, en términos generales, ver la nota 17 más adelante.

más, la depresión por el fracaso de la Unión Soviética, como sobrevino a los que como nosotros abandonaron los reclamos hace unas cuantas décadas, forzosamente tiene una estructura compleja, un elemento de la cual es el autoreproche, desde el momento en que lo que se ha perdido es el objeto amado largamente negado (pero al que a la vez el sujeto se encuentra fuertemente aferrado).[16] En contra de un fondo psicológico de tal envergadura, sería imprudente esperar alcanzar una comprensión inmediata. De cualquier forma, es mejor resistir a una depresión tal vez necesaria, que a una actitud como la vanidad de las vanidades, enraizada.

Si la vanidad de las vanidades no ve nada bueno cuando lo mejor parece haberse perdido, la Adaptive Preference Formation,[17] trata a lo mejor que se puede encontrar como lo mejor que se puede concebir. En la Preferencia Adaptativa el pasto es más verde de *este* lado del ligustro: la evaluación del agente tiene una mirada favorable hacia lo que está (según él) en el conjunto

---

[16] Ver las declaraciones reveladoras de Freud en 'Duelo y Melancolía'.

[17] Este es el nombre usado por Jon Elster acerca del fenómeno en cuestión: ver su brillante discusión (no obstante, como veremos, verbalmente viciada), acerca de (lo que también él llama) 'Uvas Verdes' (*Sour Grapes,*Cap.III), del cual aprendí mucho. 'Las Uvas Verdes' es indudablemente un nombre más conciso que 'La Formación de Preferencias Adaptativas', sin embargo, a pesar de la identificación oficial o al menos inicial entre ellos mismos (ver *ibid.*, pág.110), 'Uvas Verdes' no es un buen nombre para la Preferencia Adaptativa porque la misma constituye un fenómeno general y la conducta de la zorra en la fabula 'La Zorra y las Uvas' es de dos maneras, sin embargo, una forma especifica de la misma, como explicaré a continuación. En todas las formaciones de preferencia adaptativas, *A* es preferible a *B* debido a que *A* está (prontamente) disponible y *B* no, pero la preferencia comparativa puede ser el resultado *sea* de juzgar a *A* mejor que lo que de otra forma sería juzgado (o sea, debido a la no disponibilidad de *B*) o de juzgar a *B* peor que lo que de otra forma sería juzgado (o, por supuesto a ambos). La zorra, se halla en la segunda posición, ella denigra las uvas que no puede tener. No le da valor a la condición de la ausencia de uvas. Pero mucho de la Formación de Preferencia Adaptativa incluyendo a algunos de la preferencia por el socialismo de mercado discutido en la próxima sección, va en otro sentido: se valora lo disponible. (En la pág. 119 Elster aparentemente restringe 'Uvas Verdes' al acto de denigrar lo que no está disponible, a pesar del uso de este concepto como nominación alternativa al concepto de Formación de Preferencia Adaptativa como tal en la pág.110.)
Además, uno podría preferir a *A* disponible en vez de *B* no disponible sea porque un cambio de criterio causado por el conocimiento del encuadre posible o debido a (causado similarmente) un cambio en el juicio fáctico acerca de cómo *A* y *B* se aliaron en contra de los criterios no revisados. El mismo concepto 'Uvas verdes' en la fabula de la zorra, ilustra el segundo aspecto, el cambio irracional del juicio fáctico (y a pesar de lo que Elster dice en la pág. 123 en la versión inglesa de la obra, así también como en la francesa. En cuanto al viraje reciente hacia el socialismo de mercado, esto seguramente refleja una nueva evaluación, a distintos niveles, en diferentes casos, *tanto* de hechos *como* de criterios, por lo tanto, una vez más 'Uvas Verdes 'resultaría aquí engañoso. (Para enredar las cosas aún más, hasta donde llega la exposición de Elster, en la página 123 (razonablemente) él hace un *contraste* entre 'preferencias adaptativas' y 'percepción adaptativa (fáctica)' y en efecto trata la obra Uvas Verdes como un caso del último, de manera tal que al final Uvas Verdes ¡ni siquiera es una *instancia* con la que él la *identificó* originalmente!).

factible. En mi opinión, esta patología es evidente en un movimiento de pensamiento extendido en el socialismo occidental contemporáneo.

6. Permítanme explicarlo. Los socialistas del siglo diecinueve eran en su mayor parte opositores a la organización de mercado de la vida económica. Los pioneros propulsaban algo que creían sería de lejos superior, a saber, la planificación central integral, y a sus seguidores tardíos se los estimulaba a través de lo que ellos interpretaban como la victoria de la planificación, tal como la unión de industrialización de Stalin y la temprana institución de la provisión educacional y médica en la República Popular China. De cualquier forma, recientemente, muchos socialistas han llegado a la conclusión de que la planificación central es una receta pobre para el éxito económico. Y ahora existe entre los intelectuales socialistas un movimiento inteligente, y también junto a este, una corriente irreflexiva y de moda, que tiende a no planificar nada o a planificar mínimamente una sociedad socialista de *mercado*. El socialismo de mercado es socialista porque supera la división entre el capital y el trabajo: o sea, en el socialismo de mercado, no existe la clase de capitalistas que se enfrenta a los trabajadores que no poseen el capital, desde el momento en que los trabajadoresson dueños de la empresa. Pero el socialismo de mercado no es como el socialismo tradicional concebido en el que los trabajadores dueños de la empresa se confrontan entre sí, y los consumidores, en un mercado contractual competitivo; y el socialismo de mercado es también, y relacionado con lo anterior, a diferencia del socialismo tradicional concebido, en que este reduce, si bien no lo elimina por completo, el énfasis socialista tradicional acerca de la igualdad económica. La igualdad se ve comprometida porque la competición en el mercado implica ganadores y perdedores, que terminan siendo menos pudientes que los ganadores.

Yo creo que es bueno en relación a las prospectivas del socialismo, que el socialismo de mercado esté siendo traído a primer plano como objeto de defensa y política: estos socialistas intelectuales, hasta algunos de los que están de moda, están prestando un buen servicio político. Pero también creo que el socialismo de mercado es como segunda opción lo mejor (o más que lo mejor) a lo que hoy en día es razonable aspirar, y que muchos intelectuales socialistas que piensan de otra manera, están apoyando la Preferencia Adaptativa.

La Preferencia Adaptativa a veces tiene algunos efectos buenos. Así como la política del "no llorar sobre la leche derramada", esta podría prevenir lamentos estériles y esfuerzos inútiles. Pero la Preferencia Adaptativa tiene también su gran potencial destructivo, ya que esta implica la pérdida de estándares que podrían hacer falta para guiar las críticas al *status quo*, y con esta se reducen las esperanzas de que un futuro con posibilidades más amplias aún pueda ser logrado. Si no se sostiene el recuerdo de lo bueno de la meta que se perseguía y que ahora no es alcanzable,[18] el riesgo es el de fracasar en obtenerla y ni siquiera intentarlo. Cuando el zorro se convence de que las uvas están verdes, no construye ninguna escalera para intentar llegar a ellas.

En 1983 salió un libro importante de Alec Nove, llamado *The Economics of Feasible Socialism* (La economía de un socialismo factible). Un punto al incluir la palabra 'factible' en su título fue o debería haber sido renunciar a la afirmación de que las disposiciones sugeridas en el libro son lo mejor que se puede concebir. Yo no creo que Nove diría, por ejemplo, que el socialismo de mercado que él sugiere satisfaga completamente los estándares socialistas de justicia distributiva, pero sí que se acerca mucho más a esa meta de lo que lo hace el capitalismo de mercado. A pesar de esa relativa superioridad, el socialismo de mercado sigue siendo deficiente desde un punto de vista socialista, aunque solo sea porque, desde una perspectiva socialista, hay injusticia en un sistema que confiere atenciones particulares a las personas que resultan ser excepcionalmente talentosas y que forman cooperativas altamente productivas.

En 1989 salió otro libro importante, de David Miller, llamado *Market, State and Community*, (Mercado, Estado y Comunidad), el cual, como el de Nove, defiende el socialismo de mercado. Pero en el capítulo 6 de su libro, Miller parecería ser que promueve la Formación de la Preferencia Adaptativa. Para mí, es un serio error suponer que cualquier sistema de mercado (excepto, tal vez, uno muy especial –del que hablaré más adelante– desarrollado por Joseph Carens) pueda reunir los requisitos necesarios para una justicia distributiva. Si bien en el capítulo 6 Miller argumenta que el socialismo de mercado tiende a premiar el desierto moral y por lo tanto, sustancialmente, es distributivamente justo. Yo desacuerdo con ambos conceptos (que el socialismo de mercado tiende a premiar el desierto)[19] y con la interferencia (de que el

---

[18] Si no puedes lograrlo, te convertirás relevantemente en uno de esos que 'no logran atravesar un duelo. Al sentirse incapaces de conservar y restablecer con seguridad sus objetos amados dentro de sí mismos, deben alejarse de los mismos más que hasta ahora y por lo tanto negar su amor por ellos'. (Melanie Klein, 'Duelo').

[19] En tanto que el desierto, suponiendo que existe tal cosa, divide entre lo que Joel Feinberg llamaría formas comparativas y no comparativas, estoy convencido de que ambas deben ser articuladas entre sí para que la premisa establecida parezca verdadera. Además existe la dificultad ulterior que el mercado premia los resultados, que están imperfectamente correlacionados con el esfuerzo, que es también (si algo es) una fuente de desierto, y para la cual el mercado está ciego. (Para estos y otros puntos, ver mí nota 'David Miller on Market Socialism and Distributive Justice', disponible a quien lo solicite; y ver 'Non comparative Justice' de Joel Feinberg para interiorizarse de la distinción entre desierto comparativo y desierto no comparativo.

mismo sea justo)[20] sobre ese argumento, y no estoy de acuerdo tampoco con su conclusión (de que el socialismo de mercado sea justo).[21]

Yo no digo que deberíamos tener la ambición de lograr, en esta era de capitalismo rejuvenecido ideológicamente, una forma de socialismo muy diferente al que describen Nove y Miller. En lo que respecta a los programas políticos inmediatos, el socialismo de mercado probablementee una buena idea. Pero las afirmaciones de Miller (y otros) al respecto son más profundas y no deberían ser aceptadas. Uno de los motivos por el cual no deberían ser aceptadas lo encontramos en Karl Marx, y este es un aspecto al que ahora regreso.

7. Marx no era partidario del mercado, ni siquiera en su forma socialista. La sociedad comunista que él concebía proclamaba el eslogan 'De cada uno según sus propias habilidades, a cada uno, según sus necesidades'. Uno podría preguntarse qué significa darle a cada uno según sus habilidades, y recibir según sus necesidades.

Pero, para nuestros propósitos, el mensaje sin ambigüedades del eslogan comunista es que lo que se recibe *no* es en función de lo que se da, que la contribución y el premio son cuestiones totalmente separadas. No se recibe más porque se ha producido más, y no se recibe menos por no ser lo suficientemente bueno en la producción. Según lo antedicho, el ideal que emerge del eslogan comunista representa un rechazo total a la lógica del mercado.

Marx también describió una segunda premisa para completar el comunismo, que él llamó 'la primera fase de la sociedad comunista',[22] una fase transicional hacia la fase final en la cual el principio recién discutido de distribución es soberano. Porque según el lenguaje común más conocido de las dos fases del marxismo, se usan los títulos 'socialismo' y 'comunismo'. Y si bien el socialismo marxista no es un socialismo de mercado, el criticismo de Marx acerca de esa forma transicional de la sociedad también está en contra del socialismo de mercado.

El socialismo marxista, la fase inicial del comunismo, es una sociedad sin mercado en la cual la remuneración está basada en el premiar la contribución laboral. Esto es lo importante de ese eslogan vigente, que dice: A cada uno según su contribución. Si, según cree David Miller, la contribución establece

---

[20] Ya que el concepto de desierto no es la única dimensión de la justicia. Por ejemplo, existe también, el concepto necesidad y el intento de Miller para refinarlo en la presente conexión es poco satisfactorio. Ver *Market, State and Community*, páginas 295/6 y mi nota David Miller sección 3.

[21] Desde que pienso que es injusto, debido a motivos que podrían ser solo aparentes, y que serán ampliados en la siguiente sección.

[22] En la *Crítica al Programa de Gotha*.

el desierto y el premiar el desierto es suficiente para que haya justicia, entonces el socialismo marxista debería poseer la virtud de que el mismo premia el desierto, y por lo tanto, es justo: tal vez, de hecho, es más justo de lo que podría ser cualquier socialismo de mercado.

Esta última especulación, sin embargo, es bastante floja, desde que medir la contribución en una sociedad sin mercado requiere de asignaciones cuestionables de producto a trabajos heterogéneos, y a trabajos de diferentes niveles de capacidad;[23] y mientras una sociedad de mercado asigna salarios al trabajo en un proceso automático libre de aplicación de criterios discutibles, es imposible tratar esos salarios como medidas de *contribución*, influenciadas como están por los caprichos del poder de negociación y por otras circunstancias accidentales del mercado. En consecuencia, es difícil comparar los méritos relativos de las dos formas de socialismo como dispositivos para premiar a los productores de acuerdo a sus contribuciones.

Pero dejemos de lado la cuestión de si Marx tenía o no razón al preferir un socialismo sin mercado o con él, y también el problema de cómo las contribuciones laborales deben ser medidas. De mayor relevancia es que las críticas de Marx en contra de los premios a la contribución expone el carácter anti socialista (porque burgués) de la estructura de recompensa del socialismo de mercado. Al tiempo que señala que el comunismo de la primera fase abole la explotación capitalista, desde que el acceso diferencial a los medios de producción ha desaparecido, y ahora nadie consume más valor de trabajo del que produce, Marx critica el principio de la recompensa a la contribución debido a la (injusta)[24] desigualdad que esta genera. Para Marx, de hecho es una recomendación de la etapa inferior del comunismo que el principio burgués de la recompensa a la contribución en esta sociedad no está solamente invocado como una racionalización ideológica sino que en realidad está instituido, de modo que 'el principio y la práctica ya no están enfrentados'. Pero él no tenía dudas acerca de que la recompensa a la contribución *es* un principio burgués, que trata el talento de las personas 'como un privilegio natural'.[25] La recompensa a la contribución honra el principio de propiedad del sí.[26] Nada es más burgués que ese principio 'de hecho, este es *el* principio

---

[23] Debido a la dificultad para encontrar criterios en la asignación de productos a los individuos, los burócratas soviéticos lo resolvían a menudo defendiendo sus grandes salarios bajo el principio de recompensa a la contribución. A veces alegaban que si ellos abandonaban sus grandes dachas fracasarían en el intento de ayudar a lograr el primer estadio más bajo del comunismo.

[24] El adjetivo tiene que ir entre paréntesis porque Marx menospreciaba la noción de justicia y así lo he afirmado, él no se dio cuenta de que él creía fervientemente en la misma: ver mi análisis de la obra de Allen Wood, *Karl Marx*.

[25] *Crítica al Programa de Gotha*.

[26] Honra ese principio aun si esto no implica aceptación del mismo: ver capítulo 5 más arriba.

de la revolución burguesa' y la lección de la crítica al programa de Gotha para el socialismo de mercado es que mientras el socialismo de mercado podría remover la injusticia de los ingresos causada por la propiedad diferencial de capital, al mismo tiempo preserva la injusticia de los ingresos causada por la propiedad diferencial del talento de la capacidad personal.

8. Antes de decidirnos por el socialismo de mercado, recordemos por qué los socialistas en el pasado rechazaban el mercado. Algunas de las razones eran más validas que otras, y aquí analizaré los que creo sean los cuatro criticismos principales al mercado en la tradición socialista, comenzando con los dos que considero desubicados, y concluyendo con los dos que considero razonables. El mercado era considerado (1) ineficiente, (2) anárquico, (3) injusto en sus resultados, y (4) mezquino en sus presuposiciones motivacionales.

(1) Decir que el mercado es ineficiente es criticar su asignativa en lugar de su función distributiva, donde la asignación se refiere a la asignación de recursos para usos productivos diferentes (tanta cantidad de acero para la construcción, tanto para los automóviles y tantos ingenieros para cada una de las cosas, etc.) y la distribución concierne a la asignación de ingresos para las personas. Claramente, la asignativa y la distribución tienen una íntima relación causal, pero el fondo de este primer criticismo se relaciona solo a la asignativa: es que el mercado tiene desperdicios, diversamente sub y sobre productivos, y aquí surge la pregunta acerca de quienes son los que sufren de este desperdicio. Y la razón de este desperdicio, así sigue el criticismo, es que la economía del mercado no está planificada.

Ahora sabemos que el punto de vista tradicional socialista acerca de la falta de planificación era errónea. Falla al no reconocer cuán remarcablemente bien el mercado no planificado organiza la información, y, por cierto, cuán difícil es para un centro de planificación poseer la información acerca de las preferencias y posibilidades de producción dispersas a través del mercado en un sistema no planificado. Aun cuando el centro de cálculos de planificación hiciese milagros con esa información, quedaría de cualquier forma el problema de que existen obstáculos sistemáticos para lograrlo: en ese sentido, Von Mises y Hayek tenían razón. Y la crítica socialista tradicional tampoco tuvo en cuenta el grado en el que sería posible corregir las ineficiencias del mercado a través de una regulación externa que dista mucho de la planificación integral.

(2) De cualquier forma, existía en la objeción tradicional socialista al mercado, un énfasis separado de que la generación de mercado de los resultados no planificados masivos son deplorables como tales (esto, más allá de las desventajas particulares y de las injusticias de estos resultados). Los mismos

son deplorables *justamente* porque no están planificados, desde que el hecho de que no están planificados significa que la sociedad no tiene control de su propio destino. Marx y Engels no solo no estaban a favor de la planificación debido a las consecuencias económicas favorables que pensaban que se obtendrían, sino también por la significancia de la planificación como realización de la idea, derivada sin duda del legado hegeliano bajo el cual ellos trabajaban, de la humanidad tomando conciencia y teniendo control sobre sí misma. El advenimiento de una sociedad planificada fue visto como 'el ascenso del hombre de un reino de necesidad a un reino de libertad'. El hombre, al fin dueño de su propia organización social, se convierte al mismo tiempo en señor de la naturaleza, su propio dueño 'libre'.[27]

Según mi punto de vista, esa idea es totalmente desubicada. La conducción individual, la capacidad de una persona para determinar el curso de su propia vida, puede resultar valiosa *per se*, pero a nivel colectivo no lo es.[28] Con especial percepción, David Miller afirma que son cinco los valores (concebidos no instrumentalmente sino como valiosos en sí mismos) que han inspirados a los socialistas, y yo creo (al igual que Miller) que deberíamos volcar el primero en un solo propósito social.[29] Este no es igual a la democracia, dado que una democracia está habilitada para decidir que algunas cosas no deberían estar sujetas a un propósito colectivo. Una decisión es democrática siempre y cuando (en algún sentido apropiado) esté acordada por el conjunto de la población. Pero existe un propósito social consciente en un desarrollo social si tal desarrollo ha sido planificado, decidido por la sociedad como tal, cualquiera sea el carácter político de dicha sociedad, democrática, dictatorial, o de algún otro corte ideológico. Un dictador puede planificar, y un demócrata puede decidir no hacerlo.

Al contrario de la conducción colectiva, la democracia *es* buena en sí misma. En el caso que, uno fuese un demócrata por principios, no se agota simplemente con la afirmación de que esta produce mejores resultados. Uno puede creer que aun si *A* fue una mala decisión, y *B* hubiera sido una mejor, esto enuncia algo para *A* que fue decidida democráticamente. Contrariamente, yo no me pronunciaría de igual manera acerca de lo realizado vía planeamiento: bien, al menos estos actos fueron planeados. Mientras que un

---

[27] Friedrich Engels, *Socialismo: Utópico y Científico.*

[28] Excepto, en el sentido de no sujeción a otro colectivo que en este contexto es totalmente irrelevante. El no querer que el destino de tu sociedad sea determinado desde afuera no implica desear deliberadamente que sea determinada desde adentro.

[29] Los otros cuatro son democracia, libertad, igualdad y comunidad. Ver Miller, 'A Vision of Market Socialism' páginas 406/8.

hecho es democrático, es bueno, pero es falso que mientras algo es planeado o controlado, resulte necesariamente bueno.[30]

Deberíamos decidir qué aspectos incorporar, y cuáles dejar afuera, el proyecto colectivo, sobre una base puramente instrumental, esto quiere decir, de acuerdo a la tendencia del accionar colectivo ya sea con el propósito de promover o frustrar valores intrínsecos, y, notablemente, los otros cuatro valores de la lista de David Miller, a saber, libertad, igualdad, comunidad[31] y democracia en sí. Nadie resulta damnificado por el *mero* hecho de que el proyecto social este ausente, aunque resulta necesaria la toma de decisiones por parte de la sociedad ampliada en virtud de razones instrumentales, tales como, ocasionalmente, promover la libertad individual, y con el objetivo de neutralizar o al menos controlar los aspectos crueles del mercado, dos de los cuales se remiten a dos críticas tradicionales del mercado que me parecen no tener respuesta.

Esas críticas consisten en que (3) el mercado distribuye injustamente en cantidades desiguales, acerca de lo cual ya se ha discutido lo suficiente en este texto, y (4) y que este motiva la contribución productiva no en base a un

---

[30] El contraste entre democracia y control (siendo el primero valioso como tal, y el segundo no) sobrevive en una afirmación más matizada acerca del valor de la democracia reflexionando acerca de una decisión democrática, como por ejemplo la elección democrática de un gobierno racista, se podría decir a veces que el contenido de una decisión democrática es tan espantosa que termina resultando un pequeño consuelo (si bien un consuelo mínimo) el hecho de que se trate de democracia, o se podría decir más sutilmente, aunque medianamente consistente: el valor intrínseco de la democracia este sujeto a la decisión democrática no es demasiado terrible. Supongamos que es necesario decidir si ir contra la mayoría democrática o no, y se sostiene la visión sutil recientemente explicada acerca del valor intrínseco de la democracia. Entonces habrían tres tipos de ejemplos de lo cuales habrá que lamentarse porque las cosas fueron como fueron. Primero, algunos casos en los cuales se terminaría de cualquier forma cooperando. Otros en los cuales no se cooperaría, pero aun se seguiría creyendo que cuenta a favor de la decisión (pero no lo suficiente como para sostenerla, dado el valor compensatorio de su mal contenido) que era democrático. Y por último algunos casos en los que no existe ningún valor intrínseco acerca de la calidad democrática de la decisión, porque su contenido es pésimo. Pero cualquiera sea el camino correcto para afirmar que la democracia no es solamente valiosa instrumentalmente sino también intrínsecamente, tengo la tentación de no sostener tal afirmación con respecto al desarrollo que sucede a un modelo planeado en oposición a uno espontáneo. No veo nada inherentemente valioso en el *proceso social controlado* por la voluntad de la mayoría. Y yo confío en que Marx y Engels vieron algo valioso en eso.

[31] El respaldo de la comunidad como un valor supremo se podría considerar inconsistente con el escepticismo que acabo de manifestar acerca del valor supremo del objetivo colectivo. Ya que si la comunidad es valiosa, entonces la identificación con la comunidad es valiosa: y tal identificación podría requerir subscribir a un objetivo colectivo cuyos miembros no considerarían instrumentalmente justificados (por la propensión a perseguir el objetivo de sostener a la comunidad). Esto representa un desafío complejo a lo que he dicho, y no quiero abordarlo ahora, excepto para remarcar que aun si los miembros de la comunidad no considerasen el objetivo comunitario justificado instrumentalmente, son asuntos diferentes a cómo ellos lo consideraríany cuál sería su verdadero valor.

compromiso con el ser humano, sino en base a la recompensa impersonal. La motivación táctica de la actividad productiva en toda sociedad de mercado consiste típicamente[32] en una especie de combinación de codicia y temor, en proporciones que cambian según la posición de las personas en el mercado y según sus rasgos caracteriales. En relación a la codicia, los seres humanos son vistos como posibles fuentes de enriquecimiento, y en relación al temor ellos son vistos como amenaza. Estas son formas espantosas de ver a los demás, por mucho que nos hayamos acostumbrado y endurecido frente a ello, como consecuencia de siglos de desarrollo capitalista.

Por (al menos una clase de) motivación no mercantilista yo produzco porque deseo servir a mis semejantes mientras ellos me sirven a mí. Tal motivación implica una fuerte expectativa de reciprocidad, pero de todas formas esta difiere críticamente de la motivación del mercado. El mercader quiere servir, pero exclusivamente a cambio de ser servido. Él no está buscando la conjunción (servir y ser servido) como tal, ya que él no serviría si esto no fuera el modo de obtener algo a cambio. La diferencia radica en que la motivación no mercantilista no necesariamente espera una ganancia en términos monetarios, y por lo tanto esto dista mucho de las reglas del mercado.

Ahora, la historia del siglo veinte alienta el pensamiento acerca de que la manera más fácil de generar productividad en una sociedad moderna es alimentando los desencadenantes tanto de la codicia como del temor, en una jerarquía de ingresos desiguales. No obstante, esto no los convierte en motivos atractivos. ¿Quién podría proponer llevar adelante una sociedad basada en dichos parámetros, y por lo tanto promover la psicología a la que ellos pertenecen,si no se supiera que ellos son efectivos? ¿Ellos no tenían el valor instrumental que es el único valor que ellos poseen? En la famosa declaración en la cual Adam Smith justificó las relaciones de mercado, destacó que nosotros depositamos nuestra fe no en la generosidad del carnicero sino en su propio interés cuando depositamos nuestra confianza en su acto de proveernos. Smith propone toda una justificación extrínseca en relación a la motivación del mercado, ante lo que él reconocía ser el carácter intrínseco y nada atractivo del mercado. Los socialistas tradicionales a menudo han ignorado la postura de Smith quien realiza una condena moral a la motivación del mercado ya que no aborda su justificación extrínseca. Ciertos socialistas contemporáneos excesivamente entusiasmados con el mercado, por el contrario, tienden a olvidar que el mercado es intrínsecamente repugnante, porque ellos están enceguecidos por el tardío descubrimiento del valor

---

[32] Las personas pueden actuar por vocación de servicio aun en una sociedad de mercado, pero en tanto ellos lo hacen, lo que hace que el mercado funcione no es lo que hace que ellos funcionen. Su disciplina no es una disciplina de mercado.

extrínseco del mercado. La genialidad del mercado es que recluta motivos inaceptables con fines loables, y en una perspectiva equilibrada, ambas caras de dicha proposición deben ser tenidas en cuenta.

Tanto el egoísmo como la generosidad existen en todos los seres humanos. Nosotros sabemos cómo construir un sistema de trabajo basado en el egoísmo. No sabemos como hacerlo funcionar basado en la generosidad. No obstante esto no significa que deberíamos olvidarnos de la generosidad: deberíamos limitar la influencia del egoísmo tanto como fuera posible. De hecho, logramos llevar a cabo dicho cometido, por ejemplo, cuando gravamos, redistributivamente, los resultados desiguales de la actividad de mercado. Hasta qué punto podemos llegar a realizarlo sin que fracase nuestro objetivo (que consiste en que aquellos que están en peores condiciones la mejoren) varía inversamente con el grado en que se ha permitido que triunfe el egoísmo en la conciencia pública y privada.[33] (Lo logrado hasta ahora ha hecho que la carga impositiva progresivamente creciente indujese a los grandes beneficiarios a llevar su dinero al exterior, o ha causado que estos decidan reducir el capital asignado al trabajo, o ha provocado en ellos una actitud morosa que determina que su inversión previa resulte difícil o imposible de sostener).

El hecho de que el primer experimento para crear una economía moderna sin basarse en la avaricia haya fracasado desastrosamente, no constituye una razón suficiente para dejar de intentarlo. Los filósofos menos que nadie deberían unirsea los diversos coros contemporáneos de cantos fúnebres y hosanna cuyo estribillo en común clama que el proyecto socialista está concluido. Estoy convencido de que dicho proyecto tiene todavía un largo camino por recorrer, y es parte de la misión de la filosofía explorar las posibilidades aún no recorridas.

Lo que es cierto y, tal como lo muestra el interés del socialismo en el mercado, ampliamente apreciado, es que es necesario intentar diferentes formas para seguir avanzando. Y a la luz de la inadecuada propensión de las planificaciones generales por un lado y de la injusticia de los resultados del mercado, y la bajeza moral de las motivaciones del mercado por el otro, es natural preguntar si sería posible conservar las funciones de asignación del mercado, con el objetivo de continuar obteniendo los beneficios que este provee de generación de información y procesamiento, en tanto que

---

[33] Mi punto de vista al respecto coincide con el de John Stuart Mill, que afirmó que 'todas las personas tienen intereses egoístas y no egoístas, y una persona egoísta ha cultivado la costumbre de ocuparse de lo primero y no ocuparse de lo último'. (*Considerations on Representative Government*, pág 444. Para un comentario exhaustivo acerca de esto y otros párrafos relevantes en Mill, ver la obra de Richard Ashcraft, 'Class Conflict and Constitutionalism in J.S.Mill'sThought', pp. 117/18.

paralelamente se extingan sus normales presuposiciones motivacionales y sus consecuencias distributivas.

Tal proyecto de diferenciación es la aspiración de un libro innovador escrito por Joseph Carens. Dicho texto se titula: *Equality, Moral Incentives, and the Market,* (Igualdad, incentivos morales, y el mercado)y su subtítulo significativo es *An Essay in Utopian Politico-Economic Theory* (un ensayo acerca de la teoría utópica político económica). Carens describe una sociedad en la cual lo que parece ser un mercado capitalista estándar organiza la actividad económica, pero el sistema impositivo anula los resultados desiguales de dicho mercado por medio de la redistribución de los ingresos en forma equitativa. Hay capitalistas que (pre-gravamen) maximizan sus ganancias, y trabajadores que no poseen ningún capital, *pero* la gente reconoce la obligación de servir a los demás, y el alcance de esta acción es la distancia entre los ingresos pre gravamen y los ingresos obtenidos en la actividad más remunerativa disponible, mientras que la fiscalidad influencia una distribución igualitaria del ingreso post gravamen. Por lo tanto, los productores apuntan, en sentido inmediato, a obtener ganancias, pero ellos no guardan el dinero que se acumula, y con este aportan para contribuir a la sociedad.

Tal como Carens ha reconocido, hay problemas con el esquema,[34] no obstante creo que vale inmensamente la pena tenerlo en consideración y reformularlo. En virtud de que el modelo de Carens es un mercado integral, que si bien es capitalista, sin embargo sostieneuna estricta igualdad y una ética de asistencia mutua, y en un cierto sentido, refleja el ideal platónico de socialismo de mercado. Ya que la inspiración del socialismo de mercado, uno al que necesariamente no puede ser del todo cierto, es aprovechar de las ventajas de la competición mientras se preserva el principio igualitario socialista.

El ideal de Carens es un faro guía para los economistas socialistas mientras navegan a lo largo de los problemas mundiales concernientes al modelo socialista.

9. Resulta una tarea ardua ocuparse del socialismo en un clima donde esto es considerado irrelevante. Cuando uno está desfasado con los tiempos que corren, inevitablemente busca nuevos horizontes con el objetivo de fortalecer la capacidad de determinación. A punto de concluir, voy a mencionar dos de dichas acciones de mi autoría.

Cuando cursaba mis estudios de postgrado en Oxford, la noción prevalente consistía en que en filosofía existían respuestas claramente correctas y otras claramente erróneas, que todo aquel dotado de una clara inteligencia y cierta testarudez sería capaz de generar sin demasiada alharaca las respuestas

---

[34] Ver su obra 'Rights and Duties', parte III y IV.

correctas, y que las últimas probablemente no serían sorprendentes sino respuestas familiares. En 1963 dejé Oxford para ir a tomar clases a la cátedra donde Richard Wolheim había ascendido al cargo de Profesor. Los miércoles por la tarde él supervisaba un grupo de discusión de equipo en el cual la noción prevalente era diferente a la de Oxford, y realmente fue una experiencia queviví como liberadora. Sucedía que en cada una de las cuestiones filosóficas predominantes existíanvínculos con diferentes *puntos de vista* (esa era la palabra operativa), que podía resultar difícil precisar cuál era el correcto, y que no existía ninguna razón para suponer que el correcto erael que nos resultaba cómodo o el que era conocido hace mucho. Recuerdo de qué manera Richard recuperaba un sentido de la perspectiva, cuando alguno de nosotros mencionaba algún concepto conocido, rematando con una frase correctiva que comenzaba así, 'bien, *existe*, por supuesto, el *otro* punto de vista, que...' Y también recuerdo la emoción que sentía, escuchando sus maravillosos discursos de apertura, cuando dijo que sus antecesores A. J. Ayer y Stuart Hampshire no alentaban 'la predisposición a estar de acuerdo'.[35] En tiempos como estos, haber conocido el liberalismo generoso de Richard es algo realmente bueno, y vale la pena recordarlo.

La otra fuente de inspiración que deseo mencionar se refiere más a la política que a la filosofía, pero la misma implica también una advertencia en contra de la rendición a la inercia del pensamiento convencional. Este es el final de la carta que Friedrich Engels le escribió a su camarada Friedrich Sorge, el día siguiente a la muerte de Karl Marx:

> Las luces locales y las mentes inferiores, sin hablar de los farsantes, tendrán ahora el camino libre. La victoria final es segura, pero los caminos tortuosos, los errores pasajeros y locales –cosas todas que aun ahora son tan inevitables– serán más frecuentes que nunca. Bien, nosotros debemos llevarlo a cabo. ¿Para qué estamos sino es para eso?
>
> Y aun no estamos cerca de perder el valor.[36]

---

[35] *On Drawing an Object*, pág. 6.
[36] Marx y Engels, *Selected Correspondence*, pág. 340.

BIBLIOGRAFÍA

Aaron, Richard, *Locke*, Oxford, 1937

Aikin, H.D. (ed.), *Hume's Moral and Political Philosophy*, New York, 1959

Ake, Christopher, 'Justice as Equality', *Philosophy and public Affairs*, 5, 1975-6

Archard, David, 'The Marxist Ethic of Self-Realisation', in Evans (ed.)

Arneson, Richard, 'Lockean Self-Ownership: Towards a Demolition', *Political Studies*, 39,1991

Ashcraft, Richard, 'Class Conflict and Constitutionalism in J.S.Mill's Thought', in Rosenblum (ed.)

Baldwin, Thomas, 'Tully, Locke, and Land', *The Locke Newsletter*, 13, 1982

Barry, Brian, *Theories of Justice*, Hemel Hempstead, 1989

Democracy, Power and Justice, Oxford, 1989

'Humanity and Justice, in Barry, *Democracy, Power and Justice*

Bergström, Lars, What is a Conflict of Interest?', *Journal of Peace Research*, 3,1970

Brody, Baruch, 'Redistribution without Egalitarianism', *Social Philosophy and Policy*, 1, 1983

Brown, Grant, review of Narveson, *Canadian Journal of Philosophy*, 20, 1990

Buchanan, Allen, *Marx and Justice*, Totowa, NJ, 1982

Carens, Joseph, *Equality, Moral Incentives, and the Market*, Chicago, 1981

'Rights and Duties in an Egalitarian Society, *Political Theory*, 14, 1986

Cather, Willa, *Death Comes for the Archbishop*, New York, 1927

Chaplin, Ralph, 'Solidarity Forever', in Hille (ed.)

Child, James W., 'Can Libertarianism Sustain a Fraud Standard?, *Ethics*, 104, 1993-4

Cohen, G.A., *Karl Marx's Theory of History: A Defence*, Oxford and

Princeton,1978 'Illusions about Private Property and Freedom', in Mepham and Ruben (eds.) 'More on Exploitation and the Labour Theory of Value' *Inquiry*, 26, 1983

Review of Allen Wood, *Karl Marx, Mind*, 92,1983

History, Labour, and Freedom, Oxford, 1988

'On the Currency of Egalitarian Justice, *Ethics*, 99, 1988-9

'David Miller on Market Socialism and Distributive Justice', All Souls College, typescript, 1989

'Capitalism, Freedom and the Proletariat', in D.Miller (ed.) 'The Limits of Contractual Equality', *Ratio Juris*, 8, 1995

'Equality as Facts and as Norm: Reflections on the (Partial) Demise of Marxism', *Theoria*, próximo

Cohen, Joshua, 'Democratic Equality' *Ethics*, 99, 1988-9

The Commission on Social Justice, *The justice Gap*, London, 1993

Dahl, Robert, *A Preface to Economic Democracy*, Oxford, 1985

Dunn, John, 'Consent in the Political Theory of John Locke', in Schochet (ed.) *Locke*, Oxford, 1984

Dworkin, G., Bermant, G. and Brown, P.G. (eds.), *Markets and Morals*, Washington, 1977

Dworkin, Ronald, 'What is Equality? Part 1: Equality of Welfare', *Philosophy andPublic Affairs*, 10, 1981

'What is Equality? Part 2: Equality of Resources', *Philosophy and Public Affairs*, 10, 1981

'What is Equality? Part 3: The Place of Liberty', *Iowa Law Review*, 73, 1987

Ehring, Douglas, 'Cohen, Exploitation, and Theft', *Dialogue*, 26, 1987

Einstein, Albert, 'Why Socialism?', *Monthly Review*, 1, 1949

Elster, Jon, *Sour Grapes*, Cambridge, 1983

Elster, Jon and Moene, Karl Ove (eds.), *Alternatives to Capitalism*, Cambridge, 1989

Engels, Friedrich, *Socialism: Utopian and Scientific*, London, 1892

Anti-Dühring, Moscow, 1954

Evans,J.G.D.(ed.) *Moral Philosophy and Contemporary Problems*, Cambridge, 1987

Exdell, John, 'Distributive Justice: Nozick and Property Rights' *Ethics*, 87, 1977

Feinberg, Joel, 'Non comparative Justice', *Philosophical Review*, 83, 1974

Fichte, Johann Gottlieb, *Zurückforderung der Denkfreiheit von den FürstenEuropens, die siebisherunterdrückten: EineRede*, in I.H. Fichte (ed.), *Fichte'sWerke*, Berlin, 1845-6

Flew, Anthony, *A Dictionary of Philosophy*, London, 1979

Frankfurt, Harry, 'Coercion and Moral Responsibility', in Honderich (ed.), 1973

Freud, Sigmund, *Complete Psychological Works*, London, 1966-74

'Mourning and Melancholia', in Freud, *Complete Psychological Works*, Vol. XIV

The Future of an Illusion, in Freud, *Complete Psychological Works*, Vol. XXI

Galston, William, *Justice and the Human Good*, Chicago, 1980

Gauthier, David, 'David Hume, Contractarian', *Philosophical Review*, 88, 1979 *Morals by Agreement*, Oxford, 1986

George, Henry, *Progress and Poverty*, London, 1884

Geras, Norman, *Literature of Revolution*, London, 1986

'Post-Marxism?' *New Left Review*, 163, 1987

Goldman, A. I. and Kim, J. (eds.), *Values and Morals*, Dordrecht, 1978

Gorz, André, *Farewell to the Working Class*, Boston, 1982

Gough, John, *John Locke's Political Philosophy*, Oxford, 1950

Graham, Keith, 'Self-Ownership, Communism and Equality', *Proceedings of the Aristotelian Society*, sup.vol. 64, 1990

Gray, John, 'Marxian Freedom, Individual Liberty, and the End of Alienation', in Ellen Frankel Paul *et al.* (eds.), 1989

Green, S. J. D., 'Competitive Equality of Opportunity: A Defense', *Ethics*, 100, 1989

Griffin, James, *Well-Being*, Oxford, 1986

Grünebaum, James O., *Private Ownership*, London, 1987

Hale, Robert L., 'Coercion and Distribution in a Supposedly Non-Coercive State', *Political Science Quarterly*, 100, 1923

Harsanyi, John, review of Gauthier, *Morals by Agreement*, *Economics and Philosophy*, 3, 1987

Hart, H.L.A., *The Concept of Law*, Oxford, 1961

Hausman, Daniel, 'Are Markets Morally Free Zones?' *Philosophy and Public Affairs*, 18, 1989

Hille, Waldemar (ed.), *The People's Song Book*, New York, 1948

Hobhouse, Leonard, *The Elements of Social Justice*, London, 1922

Hohfeld, W.N., *Fundamental Legal Conceptions*, New Haven, 1946

Holmstrom, Nancy, 'Marx and Cohen on the Labour Theory of Value', *Inquiry*, 26, 1983

Honderich, Ted (ed.), *Essays on Freedom of Action*, London, 1973

Morality and Objectivity, London, 1985

Honoré, Tony, *Making Law Bind*, Oxford, 1987

Hume, David, *A Treatise of Human Nature*, Oxford, 1888

'Of the Original Contract', in Aikin (ed.) *An Enquiry Concerning the Principles of Morals*, Oxford, 1975

Ingram, Attracta, *A Political Theory of Rights*, Oxford, 1994

Kant, Immanuel, *Lectures on Ethics*, Indianapolis, 1963

______, *Foundations of the Metaphysics of Morals*, New York, 1990

______, *The Metaphysics of Morals*, Cambridge, 1991

Kirzner, Israel, 'Entrepreneurship, Entitlement, and Economic Justice', in J. Paul (ed.)

Klein, Melanie, 'Mourning: Its Relation to Manic-Depressive States', in Klein, *Contributions to Psychoanalysis*, London, 1973

Knight, Frank H., 'Some Fallacies in the Interpretation of Social Cost', *The Quarterly Journal of Economics*, Vol. 38, 1924

Kuhn, H. and Tucker, A. W. (eds.), *Contributions to the Theory of Games*, Vol. II, Princeton, 1953

Kuusinen, O. W. (ed.) *Fundamentals of Marxism-Leninism*, Moscow, s/f

Kymlicka, Will, *Liberalism, Community, and Culture*, Oxford, 1989

Laclau, Ernesto and Mouffe, Chantal, *Hegemony and Socialist Strategy*, London, 1985

Lewis, David, *Convention*, Cambridge, MA, 1969

Locke, John, *Two Treatises of Government*, Peter Laslett (ed.), Cambridge, 1963

'Some Considerations of the Consecuences of the Lowering of Interest and Raising the Value of Money', in John Locke, *Several Papers Relating to Money, Interest and Trade* (1696), New York, 1968

______, *Essays on the Law of Nature*, Oxford, 1970

Lucash, Frank (ed.), *Justice and Equality Here and Now*, Ithaca, NY, 1986

Lukes, Steven, *Marxism and Morality*, Oxford, 1985

'Taking Morality Seriously', in Honderich (ed.), 1985

Mack, Eric, 'Nozick on Unproductivity: The Unintended Consequences', in J. Paul (ed.) 'Distributive Justice and the Tensions of Lockeanism', *Social Philosophy andPolicy*, 1, 1983

Mackie, John, *Ethics:Inventing Right and Wrong*, Harmondsworth, Middlesex, 1977

Maclean, Douglas and Brown, Peter G. (eds.), *Energy and the Future*, Totowa, NJ, 1983

Macleod, Alistair, 'Distributive, Justice, Contract, and Equality', *Journal of Philosophy*, 81, 1984

Macpherson, C.B., *The Political Theory of Possessive Individualism*, Oxford, 1962

Marx, Karl, Preface to *A Contribution to the Critique of Political Economy*, in *Marx/Engels: Selected Works in One Volume*

Critique of the Gotha Programme, in Marx/Engels: *Selected Works in One Volume*

'On the Jewish Question', in *Marx/Engels: Collected Works*, Vol. III

'Comments on James Mill, *Elémensd'économiepolitique*', in *Marx/Engels: Collected Works*, Vol.III

Letter of 9 March 1854 in *The People's Paper*, in *Marx/Engels: Collected Works*, Vol.III

Theories of Surplus Value, Vol. I, Moscow, 1963

Theories of Surplus Value, Vol. II, Moscow, 1968

The Grundrisse, Harmondsworth, Middlesex, 1973

Capital, Vol. I, Harmondsworth, Middlesex, 1976

Capital, Vol. III, Harmondsworth, Middlesex, 1978

Marx, Karl and Engels, Frederick, *Selected Works in One Volume*, London, 1968

______, *Collected Works*, London, 1975-

______, *Selected Correspondence*, Moscow, 1975

The German Ideology, in Marx/Engels: *Collected Works*, Vol. V

'Circular Letter Against Kriege', in *Marx/Engels: Collected Works*, Vol.VI

Manifesto of the Communist Party, in *Marx/Engels: Collected Works*, Vol.VI

Meacher, Michael, 'Picking Up the Pieces', The Guardian, 25 June 1987

Menger, Anton, *The Right to the Whole Produce of Labour*, London, 1899

Mepham, John and Ruben, David-Hillel (eds.), *Issues in Marxist Philosophy*,

Vol. IV, Hassocks, Sussex, 1981

Mill, John Stuart, *Considerations on Representative Government*, in *The Collected Works of John Stuart Mill*, Toronto, 1965-86, Vol. XIX

Miller, David, *Social Justice*, Oxford, 1976

Market, State and Community, Oxford, 1989

'A Vision of Market Socialism' *Dissent*, 38, 1991

Miller, David (ed.), *Liberty*, Oxford, 1991

Morgenbesser, S., Suppes, P. and White, M. (eds.), *Philosophy, Science, and Method: Essays in Honor of Ernest Nagel*, New York, 1969

Morris, Christopher, 'The Relation between Self-Interest and Justice in Contractarian Ethics', *Social Philosophy and Policy*, 5, 1987

Münzer, Stephen R., *A Theory of Property*, Cambridge, 1990

Nagel, Thomas, 'Libertarianism Without Foundations', in J.Paul (ed.)

Narveson, Jan, *The Libertarian Idea*, Philadelphia, 1988

Norman, Richard, *Free and Equal*, Oxford, 1987

Nove, Alec, *The Economics of Feasible Socialism*, London, 1983

Nozick, Robert, 'Coercion' in S. Morgenbesser *et al.* (eds.)

______, *Anarchy, State, and Utopia*, New York, 1974

_____, *Philosophical Explanations*, Oxford, 1981

Olivecrona, Karl, 'Locke's theory of Appropriation', *Philosophical Quarterly*, 24, 1974

Overton, Richard, *An Arrow Against All Tyrants*, as quoted in Macpherson, pp. 140-1

Pagano, Ugo, *Work and Welfare in Economic Theory*, Siena, 1983

Pashukanis, E. B., *Law and Marxism*, London, 1978

Paul, Ellen Frankel, Miller Jr, Fred D., Paul, Jeffrey and Ahrens, John (eds.), *Marxism and Liberalism*, Oxford, 1986 *Capitalism*, Oxford, 1989

Paul, Jeffrey (ed.), *Reading Nozick*, Totowa, NJ, 1981

Plato, *The Republic*, Oxford, 1945

Plekhanov, George, *The Development of the Monist View of History*, Moscow, 1956

Pogge, Thomas, *Reading Rawls*, Ithaca, NY, 1989

Rawls, John, *A Theory of Justice*, Cambridge, MA, 1971

'The Basic Structure as Subject', in Goldman and Kim (eds.)

'Social Unity and Primary Goods', in Sen and Williams (eds.)

_____, 'Justice as Fairness: A Briefer Restatement', Harvard University, typescript, 1989

_____, *Political Liberalism*, New York, 1993

Raz, Joseph, *Practical Reason and Norms*, Oxford, 1975

_____, *The Morality of Freedom*, Oxford, 1986

Roemer, John, 'Should Marxists be Interested in Exploitation?', in Roemer (ed.)

_____, *Free to Lose*, Cambridge, MA, 1988

'Public Ownership and Private Property Externalities', in Elster and Moene (eds.)

Roemer, John (ed.), *Analytical Marxism*, Cambridge, 1986

Rosenblum, Nancy (ed.), *Liberalism and the Moral Life*, Cambridge, MA, 1989

Ryan, Alan, review of Wolff, *Ethics*, 103, 1992

Sabine, George, *A History of Political Theory*, New York, 1958

Scanlon, Thomas, 'Liberty, Contract and Contribution', in Dworkin *et al.* (eds.)

Scheffler, Samuel, *The Rejection of Consequentialism*, Oxford, 1982

Schelling, Thomas, Strategy of Conflict, New York, 1960

Schochet, G. (ed.), *Life, Liberty and property: Essays on Locke's Political Ideas*, Belmont, CA 1971

Schumpeter, Joseph, *A History of Economic Analysis*, New York, 1954

Sen, A.K., 'Isolation, Assurance and the Social Rate of Discount', *Quarterly Journal of Economics*, 80, 1967

'Just Desert', *New York Review of Books*, 29,1982

'The Moral Standing of the Market', *Social Philosophy and Policy*, 2, 1985

Sen, A. K. and Williams, Bernard, *Utilitarianism and Beyond*, Cambridge, 1982

Shapley, Lloyd, 'A Value for N-person Games', in Kuhn and Tucker (eds.)

Shubik, Martin, *Game Theory in the Social Sciences*, Cambridge, MA, 1982

Simmons, A. John, *The Lockean Theory of Rights*, Princeton, 1992

Spencer, Herbert, *Social Statics*, 1st edition, London, 1851

Stalin, J. V., *Dialectical and Historical Materialism*, in J. V. Stalin, *Leninism*, New York, 1942

Steiner, Hillel, 'Individual Liberty', Proceedings of the Aristotelian Society, 75, 1974-5

'The Natural Right to the Means of Production', *Philosophical Quarterly*, 27, 1977

'Liberty and Equality', *Political Studies*, 34, 1980

'Justice and Entitlement', in J. Paul (ed.)

'The Rights of Future Generations', in macLean and Brown (eds.)

'A Liberal Theory of Exploitation', *Ethics*, 94, 1983-4

'Capitalism, Justice, and Equal Starts', *Social Philosophy and Policy*, 5, 1987

An Essay on Rights, Oxford, 1994

Thomson, Judith, *The Realm of Rights*, Cambridge, MA, 1990

Tully, James, *A Discourse on Property*, Cambridge, 1980

'A Reply to Waldron and Baldwin', *The Locke Newsletter*, 13, 1982

Review of Grünebaum, *Ethics*. Vol. 98, 1987-8

Van der Veen, Robert J. and Van Parijs, Philippe, 'Entitlement Theories of Justice', *Economics and Philosophy*, 1, 1985

Van Parijs, Philippe, 'A Revolution in Class Theory', *Politics and Society*, 15, 1986-7

Varian, Hal, 'Distributive Justice, Welfare Economics, and the Theory of Fairness', *Philosophy and Public Affairs*, 4, 1975

Waldron, Jeremy, 'Enough and As Good Left for Others', *Philosophical Quarterly*, 29, 1979 'Locke, Tully and the Regulation of Property', *Political Studies*, 32, 1984

The Right to Private Property, Oxford, 1988

Walras, Léon, *Théorie de la propriété*, in Walras, *Etudes d'EconomieSociale*, Lausanne, 1896

Walzer, Michael, *Spheres of Justice*, New York, 1983

Warren, Paul, 'Self-Ownership, Reciprocity, and Exploitation, or: Why

Marxists Shouldn't be Afraid of Robert Nozick', *Canadian Journal of Philosophy*, 24, 1994

Williams, Andrew, 'Cohen on Locke, Land and Labour', *Political Studies*, 40, 1992

Wolff, Jonathan, *Robert Nozick*, Cambridge, 1991

Wollheim, Richard, *On Drawing an Object*, London, 1965

Wood, Allen, *Karl Marx*, London, 1981

'Marx and Equality', in Roemer (ed.)

Wood, Ellen Meiksins, *The Retreat from Class*, London, 1986

Impreso por TREINTADIEZ S. A. en 2018
Pringles 521 (C1183 AEI)
Ciudad Autónoma de Buenos Aires
Teléfonos: 4864-3297 / 4862-6794
editorial@treintadiez.com